中国文学人类学原创书系

伏羲
神话传说与信仰研究

刘惠萍◎著

陕西师范大学出版总社

图书代号：SK18N0147

图书在版编目（CIP）数据

伏羲神话传说与信仰研究 / 刘惠萍著. —西安：陕西师范大学出版总社有限公司，2018.3
（中国文学人类学原创书系）
ISBN 978-7-5613-9802-9

Ⅰ.①伏… Ⅱ.①刘… Ⅲ.①伏羲—神话—研究—中国 ②伏羲—信仰—研究—中国 Ⅳ.①B932.2 ②B933

中国版本图书馆CIP数据核字（2018）第034955号

伏羲神话传说与信仰研究
FUXI SHENHUA CHUANSHUO YU XINYANG YANJIU
刘惠萍　著

责任编辑	邓　微　雷亚妮
责任校对	雷亚妮　张　立
装帧设计	田东风
出版发行	陕西师范大学出版总社 （西安市长安南路199号　邮编 710062）
网　　址	www.snupg.com
印　　刷	西安市建明工贸有限责任公司
开　　本	720mm×1020mm　1/16
印　　张	21.5
插　　页	2
字　　数	326千
版　　次	2018年3月第1版
印　　次	2018年3月第1次印刷
书　　号	ISBN 978-7-5613-9802-9
定　　价	96.00元

读者购书、书店添货或发现印刷装订问题，请与本公司营销部联系、调换。
电话：（029）85307864　85303635　传真：（029）85251046

总　序

2018年，正值中国改革开放40周年纪念之际，陕西师范大学出版总社推出"中国文学人类学原创书系"，对改革开放的时代大潮在人文学界催生的这个新兴学科，给出一个较全面的回顾与总结，以便继往开来，积极拓展人文学科的教学与研究新局面，可谓恰逢其时。

50后这代人的青春岁月，激荡在汹涌澎湃的"文革"浪潮之中。"文革"后的改革开放，相当于天赐给这一代知识人第二次青春。1977年恢复高考，我们在1978年春天步入大学校园，那种只争朝夕、如饥似渴的求学景象，至今仍历历在目。改革开放带来"科学的春天"，也第一次带来人文科学方面的世界景观。正如改革的基本方向是向发达国家学习市场经济模式一样，人文学者们也投入全副精力，虚心学习借鉴国际上先进的理论与研究方法。"神话－原型批评"就是当时的新方法论讨论热潮中，最早进入我们视野的一个理论流派。1986年我编成译文集《神话－原型批评》时，先将长序刊发在《陕西师范大学学报》上，文中介绍原型理论的宗师弗莱的观点时讲道：

> 物理学和天文学形成于文艺复兴时期，化学形成于18世纪，生物学形成于19世纪，而社会科学则形成于20世纪。系统的文学批评学知识到了今天才得以发展。……正像自然科学体系的建立有赖于把握自然界本身的规律。一部文学作品，它所体现的规律性因素不是作家个人天才创造发明的，而是在文学的历史发展中，在文化传统中所形成的，这种规律性的因素就是原型。

从文学史的考察中可以看到，文学作为一个有机整体，植根于原始文化，最初的文学模式必然要追溯到远古的宗教仪式、神话和民间传说中去。"这样说来，探求原型实际上就是一种文学上的人类学"。

当时无论如何也不曾想到，这样一段话，居然能够准确地预示这一批学人后来几十年学术探索的方向。"文学人类学"这个名称，也就由此在汉语学术界里发端。10年之后的1996年，在长春召开的中国比较文学学会第五届学术年会上，中国文学人类学研究会宣告成立（首任会长为萧兵先生），如今简称"文学人类学研究会"。从研究文学的神话原型，到探索华夏文明的思想、信仰和想象的原型，这一派学者如今正式提出的大小传统理论和文化文本符号编码理论，可以说早已全面超越了当年所借鉴学习的原型批评理论，走出文学本位的限制，走向融通文史哲、宗教、艺术、心理学的广阔领域。

从1986到2018，整整32年过去了，我们也经历了自己人生从而立到花甲的过程。如今我们要解读的是5000多年前的先于华夏文明国家的"文化文本"，阐发的是河南灵宝西坡仰韶文化大墓的神话学内涵。这是当年完全没有预料到的。是问题意识，先把我们引入文化人类学的宽广领域，再度引入中国考古学的全新知识世界，这样的跨越幅度，的确是当初摸索文学人类学研究范式时所始料未及的。

从原型批评倡导的文学有机整体论，拓展到文化符号的有机整体论、史前与文明贯通的文化文本论，这就是我们努力探索近40年的基本方向。自从西周青铜器上出现"中国"这个词语，至今不过3000年时间。2018年2月4日，我第二次给国家图书馆"文津讲坛"开设讲座，题目是"九千年玉文化传承"。今日的学者能够在9000年延续不断的文化大背景中研究"中国"和"中国文学"，这就是从先于文字的文化大传统，重新审视文字书写小传统的一套完整思路。相信这样一种前无古人的理论思路和研究范式，是本土学者对西方原型批评方法的全面超越和深化，这将会引向未来的知识更新格局。

本丛书要展示这40年的探索历程，以萧兵先生为首的这一批兴趣广泛的学人是如何一路走来，并逐渐成长壮大的。本丛书将给这个新兴学科留下它及时的也最有说服力的存照。希望后来者能够继往开来，特别注重不断发展和完善中国版的文化理论和文学理论，包括作为文史研究当代新方法论的三重证据法和四重证据法。

是为丛书总序。

叶舒宪
2018 年 2 月 7 日于北京太阳宫

目 录

第一章 绪论
第一节 研究动机与目的 / 001
第二节 前贤研究成果概述 / 003
第三节 研究范围与材料、方法 / 009
　一、研究范围 / 009
　二、研究材料与方法 / 012

第二章 伏羲神话传说的形成与发展
第一节 伏羲神话传说的形成背景 / 016
　一、先秦载籍中的伏羲 / 016
　二、"神话历史化"作用下的结果——三皇之首 / 019
　三、谶纬学说下的变貌——圣王的神话传说 / 027
第二节 圣王神话传说与"人首蛇身"形象的结合 / 032
第三节 圣王与上古文明的创制 / 039
第四节 神话传说中伏羲与女娲的结合 / 043
第五节 盘古的出现与伏羲至高神地位的下降 / 052
　一、关于盘古的神话传说 / 052
　二、伏羲至高神地位的下降 / 055

第三章 伏羲神话传说的演变与流传
第一节 "伏羲"名号与族属的争议 / 058
　一、"伏羲"名号的纷歧 / 058
　二、伏羲与太昊的纠葛 / 066
　三、其他相关的名号 / 073
第二节 伏羲、女娲与洪水兄妹婚神话的粘合 / 076
　一、洪水兄妹婚神话的流布与研究概述 / 076

二、伏羲、女娲与洪水兄妹婚神话 / 090
　　三、洪水兄妹婚神话的再生意涵 / 092
第三节　与盘古、槃瓠的重合相混 / 098
　　一、关于槃瓠的神话传说 / 098
　　二、伏羲与盘古、槃瓠的重合相混现象 / 101
第四节　不断扩大增衍的伏羲神话传说 / 104
　　一、文明创制的神话传说 / 105
　　二、女娲兄妹为婚及繁衍人类的神话传说 / 117
　　三、地方风物的传说 / 123
　　四、其他相关神话传说 / 126

第四章　伏羲神话传说的象征与意涵

第一节　伏羲神话传说的象征意义 / 132
　　一、原始氏族社会与上古文明的象征 / 133
　　二、图腾崇拜的遗存 / 137
第二节　伏羲的神话性格 / 145
　　一、始祖崇拜——兼论其族属的争议 / 145
　　二、"文化英雄"的神格 / 156
第三节　伏羲神话传说所反映的现象 / 158
　　一、由母性崇拜到父权崇拜 / 158
　　二、"双性同体"的神话思维 / 160
　　三、神话传说的"集约化"现象 / 164

第五章　伏羲神话传说的另一发展——伏羲与墓葬文化

第一节　先秦墓葬文化中的伏羲 / 168
第二节　汉代墓葬文化中的伏羲 / 171
　　一、汉代墓葬艺术兴起的历史背景 / 171
　　二、汉代墓葬艺术中的伏羲 / 177

第三节　魏晋以后墓葬文化中的伏羲 / 211
　　一、魏晋南北朝时期 / 211
　　二、隋唐时期 / 217
第四节　墓葬文化中伏羲形象的特征、意义与功能 / 229
　　一、墓葬文化中伏羲形象的特征与意义 / 229
　　二、墓葬文化中伏羲形象的功能 / 245
附表　伏羲、女娲人首蛇身像分布一览表 / 248

第六章　伏羲神话传说与信仰的互染

第一节　伏羲与三皇的祭祀 / 255
第二节　佛教与道教信仰中的伏羲 / 260
　　一、汉传佛教经典中的伏羲 / 261
　　二、道教经典中的伏羲 / 263
第三节　民间信仰中的伏羲 / 266
　　一、关于伏羲的民间信仰与祭祀活动 / 266
　　二、伏羲与医药之神 / 277
　　三、伏羲与卜卦之神 / 279
第四节　伏羲神话传说与民俗信仰崇拜 / 280
　　一、伏羲、女娲与葫芦崇拜 / 280
　　二、河南淮阳太昊陵庙会上的生殖崇拜活动 / 290

第七章　结论 / 306

主要参考书目 / 311

第一章 绪论

第一节 研究动机与目的

"神话"（myth）一词，原指以神或英雄为内容的故事。在中国的传统典籍中，原本并没有"神话"这样的词，直至19世纪初，随着西方神话学传入中国，才开始有学者相继把"神话"的概念作为启迪民智的新工具，并将其引入文学、历史领域，用以作为探讨民族之起源、文学之开端、历史之原貌的素材。[1]

然而，早期中国学界对于神话的研究，探究其动机，并非是出于宗教上的信仰热情，亦非是基于学术探求上的兴趣，实乃出自于民族历史上的需求。追溯至20世纪之初，由于受到清代中叶至民国初年疑古学风的影响，中国的知识分子对于传统的古史观念产生了再思考、再批判的动机，因而形成了著名的"古史辨"学派。"古史辨"学派对中国古史所作的推翻和破坏，固然使得中国数千年以来盛传不衰的三皇五帝、尧舜圣贤等古史体系产生了动摇，但在强烈的民族意识的驱使下，许多人由此开始注意到古史中所保存的神话传说。

伏羲，便是中国古史神话传说中一位重要的人物。先秦文献、汉代史书以及其他相关载籍，历来都以他为上古圣王三皇之首。在相关的神话传说中，伏羲结网罟、教民佃猎、画八卦以记事、创制各种文明，带领先民进入文明时代，所以被后人尊为"人文初祖""人祖之宗"。又由于在相关的记载中，伏羲具有创造文明的特质，故在后世的神话传说里，伏羲又与上古时期的另一创世大神——女娲结合在一起，成为华夏民族的共同始祖神。同时，在汉代以后的许多墓室艺术中，也经常可见绘有伏羲、女娲的形象，人们借着对伏羲形象的绘制与塑造，以寄托他们对生命繁衍、延续的美丽幻想。

---

[1] 马昌仪：《中国神话学发展的一个轮廓》，见《中国神话学文论选萃》编者序言，北京：中国广播电视出版社，1994年版，第9页。

另一方面，因受产生的地域不同、信仰的差异，以及与社会文化、宗教信仰之关联性等因素的影响，各个时期的伏羲神话传说与信仰在表现的主题思想与特征上，都有着显著的不同。加之后来其又为佛教、道教所借用，成为佛教信仰中的菩萨、道教信仰中的上三皇，甚至成为民俗信仰中的生殖神、医药之神、卜卦之神等，伏羲此一神话人物因此呈现出丰富且多元的形象与意涵。

由于神话是原始人类认识世界的方式之一，也是人类集体无意识的缩影，所以，神话可以说是原始时期人们观念、思想的一种反映与呈现。当人类进入历史时期，人们又利用神话及传说来表达他们的生活经验，表达他们对宇宙的了解及看法，表现他们所共同承认的历史。所以，关于神话的研究，其涉及的领域应该是多元的，应包含文学、语言学、心理学、人类学、宗教学、民俗学等各个层面。然而，就目前所见，关于伏羲这位身兼上古帝王、文化英雄、始祖神、生殖神、守护神、医药之神、卜卦之神等多重角色的神话人物，前贤对与他相关的神话传说之研究，多偏重在以古典文献材料与民俗志结合而进行的讨论上；特别是自20世纪30年代初期以来，芮逸夫、闻一多等学者运用他们在中国西南少数民族中所搜集到的洪水兄妹婚神话故事来释读伏羲——芮逸夫因此作有《苗族的洪水故事与伏羲女娲传说》一文，闻一多作有《伏羲考》的专文，其中尤以对伏羲、女娲兄妹婚繁衍人类的传说，以及其与洪水神话、创世神话之关联性的讨论居多——因而兴起了一股伏羲研究的风潮。但是对于伏羲神话与传说的形成、发展与演变及其在各个不同时期的作用与表现、对后世民俗与信仰的影响等，仍缺乏较全面的分析与讨论。

故此，希望能借由对伏羲神话传说的整理与耙梳，对伏羲此一神话人物的形成、发展与演变脉络的尝试性还原，以及对后世与伏羲相关的神话传说加以分析、讨论，来探讨伏羲神话传说的真实内涵。同时，亦冀盼能对于伏羲相关神话传说在各历史时期的演变过程——无论是在"神话历史化"作用下，成为上古三皇之首；抑或是在汉代谶纬学说的影响下，成为圣王的典型代表人物；乃至于后来与女娲结合，成为创造人类的共同始祖；以及后来与另一创世大神盘古的混淆叠合；还有伏羲原型在各民俗活动中所象征的文化意涵；汉唐墓葬文化中伏羲图像所呈现的丰富形象功能与象征意涵——都能作进一步的分析与厘清。总之，希望通过对这些问题的探索，而能对文学与政治、社会、宗教、信仰之间的相互影响及相互作用有一更深入、完整的认识。

第二节　前贤研究成果概述

与伏羲相关的记载早在战国时期即已出现,如《管子》《庄子》等书中,即已记载了与伏羲相关的神话传说。在当时,伏羲被看作一位历史人物,同时也是最初的远古帝王之一。到了隋唐以后,开始有将关于伏羲的神话传说搜集整理起来的著作出现,如唐代欧阳询的《艺文类聚》、宋代李昉的《太平御览》以及清代马骕的《绎史》等书,他们将之前典籍中所记载的伏羲相关生平事迹编成了互不相关的条目,其中,偶尔也包含了他们的观点。另外,像唐代司马贞的《史记·补三皇本纪》和宋代罗泌的《路史·后纪》中的《太昊纪》等,都是在前人提供的大量材料基础上,进行综合和联缀式的重组,为伏羲作了传记,同时也为后来的伏羲研究作出了极大的贡献。

然而,真正对伏羲作较深入的分析探究,则应是从晚清时期开始的。首先,著名的史学家夏曾佑在其《中国历史教科书》一书中,开启了将神话与历史区分之风,他根据文献记载中的伏羲、女娲等古帝王的状貌与事功,认为"庖牺、女娲、神农诸帝皆神话也",并提出了伏羲是从渔猎社会进入游牧社会这一历史时期的代表的观点。[①]这一论点,对于伏羲神话传说的研究而言,不啻是开拓了新的视野。

至于对神话与古史关系的研究和讨论,则在五四时期以后。首先,茅盾在《中国神话研究 ABC》[②]中提出了"神话变为历史"的神话主张,他认为:一国最古的史家大都认为神话乃本国最古的历史,加上中国的古史家最喜欢改动旧说,于是,原本只是神话的传说,就在古史家的改造之下,由神话变成了古史。茅盾的主张,真正从理论上解决了从古史中重建神话系统的问题。他还以伏羲为例来说明他的这一观点:

> 譬如伏羲,我们据《易·系辞》看来,是中国历史上第一位君主,关于他的传说,乃太史公目为不雅驯的,荐绅先生难言之,所以遗留到后世的极少;但是我们就现在仅存的不雅驯的断片看来,可说伏羲是神话中的"春之神"。我们且看下面的一则旧说:"春皇者,庖牺之别号;

---

① 夏曾佑:《中国历史教科书》,后经整理改写为《中国古代史》(上海:商务印书馆,1933年版)。此见夏曾佑《中国古代史》,石家庄:河北教育出版社,2000年版,第13—15页。

② 茅盾于1928年在日本出版《中国神话研究ABC》一书,后改名为《中国神话研究初探》,与《北欧神话ABC》《神话杂论》收在一起,总名《神话研究》,天津:百花文艺出版社,1981年版。

所都之国，有华胥之洲，神母游其上，有青虹绕神母……"在原始民族中，春之神是他们最崇拜敬爱的神。……很可以叫我们疑惑伏羲氏是神话中的春神。①

在这里，茅盾认为由于古代学者将神话变为历史，伏羲才由神话中的"春之神"变成了上古的帝王之一。茅盾的看法，虽有其局限性及不周全之处，但其时唯他已看出了中国神话"历史化"的现象。

后来，到了20世纪20年代至40年代初期，由于受到晚清学者疑古之风以及西洋史观和史学方法的影响，以顾颉刚等人为首的"古史辨"学派的学者们开始对中国的上古历史进行大胆的怀疑与破坏，并提出了"层累地造成的古史观"的观点，试图将神话、传说从古史中清理出来。在由顾颉刚、杨向奎合著的《三皇考》中，对于三皇的来源及其传说的演变便有详细的考证，他们认为，伏羲本仅是先秦诸子虚构的人物，后来由于受到"层累地造成的古史观"的影响，才成为上古帝王的三皇之首。②

"古史辨"派学者从历史的角度出发，对伏羲神话的起源及后来的变化进行考证，并从文献典籍的考据出发论证问题。诚然，他们那种"以史治神话"的尝试，对于现代神话的研究具有抛砖引玉的作用，然而其对伏羲神话本身的研究，则仍嫌不够深入。

此外，同一时期的史学家吕振羽在其《史前期中国社会研究》一书中，则对包括伏羲神话在内的诸神话进行了分析和研究。他将考古学的研究成果与古籍中的神话传说相结合，试图利用神话中所看到的史影去重建远古历史，并据此来研究中国古代的氏族社会。他认为：伏羲神话是渔猎经济的反映，具有史前社会某一个时期的确定性特征，而伏羲女娲兄妹婚、伏羲始制嫁娶的神话，都是古代氏族制度与原始杂交群团的反映。③吕振羽从社会文化史的角度来探讨伏羲神话的努力，也为后来伏羲神话的研究指引了一条新的进路。

到了"五四"以后，关于伏羲及其相关文献的研究，则有了长足的进展。较早而有系统的作品首推1933年芮逸夫所发表的《苗族的洪水故事与伏羲女娲传说》一文。在这篇长文中，芮逸夫以他在湘西苗族所搜集到的4个苗族洪水兄妹婚始祖神话，连同中外书籍中的洪水故事共20多则，进行了人名和情节结构的

---

① 茅盾：《神话研究》，天津：百花文艺出版社，1981年版，第79页。
② 顾颉刚、杨向奎：《三皇考》，见吕思勉、童书业编著《古史辨》第七册中编，上海：上海古籍出版社，1982年版，第20—281页。
③ 吕振羽：《史前期中国社会研究》，原于1934年由北平人文书店出版，后于1961年12月由生活·读书·新知三联书店（北京）影印出版，第49—63页。

比对与分析。他认为：在华夏族的神话传说里，原来并没有伏羲，只是在战国末期的传说里，出现了一位熟食之神，称为"庖牺"；而苗族却有一对叫"伏羲""女娲"的始祖神，相传苗族中的部分族裔是在洪水后由伏羲、女娲兄妹结为夫妇生出来的。由于"古无轻唇音"，"庖""伏"古皆读若"Bu"，则产生了"庖牺"与"伏羲"二者读音全同等诸多巧合，经由民族的交往，苗族的伏羲故事就完全依附到华夏族的庖牺身上了，从此伏羲、女娲兄妹结为夫妻繁衍人类的故事，就并入汉族的古史传说而盛行于汉族了。①芮氏更从文化人类学的角度认为：洪水故事是世界性的，但兄妹配偶型洪水神话可能起源于中国的西南地区。因此，他提出了"伏羲、女娲出自南方"的说法。

芮逸夫运用了人类学、语言学、民族学、考古学等多方面的材料和方法，将古典文献与少数民族的神话传说材料加以结合，考据伏羲、女娲与洪水兄妹婚神话的关系，其"伏、女即洪水遗民、再造人类神话中之兄妹"的说法，开创了"兄妹婚洪水神话与伏女神话一元论"②的先河。

与芮逸夫同一时期的常任侠发表了《重庆沙坪坝出土之石棺画像研究》一文，他从考古学的角度出发，参考了现代的苗瑶洪水神话来论证"人首蛇身"的对偶神即伏羲、女娲的研究方法，③唤起了近世学者对于汉代画像砖、石中许多伏羲、女娲"人首蛇身"形象及其与相关神话、传说、信仰之关联性的多方关注。

芮逸夫与常任侠的观点，更直接影响了闻一多《伏羲考》④一文的撰著。首先，闻一多也将伏羲、女娲的神话传说与中国南方的洪水兄妹婚神话传说进行比较，并对芮逸夫与常任侠的说法作了更进一步的补充和发挥。他在《伏羲考》一文中提出了以下两个与伏羲神话传说相关的重要观点：

1. 伏羲、女娲"人首蛇身"像的问题。他认为："人首蛇身"像大量出现在各种画像和文字记载的时期，恰与伏羲、女娲神话传说在史乘上活跃的时期大

---

① 芮逸夫：《苗族的洪水故事与伏羲女娲传说》，见芮逸夫《中国民族及其文化论稿（下）》，台北：台湾大学人类学系出版，1989年版，第1029—1077页。
② 谷野典之：《女娲、伏羲神话系统考》，载《东方学》1981年第59期，第135页。
③ 常任侠：《巴县沙坪坝出土之石棺画像研究》，载《金陵学报》1938年第8卷第1、2期合刊，第7—16页；常任侠：《重庆沙坪坝出土之石棺画像研究》，载《说文月刊》1943年卷1；常任侠：《民俗艺术考古论集》，台北：正中书局，1943年版，第1—17页。
④ 闻一多对伏羲神话的研究主要见于《从人首蛇身像谈到龙与图腾》《战争与洪水》《汉苗的种族关系》《伏羲与葫芦》等一系列文章中。其中《从人首蛇身像谈到龙与图腾》曾载于《人文科学学报》第1卷第2期，其余各篇为朱自清据闻一多手稿编缀而成，总称为《伏羲考》，收入《闻一多全集（一）·神话与诗》，台北：里仁书局，2003年9月据上海开明书店1948年版重印，第1—73页。

略一致。因此,"人首蛇身"像极可能就是伏羲、女娲,也可能就是《山海经》中所载的"延维"或"委蛇"。

2. 伏羲、女娲和葫芦的关系。闻一多以列表的方式分析了49个洪水造人故事的母题,他认为这类故事的核心实是造人,而造人的核心又是"葫芦"。故他以语音、文字训诂的方式对伏羲、女娲的名字进行了分析,得出了伏羲、女娲正是一对"葫芦精"的说法。

闻一多以传统的考据与现代社会科学结合的方式,多方面地分析了伏羲、女娲的神话,尤其是对于伏羲的"人首蛇身"形象、伏羲就是"葫芦"等问题的提出,对于后人的相关研究都产生了一定的影响。

此外,史学家徐旭生在1943年出版的《中国古史的传说时代》一书中,综合了他多年来运用神话传说研究古史的心得,并参考了芮逸夫等人的观点,认为伏羲是传说时代一个部落集团的名号。他从文化传播的角度来看,认为中国上古时代存在着华夏、东夷和苗蛮三个部落集团,伏羲、女娲属苗蛮集团,大约是在战国中叶,由于楚国的势力深入沅、湘一带,这一原本流传于苗族内部的神话传说才传入华夏。并且他首先将伏羲和太昊重新分隔为二。[①]

从芮逸夫到徐旭生,这一时期的伏羲神话传说研究者,不仅将古典文献中有关伏羲的神话传说综合整理成为一个有机的整体,同时对于神话的来源、性质、历史内涵以及伏羲和女娲的关系等均作了深入的剖析与探究,这对于伏羲神话传说的研究而言是一个重大的突破,同时也奠定了后来伏羲神话传说研究的重要基础。

此后,不少神话的专书也都辟有专章、专节来介绍或论述与伏羲相关的神话,如冯天瑜的《上古神话纵横谈》,白川静的《中国神话》,陶阳与牟钟秀合著的《中国创世神话》,刘城淮的《中国上古神话》,袁珂的《古神话选释》《中国古代神话》《中国神话传说》《中国神话传说资料萃编》等书。[②]此外,中外学者对于伏羲神话或伏羲、女娲神话的讨论与研究也多有发挥,如刘渊临、骆宾

---

① 徐旭生:《中国古史的传说时代》,台北:里仁书局,1999年版,第327—360页。原作徐炳昶著,中国文化服务社,1943年版。

② 冯天瑜:《上古神话纵横谈》,上海:上海文艺出版社,1983年版,第56页;白川静:《中国神话》,王孝廉译,台北:台湾学生书局,1983年版,第47—51页;陶阳、牟钟秀:《中国创世神话》,上海:上海人民出版社,1989年版,第47—53页;刘城淮:《中国上古神话》,上海:上海文艺出版社,1988年版;袁珂:《古神话选释》,北京:人民文学出版社,1979年版;袁珂:《中国古代神话》,上海:商务印书馆,1957年版;袁珂:《中国神话传说》,板桥:骆驼出版社,1987年版,第91—120页;袁珂、周明编:《中国神话传说资料萃编》,成都:四川省社会科学院出版,1985年版,第14—21页。

基以甲骨文、金文为线索来探讨"人首蛇身"形象的伏羲神话,认为伏羲、女娲神话的形成时间可追溯到夏、商时期;①刘尧汉、杨和森与刘小幸等彝族的民族学研究者,则以为伏羲是彝族的虎图腾及葫芦崇拜;②王仲孚、刘文英、刘雁翔等人则从与伏羲相关的神话传说内容,来探讨伏羲神话传说的原始社会背景和文化内涵。③

近年来,与伏羲相关的讨论焦点,则为伏羲族系的归属问题。如程德祺、李永先、范三畏、徐金法、董楚平、李建成等学者,也都撰有专文对伏羲的族属问题各抒己见,其中对于伏羲氏族的发祥地也多有论辩。④然而,学界对于这个问题至今仍无定论。

此外,另一被大量讨论的是伏羲与女娲的兄妹婚关系及其与中国西南地区洪水兄妹婚神话的关联性问题,如钟敬文便主张伏羲和女娲很可能本是两个不同部落、不同地域的大神,有关他们的神话原来各自流传着,后来经过民族的融合,才或缓或速地被撮合在一起;⑤日本学者谷野典之则认为,伏羲、女娲本为汉族的神话,在成为对偶神之前,他们有一个作为独立神的时期,只是到了后汉中期左右,由于受到南方文化的影响,才逐渐对等于南方的洪水神话的;⑥而苏联的学者李福清则认为,在最初的时候,伏羲和女娲并没有什么关系,后来,大约

---

① 刘渊临:《甲骨文中的"蚩"字与后世神话中的伏羲女娲》,载《"中央研究院"历史语言研究所集刊》1969年第41本第4分册,第595—608页;骆宾基:《人首龙尾的伏羲氏夏禹考——〈金文新考·外集·神话篇〉之一》,载《上海社会科学院学术季刊》1986年第2期,第78—184页。

② 刘尧汉:《中华民族龙虎文化论——联结中国各族的龙虎文化纽带渊源于远古女娲、伏羲的合体葫芦》,见《中国文明源头新探——道家与彝族虎宇宙观》,昆明:云南人民出版社,1985年版;杨和森:《从彝、白、纳西、土家等族的崇虎遗迹看图腾固有的层次:黑虎、白虎系虎伏羲的演生图腾》,见《图腾层次论》,昆明:云南人民出版社,1987年版。

③ 王仲孚:《伏羲氏传说试释》,载台湾师范大学《历史学报》1983年第11卷,第1—20页,后收入《中国上古史专题研究》,台北:五南图书出版有限公司,1996年版,第139—169页;刘文英:《伏羲传说的原始背景和文化内涵》,载《甘肃社会科学》1993年第1期,第27—32页;刘雁翔:《伏羲传说事迹辨正》,载《西北民族学院学报(哲学社会科学版)》1993年第2期,第83—97页。

④ 程德祺:《伏羲新考》,载《江海学刊》1987年第5期,第62—67页、第92页;李永先:《也谈伏羲氏的地域和族系》,载《江海学刊》1988年第4期,第107—114页;范三畏:《太昊伏羲氏源流考辨》,载《西北民族学院学报》1995年第1期,第79—85页;徐金法:《太昊伏羲文化类属蠡测》,载《周口师专学报》1998年第6期,第73—75页;董楚平:《伏羲:良渚文化的祖宗神》,载《杭州师范学院学报(社会科学版)》1999年第4期,第21—25页;孙玮、孙海洲:《伏羲考论》,载《临沂师范学院学报》2002年第1期,第41—44页;李建成:《伏羲活动区域新考》,载《天水行政学院学报》2002年第1期,第55—48页。

⑤ 参见钟敬文:《马王堆汉墓帛画的神话史意义》,载《中华文史论丛》1979年第二辑,第75—98页;钟敬文:《〈中国神话故事论集〉序言》,见李福清《中国神话故事论集》,马昌仪等译,台北:台湾学生书局,1991年版,第Ⅷ—Ⅹ页。

⑥ 谷野典之:《女娲、伏羲神话系统考》,载《东方学》1981年第59期,第1—17页。

是在公元初年以前，在华夏民族统一的神话系统形成的过程中，由于受到邻近各族神话的影响，才出现了两个始祖婚配的现象。他在《从神话到章回小说》一文中根据出土的大量画像砖、石及绢帛画中的伏羲、女娲肖像，作了详细的考察与分析，归纳出中国古代神话人物"兽形——人兽共体——完全人形"的变化规律，同时也证明了伏羲、女娲形象的变迁往往随着时代背景、文化环境以及表现的形式，而呈现出不同的意义与内涵。①

然而，对于伏羲、女娲神话传说的"南方起源说"以及"兄妹婚洪水神话与伏羲女娲神话一元论"的主张，亦有持反对意见者。如台湾的神话学者王孝廉在其《中国的神话世界（上）——东北、西南族群及其创世神话》一书中，便对闻一多的《伏羲考》一文进行了批判，他认为闻一多等人用汉语的中古音"伏羲"与贵州黑苗、鸦雀苗语相比附的方法，以及将伏羲、女娲解释为"男葫芦""女葫芦"的说法，都是不合适且值得怀疑的。②他并且主张在包括西南少数民族的洪水兄妹婚神话在内的创世神话中，"原型回归"的神话类型是世界许多不同民族的共同神话结构，并非如闻一多等人所谓的西南民族所独有的。③

近数十年来，随着民俗学、民间文艺学的复兴，众多的民俗、民族学者对于各地区民间神话传说的调查、采集更是不遗余力，如张振犁的《中原古典神话流变论考》④及杨利慧的《女娲的神话与信仰》《女娲溯源——女娲信仰起源地的再推测》⑤等书，则是以他们自1977年以来，亲自率领或参与由河南大学所组织的"中原神话调查组"的调查工作结果为基础，进一步呈现了伏羲、女娲神话传说在中原地区传布的情形与风貌，并借此证明了伏羲、女娲相关神话传说在中原地区传承的古老性质。至于1994年由霍想有主编的《伏羲文化》一书，则是由参与于中国甘肃天水所举办的首届伏羲文化研讨会的学者们援引古文献与大地湾考古发现的证据，考订今甘肃天水地区即羲皇故里的古成纪，论证了伏羲信仰发生于今西北地区。⑥他们的意见，在芮逸夫、闻一多等人所主张之"伏羲女娲神话

---

① [苏联] 李福清：《从神话到章回小说·人类始祖伏羲、女娲的肖像描绘》，见李福清《中国神话故事论集》，马昌仪等译，台北：台湾学生书局，1991年版，第19—82页。
② 王孝廉：《中国的神话世界（上）——东北、西南族群及其创世神话》，原作《中国的神话世界——各民族的创世神话及信仰》，台北：时报文化出版事业有限公司，1992年版，第376—392页。
③ 王孝廉：《中国的神话世界（上）——东北、西南族群及其创世神话》，原作《中国的神话世界——各民族的创世神话及信仰》，台北：时报文化出版事业有限公司，1992年版，第386—402页。
④ 张振犁：《中原古典神话流变论考》，上海：上海文艺出版社，1991年版。
⑤ 杨利慧：《女娲的神话与信仰》，北京：中国社会科学出版社，1997年版；《女娲溯源——女娲信仰起源地的再推测》，北京：北京师范大学出版社，1999年版。
⑥ 霍想有主编：《伏羲文化》，北京：中国社会出版社，1994年版。

源于南方说"的学术主流之外，提供了很大的讨论空间。

另外，朱炳祥的《伏羲与中国文化》一书，则结合了现代符号学和认识发生学的方法，诠释伏羲所显示的中国文化基本精神和主要特征。朱氏以为"伏羲是一个跨越时空的群体概念而非个体概念"，所以伏羲是中国原始文化的代表符号，是几百万年来初民文化创造集中凝结和沉淀的产物。因此，伏羲所代表的各式图腾，伏羲形象的发展变化，以及与伏羲相关的神话传说（包括伏羲与女娲的洪水兄妹婚神话、伏羲的文化创造业绩等），都是不同历史阶段文化意蕴的表现。[①]朱氏以宏观的角度探讨伏羲的象征意义及内蕴，甚具新意，然仍具争议性，且对于伏羲神话传说所含摄的各种现象，似亦未能充分发挥。

综观前贤的研究成果，自芮逸夫、闻一多等学者开始运用文献材料、考古材料与人类学的田野材料相互论证伏羲的神话传说以来，已为伏羲神话传说的研究指引了一个正确的方向。但也正因为受到他们的论点影响所及，历来学者的研究仍多偏重在伏羲与女娲兄妹婚的形成背景因素，及其与洪水创世神话之间的关系上，对于伏羲神话的形成、演变、发展和变异过程的论述，则较缺乏。另一方面，近年来更多考古材料与文献，如楚帛书、汉画像砖石、壁画、敦煌写卷、吐鲁番绢帛画等的不断发现与释读成功，以及近年来各地发掘、采集的民间文艺作品、民俗信仰记录，如湖北神农架地区所发现的民间唱本《黑暗传》等，实亦可为伏羲神话传说的研究带来新的诠释观点与意义。故此，本书拟在前贤研究成果的基础上，结合新近发掘的各种材料，重新对伏羲神话传说的发展过程作一系统性的整理与厘清，并对伏羲神话传说与信仰之间的互动互生关联性作更深入的探讨，以突显伏羲神话传说在中国传统文化中的功能与意义。

第三节　研究范围与材料、方法

一、研究范围

本文以与伏羲相关的神话、传说，以及因其神话传说所衍生的信仰为主要讨论范围。

关于神话的定义与范围，一直以来，有许多学者提出自己的看法，而众家理

---

① 朱炳祥：《伏羲与中国文化》，武汉：湖北教育出版社，1996年版。

论学说各不相同，以至于有学者以为："世界上有多少神话学家，就有多少个神话定义。"①虽然神话有其定义与范围的广狭之分，但基本上来说，神话是一种原始时期人类"以超自然性威灵的意志活动为底基而对于周围自然界及人文界诸事象所做的解释或说明的故事"②。故人类学派的安德鲁·朗格（Andrew Lang, 1844—1912）强调神话是一种"关于宇宙起源、祖灵英雄等的故事"，他在为《韦氏大词典》写的"神话"词条中说：

> 神话，一种故事，它涉及的是已被遗忘的事物的起源，这种起源显然与某些历史事实有关。它的描述还带着这样的性质：解释一些"事实"（practice，或可译为"惯例"）、信仰、风习或者是自然现象。③

而芬兰的劳里·杭柯（Lauri Honko, 1932—2002）也说：

> 神话，是个关于神祇们的故事，是种宗教性的叙述，它涉及宇宙起源、创世、重大的事件，以及神祇们典型性的行为，其结果则是那些至今仍在的宇宙、自然、文化及一些由此而来的东西被创造出来并赋予了秩序。④

然而，由于神话、传说与民间故事之间的界线并不是那么清楚，且常有相互重叠的地方，故往往容易相混。美国学者伯司康（William R. Bascom, 1912—1981）便曾以当地人的信仰与否、所持的态度及故事中的时间背景、空间背景等标准，作为区分神话、传说及民间故事的标准，他认为：

> 神话之标准乃说者与听者皆认其内容为真实者，以神圣之态度视之者。神话所述内容之时间背景属于远古，空间为另一世界，或与现实世界不同之世界。……传说亦以说者听者信以为真为辨类标准之一，但不如神话之被视为神圣；内容之时间背景为近代，空间为现实世界。……在无文字之社会中，传说即历史。传说常缺乏证据证明其正确性。但即使有证据否定一传说之正确性，如说者与听者仍信以为真，则传说仍为传说。……故事之标准最为简单，无神话与传说之特性，其内容皆被认为虚构，内容之时空背景不受限制。主要功能在娱乐，其种类可由内容

---

① 徐纪民整理：《关于神话界说问题的讨论》，载《民间文学论坛》1984年第4期，第24页。
② 王孝廉：《中国的神话世界（上）——东北、西南族群及其创世神话》，原作《中国的神话世界——各民族的创世神话及信仰》，台北：时报文化出版事业有限公司，1992年版，第1页。
③ Webster Noah, *Webster's International Dictionary of the English Language* (being the authentic edition of Webster's unabridged dictionary, comprising the issues of 1864, 1879 and 1884), Springfield, Mass: G. & C. Merriam Company, 1893, p. 1451.
④ ［芬兰］劳里·杭柯：《神话界定问题》，见阿兰·邓迪斯编《西方神话学论文选》，朝戈金、伊尹、金泽、蒙梓译，上海：上海文艺出版社，1994年版，第66页。

之角色及结构再细作分类。①

由此可见，民间故事与神话、传说之间有较明显的区别，然神话与传说之间，则较难区分。或许，就诚如袁珂所说的：

> 什么是神话，什么是传说呢？这是很难遽下断语的。因为通常我们并没有把神话和传说加以严格的区别，传说也还是被当作神话的。如果要加以区别，则大略说来，神话渐渐演进，作为神话里的主人公渐接近于人性，叙述这渐接近于人性的主人公的事迹的，就是所谓传说。传说里叙述的，或是古代勇武的英雄，如擒封豕、断修蛇的羿；或是天上痴情的儿女，如一年一度在鹊桥相会的织女和牛郎；或是关于事物起源的推寻，如槃瓠、蚕马的故事。总而言之，传说和神话的不同，是传说已随着文明的进步，渐排斥去神话中过于朴野的成分，而代以较合理的人情味的构想与安排。②

同样的，有关伏羲的神话在长期的口头流传中，也持续不断地被重新创造和改造，而渐渐流为传说，二者之间亦难加以严格区分。加之神话的研究，实应对整个神话在其发展与演变的各个历史阶段中的各种变化，作系统且全面的理解与分析，如此才能真正了解其中所蕴藏的丰富内涵。正如武世珍所说的：

> 我们以为古代神话的演变，既包括"同一神话"故事在长期口头流传中的具体变化，又包括而且主要应该包括整个神话在其发展与演变的各个历史阶段中的总的变化；并且这后一种变化，主要是通过大量神话故事持续不继地创造表现出来的，如果我们分析古代神话的演变时，忽略了这后一种变化，是不能也无法全面地把握神话演变的全部内容的。③

故本文拟将与伏羲相关的神话、传说一并作以讨论，不细分何者为神话、何者为传说，借此以探讨此一原型在各个历史阶段中的发展与演变。

此外，由于神话是"神的故事"，神话在非审美的、社会方面的一个特征，就是因其"真实"和"神秘"而神圣。④因此，它又常常与宗教和信仰产生一定的关联。梵·巴仁在谈及神话的灵活性时即曾提及：

1. 神话是对某一事物来龙去脉的解释；

---

① 转引自唐美君：《口语文学之采集》，见李亦园编《文化人类学选读》，台北：食货出版社，1980年版，第53—61页。
② 袁珂：《中国古代神话：甲编》前言，台北：里仁书局，1985年版。
③ 徐纪民整理：《关于神话界说问题的讨论》，载《民间文学论坛》1984年第4期，第24页。
④ 阎云翔：《神话的真实性和神圣性》，见刘魁立、马昌仪、程蔷编《神话新论》，上海：上海文艺出版社，1987年版，第83—89页。

2. 这种解释以神话的形式作出，使它具有超出凡人的权威；

3. 凭借这种权威，神话就可以作为宗教信仰体系的一部分，而整个价值和行为观念则从这个信仰体系中产生……①

因此，信仰赋予神话以"神圣"，神话则讲述信仰何以具有不同凡俗的"神圣"，两者互动互生。故著名的英国人类学家马林诺夫斯基（Bronislaw Malinowski, 1884—1942）更主张应将神话与文化之功能、表现以及信仰具体之体现联系在一起观察。而伏羲的神话传说，经由各个历史阶段的发展与演变，亦与信仰及民俗之间产生了一定的关联性，缘此，与伏羲神话传说相关的信仰及民俗内容，以及其所蕴涵的民俗意象等方面，亦将是本书要讨论的。希望能以更多元且完整的资料，对伏羲神话传说及其信仰等问题，作一更为全面且深入的探求。

二、研究材料与方法

首先运用整理法，将各文献、典籍中与伏羲相关的材料，各考古出土文物中的材料，以及各民族志、民俗志和各地民间故事、民族史诗中有关伏羲的神话传说，加以归纳整理。

由于神话与考古文物本即具有同源共本的关系，正诚如王国维在1925年于清华大学国学所"古史新证"课程中第一次提出"二重证据法"时所说的：

> 吾辈生于今日，幸于纸上之材料外，更得地下之新材料，由此种材料，我辈固得据以补正纸上之材料，亦得证明古书之某部分全为实录，即百家之不雅驯之言，亦不无表示一面之事实……②

因此，他提出了"中国纸上之学问，赖于地下之学问"③的主张。

所以，本书将参考近年来考古出土的各种帛书、帛画、壁画、画像砖、画像石、绢帛画与各种考古文物材料，借由这些考古文物的图像或配置形式，比对与分析其中所反映的神话内容，以作为此一神话传说流行与传播的另一证据。同时，对这些考古实物的分布、环境特性、主题内容、主体造型加以统计，进行分析与归纳，并比较及诠释其形象风格、艺术特征、表现手法，以及其中所反映的伏羲神话精神，包括对长生不死的追求、生殖崇拜的信仰、阴阳五行思想

---

① 梵·巴仁：《神话的灵活性》，见阿兰·邓迪斯编《西方神话学论文选》，朝戈金、伊尹、金泽、蒙梓译，上海：上海文艺出版社，1994年版，第295页。
② 王国维：《古史新证——王国维最后的讲义》，北京：清华大学出版社，1994年版，第2页。
③ 王国维：《最近二三十年中中国新发现之学问》，见王国维《海宁王静安先生遗书》第四册，台北：台湾商务印书馆，1976年版，第1875—1876页。

的反映以及对伏羲创制文明伟大事迹的崇敬等，以探讨其与各个时代的社会文化、宗教信仰之关联性，从中理解伏羲神话传说的信仰功能与地位。

在王国维"二重证据法"的基础上，近年来，中国大陆学术界更大力提倡以所谓的"三重证据法"这种具有科学精神的方法来进行学术论证，即结合书面文献、出土文物，以及民俗学、民族学、人类学、社会学、考古学、宗教学等学科的各种知识，作跨学科、跨领域整合的研究方式。①如杨向奎便主张以"民族学的材料"来"补文献、考古之不足"，他说：

> 鉴于中国各民族间社会发展之不平衡，民族学的材料，更可以补文献、考古之不足，所以古史研究中的三重证据法代替了过去的双重证据法。②

此外，萧兵也提出了以"后进民族的风俗、神话与传说"来破译古史的疑难。他说：

> 尽可能用考古发现与田野调查来印证、检验或充实自己的结论。……今天已进入跨学科、超学科的信息时代，证据就应该是多重和多元的了。……后进民族的风俗、神话与传说，作为"活化石"或文化"遗迹"（survivals）往往是破译古史疑难的"密码本"。③

同样的，姜亮夫亦赞同以人类社会学的知识来研究古史传说，他说：

> 自近世初民社会研究之学大兴，于史前人类之史实，已得至多规律，人类大齐不相远，以南美北非诸初民社会，证中土三代史实，多理可寻。即如以洪水传说说大禹《禹贡》，则不疑禹之存在，而《禹贡》中孰为近真史？孰为儒者文饰之理想？以酋长制说尧舜禅让，则舜与丹朱等有争立之传，亦可得其事由。④

而专研中国南方少数民族的人类学者容观琼，更强调可将"考古实物""民族志资料"与"历史文献"三者结合在一起，运用"类比的方法"，对原始社会的样

---

① 关于"三重证据法"的应用与讨论，可参考杨向奎：《宗周社会与礼乐文明》，北京：人民出版社，1992年版，第12页；萧兵：《新还原论——我怎样写〈楚辞与神话〉》，见萧兵《黑马——中国民俗神话学文集》，台北：时报文化出版事业有限公司，1991年版，第8页；叶舒宪：《人类学"三重证据法"与考据学的更新》，见叶舒宪《诗经的文化阐释——中国诗歌的发生研究》，武汉：湖北人民出版社，1994年版，第1—16页；车行健：《论"三重证据法"》，见《第七届近代中国学术研讨会论文集》，2001年3月，第67—86页。

② 杨向奎：《宗周社会与礼乐文明》，北京：人民出版社，1992年版，第Ⅳ页。

③ 萧兵：《黑马——中国民俗神话学文集》，台北：时报文化出版事业有限公司，1991年版，第8页。

④ 姜亮夫：《古史学论文集》，上海：上海古籍出版社，1996年版，第2页。

貌加以复原。①

由于结合并利用文献材料、考古文物、民俗志、民族志、神话、传说、民间故事及人类学等相关材料来进行同一课题的研究,将是一可行的新尝试,故本文拟运用"三重证据法"的精神与方法,来进行伏羲神话传说与信仰的研究,所使用的材料主要可分为以下三个部分。

（一）文献材料

将古典文献中有关伏羲及其事迹的相关记载,如《庄子》《管子》《淮南子》《山海经》《独异记》等古典文献,以及《太平御览》《艺文类聚》《路史》《绎史》等书中的相关资料,逐一筛选,加以整理,以梳理出伏羲神话传说的形成、发展与变化过程。

（二）考古材料

对考古出土的文物报告及图录,如战国时期的帛画、帛书,汉魏晋时期的各种壁画、画像石、画像砖、石棺椁画像,以及隋唐的绢帛画等材料进行普查,广罗国内外学者发表的考古发掘调查报告资料,检索目前已出版的相关图集,诸如《汉代画像全集》《中国美术全集·壁画》《中国美术全集·画像石·画像砖》等,各分区的图集如《山东画像石选集》《南阳汉代画像石》《四川汉代画像砖》《徐州汉代画像石》《陕北汉代画像石》《洛阳汉墓壁画》等,以及新疆博物馆典藏目录、《西域考古图谱》《新疆出土文物》等区域性的图录,并参考考古界对考古文物的分区、分期、内容考释、风格分析及综合研究的成果,如《汉画考释和研究》《汉代武氏墓群石刻研究》等研究性论著,以及新疆吐鲁番墓葬的研究论著,如《吐鲁番古墓葬出土艺术品》《吐鲁番考古记》《西域文化》等,将各类图像按分区、分期、不同形象暨内容风格加以比较,以之作为横向与纵向的联系。同时,针对相关的文献、考古材料以及民族志的收获加以统计,进行分析、归纳、比较及诠释的工作,尝试将其作"历时"与"共时"性的比较,以探讨其形成的背景、发展的过程与流变的脉络,并从中理解伏羲神话传说与信仰在各个不同历史时期中的功能与意义。

（三）人类学相关材料

包括各史志与各方志中《礼志》《祭祀志》与古迹、祠庙志中有关伏羲信仰、传说的记载,以及河南淮阳的太昊伏羲陵、甘肃卦台山伏羲庙、甘肃天水西关伏羲庙、台湾地区祭祀伏羲庙宇的庙志和庙史记录及相关记载等,借此对伏羲

---

① 容观琼:《文化人类学与南方少数民族》,南宁:广西人民出版社,1990年版,第72页。

的信仰与祭祀沿革及现况作一记录与整理。

此外，各民族志、民俗志及各地民间故事、民族史诗中有关伏羲的神话传说、信仰神祀、民俗活动的资料，如《中国地方志民俗资料汇编》《中国民间故事集成》《中国民间故事全集》《中国少数民族神话》，以及大量散见于各处的神话传说资料等，都是研究考索伏羲神话传说与信仰的重要线索。

众所周知，由于中国神话在很早的时期即已被历史化、道德化和哲学化，所以，目前吾人所见的伏羲神话传说大多早已失去了其原始的面貌；然而，由于书面的模式仍然具有较大的稳定性，对于原始伏羲神话的保存与对后世文学、信仰的影响也较明显，故以之作为进行考索的主要依据。同样的，流传于民间的各种文学作品，由于多未经过文人雅驯化的改造，因此仍颇具原始质朴的面貌，故以之作为辅助说明的材料。结合相关的文献材料、作品，加以归纳分析，便可大致建立起伏羲神话传说的形成、发展与演变规律及其所折射出的原始神话精神。

又，因为神话在传播的过程中，往往因时空的变化，必然会产生出种种变形、变质的现象，从而呈现出不同的样貌，因此，将利用比较法比较作品的同异，尤其在神话的发展中，往往因观赏对象的情感改造与艺术加工，虽保留其外部形态，但审美价值的内涵却发生了极大的改变，故将以伏羲神话传说在不同的时代中，随着政治、社会环境及宗教、民俗、信仰的变化所产生的"历时性"影响与关联，考索出其变异的脉络。

最后，鉴于各地区的风俗信仰未尽相同，表现在神话传说与信仰活动中的思想旨趣自又有所不同，故将采用平行研究的方法，比较在不同的地区中，由于信仰的心理需求不同，所展现的祭祀仪式、民俗活动之差异，并借此探讨神话传说与政治、社会、宗教、信仰之间互动互生的关系。

第二章 伏羲神话传说的形成与发展

第一节 伏羲神话传说的形成背景

一、先秦载籍中的伏羲

有关伏羲的最早记载,大致出现在战国中叶,《管子》《荀子》《庄子》《商君书》及《左传》《战国策》等史书中都有提及。如《管子·轻重戊》云:

……自理国虙戏以来,未有不以轻重而能成其王者也。①

《庄子·缮性》则说:

逮德下衰,及燧人伏羲始为天下,是故顺而不一;德又下衰,及神农黄帝始为天下,是故安而不顺……②

《荀子·成相》亦云:

文武之道同伏戏。③

《商君书·更法》则有:

伏羲神农教而不诛,黄帝、尧、舜诛而不怒。④

又,《战国策·赵策》记赵武灵王的话说:

古今不同俗,何古之法?帝王不相袭,何礼之循?宓戏、神农教而不诛,黄帝、尧、舜诛而不怒,及至三王,观时而制法……⑤

其后,在《吕氏春秋》中亦有反映。此时,"伏羲"乃上古帝王的名号,但并无重要史实的记载。

---

① (周)管仲撰,(唐)房玄龄注:《管子》,台北:台湾商务印书馆,1983年版,第1228页。
② (清)王先谦撰,沈啸寰点校:《庄子集解》,台北:文津出版社,1988年版,第136页。
③ (周)荀况撰,李涤生集解:《荀子》,台北:台湾学生书局,1981年版,第570页。
④ (秦)商鞅撰:《商君书》,台北:台湾商务印书馆,1988年版,第6页。
⑤ (西汉)刘向集录:《战国策》卷十九《赵策二》,上海:上海古籍出版社,1978年版,第663页。

虽然，由载籍记录中的蛛丝马迹，我们似可得出伏羲乃"上古帝王之一"的结论，但近世许多学者却以为：伏羲之名，见之于先秦文献，不仅比尧、舜、禹之名为晚，甚至比炎帝、黄帝之名迟出。先秦载籍中较早的文献里，如孔子、孟子的著作皆不言伏羲，而伏羲之名在战国时期的《庄子》中才出现。何以伏羲在传说诸帝中，时代最早而其名却见之最晚？是否正如顾颉刚所说的，传说中的古帝，据传时代越早的，则其传说见之记载越晚，也就意味着，古史材料中"愈晚出者，所言愈古而越伪，然而又都凌前者而上之而欲使人尊崇"[1]？因此，当许多学者为伏羲的名号、生活时代及族属讨论得异常激烈之际，有些学者便主张："在华夏族的神话传说里，原来并没有伏羲。"[2]甚至也有人认为：伏羲的传说源于《庄子》，乃是庄子借以论道假说，"伏羲的传说既不是古代华夏族所固有，也不是古苗蛮民族的遗裔所传入。……伏羲被推崇为'三皇之尊'乃至成为众人相信的古帝王，乃是与中国古代士人的崇古传统分不开的，崇古而述古为伏羲由假而真提供了舞台……伏羲的传说遂成信史"[3]。这类学者彻底地否认伏羲的存在。

综览古典文献典籍中有关上古帝王的记载，现在可见到的反映古代各族神话传说的最早文献，要算是西周的《诗经》和《尚书》，还有《周易》的卦、爻辞。按，《诗经·商颂·长发》有：

　　洪水芒芒，禹敷下土方。……有娀方将，帝立子生商。玄王桓拨
　　……相土烈烈，海外有截。

又，《诗经·商颂·殷武》载：

　　设都于禹之绩。

而《诗经·大雅·生民》则有：

　　厥初生民，时维姜嫄。……履帝武敏歆……载生载育，时维后稷。

另，《逸周书·商誓》亦有：

　　在昔后稷，惟上帝之言，克播百谷，登禹之绩。

由此可见，在最早的文献史料中，商和周两族都是由上帝生下来的，而他们各有自己的宗神——玄王契和后稷，都住在古代一位天神禹所管辖的土地上。这

---

[1] 顾颉刚：《与钱玄同先生论古史书》，见吕思勉、童书业编著《古史辨》第一册，上海：上海古籍出版社，1982年版，第65页。
[2] 刘起釪：《古史续辨》，北京：中国社会科学出版社，1991年版，第39—40页。
[3] 林声：《伏羲考——兼论对古代传说时代的研究》，载《江苏社会科学》1994年第1期，第79—83页。

时候，世间只有一位天神——禹。

直至战国末期的《天问》，其中虽然述叙了许多的神话人物，如鲧、禹、女娲、共工、舜、尧等，但却没有谈及伏羲。即使是在成书于战国时期的《山海经》中，已开始出现了炎帝、黄帝、太皞、少昊、颛顼、帝鸿、祝融及伯夷、蚩尤等众多的神话人物，但却仍然未见与伏羲相关的记载。所以，"伏羲"之名的出现，大约晚到战国后期诸子的著作中。

战国时期学术昌盛，诸子百家争鸣，许多学者为了宣扬自己的学说，竞相称说古史。如儒、墨、道、法、兵、杂各家，以及《战国策》中所记载的一些纵横辩士，都或多或少地在其著作中谈到古史中的一些人物。而儒、墨两家对尧、舜的称引，便形成了所谓"二帝"（尧、舜）、"三王"（夏禹，商汤，周文、武）之说。于是，诸子百家便纷纷提出更多的古帝名，以支持自己的学说。所以，在《管子·治国》中便有"昔者七十九代之君……俱王天下"的说法，开始把古帝王说得很多，以壮其声势，并在其《封禅》篇中，提出了一个古帝王的系统：无怀氏、虙羲、神农、炎帝、黄帝、颛顼、帝喾、尧、舜、禹等。"虙羲"之名，由此开始出现在先秦诸子的记载之中。其后，《庄子》的《人间世》《胠箧》《缮性》《大宗师》《田子方》等篇中也开始陆续地提到了"伏羲"之名。

由此可见，与伏羲相关的神话传说确有"时代最早而其名却见之最晚"的现象。然而，神话是原始时期人类对外在事物的一种解释，也是人类集体无意识的一种投射，加以神话传说又有记录时间早晚的问题，故未必见得真如顾颉刚所言"愈晚出者，所言愈古而越伪"。或许，正如郑振铎在《汤祷篇》中所说的：

> 我以为古书固不可信以为真实，但也不可单凭直觉的理智，去抹杀古代的事实。古人或不至于像我们所相信的那么样的惯于作伪，惯于凭空捏造多多少少的故事出来；他们假使有什么附会，也必有一个可以使他们生出这样附会来的根据的。愈是今人以为不大近人情、不大合理，却愈有甚至深且厚、至直且确的根据存在着。自人类学、人种志和民俗学的研究开始以来，我们对于古代的神话和传说，已不仅视之为原始人里的"假语村言"了；自从萧莱曼和特洛依城废址进行发掘以来，我们对于古代的神话和传说，也已不复仅仅把它们当作是诗人们的想象的创作了，我们为什么还要常把许多古史上的重要的事实，当作后人的附会和假说呢？[①]

---

① 郑振铎：《汤祷篇》，原作于1932年12月2日，首次发表于《东方杂志》1933年第30期，此据马昌仪编《中国神话学文论选萃（上）》，北京：中国广播电视出版社，1994年版，第192页。

相关的文献载籍中历言伏羲,加以近年来各种相关的考古文物的出土及人类学材料的调查采录,都证明了伏羲神话传说的出现并不像学者们所说的如此之晚,这或可说明,有些经典或神话传说中所记的上古之事,固未必可完全抹杀。

二、"神话历史化"作用下的结果——三皇之首

先秦记载中的伏羲这一神话传说人物,到了后来,由于"神话历史化"的作用,以及受到战国末年以来在"五德终始"学说下所产生的三皇、五帝古史系统的影响,开始有逐渐被神化的现象。其后,随着其地位的不断提升,在许多方士术家与儒生编造的各种纬书中,伏羲开始由上古的氏族部落首领或英雄,成为人间的帝王,后来更厕身于上古圣王的三皇之列,成为三皇之首。

据《风俗通义·皇霸篇》引《春秋运斗枢》载:

> 伏羲、女娲、神农,是三皇也。皇者天,天不言,四时行焉,百物生焉。三皇垂拱无为,设言而民不违,道德玄泊,有似皇天,故称曰皇。[①]

此外,《文选·东都赋》李善注亦引《春秋元命苞》以为:

> 伏羲、女娲、神农为三皇。[②]

关于三皇的来源与传说的演变,顾颉刚、杨向奎曾合撰有一篇多达十五万多字的《三皇考》,文中对于三皇的形成与演变作了极为详尽、深入的分析与考察。[③]在此,大体上利用该文的成果,简要说明"三皇说"形成的过程与伏羲在三皇系统中地位的变化。

首先,"皇"字在早先的文献以及金文中,本来只是形容词或副词,是"尊""善""美"的意思,常用以形容"上天""上帝"和"祖先"。[④]到了战国中后期,因为把本来用以称呼上帝的"帝"字用作称呼人王的位号,如"帝尧""帝舜"等,天帝的位号归于人王,于是人们开始以本来训"美"、训"大"而又惯用作形容天神的"皇"字来称呼上帝,故而《楚辞·离骚》里有"西皇",《九歌》里有"东皇""上皇",《橘颂》里有"后皇","皇"字便成了上帝的称谓。

[①] (汉)应劭撰,王利器校注:《风俗通义校注》卷一,北京:中华书局,1981年版,第2—3页。

[②] (梁)萧统编,(唐)李善注:《文选》卷一,台北:文津出版社,1987年版,第30页。

[③] 顾颉刚、杨向奎:《三皇考》,见吕思勉、童书业编著《古史辨》第七册中编,上海:上海古籍出版社,1982年版,第20—282页。

[④] 如《尚书·顾命》"皇天用训厥道"中的"皇"为"上天"的形容词;而《诗经·大雅·皇矣》"皇矣上帝,临下有赫"中的"皇",则是"上帝"的形容词;又《诗经·小雅·信南山》"献之皇祖"、《诗经·周颂·闵予小子》"念兹皇祖"中的"皇"则都是"祖"的形容词。详见顾颉刚、杨向奎:《三皇考》,第52—59页。

直至《吕氏春秋》一书，开始出现了"三皇"这个名词。《吕氏春秋·贵公》中有：

> 天地大矣，生而弗子，成而弗有，万物皆被其泽、得其利，而莫知其所由始，此三皇、五帝之德也。①

而以下诸篇中也有：

> 夫取于众，此三皇、五帝之所以大立功名也。(《用众》)
> 上称三皇五帝之业以愉其意，下称五伯名士之谋以信其事。(《禁塞》)
> 夫孝，三皇五帝之本务，而万事之纪也。(《孝行》)②

至于三皇究竟是怎样的三个人，《吕氏春秋》的作者并没有说明。此外，在《庄子·天运》中也有关于三皇的说法：

> 故夫三皇五帝之礼义法度，不矜于同，而矜于治。故譬三皇五帝之礼义法度……
> 余语汝：三皇五帝之治天下，名曰治之，而乱莫甚焉。三皇之知，上悖日月之明，下睽山川之精，中堕四时之施。③

由于《庄子》一书的成分较为复杂，一般认为是战国时成书，但其中亦杂有西汉时的作品。而《天运》篇在《庄子》外篇，一般认为是庄子后学所作，故这段话可能比《吕氏春秋》还要晚。所以顾颉刚以为：《庄子》里"对于三皇的观念已含有菲薄的意味，这当然不是刚出现的三皇了"④。因而此篇中"三皇"一词的形成时间亦为可疑。但《吕氏春秋》和《庄子》中的"三皇"，都没有具体的名号。之所以会屡屡提到三皇，这可能是因为受到了当时神秘的"三""五"这套数字概念的影响⑤，加之当时把"皇"的名位看得比"帝"高，如《管子·兵法》说："明一者皇，察道者帝，通德者王，谋得兵胜者霸。"⑥于是，在战国末年人们喜称"三""五"的情形下，便在"五帝"之上增列了"三皇"。

到了汉代，人们对三皇五帝的权威则深信不疑，如《周礼·春官》载："外

---

① (秦)吕不韦撰，(汉)高诱注，陈奇猷校释：《吕氏春秋》，台北：华正书局，1988年版，第44页。
② (秦)吕不韦撰，(汉)高诱注，陈奇猷校释：《吕氏春秋》，第232—233、401、731页。
③ (周)庄周撰，(清)郭庆藩辑，王孝鱼整理：《庄子集释》(《新编诸子集成》第一辑) 卷五下，北京：中华书局，1995年版，第514页。
④ 顾颉刚、杨向奎：《三皇考》，见《古史辨》第七册中编，上海：上海古籍出版社，1982年版，第20—282页。
⑤ 刘起釪：《古史续辨》，北京：中国社会科学出版社，1991年版，第106页。
⑥ (秦)吕不韦撰，(汉)高诱注，陈奇猷校释：《吕氏春秋》，台北：华正书局，1988年版，第321页。

史掌书外令，掌四方之志，掌三皇五帝之书。"①《周礼》所记载的官职名称，多不出春秋之世周、鲁、郑、卫四国官制的范围，但也有不少内容受到战国及汉代制度的影响，因而这里所谓的"掌三皇五帝之书"，有可能是汉代以后"三皇五帝"一词为人们所习用以后而采用的。

另一方面，到了汉初，三皇之名也开始被具体地提出。据《史记·秦始皇本纪》记载始皇时王绾、李斯等的奏议中有：

> 今陛下兴义兵，诛残贼，平定天下，海内为郡县，法令由一统，自上古以来未尝有，五帝所不及。臣等谨与博士议曰："古有天皇，有地皇，有泰皇；泰皇最贵。"臣等昧死上尊号，王为"泰皇"……②

很明显，最初的三皇是指天神中的三皇，而且到当时为止，三皇的说法就只此一说。也就是说，终战国时代直至秦始皇统一天下后，秦博士所知的三皇就是天神中的三皇，即天皇、地皇、泰皇。

进入汉代以后，方士曾上书请以太牢祠"三一"。所谓的"三一"便是天一、地一、泰一。③由此可知，西汉时天神中的三位大神，仍是天皇、地皇、泰皇。但东汉的纬书，如《春秋纬》的《命历序》和《保乾图》，以及《遁甲开山图》《尚书璇玑钤》等中，则都改说成"天皇""地皇"及"人皇"，不过这时的三皇仍是天神中的三皇。直至东汉时期的《尚书大传》，则开始将人间历史上的三皇牵合于神话中的三皇。据《风俗通义》引《尚书大传》的"三皇说"谓：

> 遂人为遂皇，伏羲为戏皇，神农为农皇也。遂人以火纪，火，太阳也……故托遂皇于天。伏羲以人事纪，故托戏皇于人……神农以地纪，悉地力……故托农皇于地：天地人之道备，而三五之运兴矣。④

同此说者，还有纬书《甄耀度》：

> 数燧人、伏牺、神农为三皇。⑤

---

① （汉）郑玄注，（唐）贾公彦疏：《周礼注疏》，十三经注疏本，台北：艺文印书馆，1955年版，第408页。

② （汉）司马迁撰，（刘宋）裴骃集解，（唐）司马贞索隐，（唐）张守节正义：《史记》卷六，见杨家骆主编《二十五史》，台北：鼎文书局，1980年版，第235页。

③ 据《汉书·郊祀志》载："亳人谬忌奏祠泰一方，曰：'天神贵者泰一，泰一佐曰五帝。古者天子以春秋祭泰一东南郊，日一太牢，七日，为坛开八通之鬼道。'于是，天子令太祝立其祠长安城东南郊，常奉祠如忌方。其后，人上书言：'古者天子三年一用太牢祠三一：天一、地一、泰一。'天子许之，令太祝领祀之于忌泰一坛上，如其方。"语见（东汉）班固撰，（唐）颜师古注：《汉书》卷二十五上《郊祀志上》，杨家骆主编：《中国学术类编》，台北：鼎文书局，1981年版，第1218页。

④ （汉）应劭撰，王利器校注：《风俗通义校注》卷一，第3页。

⑤ （汉）郑玄注，（唐）孔颖达等注疏：《礼记注疏》卷一，十三经注疏本，上海：中华书局，出版年不详，第16页。

纬书是东汉时民间信仰的一种思想反映，这些民间信仰的代表者依附儒家经典为己立论著书。他们根据秦末原指天神的"三皇"一词，附会地提出了把神话人物变成历史人物的多种不同组合的"三皇说"。由于三皇的人物与组合复杂①，在此暂不细述。

一般而言，自战国以来的古史系统，多以燧人、伏羲、神农、黄帝、尧、舜的时代先后作为次序。所以在较早的说法里，三皇中的第一皇为燧人，伏羲名列其后，例如前述所引的《尚书大传》及纬书《甄耀度》。同时，《礼记》疏引《易纬·通卦验》郑玄注也说：

> 遂皇谓遂人，在伏牺前。②

又引郑玄《六艺论》云：

> 遂皇之后，历六纪九十一代，至伏牺始作十二言之教。③

谯周《古史考》亦云：

> 太古之初……有圣人以火德王……号曰燧人，次有三姓，乃至伏牺……④

皇甫谧《帝王世纪》则曰：

> 燧人氏没，庖牺氏代之……⑤

但把燧人氏列在伏羲氏之前，是非常受后儒怀疑的，如孔颖达为《尚书·序》作正义时以为：

> 燧人，说者以为伏牺之前。据《易》曰"帝出于震"，震，东方，其帝太昊，又云"古者包羲氏之王天下也"，言古者制作莫先于伏牺，何以燧人侧在前乎？⑥

因此，在有些古史系统中，或列伏羲于燧人氏之前，或根本略燧人氏不提，而首述伏羲。

直至《礼纬·含文嘉》及《春秋纬·运斗枢》和《春秋纬·元命苞》，始将

---

① 各种不同组合的"三皇说"包括"燧人、伏羲、神农说""伏羲、女娲、神农说""伏羲、祝融、神农说""伏羲、神农、共工说""伏羲、神农、黄帝说""黄帝、少昊、颛顼说"等。至于各种说法的详细文献记载，可参见刘起釪：《古史续辨》，第105—116页。
② ［日］安居香山、中村璋八辑：《纬书集成》，石家庄：河北人民出版社，1994年版，第246页。
③ （汉）郑玄注，（唐）孔颖达等注疏：《礼记注疏》，第10页。
④ （三国蜀）谯周：《古史考》（《笔记小说大观》二十四编第1册），台北：新兴书局，1978年影印本，第64页。
⑤ （晋）皇甫谧：《帝王世纪》，北京：中华书局，1985年版，第2页。
⑥ （汉）孔安国传，（唐）孔颖达等正义：《尚书注疏》，十三经注疏本，上海：中华书局，出版年不详，第7页。

伏羲列为三皇之首。此见《风俗通义·皇霸》所引《春秋纬·运斗枢》说：

  伏羲、女娲、神农，是三皇也。

《风俗通义》又引《含文嘉》所记三皇为：

  虙戏，燧人，神农。……伏羲始别八卦，以变化天下，天下法则，咸服贡献……燧人始钻木取火，炮生为熟，令人无复腹疾，有异于禽兽……神农……始作耒耜，教民耕种，美其衣食……①

《春秋纬·命历序》亦列伏羲于燧人之前：

  羲皇、燧人始名物虫鸟兽之名。②

其后，除了新莽时期所编造的"三皇说"③之外，伏羲列于三皇之首的地位大致确定。如王符《潜夫论·五德志》云：

  世传三皇五帝，多以为伏羲、神农为二皇；其一者或曰燧人，或曰祝融，或曰女娲。其是与非，未可知也。我闻古有天皇、地皇、人皇，以为或即此谓，亦不敢明。凡斯数（说），其于五经，皆无正义。故略依《易系》，记伏羲以来，以遗后贤。④

《风俗通义·皇霸篇》则云：

  三皇……《礼号谥记》说："伏羲、祝融、神农。"⑤

又，《礼纬·稽命徵》云：

  三皇三正：伏羲建寅，神农建丑，黄帝建子。⑥

扬雄《法言·君子》则有：

  或问："人言仙者，有诸乎？""吁！吾闻虙羲、神农殁，黄帝、尧、舜殂落而死……"⑦

以上都是以伏羲为三皇之首。甚至有将其与天神中的三皇加以比附者，如郑樵的《通志·三皇纪·序》云：

---

① （汉）应劭撰，王利器校注：《风俗通义校注》卷一，第2—3页。
② （宋）李昉等奉敕编：《太平御览》卷九百一十四引，台北：台湾商务印书馆，据上海涵芬楼影印，第4182页。
③ 西汉末年，王莽为方便自己的新朝能套在古史系统的"三皇五帝三王"模式中，以使自己得以列为"三王"中的最后一王，于是依次按历史朝代向上追溯，故以新朝、汉、周为"三王"，以喾、尧、舜、夏、商为"五帝"，以黄帝、少昊、颛顼为"三皇"。详见顾颉刚、杨向奎：《三皇考》，第97—99页。
④ （汉）王符撰，（清）汪继培笺，彭铎校正：《潜夫论笺校正》卷八，北京：中华书局，1985年版，第383页。
⑤ （汉）应劭撰，王利器校注：《风俗通义校注》卷一，第3页。
⑥ [日]安居香山、中村璋八辑：《纬书集成》，石家庄：河北人民出版社，1994年版，第513页。
⑦ 汪荣宝撰，陈仲夫点校：《法言义疏》，北京：中华书局，1987年版，第517页。

> 三皇者，天皇、地皇、人皇是也。其说不经，无所取证。当取伏羲为天皇，神农为人皇，黄帝为地皇之说为正。伏羲作《连山》，神农作《归藏》，黄帝作《坤乾》。①

郑樵不仅把伏羲、神农、黄帝的"三皇说"牵合于神话中的"三皇说"，而且还附会以伪《三坟》。然而，事实上，《三坟》的《连山》《归藏》及《坤乾》，是晚到宋代才出现的。此说的穿凿附会，明确可见。

伏羲之所以被列为三皇之首，据《白虎通德论》的说法以为：

> 三皇者，何谓也？谓伏羲、神农、燧人也。或曰伏羲、神农、祝融也。古之时未有三纲六纪，民人但知其母，不知其父；能覆前而不能覆后；卧之詓詓，起之吁吁，饥即求食，饱即弃余；茹毛饮血而衣皮韦。于是伏羲仰观象于天，俯察法于地，因夫妇，正五行，始定人道，画八卦以治下。天下伏而化之，故谓之伏羲也。②

传说中他因为带领人们进入文明社会，故被尊为三皇之首。

然而，对于秦汉以来所盛行的"三皇说"，唐宋以后，学者们纷纷提出了质疑。如司马光在其《稽古录》卷一中便曾怀疑"三皇"之说：

> 伏羲之前为天子者，其有无不可知也。如天皇、地皇、人皇、有巢、燧人之类，虽于传记有之，语多迂怪，事不经见。③

其后，刘恕的《资治通鉴外纪》则明言：

> 六经……皆不称"三皇""五帝""三王"……或以包牺至舜为五帝，然孔子未尝道，学者不可附会臆说也。④

刘恕认为：在早期的载籍中，六经皆不称"三皇五帝三王"，《六韬》称"三皇"，《周礼》称"三皇五帝"，《文子》《列子》《庄子》《吕氏春秋》《五经纬》称"三皇"，《鹖冠子》称"九皇"。而先秦之书存于今者，《周书》《老子》《曾子》《董子》《慎子》《邹子》《尹文子》《孙子》《吴子》《尉缭子》，皆不言"三皇五帝三王"。到了秦汉学者才竞称"三皇五帝"，而不究古无其人，仲尼未尝道也。所以他认为："孔子时未有语三皇五帝，言者皆周末秦以后伪书耳。"⑤后来的南宋人

---

① （宋）郑樵：《通志》卷一，台北：新兴书局，1959年版，第31页。
② （宋）郑樵：《通志》卷一，第31页。
③ （宋）司马光：《稽古录》卷一，北京：中华书局，1985年版，第1页。
④ （宋）刘恕编：《资治通鉴外纪》卷一，四部丛刊正编本，台北：台湾商务印书馆，1979年据上海涵芬楼藏明刊本影印。
⑤ （宋）刘恕编：《资治通鉴外纪》卷一。

魏了翁在其《古今考·高帝纪第一》中也主张：

> 三皇五帝之称号，圣人未尝言，虽三王五霸亦未尝及。[①]

直至清代的崔述，在其《补上古考信录》中更力辟"三皇说"之谬：

> 羲、农以前，未有书契，所谓"三皇""十纪"帝王之名号，后人何由知之？……夫《尚书》但始于唐虞，及司马迁作《史记》乃起于黄帝，谯周、皇甫谧又推之以至于伏羲氏，而徐整以后诸家遂上溯于开辟之初。岂非以其识愈下则其称引愈远，其世愈后则其传闻愈繁乎！[②]

他认为：

> 且经传述上古皆无"三皇"之号……盖"三皇五帝"之名本起于战国以后……学者不求其始，习于其名，遂若断不可增减者；虽或觉其不通，亦必别为之说以曲合其数。是以各据传说，互相诋諆。不知古者本无"皇"称，而"帝"亦不以"五"限，又何必夺彼以与此也哉！[③]

明确地指出了三皇五帝等古史传说乃后起的伪说，是不可信的。

后人所知，反比古人为详，这就是所谓的"其识愈下则其称引愈远，其世愈后则其传闻愈繁"的道理。正如顾颉刚在《古史辨》第一册中所说的"时代愈后，知道的古史越前，文籍越无征，知道的古史愈多"[④]的现象一样。因此，夏曾佑在其《中国古代史》的第一章中，便把三皇五帝的太古时代列为"传疑时代"，并以为：此期之事"并无信史，均从群经与诸子中见之，往往寓言事实，两不可分"。[⑤]而蒙文通在与缪凤林讨论的文章中，也以为"三皇五帝本神而非人，三皇说本于'三一'，五帝说由于'五运'。二说之完成，当在战国及秦世"[⑥]。原则上都是以为"三皇说"乃后起之说。

虽然，这些作为人间历史上的三皇、五帝，或为后起之伪说，可能是秦汉时期学者利用神话传说中的伏羲、神农、黄帝等上古时期的氏族部落首领或传说人物拼合附会而成的，但这种神话传说人物的"历史化"，在中国的神话发展史上却是一种常见的现象。

[①]（宋）魏了翁：《古今考》（《笔记小说大观》十三编第5册），台北：新兴书局，1976年版，第2713页。

[②]（清）崔述：《补上古考信录》卷下，北京：中华书局，1985年版，第4—5页。

[③]（清）崔述：《补上古考信录》卷下，第1—2页。

[④]顾颉刚：《与钱玄同先生论古史书》，见吕思勉、童书业编著《古史辨》第一册，上海：上海古籍出版社，1982年版，第65页。

[⑤]夏曾佑：《中国古代史》，石家庄：河北教育出版社，2000年版，第14页。

[⑥]蒙文通：《三皇五帝说探源·蒙文通与缪凤林书》，见《古史辨》第七册中编，第314页。

神话传说的"历史化"现象，在各民族的神话演变过程中都或多或少地存在着，但在中国神话的发展史上，"历史化"现象则显得非常突出。固然，这类情况的出现并非偶然，它实与中国神话发展的具体经验以及古史传说人物的特殊性质有直接的关系。据研究中国神话"历史化"现象的学者观察，由于中国古史神话人物的产生，最初多来自于对祖先的崇拜，在祖先崇拜观念的支配下，那些为本氏族和部族的发展奠定了基础，并且具有英雄特征的祖先逐渐被神化，成为氏族的保护神。后来，随着宗教观念的发展，这些祖先神的地位不断地被提高，逐渐成为该地区的最高主宰天神，如中央天帝黄帝、东方天帝太昊等。由于天神是由祖先神所演化而来的，所以早期社会中的天神多兼有始祖神的身份。后来随着理性精神的发展，那些荒诞不经的神话受到怀疑，因此，有许多史学家开始对许多的神话进行大刀阔斧的修剪，神话因此被先秦诸子历史化地整理编入古史系统中，而上古的神话英雄变成了人间帝王，不可改造的神怪则纷纷被淘汰。[①]关于这一点，茅盾在其《中国神话研究ABC》中有详尽的描述，他说：

……最后来了历史家。这些原始的历史家（例如希腊的希罗多德）把神话里的神们都算作古代的帝皇，把那些神话当作历史抄了下来。所以他们也保存神话，他们抄录的时候，说不定也要随手改动几处，然而想来大概不至于很失原样。可是原始的历史家以后来了半开明的历史家，他们却捧着这些由神话转变来的史料皱眉头了。他们便放手删削修改，结果成了他们看是尚可示人的历史，但实际上既非真历史，也并且失去了神话。所以他们只是修改真神话，只是消灭神话，中国神话之大部恐是这样的被"秉笔"的"太史公"消灭了去了。[②]

这样的变化，或许，就诚如钟敬文所说的："伏羲原是一个部落的主神，照理他的神话，应该相当丰富。可是现在我们看到的古文献上的记录，却数量不多，而且相当零碎。这大概是由于从战国时起他就被历史化了，加以儒家的'不语怪'精神，也在发生作用。"[③]所以伏羲也就随着神话的"历史化"作用，成为正史中的上古帝王。

另一方面，由于组成华夏民族的诸多族群，在各自的扩张和迁徙的过程中，往往因部族的兼并，从而必须与其他部族共构相同的历史，即如王孝廉所说的：

---

① 赵沛霖：《论神话历史化思潮》，载《南开学报（哲学社会科学版）》1994年第2期，第56—63页。

② 茅盾：《神话研究》，天津：百花文艺出版社，1981年版，第143页。

③ 钟敬文：《马王堆汉墓帛画的神话史意义》，载《中华文史论丛》1979年第二辑，第91页。

> 古代中原各血缘集团所组成的部族，各有自己的始祖神，这些始祖神也即是各个部族神话传说的中心人物，而等到这些各姓的部族文化发展到建立了国家或王朝的时候，这些始祖神又被历史化而成了各个古代的帝王或传说中的英雄……许多历史上登场的帝王和中心人物，其实原是氏族的原始或祭仪的推原……古代中国以黄帝为中心所建立的古帝王系谱，实是中原各氏族的被历史体系化了的神话群。[①]

先秦学者对各氏族始祖神话所作的整合，便形成了五帝、三皇的古史系统。至此，神话与历史完全接轨。到了汉代，又将此一系统重新塑造，纳入了正史的系统。

三、谶纬学说下的变貌——圣王的神话传说

由前面的论述可知，经过战国末年诸多学者的加工与编造，伏羲开始从先秦诸子记载中可能为上古氏族部落首领的一员，摇身一变，成为上古时期的三皇之首。到了汉代，又由于政治需求以及社会上阴阳五行与谶纬之说的盛行，使得知识分子们"开始以新的心态观照神话"[②]，而这种强烈的关心，则表现在他们对神话的选择、整理和改造上。因此，伏羲神话发展到了汉代，在纬书的刻意"神化"作用下，开始被重新诠释，以作为当时政治、社会的宣传工具。而与伏羲相关的神话传说，也逐步由原始的神话形式发展成为固定的圣王神话典型模式，伏羲由此成为一位感天而生、具有异貌、禀受天命并创造各种上古文明的古圣王之一。

所谓的圣王，即是有圣德之王。"圣"者言其德，"王"者言其位。因此，圣王不仅是以个人的理想人格成为人类道德的象征，同时也是以自己的王者之位成功地进行着一种理想的社会政治实践，也就是《庄子》所说的"内圣外王"的理想人物。而先秦诸子也多喜利用圣王的各种传说来表达各种政治理想，如《墨子·天志》中以为"昔者三代圣王尧、舜、禹、汤、文、武是也"，便是以尧、舜、禹、汤、文、武作为古代圣王的代表人物及理想政治象征。

然而，诚如梵·巴仁在其《神话的灵活性》一文中引述凡西纳的《口头传说：历史方法论研究》中所说的：

> 许多神话都完全是对现存世界和社会作出解释，它们的作用就是为了证明现存政治结构的合理性。可以对此提出雄辩证明的事实是：非洲

---

① 王孝廉：《中国的神话世界（下）——中原民族的神话与信仰》，台北：时报文化出版事业有限公司，1992年版，第16页。

② 张强：《论神话在汉代传播的文化形态》，载《陕西师范大学学报（哲学社会科学版）》1995年第24卷第4期，第85页。

许多地区的神话都对欧洲人政权的建立作了解释。①

故神话是可以形塑的,是可以不断增删、修改与生灭的,有时为了政治的需要亦可以"重建"神话。又,按意大利哲学家维科(Giambattista Vico,1668—1774)的说法,神话观念的发展可分为四个阶段:

1. 自然被拟人化、神化;

2. 人类开始征服自然,改造自然;

3. 重新对神话进行再解释。诸神代表着政治状态、社会制度和党派,而且反映不同阶级之间的斗争;

4. 神被人格化,神话失去其大部分寓意性意义。②

由此可知,在进入文明社会以后,神话往往又会被赋予新的社会功能。所以,当这些在先秦时期只是作为历史或神话的上古帝王神话传说被传颂到了汉代时,由于其所具备的圣王形象又正好符合当时官方的宗教神学意识形态与功能,传说中的上古帝王便自然而然地被吸纳进当时的圣王政治神话谱系之中,成为当时谶纬之学建构政治神话的重要组成部分。而这一现象,则主要表现在汉代各式的纬书之中。

所谓的纬书,是"对一批流行于西汉末年至东汉末年的带有相当神秘色彩的书籍的总称"③,其内容相当庞杂,涉及天文、地理、哲学、伦理、政治、历史、神话、民俗以及医学等各个层面。冷德熙根据对汉代纬书中三皇五帝神话的分析,认为这些纬书在试图将所谓的上古圣王"英雄化"的过程中,往往会将其生命历程作以下几种常见的类型塑造:

1. 圣王奇迹性的诞生:感生说;

2. 圣王的超人性特征:异貌说;

3. 圣王之天命及其转移:受命说;

4. 圣王作为文化英雄的文明业绩。④

同样的,伏羲的神话传说在汉代,亦循着此一圣王神话的模式发展,而又有了以下的变貌。

---

① 梵·巴仁:《神话的灵活性》,见阿兰·邓迪斯编《西方神话学论文选》,朝戈金、伊尹、金泽、蒙梓译,上海:上海文艺出版社,1994年版,第291页。

② 维科的说法,详见大林太良:《神话学入门》,林相泰、贾福水译,北京:中国民间文艺出版社,1989年版,第217页。

③ 吕宗力、栾保群:《〈纬书集成〉前言》,见安居香山、中村璋八辑《纬书集成》,石家庄:河北人民出版社,1994年版,第2页。

④ 冷德熙:《超越神话——纬书政治神话研究》,北京:东方出版社,1996年版,第96—134页。

（一）圣王奇迹性的诞生：感生说

传说中，伏羲母华胥感大人迹而生伏羲。此说最早见于汉代的纬书中，据《太平御览》卷七十八引《诗纬·含神雾》云：

> 大迹出雷泽，华胥履之，生伏牺。①

又，《山海经·海内东经》晋代郭璞注引《河图·稽命徵》云：

> 大迹在雷泽，华胥履之而生伏羲。②

圣王感应天地间的神灵而孕生，这一类的感生神话传说在汉代是十分流行的。除了有伏羲的"履大人迹"之外，《史记·殷本纪》也记有简狄吞玄卵生殷始祖契，《周本纪》说姜嫄践巨人迹而生周始祖弃，《秦本纪》述有女修吞玄鸟卵而生秦祖大业，《高祖本纪》则记载了刘媪感蛟龙生刘邦之事。基本上来说，这一类的感生神话传说可能出现得很早，它可能是原始社会图腾崇拜的一种孑遗，相关的讨论，将于后面作较深入的说明。但从汉代的这些圣王神话中圣王感神迹而生的叙述来看，它实际上是为了要奠定圣王作为文化英雄的特殊地位而创设的。在这些圣王神话中，他们之所以能够成就伟大的文明业绩，主要就是由于他们具有不同于一般凡俗之人的神奇力量，而他们之所以具有这种神奇力量，其源头在于他们不平凡的出身；至于他们之所以能够拥有道德选择上的超越性及其成就治功的圣智，如创造发明、观象制器等，也是由于天神赋予他们的、表现在他们身上的神性所致。

（二）圣王的超人性特征：异貌说

由于圣王的神性来自于天帝，于是，他们也往往具有特殊的容貌，以作为他们神性的标志。如汉代纬书中关于伏羲异貌的记载有：

> 伏羲大目，山准，龙颜。③（《春秋纬·元命苞》）

> 伏羲龙身牛首、渠肩达腋、山准日角、奯目珠衡、骏毫翁鬣、龙唇龟齿，长九尺有一寸，望之广，视之专。④（《春秋纬·合诚图》）

圣人、圣王拥有异貌，这可能是汉人根据春秋战国以来长期流行于民间的命相学思想所附会而成的。如《荀子》中有《非相篇》，以为"古者有姑布子卿，今之世梁有唐举，相人之形状颜色，而知其吉凶妖祥"⑤。此说至汉代则颇为盛

---

① 《太平御览》卷七八引，第493页。
② 《山海经校注》，第330页。
③ 《纬书集成》，第589页。
④ 《纬书集成》，第762页。
⑤ 《荀子·非相篇第五》，第71页。

行，如王充《论衡》中有《骨相篇》，以为"人命禀于天则有表候见于体""案骨节之法，察皮肤之理以审人之性命，无不应者"。①所以在汉代的纬书中多说"黄帝龙颜，颛顼戴午，帝喾骈齿，尧眉八采，舜目重瞳"，而《史记·高祖本纪》也说汉高祖刘邦"为人龙准而龙颜，美须髯，左股有七十二黑子"。这当然是司马迁根据当时流行的骨相之说神化了刘邦，但也可看出所谓的"圣王有异貌"之说的盛行。伏羲作为上古圣王，自然也就被附会为"龙身牛首、渠肩达腋、山准日角、奯目珠衡、骏毫翁鬣、龙唇龟齿"的奇异样貌了。

（三）圣王之天命及其转移：受命说

所谓的"受命"，是指每位圣人之所以成为人王，事先都有天命的安排。在中国，受天之命而王的观念起源很早。早在《尚书·召诰》中就有"呜呼！皇天上帝，改厥元子。兹大国殷之命……天既遐终大邦殷之命……"②的句子，由此可知，在《尚书》中，殷、周之间的政权转移乃来自于天命的力量，而天命又随着道德转移，圣王由于具有超凡的圣德，故得以受天命而王。

而对于汉代社会来说，人们又普遍相信天帝、天命的观念及其与人之间的"天人感应"力量，天帝是主宰和人格化、绝对化了的道德意志，而圣王则以其道德事功赢得天命的眷顾，所以会有天帝使神马、龙马或神鱼等授予《河图》或洛水神龟负出《洛书》等奇特的现象，以作为天授神权的依据。关于伏羲的受命，据《河图纬·龙鱼河图》载：

> 伏羲氏王天下，有神龙负图出于黄河……推阴阳之道，知吉凶所在，谓之河图。③

伏羲之所以如此受眷顾，自然是因为他禀受天命，注定成为"人间圣王"的缘故。

（四）圣王作为文化英雄的文明业绩

根据文献传说的记载，伏羲有许多的创造与发明，如伏牛乘马、结绳网罟、画八卦、造书契、制琴瑟等，这应也与汉代纬书对圣王英雄化的作用有关。

关于中国古代的文明制作故事，先秦经籍中多有记载，但到了战国时期的《周易·系辞传》中才开始把文明的许多创造发明成就归之于圣王和祖先的名下。按《周易·系辞传下》载：

---

① 黄晖撰：《论衡校释》卷三《骨相第十一》，见《新编诸子集成（一）》，北京：中华书局，1990年版，第108、116页。
② （汉）孔安国传，（唐）孔颖达等正义：《尚书注疏》，第220页。
③ 《纬书集成》，第1149页。

> 古者包牺氏之王天下也，仰则观象于天，俯则观法于地，观鸟兽之文与地之宜，近取诸身，远取诸物，于是始作八卦，以通神明之德，以类万物之情。作结绳而为网罟，以佃以渔。①

而在汉代的纬书中，则更将圣王的发明创造作为其政治上的一种成功。如：

> 伏羲德洽上下，天应以鸟兽文章，地应以河图洛书，乃则象而作易，始作八卦。(《礼纬·含义嘉》)

> 伏羲氏以木德王，天下之人，未有宅室，未有水火之和。于是乃仰观天文，俯察地理，始画八卦，定天地之位，分阴阳之数，推列三光，建分八节，以文应瑞，凡二十四气。消息祸福，以制吉凶。(《春秋纬·春秋内事》)

无论这些文明的业绩是何时何人所发明创造的，我们都很清楚：其实，传说中伏羲的各种文明业绩，如渔网的发明、琴瑟的制作、婚姻的改进等，都是人类向更文明发展的必然成就；而婚姻则是社会制度中一种人际关系的规范，另外像以火热食、渔猎、驯养动物、发明文字符号、天文、医药、音乐等，都体现着先民对于其所生活的环境之各种事物的客观性、实用性知识。这些文明的创制，之所以被附加在伏羲的身上，真正的目的是要使他的形象不断高大，使之成为上古文化英雄的代表。

除了将人类的许多文明制作都归之于圣王的名下外，汉代的纬书甚至于还赋予了这些上古的圣王创造"天"的神异功能。如《易纬·乾坤凿度》卷上便云：

> 黄帝曰：太古百皇，辟基文籀，遽理微萌，始有熊氏，知生化柢、晤兹天心，谊念虞思慷及惊，虑万源无成，既然物出，始俾太易者也。
> 太易始著，太极成，太极成，乾坤行。②

在这里，化生万物的"有熊氏"，据汉代郑玄的注以为便是"庖牺氏，亦名苍牙也"③，也就是说"有熊氏"庖牺知天德好生，故造化万源，建立了天地。

虽然纬书是汉代社会统治阶级出于政治目的的有心造作，然而，这类圣王的神话有时也正提供了当时人们对于神、祖先、圣人的神话以及事物源起的解释与证明。在这里，我们可以看到，伏羲成了人间女子感天上神灵而生的神异之人，他具有特殊的外表，他是受《河图》以教化人民的天神使者，并具有特殊

---

① (魏)王弼、韩康伯注，(唐)孔颖达等正义：《周易》卷八《系辞传下》，十三经注疏本，第166页。

② 《纬书集成》，第65—66页。

③ 《纬书集成》，第65页。

的天赋才能，为人类创造了各种精神文明。换句话说，汉代的伏羲圣王神话作用，使得伏羲由原始神话传说中上古氏族部落首领的凡俗之人，摇身一变，成了一位形象鲜明、天赋异禀的上古圣王了。

第二节　圣王神话传说与"人首蛇身"形象的结合

由前面的讨论可知，伏羲的神话传说到了汉代，由于受到圣王神话的影响，汉人将伏羲神化，并且将他的血缘上溯到具主宰力量的雷神身上，伏羲遂成为雷神的后裔。而在伏羲与雷神建立血缘关系的同时，伏羲又与代表雷神形象的龙发生关联。因此，在两汉的墓葬中，便出现大量绘有"人首蛇身"或"人首龙身"的伏羲形象。

首先，在圣王神话的作用下，伏羲是由于其母感雷神之迹而孕生的，据《太平御览》卷七八引《诗纬·含神雾》云：

> 大迹出雷泽，华胥履之，生伏牺。①

唐司马贞《史记·补三皇本纪》也说：

> 太昊庖牺氏，风姓，代燧人氏继天而王。母曰华胥，履大人迹于雷泽，而生庖牺于成纪。蛇身人首，有圣德。②

晋皇甫谧《帝王世纪》亦载：

> 有巨人迹出于雷泽，华胥以足履之有娠，生伏羲，长于成纪。③

晋郭璞《山海经·海内东经》注引《河图》云：

> 大迹在雷泽，华胥履之而生伏羲。④

由以上文献的记载可归纳出与伏羲出生相关的神话传说的大致轮廓为：燧人氏时期，居住在华胥渚或雷泽附近的女子华胥，因为践踏了一个"大人"的脚印，便产生感应而有孕，经过十二年的怀孕，在成纪生下了伏羲。根据袁珂的研究，雷泽是由"龙身人头"的雷神所主管，大迹当然是雷神之迹，那么"蛇身人首"的伏羲为其母感雷而生，自然也是雷神的儿子，毫无疑问。⑤

---

① 《太平御览》卷七八引，第493页。
② 《史记·补三皇本纪》，见戴逸主编《二十六史》，长春：吉林人民出版社，第1页。
③ 《帝王世纪》，第2页。
④ 《山海经校注》，第330页。
⑤ 袁珂：《古神话选释》，北京：人民文学出版社，1979年版，第52页。

中国人对于雷的崇拜，由来甚古。[①]由于在原始信仰中人们对雷具震慑人心的声响及摧毁万物这些巨大力量产生恐惧与崇畏，于是渐渐将其比附为人君权威的象征。如《汉书·五行志》云：

> 震，雷也。……于《易》，雷以二月出，其卦曰《豫》，言万物随雷出地，皆逸豫也。以八月入，其卦曰《归妹》，言雷复归。入地则孕毓根核，保藏蛰虫，避盛阴之害；出地则养长华实，发扬隐伏，宣盛阳之德。入能除害，出能兴利，人君之象也。[②]

此以雷的声震百里，象征人君发布政令；以雷的震惧恐吓，象征人君政令的恐怖威猛；以雷的摧生万物，象征人君的除害兴利。于是，雷成了具有人君权威、主宰之德的象征。

可能就是由于雷神具有这种体现人间帝王威权的特殊性质，到了汉代，基于某种政治的需要，便出现了古今帝王为雷神之子或其后裔的各种政治神话。如黄帝的神话，在汉代以前，均不见黄帝诞生及黄帝与雷神关系的神话记载，但到了汉代，黄帝的神话便发生了一些变化，据《尚书》正义引《帝王世纪》云："黄帝母附宝，见大电绕北斗枢星，照耀郊野，感而生黄帝轩辕于青邱。"[③]这里的"大电"便是雷神的化身，黄帝母附宝感"大电"而生他，故黄帝便是雷神的后裔，自然也继承了雷神的神性，因此，《春秋合诚图》才会说："轩辕，主雷雨之神。"汉人创造附宝"感大电"的神话，其目的可能就是为了将黄帝的血缘与雷神相连，以使其具备在神统中的主宰地位。这种将人间帝王与天上神灵作血缘上比附的做法，也成为后来神化人间帝王的政治神话操作手法的榜样。

综观中外神话的发展，可以发现：许多的神话是在旧神话瓦解和新神话建立之不断解构与建构中回旋完成的，其中，旧神话的意象会不断地充实新神话的内容，使得神话愈晚出，其意涵就愈丰富。因此，在人类社会逐渐迈入文明世界之后，神话本应可渐失其主宰生活的力量，但有时，就诚如卡西勒在其《国家的神话》中所说的：

> ……神话的力量不曾真正被征服过，他一直就在那里，隐身在暗处，伺机而动。在高度文明的社会组织中，因具有相对的稳定与安全，神的动力部分被理性组织取代，但在政治上，这种平衡状态从来没有完

---

① 参徐山：《雷神崇拜——中国文化源头探索》，上海：上海三联书店，1992年版。
② 《汉书》卷二七《五行志第七中之上》，第1364页。
③ （汉）孔安国传，（唐）孔颖达等正义：《尚书注疏》，第6页。

全建立起来，因此政治中的神话作用特别发达。①

所以，到了汉代，虽已脱离原始思维，但在政治力量的运作下，人君通过与雷神的血缘联结，便可以以雷神之子的身份昭示人君权力的神授性和现实社会秩序的合理性。最明显的例子便是汉人为了神化刘邦所创造的"神话"。据《史记·高祖本纪》记载：

> 刘媪尝息大泽之陂，梦与神遇。是时雷电晦暝，太公往视，则见蛟龙于其上。已而有身，遂产高祖。②

另外，王充的《论衡·奇怪》也载有：

> 高祖之母，适欲怀妊，遭逢雷龙，载云雨而行。人见其形，遂谓之然。梦与神遇，得圣子之象。③

刘邦的母亲是"感"雷神而生刘邦，因此刘邦的血缘自然与雷神取得了直接的联系，刘邦也成了雷神之子。

又由于雷神在阴阳五行的体系中属东方，色主青，为木德、春之德。汉人按四象方位神的原理，又有意识地将龙作为雷神的载体，如《河图·稽命徵》便说"黄帝龙颜有圣德"，而以黄帝命名的星宿也是龙的形状，按《太平御览》卷六引《太象列星图》云：

> 轩辕十七星在七星北，如龙之体，主雷雨之神。④

《汉书·天文志》亦云：

> 权，轩辕，黄龙体。⑤

据一些古籍的记载，传说龙的初始原型可能来自原始时期人们在春天观察蛰雷闪电的勾曲形状而产生的灵感。如雷龙之神古名"丰隆"，以古音读之即为"彭彭"，这是霹雳闪电的击雷之声。古字"龙"与"隆"相通，所以"龙"的读音可能是由"隆隆"的雷声谐音而来。⑥故《山海经·海外东经》中有"雷泽中有雷神，龙身而人头"。《淮南子·坠形训》也说"雷泽有神，龙首人头"⑦，可见龙乃雷神的化身。又如《韩诗外传》卷十记载了一则古代武士萮丘䜣与雷神

---

① [德]恩斯特·卡西勒（Ernst Cassirer）：《国家的神话》，黄汉青、陈卫平译，台北：成均出版社，1983年版，第346页。
② 《史记》卷八，第341页。
③ 黄晖撰：《论衡校释》，第164页。
④ 《太平御览》卷六，第159页。
⑤ 《汉书》，第1277页。
⑥ 林琳：《龙的起源和神话演变》，载《文史杂志》2000年第3期，第23页。
⑦ （汉）刘安撰，（汉）高诱注：《淮南子》卷四《坠形训》，台北：台湾中华书局，1981年版，第150页。

相斗的传说：东海武士菑丘䜣路过神渊时，没有听从仆人的劝告，以渊水饮马，马遂为渊中雷神所害。后菑丘䜣遂拔剑入渊，杀三蛟一龙，而"雷神随而击之，十日十夜，眇其左目"。①在这里，当菑丘䜣杀了三蛟一龙后，雷神随而击之，表明了龙与雷神的关系密切。

由于龙是雷神的外在形象，所以汉人在将刘邦附会为雷神之子的同时，又在刘邦的形象上，让他与龙产生了种种关联，如：

> 高祖为人，隆准而龙颜。(《汉书·高祖纪》)

> (高祖) 日角龙颜。(《春秋演孔图》)

> 帝刘季口角戴胜，斗胸，龟背，龙股。(《史记》正义引《河图》)

> 赤帝体为朱鸟，其表龙颜，多黑子。(《史记》正义引《合诚图》)

在这里，不论是"龙颜""龙股"，都象征着其与龙的内在联系。另外，汉人还编造了刘邦以赤帝子的身份斩杀白帝子的故事，据《汉书·高帝纪》载：

> 高祖以亭长为县送徒骊山，徒多道亡。自度比至皆亡之，到丰西泽中亭，止饮，夜皆解纵所送徒。曰："公等皆去，吾亦从此逝矣。"徒中壮士愿从者十余人。高祖被酒，夜径泽中，令一人行前。行前者还报曰："前有大蛇当径，愿还。"高祖醉，曰："壮士行，何畏！"乃前，拔剑斩蛇，蛇分两，道开。行数里，醉因卧。后人来至蛇所，有一老妪夜哭。人问妪何哭？妪曰："吾子，白帝子也，化为蛇，当道，今者赤帝子斩之，故哭。"人乃以妪为不诚，欲苦之，妪因忽不见。后人至，高祖觉。告高祖，高祖乃心独喜，自负。②

白帝之子化为蛇，而龙、蛇本同属，常常被相提并论，故刘邦以赤帝子身份杀了白帝子，说明他也是龙蛇之子。这也使得龙成为后世帝王的一种象征或代表。

同样的，在这股思潮的影响与作用下，伏羲也与雷、龙产生了一定的联系。

首先，汉人将伏羲的血缘上溯至雷神，伏羲便成了雷神的后裔。而伏羲在和雷神建立血缘关系的同时，自然又会和龙产生关联。另一方面，龙在阴阳五行体系中所处的地位和形成的属性特点，也成了汉人进一步改造伏羲旧神话和创造新神话的思维导向。因此，在后世与伏羲相关的神话传说中，皆以为伏羲乃感雷而生。

此外，在诸多的文献载籍中，也有关于伏羲是"蛇身"或"龙身"的记载，如：

> 庖牺氏，女娲氏……蛇身人面。(《列子·黄帝》)

---

① 赖炎元注译：《韩诗外传》卷十，台北：台湾商务印书馆，1991年版，第411页。
② 《汉书》，第7页。

庖牺氏、女娲氏……蛇身人面，牛首虎鼻。(《淮南子·坠形训》)

伏羲鳞身，女娲蛇躯。(《鲁灵光殿赋》)

庖牺氏……蛇身人首。(《帝王世纪》)

蛇身之神，则羲皇之身也。(《拾遗记》)

伏羲龙身，女娲蛇躯。(《玄中记》)

或云二皇，人首蛇形……绘画羲、娲者，犹真为太宰委蛇之状。(曹植《画赞》)

太皞庖牺氏……蛇身人首……有龙瑞，以龙纪官，号曰龙师。(司马贞《史记·补三皇本纪》)

伏羲龙身。(《路史·后纪一》罗苹注引《玄中记》)

太昊帝庖牺氏……蛇身人首；女娲氏……亦蛇身人首。(《艺文类众》卷十一引《帝王世纪》)

而在汉代画像中，伏羲的形体特征也是人首蛇身。

在中国的神话中，见诸文学作品中的"人首蛇身"形象之神人亦不少，如《山海经·海外西经》中谓：轩辕之国"人首蛇身，尾交首上"[1]。同样的，共工也是"人面蛇身"，据《山海经·大荒西经》注引《归藏》所云："共工人面，蛇身，朱发。"[2]高诱注《淮南子·坠形训》亦云："共工……人面蛇身。"[3]另外，传说中的烛龙也是"人面蛇身"，按《山海经·海外西经》载："……有神，人面蛇身而赤……是谓烛龙。"[4]由此可见，许多具有神力的神话人物都是"人首蛇身"。

另外，在中国古代的神话中，还有许多人面蛇身或操蛇、珥蛇的神话人物。如：

南海渚中，有神，人面，珥两青蛇，践两赤蛇，曰不廷胡余。(《山海经·大荒南经》)

西海渚中，有神人面鸟身，珥两青蛇，践两赤蛇，名曰弇兹。(《山海经·大荒西经》)

大荒之中，有山名曰北极天柜……又有神衔蛇操蛇，其状虎首人身，四蹄长肘，名曰强良。(《山海经·大荒北经》)

大荒之中，有山名曰成都载天，有人珥两黄蛇，把两黄蛇，名曰夸

---

[1] 《山海经校注》，第221页。
[2] 《山海经校注》，第388页。
[3] 《淮南子》，第154页。
[4] 《山海经校注》，第438页。

父。(《山海经·大荒北经》)

珥蛇、把蛇其实是许多神话人物神力的一种象征。

之所以把人首蛇身或珥蛇、操蛇作为一种神力的象征，这可能与古人对于蛇的图腾崇拜有关。据《山海经》《淮南子》《汉书》《说文》等典籍的记载，古代以蛇为图腾的氏族相当普遍。而在中国神话中，也有许多与蛇相关的神话，如：

> 有蛇，一首两身，名曰肥遗。(《山海经·北山经》)
> ……是有大蛇，赤首白身，其音如牛……(《山海经·北山经》)
> 巴蛇食象，三岁而出其骨。(《山海经·海内南经》)

这种神话蛇意象的生成，最早可能是来自于上古先民独特的生活环境。[1]据《山海经》中所记：每当浑夕之山的肥遗蛇、锌于毋逢之山的大蛇、鲜山鸣蛇出现时，则该地区大旱；而当阳山化蛇出现时，则该地区即大水。所以，蛇的出现，往往代表着旱灾或水灾，总是与灾变相连。也就是说，中国的蛇意象在较早的时候，正代表着先民们对于恶劣自然条件的一种认知。其后，随着治水的成功，蛇意象在消去了原始恐怖力量意涵的同时，一方面逐渐转变为龙，另一方面又成为神力的象征。而这种神力的象征，后来也转移到了现实人物的身上，成为帝王的象征。[2]

因此，在后来的伏羲神话传说中，伏羲亦有"感蛇而孕""感虹而孕"的出生神话，或多作"蛇首人身""蛇面人身"的形象。如晋代王嘉《拾遗记》中便有一段这样的记载：

> 禹凿龙关之山，亦谓之龙门，至一空岩，深数十里，幽暗不可复行。禹乃负火而进……见一神，蛇身人面，禹因与语。神即示禹八卦之图，列于金板之上。又有八神侍侧。禹曰："华胥生圣子是汝耶？"答曰："华胥是九河神女，以生余也。"乃探玉简授禹，长一尺二寸，以合十二时之数，使量度天地。禹即执持此简，以平定水土。蛇身之神即羲皇也。[3]

从以上的叙述可知，伏羲之母华胥是"九河神女"。另也有记载则将华胥神化为

---

[1] 王锺陵：《中国神话中蛇龙意象之蕴意及演化》，载《江海学刊》1991年第5期，第147—155页；王楠毓：《龙——由图腾崇拜到皇权象征》，载《安阳师专学报》1999年第1期，第107页。
[2] 据《帝王世纪》记载：炎帝是女登与神龙接触而生；黄帝母附宝在怀孕时遇到闪电，感电而生黄帝；尧是庆都感赤龙而生；舜是握登见大虹而生。而《史记·汉高祖本纪》中亦载汉高祖刘邦母刘媪"息大泽之陂，梦与神遇"，因"蛟龙于其上"而生。
[3] 《拾遗记》，第700页。

天帝的女儿，如宋代罗苹注《路史·后纪一》引《宝椟记》云：

> 帝女游于华胥之渊，感蛇而孕，十二年生庖羲。①

这里以华胥为帝女。感蛇而孕，可能是为了说明伏羲为什么是人首蛇身。此外，梁元帝萧绎所撰的《金楼子》中有：

> 太昊帝庖牺氏，风姓也，母曰华胥。燧人之世，有大迹出雷泽，华胥履之，生庖牺，蛇首人身，有圣德。燧人氏没，庖牺氏代之，继天而王，首德于木，为百王之先，都陈。②

晋王嘉《拾遗记》卷一也说：

> 春皇者庖牺……所都之国，有华胥之洲，神母游其上，有青虹绕神母，久而方灭，即觉有娠，历十二年而生庖牺。长头修目，龟齿龙唇，眉有白毫，须垂委地。③

这些都是为了神化伏羲所作的改造，也是汉晋时人们利用神话的神圣性来证明帝王天生权威性的一种常见手法。

但龙、蛇又经常被混淆在一起，最早的龙就是有角的蛇，如《后汉书·五行志》引郑玄注谓："蛇，龙之类也，或曰龙无角者曰蛇。"④以角来表示其神异性，甲骨文、金文中所见的"龙"字就是如此。而《左传》中也是龙、蛇并举。只是龙后来"画蛇添足"，并且采取了鳄鱼、蜥蜴的形象，所以龙的原型应该是蛇。⑤故伏羲的形象又多与龙有关，如：

> 雷泽中有雷神，龙身而人头。（《山海经·海内东经》）
>
> 伏羲龙身。（《春秋合诚图》）
>
> 大皞氏以龙纪，故以龙师为龙名。（《左传·昭公十七年》）
>
> 太皞庖牺氏……有龙瑞，以龙纪官，号曰龙师。（《史记·补三皇本纪》）
>
> 命臣飞龙氏造六峜，命臣潜龙氏作甲历。……因龙出而纪官……命降龙氏倡率万民，命水龙氏平治水土，命火龙氏炮治器用……天下之名号曰天皇伏羲氏。（《三坟》）

因此，在后来的记载中，龙又成了伏羲另一个重要的形象与符号形式。

---

① 《路史》，第2页。
② （梁）萧绎：《金楼子》，北京：中华书局，1985年版，第1页。
③ 《拾遗记》，第692页。
④ 《后汉书校注》，第3342页。
⑤ 闻一多：《伏羲考》，第26—27页。

第三节　圣王与上古文明的创制

自战国时期以来，随着伏羲神话传说的发展与流传，伏羲从最早的被视为远古时期的氏族部落首领、渔猎时期文明的代表人物，到了后来，由于传说中他根据自己对天地万物的观察，创造了一套可以"通神明之德，类万物之情"的八卦，而成为文明的创制者。于是，人们除了仍将伏羲视为远古帝王外，且更进一步地将民间传说中更多的人类社会精神与物质文明归纳统合起来，纳入伏羲的伟大功业之中。从此，伏羲几成为人类所有文明的创制者、华夏民族共同的创世大神。

首先，在《周易·系辞传下》中有这样的记载：

> 古者包牺氏之王天下也，仰则观象于天，俯则观法于地，观鸟兽之文与地之宜，近取诸身，远取诸物，于是始作八卦，以通神明之德，以类万物之情。作结绳而为网罟，以佃以渔。①

《周易·系辞传下》中除了将各种器物的发明归诸伏羲等圣王外，同时将原来一些模仿自然物的发明，归之于由易象引申而来。如《周易·系辞传下》中谓舟楫之发明，曰："舟楫之利，盖取诸涣。"所谓"涣"卦，乃巽上坎下，据《说卦》所云："巽为木，坎为水，木在水上，即舟楫也。"

《周易·系辞传下》中所举发明器物之圣王有五，可分为三组：曰包牺，曰神农，曰黄帝、尧、舜。整篇的主旨则在张扬"易象"之功，以为圣王之发明皆由研究卦象得来。其中便首列伏羲氏观象制器之功。这样的演变，顾颉刚在《论易系辞传中观象制器的故事》一文中以为是因为至西汉之末京房一派易家，采用了原来流行的"圣王制器说"以入《易》，借以自神其术的影响。② 据顾颉刚所说，战国秦汉间一班道家最喜尊古贱今，以为愈古愈康乐，故《淮南子》中便有此种议论，而《周易·系辞传》中把制作的原因都归功于易象，因八卦为伏羲所创造，后世圣人的制作只是从伏羲的八卦中演绎出来的，而"把神农、黄帝一班人拉进《易》的境域为的是抬高《易》的地位，他把民生日用的东西归功于圣人的观象制作，为的也是抬高《易》的地位"。③

---

① 《周易》卷八《系辞传下》，第166页。
② 顾颉刚：《论易系辞传中观象制器的故事》，见《古史辨》第三册上编，第68页。
③ 顾颉刚：《周易卦爻辞中的故事》，见《古史辨》第三册上编，第41页。

这种把人类历史上重要、伟大的发明，都归诸某个人物，尤其是上古圣王的现象，据牛龙菲在其《古乐发隐》一书中，对于为何会有伏羲创作琴瑟的传说产生所作的说明中这样提到：

> 产生于汉代的"伏羲""神农"创造琴瑟的传说，是为了使琴瑟一类的鸣乐器罩上神圣的光圈，从而堂而皇之地登上八音之首的宝座。①

事实上，《周易·系辞传下》的这段"圣王观象制器"之说，疑点颇多。欧阳修在其《易童子问》一文中说得很透彻：

> ……系辞，……《文言》《说卦》而下，皆非圣人之作；而众说淆乱，亦非一人之言也。……《系辞》曰："河出图，洛出书，圣人则之。"所谓《图》者，八卦之文也，神马负之，自河而出，以授于伏羲者也；盖八卦者，非人之所为，是天之所降也。又曰："包羲氏之王天下也，仰则观象于天，俯则观法于地，观鸟兽之文与地之宜，近取诸身，远取诸物，于是始作八卦。"然则八卦者，是人之所为也，《河图》不与焉。斯二说者已不能相容矣；而《说卦》又曰："昔者圣人之作易也，幽赞于神明而生蓍，参天两地而倚数，观变于阴阳而立卦。"则卦又出于蓍。八卦之说如是，是固何从而出也？谓此三说出于一人乎，则殆非人情也。……《说卦》、《杂卦》者，筮人之占书也；此又不待辨而可以知者。②

伏羲氏画八卦这件事，我们在较古的书里并不曾见过。最早是在《淮南子》一书中有"八卦可以识吉凶……伏羲为之六十四变"③。《史记》中则有"伏羲至纯厚，作易、八卦"④的话。可见伏羲画卦、重卦之说在西汉初年即已存在。至于伏羲、神农、黄帝、尧、舜依据卦象而制作东西，这在上古时期应是非常重大的事件，但在商周以至战国期间，甚至西汉的文献里都没有相关的记载。所以，顾颉刚将《淮南子》及《周易·系辞传》中有关器物制作的文句加以比对后发现，二者相似之处颇多，只是《淮南子》写这段文字的意思是为了说明时代愈后则器物愈完备，困难愈减少，而到了《周易·系辞传》的作者时，其便借用它来说明卦象的神奇。所以，顾颉刚认为："可见所谓'以制器者尚其象'本是莫须有的事。"⑤

---

① 牛龙菲：《古乐发隐》，兰州：甘肃人民出版社，1985年版，第4页。
② （宋）欧阳修：《欧阳文忠公集》第三卷《易童子问》，上海：商务印书馆，1992年据涵芬楼景印明景泰翻元小字本影印。
③ 《淮南子》卷二一，第707页。
④ 《史记》卷一三〇《太史公自序》，第3299页。
⑤ 顾颉刚：《论易系辞传中观象制器的故事》，见《古史辨》第三册上编，第61页。

圣王"观象制器"之说，或本虚妄，它其实可能只是文化起源的一种说法，所谓"盖取诸某象"，或正如崔述所谓的："不过言其理相通耳，非谓必规摹此卦然后能制器立法也。"①也就是《周易·系辞传》中所说的"易者，象也；象也者，像也"的道理。而所谓的"观象"，可能只是观察现象而已，并不专指卦象，卦象只是象的一种符号而已。

在《周易·系辞传》的影响之下，文献记载中，伏羲开始有了更多的发明与创造，甚至可以说，上古时期各种主要的生产技术以及发明，几乎都与伏羲有关。如：

> 古者庖牺氏之王天下……作结绳而为网罟，以佃以渔。（《周易·系辞传下》）

> 伏羲始尝草木可食者，一日而遇七十二毒，然后五谷乃形。（《孔丛子·连丛子卷七》）

> 伏羲……蓁育牺牲，服牛乘马，草鞯皮蒙，引重致远，以利天下，而下服度。（《路史·后纪一》）

> 伏羲……冶金成器，教民炮食。（《绎史》卷三引《三坟》）

在此，伏羲囊括了发明火的燧人、始作网罟的勾芒、始种植的神农、始畜牧的伯翳、始冶金的蓐收等人的功绩。

另外，在生活用品方面，传说中伏羲的发明也不少，如：

> 庖牺……礼义文物，于是始作，去巢穴之居。（《拾遗记》）

> 伏羲作布。（《路史·后纪一》罗苹注引《白氏帖》）

> 伏羲……化蚕。（《路史·后纪一》罗苹注引《皇图要览》）

> 伏羲制杵舂之利，后世加巧，因借身以代碓，而利十倍。（《太平御览》卷七六二引桓谭《新论》）

> 伏羲……众天下之铜，仰视俯观，以为棘币，外圆法天，内方法地，以益轻重，以通有亡。（《路史·后纪一》）

> 伏羲氏……尝味百弱，而制九针，以拯夭枉焉。（《太平御览》七二一引《帝王世纪》）

于此，始作房屋者，始作衣者、养蚕者，始作杵臼、发明钱币者，始作医者，都集中在伏羲的名下。

另外，在文化事功方面，伏羲也多有贡献。如：

> 庖牺……丝桑为瑟，灼土为埙，礼乐于是兴焉。（《拾遗记》）

---

① 崔述：《补上古考信录》，北京：中华书局，丛书集成初编本，1985年版，第7页。

古者伏牺氏……造书契，以代结绳之政，由是文籍兴焉。(《尚书》孔安国序)

虙羲作造六峜，以迎阴阳，作九九之数，以合天道，而天下化之。(《管子·轻重戊》)

庖牺……规天为圆，矩地取法，视五星之文，分晷景之度。(《拾遗记》)

伏羲推策作甲子。(《路史·后纪一》罗苹注引陈鸣《历书序》)

盖天者，周髀是也，本包羲氏立。……古者包羲立周天历度。(《路史·后纪一》罗苹注引《隋志》)

于是，伏羲又是始作乐、始作琴、始作文字、始作数学及始作甲子的人了。

此外，伏羲还创制了八卦、易、筮等玄妙之物。如：

伏羲至纯厚，作易、八卦。(《史记·太史公自序》)

庖牺氏作易，始有筮。(《艺文类聚》卷七五引谯周《古史考》)

同时，他又缔造了伦理、礼仪、法令、武器等。如：

且夫建武之元，天地革命，四海之内，更造夫妇，肇有父子，君臣初建，人伦是始，斯乃伏羲氏之所以基皇德也。(《文选·东都赋》)

伏牺制嫁娶，以俪皮为礼。(《古史考》)

伏羲……正姓氏，通媒妁，以重万民之丽，俪皮荐之以严其礼。(《路史·后纪一》)

鸿荒之世，圣人恶之，是以法始乎伏牺而成乎尧。(《法言·问道》)

庖牺……立礼教以导文，造干戈以饰武。(《拾遗记》)

伏羲作十世之教，以厚君民之别。(《路史·后纪一》罗苹注引《六艺论》)

最后，人们将神话、传说及上古历史上一切重要的发明、创造几乎都粘附在伏羲的身上。

另一方面，由于在历史上这种尊古风气的作用下，上古帝王几乎都成了伟大的发明创造者，如传说中黄帝发明了指南车、宫室、舟楫等。因此，在相关的神话传说中，伏羲创造发明的事迹往往又与上古帝王如炎帝、黄帝或夏禹的事迹相重合。如《孔丛子》载：

伏羲始尝草木可食者，一日而遇七十二毒，然后五谷乃形。[1]

---

[1] (汉)孔鲋撰：《孔丛子》卷七，上海：商务印书馆，1992年据涵芬楼景印明景泰翻元小字本影印。

在这里，伏羲在尝百草的同时发明了医药。而在民间传说中，据说伏羲的肚子是水晶般透明的，所以，他能在尝百草时，观察药物在肠胃中的变化，判断其包含的药性或毒性。①这与传说中神农氏的神话相近，这可能是民间文学作品间相互借鉴的结果。

第四节　神话传说中伏羲与女娲的结合

伏羲的神话传说到了后代，除了向历史化的方向发展，使他成为上古时期所谓的三皇之首或圣王外，另一比较常见的情节则是他与女娲的结合。

关于女娲的神话，据司马贞《史记·补三皇本纪》载：

> 女娲氏，亦风姓，蛇身人首，有神圣之德，代宓牺立，号曰女希氏，无革造，惟作笙簧，故易不载，不承五运。
>
> 一曰：女娲亦木德，代宓牺立，盖牺之后，已经数世，金木轮环，周而复始，特举女娲，以其功高而充三皇，故称木王也。当其末年也，诸侯有共工氏，任智刑，以强霸不王，以水乘木，乃与祝融战，不胜而怒，乃头触不周山，崩，天柱折，地维缺。女娲乃炼五色石以补天，断鳌足以立四极，聚芦灰以止淫水，以济冀州。于是，地平天成，不改旧物。②

文献载籍中大多将女娲列于伏羲之后，但在先秦的记载中，女娲的名字却较伏羲出现得早些。在略早于《庄子》的《楚辞·天问》中，屈原即曾问道："登立为帝，孰道尚之？女娲有体，孰匠制之？"屈原问题中后两句的意思是说：如果女娲是宇宙间最早出现的创始神，那么这位创始神的身体又是谁创造的？③而屈原之所以有这样的说法，根据王逸《天问章句·序》中所言，《天问》中屈原所提之问，乃是根据楚先王庙及公卿祠堂中所绘的山川神灵、古圣贤及神怪行事的图画所提出的疑问。由此可推知，在屈原的时代，已有关于女娲为创世神的说法，而在此，屈原只问到女娲，却未提及伏羲，可见楚先王庙堂壁画中应

---

① 《伏羲尝百草》（采录稿），引自张振犁、陈江风等：《东方文明的曙光——中原神话论》，上海：东方出版中心，1999年版，第94页。

② 《史记·补三皇本纪》，见戴逸主编《二十六史》，第2页。

③ 虽然，旧注或以为前两句是指伏羲的事迹，但这只是后人根据伏羲、女娲传说并列的观念所作的推测，不足为信。清代学者则根据《天问》的文法认为前两句仍然是指女娲的事迹，参见游国恩主编：《天问纂义》，北京：中华书局，1982年版，第279—284页。

该没有伏羲的画像，而女娲的画像可能要比伏羲画像出现得早。

除了《楚辞·天问》之外，先秦文献中较早记载女娲神话的还有《山海经·大荒西经》：

   有神十人，名曰女娲之肠，化为神，处栗广之野，横道而处。①

关于《山海经·大荒西经》的写成时代，据胡厚宣在《释殷代求年于四方和四方风的祭祀》一文中的考证，以为此书中有关四方风名的内容，有袭用甲骨文的材料，因此其中所记载神话内容的古老性质，得到了进一步的确认。②所以，同样记于《山海经·大荒西经》中的关于"女娲之肠"的说法，就很有可能是在商代时便已经存在的神话了。

考诸传世文献，首先在同一部书中先后提及伏羲、女娲两者名字的是约成书于战国末年的《世本》一书③。《世本》中关于伏羲、女娲的记载为：

   伏羲制以俪皮嫁娶之礼。

   女氏，天皇封弟娲于汝水之阳，后为天子，因称女皇，其后为女氏。

   夏有女艾，商有女鸠、女方，晋有女宽，皆其后也。④

其中特别值得注意的是，在此称女娲为"女皇"，是天皇之弟，所以他应该是一位男性，"女"只是其姓氏，非指性别。关于这一点，前辈学者如顾颉刚、杨向奎、闻一多等人均持否定的态度。顾颉刚和杨向奎认为：称伏羲为天皇必在伏羲已与三皇发生纠葛之后，故这则文字至早不超过东汉，因此可知《世本》的材料也有是东汉以后混入的。⑤而闻一多则认为：伏羲、女娲"二人的亲属关系，有种种说法。最无理由，然而截至最近以前最为学者乐于拥护的一说，便是兄弟说。此说之出于学者们的有意歪曲事实，不待证明"⑥。

无论《世本》中关于伏羲、女娲的说法是否为后世所混入的，近年来，随着出土文物及文献的不断发掘和释读成功，尤其是湖南长沙子弹库一号楚墓出土帛书的释读成功，让我们清楚地看到了战国中晚期在楚地民间所流传的一则伏羲、女娲

---

① 《山海经校注》，第389页。
② 胡厚宣：《释殷代求年于四方和四方风的祭祀》，载《复旦学报（人文科学版）》1956年第1期，第54—57页。
③ 关于《世本》的成书年代，诸说不一。陈梦家认为此书是战国末年之际赵人所作，约成书于公元前234至前228年间。见陈梦家：《六国纪年》附《〈世本〉考略》，上海：学习生活出版社，1955年版，第135—141页。
④ 张澍稡集补注本《世本》，第47页。
⑤ 顾颉刚、杨向奎：《三皇考》，见《古史辨》第七册中篇，第127页。
⑥ 闻一多：《伏羲考》，第3页。

的创世神话，从而证明了至晚在战国时期，伏羲、女娲二者已结合在一起的神话。

1942年于湖南长沙子弹库出土的楚帛书，是现已发现的年代最早的古代帛书，同时也是迄今所见唯一一件图文并茂的有关中国上古创世神话的古文献。帛书中记载了一则关于伏羲、女娲创造宇宙世界的神话：

> 曰故□熊雹戏（伏羲），出自□霆，居于睢□，厥田渔渔，□□□女，梦梦墨墨（茫茫昧昧），亡章弼弼，□□水□，风雨是于，乃娶虞䖒□子之子曰女皇（娲），是生子四□是襄，天践是格，参化法兆，为禹为万（契）以司堵（土），襄晷天步，□乃上下朕断，山陵不𢓃，乃名山川四海，□熏气魄气，以为其𢓃，以涉山陵，泷汩渊漫，未有日月，四神相代，乃步以为岁，是为四时。
>
> 长曰青干，二曰朱四单，三曰□黄难，四曰□墨干，千有百岁，日月㽵生，九州不平，山陵备𡸣，四神乃作至于覆，天方动捍，蔽之青木、赤木、黄木、白木、墨木之精，炎帝乃命祝融，以四神降，奠三天，□思保，奠四极，曰：非九天则大𡸣，则毋敢睿天灵，帝乃为日月之行。
>
> 共工跨步，十日四时，□□神则闰，四□毋思，百神风雨，震晦乱作，乃逆日月，以转相□息，有宵有朝，有昼有夕。①

大意是说：创世之初，天地混沌无形，风雨大水，伏羲娶虞䖒之子女娲，生四子，协助禹和契治水。其时风雨震晦，洪水泛滥，九州不平，世界混乱，且尚未有日、月，四子乃立四极，以承天覆，并以步测时。其后又经过炎帝、祝融、帝俊、共工等人的多次整理，并为日、月之行，有了四时之分，最终才完成了创世的工作。

在这段文字中，先后提到了伏羲、虞䖒氏、虞䖒氏之子女娲、伏羲与女娲之四子、禹、契、帝俊、炎帝、祝融、共工等神名。其中除了虞䖒氏之外，其余都是后人所熟知的神话人物。根据李零等人的研究，以为长沙子弹库楚帛书乃战国中晚期楚地巫史占卜时日禁忌的用书，即"日书"，而前述的这段文字便是"日者"追述古神话中众神开创宇宙的过程，用以证明自己"敬授天时"工作的神圣性和权威性。②由此可知，楚帛书中所叙述的内容，应为战国中晚期时流传于楚地的创世神话。虽然，楚帛书中伏羲、女娲开辟天地的神话与后世流传者，

---

① 饶宗颐、曾宪通：《楚地出土三种文献研究》，北京：中华书局，1993年版，第230—248页；李零：《长沙子弹库战国楚帛书研究》，北京：中华书局，1985年版，第64—73页。

② 李零：《中国方术考》，北京：人民中国出版社，1993年版，第167—185页。

在内容和旨趣上并不相同,但由于楚帛书的出土,我们至少可以确定,伏羲、女娲的夫妻关系有着极为古老的传承。

到了汉代,偶尔也可以见到将伏羲与女娲并列的记载,如成书于西汉的《淮南子·览冥训》中即载有:

> 伏戏、女娲不设法度而以至德遗于后世。①

此外,在汉代的许多墓室壁画及画像石、画像砖上,也开始出现了伏羲、女娲并列的形象,相关的内容,将于后面另辟专章讨论。一直到了东汉时期,文献中开始出现了伏羲、女娲二人为兄妹关系的记载。如:

> 女娲,伏羲之妹。②(《风俗通义》)

> 华胥生男子为伏羲,女子为女娲。③(《春秋世谱》)

至于伏羲、女娲两个各自流传的神话,为什么到了后来会融合在一起呢?据钟敬文的观察,以为是因为:

> 伏羲大概是渔猎时期部落酋长形象的反映,而女娲却似是农业阶段女族长形象的反映。所以他们被说成相接续的人皇,被说成为兄妹,被说成为夫妇。④

这是从时代的承接性来看伏羲、女娲被相提并论的原因。而李子贤则认为:

> 从古文献中关于女娲、伏羲的神话内容来看,女娲应是母系氏族的神祇,伏羲是父系氏族公社的神祇,二者系代表两个不同社会发展阶段的神,是不大可能成为兄妹或夫妻的。……关于女娲、伏羲为兄妹或夫妻的文字和图画,可能是后人的穿凿附会,也可能是受西方少数民族神话的影响。⑤

无论是因为时代承接性的联想,或者是受到其他民族神话的影响,至晚到了东汉时期,伏羲、女娲结为夫妻始创人类的神话传说得到了广泛的传播和普遍的信仰,例如,在今天的河南南阳、四川的成都至重庆地区和陕北、晋西北等地都发现大量的有伏羲、女娲人首蛇身、尾部相交的形象遗存。这些伏羲、女娲的画像,大多是成双成对地出现,有些还面视交尾,表现出非常亲密的样子。

我们从楚帛书中所载的伏羲、女娲夫妇生四子、协助禹和契治洪水以开辟天

---

① 《淮南子》卷六,第215页。
② 《路史·后纪二》罗苹注引,第1页。
③ (清)梁玉绳:《汉书人表考》卷二引,北京:中华书局,1985年版,第36页。
④ 钟敬文:《马王堆汉墓帛画的神话史意义》,载《中华文史论丛》1979年第2辑。
⑤ 李子贤:《试论云南少数民族的洪水神话》,载《思想战线》1980年第1期,第43页。

地的神话中可以发现,早在战国时期,伏羲、女娲的神话即已与洪水产生了一定的关联。根据笔者个人的推测,这可能是因为在与女娲相关的原始神话中,本来即具有十分鲜明的整治洪水的色彩。如《列子·汤问篇》中即记有:

> ……故昔者女娲氏炼五色石以补其阙,断鳌之足以立四极。其后共工氏与颛顼争为帝,怒而触不周之山,折天柱,绝地维。故天倾西北,日月星辰就焉;地不满东南,故百川水潦归焉。①

又《淮南子·览冥训》亦载有:

> 往古之时,四极废,九州裂;天不兼覆,地不周载;火爁炎而不灭,水浩洋而不息,猛兽食颛民,鸷鸟攫老弱。于是女娲炼五色石以补苍天,断鳌足以立四极,杀黑龙以济冀州,积芦灰以止淫水。苍天补,四极正,淫水涸,冀州平;狡虫死,颛民生。背方州,抱圆天……当此之时,禽兽蝮蛇,无不匿其爪牙,藏其螫毒,无有攫噬之心。②

在这里,女娲除了"除凶"之外,最大的功劳便是"止淫水"。因为"百川水潦归焉""水浩洋而不息",所以女娲便"积芦灰以止淫水",把宇宙从混沌、失序的状态中重新建设起来,女娲由此成为开天辟地的创世大神。

另外,在神话传说中,女娲除了"止淫水"有功之外,同时她也是化育人类的始祖母神。早在《山海经·大荒西经》中便有"女娲之肠,化为神"的说法。而传说中女娲抟黄土造人,世间才有了人类,女娲更成了人类的创造者。关于女娲"抟土作人"的说法,最早见于《风俗通义》:

> 俗说:天地开辟,未有人民,女娲抟黄土作人,务剧力不暇供,乃引绳于泥中,举以为人。故富贵者黄土人也,贫贱者绠也。③

这段记载很明确地表明,在天地开辟未有人民之时,是女娲创造了最初的人类。

在早期的母系氏族时代,由于女性天赋的生殖力,普遍认为人类的生育是完全依靠或主要依靠女性,因此,女性的地位往往高于男性,而最初的祖先神也大多是女性,只是后来随着父权制的产生与发展,才出现了男性祖先。因此,我们从楚帛书中的伏羲、女娲生四子治洪水的传说来看,其中的"洪水"与"生育"情节,都与早期女娲相关的神话传说关系较为密切。可能是后来进入父系社会以后,人类开始意识到生育行为中男性所扮演的关键角色,所以才将与女娲有相承关系的伏羲添加在女娲的洪水创世神话之中,于是女娲由完全独立的

---

① 《列子集释》卷五,第150—151页。
② 《淮南子》卷六,第207—208页。
③ 《风俗通义校注》佚文《辨惑》,第601页。

始祖母神、创世神，成为伏羲的配偶，并出现了伏羲与女娲夫妻共同造人的神话。

既然，至晚在战国时期的楚帛书中，伏羲、女娲的神话传说已与"洪水"和"生育"这两个母题相连，而在文献记载中，伏羲、女娲的关系又有两种说法：一种是与楚帛书所记的相同，乃夫妻关系；另一种则是如前面《路史·后纪二》引《风俗通义》所说的那样是兄妹的关系。可能就是因为这两种说法的同时并存与纷歧，于是开始有了伏羲、女娲兄妹结成夫妻的说法。如唐代李冗《独异志》中所记的女娲兄妹婚的传说：

>　　昔宇宙初开之时，只有女娲兄妹二人，在昆仑山，而天下未有人民。议以为夫妻，又自羞耻，兄即与其妹上昆仑山，咒曰："天若遣我兄妹二人为夫妻，而烟悉合；若不，使烟散。"于烟即合，其妹即来就兄。①

过去一般学者或以为汉族地区的兄妹婚神话，最早的文字记录出自唐代李冗的《独异志》，且《独异志》的记载中，"议以为夫妻"的是"女娲兄妹二人"，并未言明兄为"伏羲"，据此，他们认为汉族地区的兄妹婚神话是受到南方民族的洪水兄妹婚神话所影响。②然近年来敦煌写本中题名为《天地开辟已（以）来帝王记（纪）》卷子被发现，其中保留了流传在六朝时期汉民族的伏羲、女娲兄妹于洪水后结为夫妇的神话传说，使得此一母题故事的最早文字记录至少提前到了六朝时期。而且由于此处所记之洪水兄妹婚故事的情节十分完整，也使我们得以重构这一类型故事在中古时期的传承与变异史。

《天地开辟已（以）来帝王记（纪）》一书，在敦煌遗书中共见有四个卷子，分别为 S.5505、S.5785、P.2562 和 P.4016，四件皆为残卷，但据此四件汇校，仍可得出其内容的全貌。在卷子中有三处提到伏羲、女娲兄妹于洪水后婚配再传衍人类的情节，叙述的内容也较《独异志》的记载更为丰富、完整。其中相关的叙述有：

>　　……复至（逮）百劫，人民转多，食不可足，遂相欺夺，强者得多，弱者得少……人民饥国（困），递相食啖，天之（知）此恶，即卜（不：布）共（洪）水，汤（荡）除万人殆尽，唯有伏羲、女娲有得（德）存命，遂称天皇……（P.4016、P.2562、S.5505）

---

① （唐）李冗：《独异志》卷下，北京：中华书局，1985年版，第51页。
② 持此说较著者包括芮逸夫《苗族的洪水故事与伏羲女娲传说》、常任侠《重庆沙坪坝出土之石棺画像研究》、闻一多《伏羲考》、徐旭生《中国古史的传说时代》等。

……尔时人民死（尽），维（唯）有伏羲、女娲兄妹二人，衣龙上天，得布（存）其命，恐绝人种，即为夫妇……（P. 4016、P. 2562）

……伏羲、女娲……人民死尽，兄妹二人，[衣龙]上天，得在（存）其命，见天下荒乱，唯金岗天神，教言可行阴阳，遂相羞耻，即入昆仑山藏身，伏羲在左巡行，女娲在右巡行，契许相逢，则为夫妇，天遣和合，亦尔相知，伏羲用树叶覆面，女娲用芦花遮面，共为夫妻，今人交礼，□昌妆花，目此而起，怀娠日月充满，遂生一百二十子，各认一姓，六十子恭慈孝顺，见今日天汉也，六十子不孝义，走入□野之中，羌故六巴蜀是也，故曰：得续人位（伦?）……（P. 4016）①

检索历代史志，皆无《天地开辟已（以）来帝王记（纪）》一书的著录；然而敦煌写本的出现，证明了在隋唐五代之际，确曾有《天地开辟已（以）来帝王记（纪）》一书在社会上流传着。其中在 P. 4016 的卷尾有题记"维大唐乾祐三年庚戌岁□月贰拾伍日写此一卷终"的字样，征之唐代及后唐均无"乾祐"的年号，所以"乾祐"应该是五代后汉隐帝刘承祐的年号，且"乾祐三年"的干支也正是庚戌，故可知此卷殆抄写于后汉隐帝乾祐三年，相当于公元950年。②

特别值得注意的是，敦煌写本《天地开辟已（以）来帝王记（纪）》中所记的伏羲、女娲故事中伏羲、女娲于洪水后相婚，因自相耻羞，故以追赶的方式占卜为婚，并以叶覆面、生一百二十子等内容，与后世普遍流传的洪水兄妹婚神话多有雷同。对这样的转变，学者多以为这类洪水兄妹婚神话传说本非中国所固有，是移植自外来的神话传说，并以为是受到印度神话的影响。但细考敦煌写本《天地开辟已（以）来帝王记（纪）》的情节，与梵经及佛经中的印度洪水故事有颇大的差异。而伏羲、女娲是洪水后各民族的新一代共同始祖，这一情节与楚帛书中伏羲、女娲生四子的记载有明显的渊源关系。因此，吕微以为伏羲、女娲兄妹婚型的洪水神话是一个"在印度佛经洪水神话传入中国之前本土已有的传说"③。

此外，在中古时期的本土道教经典中也记录了伏羲、女娲的故事，如敦煌遗

---

① 黄永武：《敦煌宝藏》，台北：新文丰出版公司，1986年影印本，第43册，第195页；第123册，第138页；第132册，第490页。

② 郭锋：《敦煌写本〈天地开辟以来帝王纪〉成书年代诸问题》，载《敦煌学辑刊》1988年第1、2期，第102—103页。

③ 吕微：《神话何为——神圣叙事的传承与阐释》，北京：社会科学文献出版社，2001年版，第326页。

书中的 P. 2004《老子化胡经玄歌》卷第十云：

> 老子……十一变之时，生在南方阎浮地，造作天地作有为，化生万物由婴儿，阴阳相对共相随，众生禀气各自为，番息众多满地池，生活自卫田桑靡，劫数灭尽一时亏，洪水滔天到月支，选擢种民留伏羲，思之念之立僧祇（坻），唯有大圣共相知。①

《老子化胡经》原为西晋惠帝时道士王浮所作，然据陈垣的考证以为，敦煌写本的《老子化胡经》乃开元、天宝以后的伪作。②尽管其为伪作，但其内容主要乃抄袭王浮的旧说，尤其是其中关于洪水滔天后只留下"种民"伏羲的说法，则进一步证明了唐代前期伏羲、女娲洪水神话传说在中土流传的一些蛛丝马迹。

其实，神话传说是人们的口头创作，所以在其流传的过程中，故事的情节往往会随着时代的发展、社会文化的变迁以及演述人旨趣的不同而产生不同的变异，它有时也会借用其他民间故事的情节来增饰其原有的内容。兄妹婚与伏羲、女娲的洪水故事，原本可能是分属不同系统的两则神话传说，后来才被粘合在一起的。就今可知见的资料，我们确实无法确定推探出二者粘合的时间及原因，但由于敦煌文献的出土，我们至少可以确定，至晚到了六朝时期的敦煌写本《天地开辟已（以）来帝王记（纪）》中，兄妹婚神话情节的基本架构，已被移植到战国时期即已形成的伏羲、女娲洪水神话传说之中，使之成为说明伏羲、女娲之所以成为始创人类的祖神的原因。

而兄妹婚与伏羲、女娲洪水神话这两个原本可能各不相干的内容，之所以能够合二为一，笔者认为，可能是因为它们双方有一个相同的内部因素——解释人类的创造繁衍。由于神话本即是人类用以解释事物源起的一种神圣性叙述，而关于人类的起源，又是自古以来人们所关心注意的重要命题，可能就是由于这两则神话中皆具这一相同的核心主题，才使得它们二者得以相互吸收并一拍即合。同时，也使得故事后来的发展与原始的伏羲、女娲神话及信仰有了完全不同的变貌。这种以某一故事来填充另一故事的情节并以之作为故事情节的解释或说明的情况，在民间故事传说演变的类例中，属于"合二为一例"中"以甲足乙例"的形式，这在民间文学的流传过程中是一种常见的变异现象。

虽然，今日可见关于伏羲、女娲的洪水神话与后世兄妹婚神话传说结合，最早的文献为六朝时期的敦煌写本《天地开辟已（以）来帝王记（纪）》，然而，按

---

① 黄永武编：《敦煌宝藏》，第 112 册，第 40 页。
② 陈垣：《摩尼教入中国考》，见《陈垣史学论著选》，上海：上海人民出版社，1981 年版，第 146—147 页。

民间文学的发展规律来看，二者发生牵合的时间可能很早，应该要比敦煌写本《天地开辟已（以）来帝王记（纪）》更早一些。至少在汉代的许多伏羲、女娲画像中，似乎已隐然地反映了这样的情节。如南阳唐河针织厂汉画像石墓中的伏羲女娲画像，伏羲、女娲的手中各执一扇叶状物遮挡住各自的脸部，相对而立，两者之间刻有一位巨人，巨人双手合于胸前，搂抱着两条蛇躯，伏羲、女娲两条纤长的蛇尾分别缠绕在这一巨人的胯下。①有学者便认为，这幅伏羲、女娲被巨人搂抱的画像，正是汉代南阳地区民间所传伏羲、女娲兄妹婚神话的一种艺术反映。②类似于此一内容的画像，在其他地区也可以看到。③这些画像的出土地点虽然不同，但画面却极为相似，画面上同样刻绘有三个人物，伏羲、女娲均未交尾，中间都被一巨人拥抱。因此程健君便主张：此一巨人或神人似是在强制他们进行婚礼，这是东汉时期反映伏羲、女娲兄妹婚的"风俗图"，促成伏羲、女娲婚姻的媒介，就是搂抱他们的这个巨人。④在现行的民间神话传说中，靠外力促成伏羲、女娲兄妹婚的情节也不少。

在过去，李冗《独异志》中所载伏羲、女娲兄妹结合的情节，由于不符合传统道德的婚姻规范，因此，历来学者多对这样的内容持否定的态度，甚至如在简短的书目介绍中，也都充斥着"女娲兄妹为夫妇事，皆齐东之语"⑤这类轻视的评论，而《全唐诗》中对于卢仝《与马异结交诗》中所言的"女娲本是伏羲妇"一语，也在注解中特别注明"妇一作妹"⑥，足可见传统学者对于兄妹间近亲血缘婚姻形式的否定态度。但随着近半个世纪以来各种考古文物的出土，如楚帛书、敦煌写本《天地开辟已（以）来帝王记（纪）》等，让我们对于神话传说中伏羲、女娲的结合现象之分析，有了更清晰的理解。

综上，关于伏羲、女娲神话传说的发展，目前我们至少可以确定的是：

1. 至晚在战国时期，伏羲和女娲这两位神话人物即已结为夫妻，并与洪水神话发生了关联。

2. 最迟到了六朝时期，现今可见的伏羲、女娲洪水兄妹婚神话，包括洪水

---

① 韩玉祥、李陈广等编：《南阳汉代画像石墓》，郑州：河南美术出版社，1998年版，图36。
② 程健君：《南阳汉画像石中的伏羲女娲》，载《民间文学论坛》1989年第1期，第59—60页。
③ 如山东沂南北寨出土的一石，伏羲、女娲被一人紧紧搂抱于怀中，在他们三者之间刻画有规和矩，伏羲、女娲蛇体饰有鳞纹，相对不相交。
④ 程健君：《南阳汉画像石中的伏羲女娲》，载《民间文学论坛》1989年第1期，第59—60页。
⑤ （清）纪昀等撰：《四库全书总目》卷一四四·子部·小说家类存目二，台北：艺文印书馆，1979年版。
⑥ （清）圣祖编：《全唐诗》第12册，卷三八八，北京：中华书局，1960年版，第4384页。

后人类灭绝，仅存伏羲、女娲兄妹二人，兄妹二人奉天神旨意结为夫妻，繁衍人类等重要情节，皆已发展完备。

故现今所见的伏羲、女娲洪水神话传说，至少在六朝以前其基本情节架构即已完备，且这一故事的原型，也已有很长的一段历史传承了。

第五节　盘古的出现与伏羲至高神地位的下降

在后世的许多神话传说中，又多有伏羲与盘古相混的情形。在中国西南的一些少数民族中，也有认为兄妹结婚繁衍后代的始祖是盘古和女娲。之所以会产生这样的关联，其关键可能是因为"盘古""槃瓠"与"伏羲"音近，盘古死后化生为宇宙万物，而槃瓠又是西南许多少数民族的始祖，因为都具有创世、始祖这些相同的性质，便使得伏羲与盘古、槃瓠在后世流传的神话传说中，产生了严重混淆的现象。

一、关于盘古的神话传说

盘古见之于文献记载，始于三国吴人徐整的《三五历纪》：

> 天地浑沌如鸡子，盘古生其中，万八千岁。天地开辟，阳清为天，阴浊为地。盘古在其中，一日九变，神于天，圣于地。天日高一丈，地日厚一丈，盘古日长一丈。如此万八千岁，天数极高，地数极深，盘古极长。后乃有三皇。[1]

从上面的叙述可归纳出，盘古神话传说主要包括两个母题："宇宙之卵"与"垂死化身"。

关于"宇宙之卵"的概念，在东汉时的纬书《春秋纬·元命苞》中已出现相类的叙述：

> 天地如鸡子，天大地小，表里有水。[2]

至于盘古的"垂死化身"，据清人马骕所撰的《绎史》卷一引徐整《帝王五运历年纪》云：

> ……首生盘古，垂死化身，气成风云，声为雷霆，左眼为日，右眼为月，四肢五体为四极五岳，血液为江河，筋脉为地里（理），肌肉为田土，发髭为星辰，皮毛为草木，齿骨为金石，精髓为珠玉，汗流为雨

---

[1]《太平御览》卷二引，第137页。又《艺文类聚》卷一、《事物纪原》卷一及《资治通鉴外纪》注并引。

[2]《纬书集成》，第598页。

泽，身之诸虫，因风所感，化为黎甿。①

《事物纪原》引《帝王五运历年纪》则作：

> 盘古死后，左目为日，右目为月。②

《广博物志》卷九引《五运历年纪》又云：

> 盘古之君，龙首蛇身，嘘为风雨，吹为雷电，开目为昼，闭目为夜。死后骨节为山林，肠为江海，血为淮渎，毛发为草木。③

《述异记》卷上则有更多的说法：

> 然则生物始于盘古，天地万物之祖也。其死也，头为五岳，目为日月，脂膏为江海，毛发为草木。
>
> 先儒说：盘古泣为江河，气为风，声为雷，目瞳为电，喜为晴，怒为阴。
>
> 秦汉间俗说：盘古氏头为东岳，腹为中岳，左臂为南岳，右臂为北岳，足为西岳。④

关于盘古尸体化生宇宙万物的情节，由于与印度神话中梵天用感官化生万物的情节相近，而相关的故事在中原地区的文献载籍中又出现得较晚，故近世有许多学者对盘古的来历多有怀疑。最早提出盘古非中土固有创世神说法的是明代的马欢，他在《瀛涯胜览·锡兰国》中将盘古等同于印度的创世大神阿聃（Adam），他说：

> 王居之侧，有一大山（Adam's Peak），侵云高耸，山顶有人脚迹一个，入石深二尺，长八尺余，云人祖阿聃（Adam）圣人，即盘古之足迹也。⑤

"阿聃"又译为"安荼"或"阿达摩"，在《外道小乘涅槃论》中也有Adam神创世的神话：

> 本无日月星辰，虚空及地，唯有大水。时大安荼（Adam）生，形如鸡子，周匝金色，时熟，石破为二段，一段在上作天，一段在下作地。⑥

---

① 《绎史》卷一，第2页。
② （宋）高承撰，（明）李果订：《事物纪原》卷一，北京：中华书局，1985年版，第2页。
③ （明）董斯张撰：《广博物志》卷九，台北：新兴书局，1972年版，第728页。
④ （梁）任昉：《述异记》卷上，台北：台湾商务印书馆，1983年影本，第1页。
⑤ 转引自杨宽：《中国上古史导论》第三篇《盘古槃瓠与犬戎犬封》，见《古史辨》第七册上编，第158页。
⑥ （北魏）菩提流支译：《提婆菩萨释楞伽经中外道小乘涅槃论》，见《新编缩本乾隆大藏经》第87册，台北：新文丰出版社，1991年版。

除了马欢之说外，明清之际还盛行一种"中国人种西来说"的理论，故亦有学者认为盘古乃巴比伦巴克族（Bak）之音转。这种理论也曾经得到一些中国学者的支持，例如，清末丁谦的《中国人种从来考》中就说：

  西史谓徙中国者为巴克民族，巴克乃盘古转音。中国人谓盘古氏开辟天地，未免失实，而盘古氏之为始迁祖，则固确有可考矣。①

  另，何新在《诸神的起源》中亦主张"盘古神话西来说"，但他认为故事的最初原型，可能是来自于西巴比伦关于天地开辟的一部创世史诗中。这部史诗中说：在天地开辟以前，有一个最原始的混沌之神（The Primitive Chaos）名叫"Bau"，祂产生了大海和天空诸神。祂死后被分尸化作天穹和陆地。Bau 的故事向东流传到印度后，遂演变为梵天的故事。梵天（Brahma）的汉译音为"盘"，因此，"盘古神话是东汉中叶以后取道西南流传到中夏的西亚、印度神话"。②

  无论盘古是来自于印度还是巴比伦，都与西方流行的"中国文化西来说"相合，故西方有些学者甚至将盘古神话排除在中国神话之外。但近数十年以来，由于在中国境内各地区都采录到不少与盘古相关的神话传说，如在中国西南地区的白、瑶、彝等族中，以及河南桐柏山等地，都有盘古化生为万物的传说，③因此，盘古神话与华夏民族的渊源关系，似乎仍值得期待。

  至于盘古神话是否为华夏民族所创，其实，早在20世纪30年代时期，茅盾在讨论徐整所记述的盘古神话时就说："和我们的盘古氏相类似的开辟神，世界各民族的神话里尽有。"除了印度的，还有芬兰的、希腊的、北美伊罗瓜族的等等，之所以如此，是因为"原始人民的信念大概相同，各民族神话常多相似"。④故在中国，未必不能产生像盘古开天辟地这样的神话。加以近年来，更由于国际神话学的发展，人们已在太平洋沿海地区发现了许多相似的原始文化因子，表明这些地区存在着古老的文化渊源，国际上称之为"环太平洋文化圈"。其中，盘古神话所属的"宇宙之卵"母题，就被称作"太平洋文化区的一个重要的趋同性文化因子"⑤。同在环太平洋文化圈中的华夏民族，应也具有产生像盘古这类神话的文化土壤。另一方面，著名的古史学者刘起釪在对中国古代开天辟地

---

① 转引自柳诒徵：《中国文化史》，台北：正中书局，1958年版，第13页。
② 何新：《诸神的起源——中国远古神话与历史》，台北：木铎出版社，1987年版，第215—216页。
③ 马卉欣：《盘古之神》，上海：上海文艺出版社，1993年版，第91—230页。
④ 茅盾：《神话研究》，天津：百花文艺出版社，1981年版，第71—75页。
⑤ 萧兵：《中国文化的精英》，上海：上海文艺出版社，1989年版，第63页。

神话进行考察后，也进一步肯定了《山海经》中烛龙、烛阴的故事是"盘古神话的原型"①，他并且指出：盘古神话就是在我国古代各民族交融影响之下自己创造的宇宙天地开辟神话。②因此，盘古创世神话的古老性质得到了进一步确认。

二、伏羲至高神地位的下降

然而，可能也就是由于盘古这位新的创世神的出现，伏羲原本在天神中的最高位置被取代了，正如闻一多所说的：

> 大概从西汉末到东汉末是伏羲女娲在史乘上最煊赫的时期。到三国时徐整的《三五历记》，盘古传说开始出现，伏羲的地位便开始低落了。③

由于伏羲开天辟地的始祖神形象后来为盘古所取代，所以后世的各种记载或传说，都是先从盘古开天辟地、创造宇宙万物，而后才有伏羲、女娲的出现治世说起。如元代陈桱的《资治通鉴纲目前编》④以及明代袁了凡、王凤洲的《纲鉴合编》⑤等书，都在三皇之前先书盘古；而明代以后的各通俗小说，如周游编撰的《开辟衍绎通俗志传》和钟惺所撰的《盘古至唐虞传》，也都是从盘古说起，其后才有伏羲、女娲的出现。

大约刊刻于明天启、崇祯年间，署名为周游编撰的《开辟衍绎通俗志传》，共八十回，是著者"搜辑各书，若各传式，按鉴参演、补入遗阙"，综合正史记述，再吸取神话传说加以补充的一部通俗小说。其内容便从盘古出世、日月升天叙述起，接着才是述说天、地、人三皇出现治世，女娲炼石补天，炎帝神农尝百草，黄帝战蚩尤等神话传说。⑥

至于署名为竟陵钟惺编辑、苏州冯梦龙鉴定的《盘古至唐虞传》⑦，一名《盘古志传》，全称《按鉴演义帝王御世盘古至唐虞传》，全书共七回，分上、下两

---

① 刘起釪：《古史续辨》，第76—78页。
② 刘起釪：《古史续辨》，第89—91页。
③ 闻一多：《伏羲考》，第16页。
④ （元）陈桱：《资治通鉴纲目前编》，台北：台湾商务印书馆，1983年影本，第439页。
⑤ （明）袁了凡、王凤洲：《纲鉴合编》，北京：中国书店出版社，1985年版，第1—2页。
⑥ （明）周游撰：《开辟衍绎通俗志传》，上海：上海古籍出版社，1990年据明代王黌刊本影印。
⑦ 此书题为"景陵钟惺伯敬父编辑""古吴冯梦龙犹龙父鉴定"。书尾有书林余季岳识语云："是集出自钟冯二先生著辑，自盘古以迄我朝，悉遵鉴史通纪之演义，一代编为一传，以通俗谕人，总名之曰《帝王御世志传》，不比世之纪传小说无补世道人心者也。"史家对于明代署名为钟惺的小说多视为伪托，有的学者认为余季岳便是《盘古至唐虞传》的编刊者。书中避"由"为"繇"，应刊于崇祯年间。参刘世德主编：《中国古代百科小说全书》，北京：中国大百科全书出版社，1998年版，第379页。

卷。小说作者在"遵鉴史通纪为之演义"的主旨下，吸取了一些民间口头传说予以充实，这是当时小说的一种创作风尚。此书为《帝王御世志传》的第一部，从"盘古氏开天辟地，定日月星辰风雨"开始，叙述盘古氏于天地未分之时，生于大荒之野，持凿与斧凿开混沌，天地定位、阴阳剖分，其后按三皇、五帝（伏羲、神农、黄帝、尧、舜）系统叙说中华文明的肇始，穿插着女娲补天、神农尝百草、黄帝战蚩尤、颛顼捉鬼、尧舜禅让等神话传说。[①]

此外，近年来许多民间文学作品被发掘，在湖北神农架地区发现的汉族民间神话历史叙事长诗《黑暗传》中，也出现了在大洪水后，盘古化生万物，伏羲、女娲兄妹在洪水泡天、人类灭绝后，兄妹成婚、创育人类的故事。

被誉为"汉民族首部神话史诗"的湖北神农架《黑暗传》，其大致内容为：在天地之初只有一团气体，弥漫在一片黑暗之中。开始没有水，经过了不知多少年代的神人努力，后来终于出现了一个叫作"江沽"的大神，才把水造出来。那时，在一片荷叶上滚动着一颗巨大露珠，"露珠原是生天根"，却被"浪荡子"误食。"浪荡子"一口吞掉露珠后就死了，尸体被江沽咬成五块，抛入海洋，才有了五行。从此地上有了实体，有了海洋，出现了昆仑山吐血水，才诞生了盘古。盘古请来日、月，开天辟地，最后他"垂死化身"，躯干化成大地上的一切。盘古死后，大地上的金石、草木、禽兽化成了各种各样的神。这时还没有真正出现人类。众神相互争夺，闹得天昏地暗，直到洪水滔天。洪水中又出现了黄龙和黑龙搏斗，来了个叫"昊天圣母"的神，帮助黄龙打败了黑龙，黄龙产蛋相谢。昊天圣母吞下龙蛋，孕生三个神人，一个主天，一个主地，一个主冥府。洪水中又来了五条龙，捧着大葫芦在东海上漂流。圣母打开葫芦，见里面有一对兄妹。兄妹成婚三十年，生下一个肉蛋，"肉蛋里面有百人，此是人苗来出世，才有世上众百姓"。而女娲氏，"用葫芦造成笙，开教化，育子孙，百姓听了开智化愚都聪明。伏羲氏，山中听风声，风吹木叶美声音，就削树木来制琴，面圆底平天地形，五条琴弦相五行，长有七尺三寸零，上可通天达地神，又修人身调气平"。而"说起女娲哪一个，她是伏羲妹妹身，洪水泡天结为婚。当时她把天补满，又斩共工这恶臣。共工一见气不过，涌起洪水乱乾坤。共工遭斩百姓喜，就尊女娲为上君"。[②]

总而言之，无论是明代的通俗小说《开辟衍绎通俗志传》《盘古至唐虞传》，

[①] 钟惺编：《盘古至唐虞传》，见《古本小说集成》，北京：中华书局，1990年8月据日本内阁文库本影印。

[②] 胡崇峻整理：《黑暗传》，台北：云龙出版社，2002年版。

还是民间的通俗唱本《黑暗传》，在其内容中都可以发现，大约到了唐、宋以后，关于中国上古时期的历史，多从盘古开天辟地说起。关于伏羲、女娲的部分，则都是以母华胥感虹而孕生伏羲，伏羲画卦定天下、作书契以教民、制嫁娶之礼，龙马负图授伏羲，女娲辅佐伏羲等情节为主。大致都是将盘古视为开辟天地的大神，视伏羲为百王之首。这样的转变，遂使得在一般的民间信仰中，盘古取代了伏羲创世大神的位置。加以后来由于佛教、道教及其他民间宗教神灵的兴起，伏羲至高神的地位由此下降。

第三章 伏羲神话传说的演变与流传

第一节 "伏羲"名号与族属的争议

一、"伏羲"名号的纷歧

在文献记载中，伏羲的名号驳杂不一，包括包羲、宓羲、庖羲、包牺、宓牺、伏戏、虙戏等。如《荀子》《庄子》及《战国策》等书中皆作"伏戏"，《史记》《汉书》《宋书》等中作"虙羲氏"，而《汉书·律历志》中又作"炮牺氏"，《列子》《帝王世纪》中则作"庖牺氏"。从这众多的记载中，至少即可归纳出以下十余种写法。

1. 伏戏

如《庄子·大宗师》云：

> 狶韦氏得之，以挈天地；伏戏氏得之，以袭气母……①

又，《庄子·田子方》：

> 古之真人……伏戏、黄帝不得友。②

《淮南子·览冥训》亦云：

> 伏戏、女娲不设法度，而以至德遗于后世。③

在较早的文献中，"伏羲"的"羲"又多作"戏"。

2. 伏羲

如《庄子·缮性》云：

> 逮德下衰，及燧人、伏羲始为天下，是故顺而不一。④

而《风俗通义》卷一引《礼纬·含文嘉》亦云：

---

① 《庄子集解》，第 60 页。
② 《庄子集解》，第 183 页。
③ 《淮南子》卷六《览冥训》，第 215 页。
④ 《庄子集解》，第 136 页。

> 伏羲始别八卦，以变化天下。①

3. 伏牺

据汉代扬雄《法言·问道》载：

> 鸿荒之世，圣人恶之，是以法始乎伏牺而成乎尧。

李轨注：

> 伏牺画八卦以叙上下。②

又，《世本·作篇》载：

> 伏牺以俪皮制嫁娶。③

4. 伏希

按《风俗通义·佚文·阴教》所载：

> 女娲，伏希之妹。④

5. 虙戏

如《管子·轻重戊》云：

> 自虙戏以来，未有不以轻重而成其王者也。⑤

《淮南子·览冥训》亦作"虙戏"：

> 黄帝治天下，而力牧、太山稽辅之……然犹未及虙戏氏之道也。⑥

故《诗经·陈风·陈谱》的孔颖达正义便云：

> 虙戏即伏牺，字异音义同也。⑦

6. 虙羲

如《史记·封禅书》有云：

> 虙羲封泰山，禅云云；神农封泰山，禅云云；炎帝封泰山，禅云云。⑧

《汉书·叙传下》则谓：

> 虙羲画卦，书契后作。⑨

7. 虙牺

如晋代皇甫谧《帝王世纪》云：

---

① 《风俗通义校注》，第3页。
② 《法言义疏》，第118页。
③ 张澍稡集补注本《世本》，第6页。
④ 《风俗通义校注》，第599页。
⑤ 《管子》，第1228页。
⑥ 《淮南子》，第205—206页。
⑦ （汉）郑玄注，（唐）贾公彦疏：《毛诗正义》，十三经注疏本，第249页。
⑧ 《史记》，第1361页。
⑨ 《汉书》，见杨家骆主编《二十五史》，第4244页。

……是为牺皇，后世音谬，故谓之伏牺，或谓之虙牺。①

8. 包羲

如《汉书·郊祀志》云：

包羲氏始受木德。②

9. 包牺

如《周易·系辞传下》云：

古者包牺氏之王天下也……

又，《帝王世纪》载：

燧人氏没，包牺氏代之。③

唐代陆德明《经典释文》则以为：

包，本又作庖。孟京作"伏"。

10. 庖牺

一般学者多以为"取牺牲以供庖厨"乃"庖牺氏"重要的功业之一。故唐代司马贞《史记·补三皇本纪》则以为：

太昊庖牺氏……结网罟以教佃渔，故曰宓牺氏；养牺牲以供庖厨，故曰庖牺。④

而《绎史》卷三引晋王嘉《拾遗记》则有：

……以牺牲登荐于百神，民服其圣，故曰庖牺，亦谓伏羲。庖者，包也，言包含万物。⑤

11. 炮牺

如《汉书·律历志下》作"炮牺"，其义仍相同：

……言炮牺继天而王……作罔罟以田渔，取牺牲，故天下号曰炮牺氏。⑥

12. 宓戏

如《汉书·律历志上》云：

宓戏氏之所以顺天地、通神明、类万物之情也。⑦

《礼记·月令》注则云：

---

① 《帝王世纪》卷一，第2页。
② 《汉书》，第1270页。
③ 《帝王世纪》，第2页。
④ 戴逸主编：《史记》，第1页。
⑤ （清）马骕：《绎史》，上海：上海古籍出版社，1993年版，第79页。
⑥ 《汉书》，第1011—1012页。
⑦ 《汉书》，第961页。

　　　　大皥，宓戏也。①

13. 宓羲

据《汉书人表考》载：

　　　　太昊帝宓羲氏。②

14. 宓牺

如晋王嘉《拾遗记》云：

　　　　……伏羲。变混沌之质，文宓其教，故曰宓牺。③

此外，在司马贞的《补三皇本纪》中亦有作"宓牺"。

15. 雹戏

见前引长沙子弹库 1 号楚墓出土帛书。

综合以上各种伏羲的异名，大致可归纳出以下几种情况。

1. "伏"与"虙""宓"互用

关于"伏羲"的名号，在汉唐学者的记载中，常有"伏"与"虙""宓"互用的现象。

早在汉代班固的《白虎通德论》及应劭的《风俗通义》中，即已有对"伏羲"二字的涵义所作的解释。按《白虎通德论》载：

　　　　古之时未有三纲六纪，民人但知其母不知其父……于是伏羲仰观象于天，俯察法于地，因夫妇，正五行，始定人道，画八卦以治下，下伏而化之，故谓之伏羲也。④

《风俗通义》亦云：

　　　　伏者别也，变也；戏者献也，法也；伏羲始别八卦，以变化天下。
　　　　天下法则，成伏贡戏，故曰伏羲也。⑤

在此将"伏"字解释成服膺、臣服。

此外，南宋的罗泌也将"伏"训为"孚"或"服"，据《路史》云：

　　　　继天出震……肇修文教，为百王典。……得乎中央，别而能全，宿而有成，因号伏羲。⑥

将"伏"字解释为服从、服膺、驯服，这显然是将后世圣王"以上伏下"的观

---

① 《礼记注疏》，十三经注疏本，第 281 页。
② （清）梁玉绳：《汉书人表考》卷一，第 15 页。
③ （晋）王嘉：《拾遗记》，见《笔记小说大观》三编第 2 册，台北：新兴书局，1978 年版，第 693 页。
④ （汉）班固撰：《白虎通德论》卷一《号篇》，四部丛刊初编本。
⑤ 《风俗通义校注》卷一，第 3 页。
⑥ 《路史·后纪一》，第 2 页。

点套用于上古原始社会，带有明显的儒家教化观。但伏羲是原始时期的代表人物，故这些解释未必符合"伏羲"名号的原始意涵。

除因为伏羲是传说中的上古圣王，致过去学者的解释多以此作为比附的依据，近代又有些学者认为"伏"字是一象形字，表示人带着猎犬趴在地上等待猎物，以论证"伏羲"表示狩猎的意思，据以推论伏羲是畜牧时期的代表人物。[①] 更有学者将"伏"训为"孚"字，意指"孵化"，以论证"伏羲"表示生殖的意思。[②] 这些解释难免有望文生义之嫌，仍有待商榷。

至于伏羲又作"虙羲"，则是因"伏"与"虙"音同之故。如《尚书·序》的注中便说：

> 伏牺氏，"伏"古作"虙"。[③]

而《汉书·司马迁传》中也有"虙戏至淳厚，作《易》八卦"的记载，颜师古作注时则说：

> "虙"，读与"伏"同。[④]

又，《汉书·艺文志·序》中《易》曰：'宓戏氏仰观象于天……于是始作八卦。'"一语，颜师古的注则以为：

> "宓"，读与"伏"同。[⑤]

然而颜师古并未说明"伏"又作"宓"的原因，以致后世学者有许多穿凿附会的解释。如有人或以《说文》"宓，安也"为注解，认为"宓羲"是指"安静不动的元气"；[⑥] 或者以为"宓羲"、"伏羲"都是指看不见、摸不着、无形无象的"道"，[⑦] 并且以为"宓"即"密"也。[⑧] 闻一多更据此发挥，以《史记·封禅书》

---

① 张先堂：《论伏羲神话传说的历史文化内涵及其与天水地区的关系》，见霍想有主编《伏羲文化》，北京：中国社会出版社，1994年版，第201页。

② 武文：《伏羲——原始生殖祖神》，见霍想有主编《伏羲文化》，北京：中国社会出版社，1994年版，第96页。

③（汉）孔安国传，（唐）孔颖达等正义：《尚书》，第5页。

④《汉书》，第2720页。

⑤《汉书》，第1704页。

⑥ 如《路史·后纪二》云："伏羲氏袭气母则全粹矣。"又，刘俊男《伏羲神农炎帝考》亦赞同此说，并据《说文》"羲，气也""宓，安也"及段注"安，靖（静）也"来作诠释，以为伏羲乃指"安静不动的元气"，亦即中国古哲学中的"气母"。载《山东师范大学学报（社会科学版）》，1999年第2期，第12页。

⑦ 刘俊男以《说文大字典》云："伏，入声，音服，偃也，又隐也，匿藏也。"而认为"宓羲""伏羲"都是指看不见、摸不着、无形无象的"道"。同时《说文》又将"伏"释为"司"，《辞源》："伺，古通作司"，故"伏"有"等候""观察""静待"之意，如"潜伏""埋伏"都有隐而不动之意。因此"宓羲"又叫"伏羲"。载《山东师范大学学报（社会科学版）》，1999年第2期，第12页。

⑧ 据《路史·后纪一》罗苹注以为："宓，乃密字。"

中有"秦宣公作密畤于渭南，祭青帝"的记载，而推论"伏羲"字或作"宓"若"虙"，"密""宓""虙"一字，"宓畤即伏羲之畤"，即所谓的祭祀生殖神的活动。①然而这些都只是推论，并不符合"伏羲"名号的原始意涵。

事实上，"伏"与"虙"皆读作"biwk"，音相同，而"宓"实乃"虙"字之误。《颜氏家训·书证》中有这样的一段记载：

> 孔子弟子虙子贱为单父宰，即虙羲之后，俗字亦为"宓"，或复加"山"。今兖州永昌郡，旧单父地也，东门有子贱碑，汉世所立。乃云："济南伏生即子贱之后。"是知"虙"之与"伏"古来通字，误以为"宓"，较可知矣！②

因宓子贱乃孔子七十二弟子之一，而伏生又是宓子贱的后代，故可知宓子贱原本应姓伏，因又通"虙"字，故后人误以为"宓"。因此颜之推说：

> 按诸经史纬候，遂无"宓羲"之号。"虙"字从"虎"，"宓"字从"宀"，下俱为"必"。末世传写，遂误以"虙"为"宓"。而《帝王世纪》因误更立名耳。③

2."包"与"庖""炮"的互用

伏羲又称"包牺""庖牺""炮牺"，据《世本》的解释以为：

> 取牺牲以供包厨，故曰包羲氏；养牺牲以庖厨，故曰庖羲氏。④

《绎史》引晋王嘉《拾遗记》也以"包"乃"包含万象"之意，故伏羲又曰"庖牺"，因此"包"与"庖"实相通。由此可知，"包""庖""炮"古音皆同，皆作"pàu"。

至于"包羲""庖羲""炮羲"与"伏羲""虙羲"之间的关系，据清王念孙《读书杂志》所云：

> 伏羲字，《汉书》皆作"宓"，"庖"字古读若"浮"……"浮""宓"声相近，故"宓牺"或作"庖牺"。⑤

然而，事实上从我们前面的考察中可知，"宓"乃"虙"字之误，王念孙以"浮，

---

① 闻一多：《姜嫄履大人迹考》，见《闻一多全集（一）·神话与诗》，台北：里仁书局，1993年版，第74—75页。
② （北齐）颜之推撰，王利器集解：《颜氏家训集解》卷下《书证篇十七》，上海：上海古籍出版社，1980年版，第408页。
③ （北齐）颜之推撰，王利器集解：《颜氏家训集解》卷下《书证篇十七》，第408页。
④ （清）马骕：《绎史》，第79页。
⑤ （清）王念孙：《读书杂志》志九之十二"季子"条，台北：世界书局，1972年版，第23—24页。

宓声相近"，实有误解。但其所提的"庖"字古读若"浮"，则是正确无误的。"庖""浮"二字，由于古无轻唇音的关系，故二者古音相同。而"伏""虙""庖""炮"等字皆属"并"纽，"包"属"帮"纽，"帮"与"并"为旁纽双声，可以互相转变。故"伏""虙""庖""炮""包"乃一声之转也。

3. "羲"与"牺""戏""希"的互用

"羲"又有作"牺""戏"者，实因"羲""牺""戏""希"又都是同音字，可以互相假借。据唐代陆德明《经典释文》所说：

> 牺，又作"羲"……孟京作"戏"。①

故唐孔颖达在为《尚书·序》作注时说：

> 伏牺氏……"牺"本又作"羲"，亦作"戏"。②

而"牺"这个字，《说文》以为乃后起之字。③至于后世学者将"伏羲"作"伏牺"或"庖牺"，且将它解释为驯服或养取"牺牲"之意，应当不是原始社会时期"伏羲"名号的本来意涵，很可能是后世学者将伏羲的功业与原始畜牧社会结合后所作的改造。因此，早在宋代，罗苹在其《路史·后纪一》中便发现了这样的错误，他说：

> 伏与虙、羲与戏字义皆同。史传或谓服牛乘马，因号伏牺，取牺牲以充庖，因号庖牺，最为鄙妄。按庄周等古书皆作虙戏，无作牺者，且伏羲古或用羲，而牺牛之字未有用戏者，况伏岂得为服、御字乎？④

汉唐以来的学者，对于"伏羲"名号的考察，多将其视为一上古圣人或帝王，因而多仅针对其名号的字义或字音之表面意涵作探讨。近当代以来的学者，则又多将"伏羲"名号与其图腾信仰结合，如闻一多等人认为伏羲的图腾是葫芦⑤，而刘尧汉、杨和森、刘小幸等人则主张伏羲的原生图腾是虎⑥，袁珂等人以为伏羲是龙蛇图腾⑦，龚维英以为其原生态、准原生态图腾分别是葫芦与雷⑧，何

---

① （唐）陆德明：《经典释文》卷二，四部丛刊初编本。
② 《尚书》卷一，第5页。
③ 《说文》云："贾侍中说此牺非古字。"
④ 《路史》，第2页。
⑤ 闻一多：《伏羲考》，第59—60页。
⑥ 刘尧汉：《中国文明源头新探——道家与彝族虎宇宙观》，昆明：云南人民出版社，1985年版；杨和森：《图腾层次论》，昆明：云南人民出版社，1987年版；刘小幸：《母体崇拜——彝族祖灵葫芦溯源》，昆明：云南人民出版社，1990年版。
⑦ 袁珂：《古神话选释》，北京：人民文学出版社，1979年版，第69页。
⑧ 龚维英：《原始崇拜纲要——中华图腾文化与生殖文化》，北京：中国民间文艺出版社，1989年版，第58—59页。

新则以为伏羲是日图腾[①]等。图腾崇拜是原始人类始祖崇拜的一个重要源头,但"伏羲"名号是否源自于图腾的转化,实有待商榷。

此外,由于"太昊"后来成了伏羲的号,而"昊"字上为⊙形,下为表示崇拜太阳之人,故"昊"字可能与太阳崇拜有关。又从字义上来看,"皞"本有"絜而光明"的意思[②],所以也有人认为太昊就是太阳神[③]。另外,亦有观点主张"太昊"不是氏族名称,也不是人的名字,而是相对于后起的"少昊"而言的,是"这一族的后起者,推尊早期领导者的功德,如太阳的清净光明一样"。[④]今日的研究者又因为受到"伏羲就是太昊"之说的影响,也开始试图利用语音训诂的方法来证明伏羲与日图腾的关系,如有人认为伏羲的"羲"和"曦"相通,同表"日",故伏羲乃生日之神;[⑤]也有人主张"伏"和"父"音相近,表示男性,所以伏羲就是"父羲",也就是"太阳"的意思,[⑥]赞同此说的人还补充认为,"伏"还可以训为"溥",即"大"的意思,故伏羲即"伟大的太阳"的意思。[⑦]而何新更在其《诸神的起源》一书中列举了许多材料证明"黄帝就是太阳神,伏羲也是太阳神,所以黄帝和伏羲(即曦皇)实际上是同一人"。[⑧]然而,这些说法似无法言之成理,有待更多材料来加以进一步的证明。

由以上历来学者对"伏羲"名号的解释可以发现,早期的汉唐学者或把"庖牺"解释成获取牺牲,意指渔猎时代,或把"伏牺"解释成服化牛马,则指畜牧时代。学者们普遍认为"伏羲"的名号与渔猎、畜牧活动都有着极为密切的关系。然而,若仔细思考则会发现,伏羲时代尚无文字,当时或仅能以契刻或结绳记事,其故事往往多依赖口头传承,故"伏羲"二字或许只是记音的符号,不一定有特殊的含义。

但由于伏羲乃传说中的上古圣王,后人为了推崇他的伟大,因此对于他的名号,自然会有许多攀缘附会的说法,未必尽然合理。对于这种现象,王献堂就

[①] 何新:《诸神的起源——中国远古神话与历史》,台北:木铎出版社,1987年版,第51—55页。
[②] 《广雅释训》:"皞,白也。"又《广韵》:"皞,明也。"
[③] 何新:《诸神的起源——中国远古神话与历史》,台北:木铎出版社,1987年版,第53页。
[④] 印顺:《中国古代民族神话与文化之研究》,台北:正闻出版社,1994年版,第81页。
[⑤] 姜亮夫:《三楚所传古史与齐鲁三晋异同辨》,见《楚辞学论文集》,上海:上海古籍出版社,1984年版;詹鄞鑫、徐莉莉:《神秘·龙的国度——华夏文明面面观》,郑州:中州古籍出版社,1990年版,第15页。
[⑥] 詹鄞鑫、徐莉莉:《神秘·龙的国度——华夏文明面面观》,郑州:中州古籍出版社,1990年版,第15页。
[⑦] 王振复:《巫术:〈周易〉的文化智慧》,杭州:浙江古籍出版社,1990年版,第31—32页。
[⑧] 何新:《诸神的起源——中国远古神话与历史》,台北:木铎出版社,1987年版,第33页。

曾作这样的批评：

> 故书所释伏羲名义，如"伏，别；羲，献"及"取羲充庖""包含万象""服牛乘马"诸说，更可勿须置辩。以"牺"为"牺牲"，则无以解"戏"；以"伏"为"别"，则无以解"包"；以"庖"为"庖厨"则无以解"宓"。而伏羲十名，又皆异字同称，不能以一义通释，皆非真谛也。真谛之出，愈古愈质，必眼下浅显事理，一语可以勘破者。汉、魏而下，但望字生义，展转推籀，愈来愈深，而去古愈远。①

王先生的批评，真可谓一语道破汉唐学者的穿凿附会之弊。

从以上"伏羲"名号写法的多样性来看，"伏羲"一词既无定字，且字亦无定形。这可能是因为伏羲作为一个传说人物，曾经长期活在人们的口头传说中，因此记录者往往依其音而记字，故而出现了词无定字的现象。

二、伏羲与太昊的纠葛

到了战国以后，伏羲和太昊有渐渐合二为一的趋势。持此一说的包括：

> 太皞庖羲氏，风姓。（司马贞《补三皇本纪》）
> 太昊帝庖牺氏，风姓也。（《帝王世纪》）
> 太皞伏羲氏，风姓之祖也。（《左传·昭公十七年》杜预注）
> 太昊伏羲氏……风姓。（《路史·后纪一》）

从这些文献的记载来看，伏羲与太昊系同一人。

按，"太皞"又作"太昊"（为行文的统一与方便，除引文外，以下均写作"太昊"）。"皞"，《广韵》作"胡老切"，至于"昊"字，《广韵》亦作"胡老切"，二字音同，故《说文通训定声》谓："皞，假借为昊。"②

从先秦的典籍中可以发现，"昊"本为天神代表。如郑玄笺《诗经·周颂·清庙之什》中"昊天有成命"一语时，便以为："昊天，天大号也。"③而《尚书·尧典》则有："乃命羲和，钦若昊天。"④《周礼·春官·大宗伯》亦有："以禋祀祀昊天上帝。"⑤唐李贤注《后汉书郎颛传》则云："太皓，天也。"⑥可知"昊"本为"天"的泛称。

---

① 王献唐：《炎黄氏族文化考》，济南：齐鲁书社，1985年版，第458页。
② （清）朱骏声：《说文通训定声》，台北：艺文印书馆，1966年版，第1113页。
③ 《毛诗正义》，第716页。
④ 《尚书》卷二，第21页。
⑤ 《周礼注疏》卷一八，第270页。
⑥ 《后汉书》卷三〇下，第1073页。

然而，大约从战国以后，太昊便与伏羲合二为一，称为"太昊伏羲氏"。如《帝王世纪》云：

> 太昊帝庖牺氏……继天而王，首德于木，为百王先。帝出于震，未有所因，故位在东方。主春，象日之明，是称太昊，都陈。①

伏羲与太昊的合二为一，确实造成了一定的混淆。为了调和这两个异称的分歧，汉唐学者们有将太昊和伏羲作"世号"和"身号"的区别，"世号"为部落的名号，"身号"则为个人私名，如王符《潜夫论》以"太昊"为世号，"伏羲"为身号，②唐代孔颖达《春秋左传正义》则以为"太昊身号，伏羲代（世）号"③。然而，伏羲和太昊究竟为一人还是两人，学术界至今仍有争论和分歧。

但太昊与伏羲在先秦典籍中本各不相谋，故早在清代的崔述便主张他们二者迥然有别，他在其《补上古考信录》卷下"炎帝氏及太昊氏"条下就指出：伏羲、太昊相混"始于《汉书·律历志》"。他说："误刘歆、班固者，《吕纪》《月令》。"④而袁珂则认为太昊与伏羲的相混，始于战国末至西汉年间成书的《世本》，他说：

> 太昊与伏羲在先秦古籍中，本各不相谋，至秦末汉初人撰《世本》，始以太昊与伏羲连文，而为太昊伏羲氏。故《吕氏春秋·孟春纪》云："其帝太昊"。高诱注："太昊，伏羲氏。"或即本于《世本》。⑤

由此可推知，将太昊与伏羲相混，大约是在战国末至西汉期间。至于二者之所以相混，据崔述的说法，是因为：

> 自战国以来，阴阳之术兴，始以五行配五帝，而《吕氏春秋》采之，《月令》又述之，遂以太昊为木、为春，炎帝为火、为夏，少昊为金、为秋，颛顼为水、为冬，黄帝为土、为中央。然亦但言其德各有主，不谓太昊先于炎帝，炎帝先于黄帝也。宣、元以后，谶纬之学日盛，刘歆不考其详，遂以五行相生之序为五帝先后之序，而太昊遂反前于炎帝矣！然考之《易传》，前乎黄帝者为庖羲、神农，其名不符；考之《春秋传》，炎帝、太昊皆在黄帝之后，其世次又不合。于是不得已，谓太昊即庖羲氏，炎帝即神农氏。⑥

---

① 《帝王世纪》，第2页。
② 《潜夫论笺校正》，第384页。
③ （晋）杜预注，（唐）孔颖达等正义：《春秋左传正义》，十三经注疏本，第836页。
④ 《补上古考信录》卷下"炎帝氏及太昊氏"条，第21页。
⑤ 袁珂：《古神话选释》，北京：人民文学出版社，1979年版，第64页。
⑥ 《补上古考信录》，第21页。

崔述以为，刘歆等人相信了五行配五帝之说，以为太昊为春皇，应在炎帝之前，遂误将其与本列于炎帝之前的伏羲合二为一了。所以崔述认为应按《周易·系辞传下》的次序，首列庖羲氏，而依《左传·昭公十七年》中郯子所言，古帝王依次为黄帝、炎帝、共工、太昊；将太昊氏列于黄帝与共工之后、少昊氏之前，与伏羲氏别为二人。[①]

然而，太昊与伏羲的结合，可能在汉代《世本》的编纂之前即已成形。根据《左传·昭公十七年》所记郯子的话以为"太昊氏以龙纪"，但从相关的记载中可知，太昊可能为东夷神鸟族系的氏族部落首领[②]，应该是以"鸟纪"；在此说"龙师而龙名"，可能就是太昊与伏羲合二为一的结果。

此外，《史记·封禅书》中有"虙羲封泰山，禅云云；神农封泰山，禅云云；炎帝封泰山，禅云云"[③]之语，其中只列举虙羲和少昊，却未提及太昊，且泰山、云云二山又都在山东省境内，但伏羲本属西羌华夏集团的氏族部落首领之神话传说，由此或可推论：如果在当时虙羲与太昊没有结合起来，恐怕很难产生出像虙羲封禅于山东境内的泰山和云云二山的传说。故伏羲与太昊合二为一，应该是在太史公以前，或者可能早在战国后期即已形成了。[④]

另外，从出土的众多汉画像中可见，伏羲多作"人首蛇身"或"人首龙尾"，应属龙蛇图腾。至于太昊，按《左传·僖公二十一年》所载：

　　任、宿、须句、颛臾，风姓也，实司太皞与有济之祀。[⑤]

任、宿、须句、颛臾乃春秋时国名，任国故城在今山东济宁县，宿国在今山东东平县东，须句在今山东东平县东南，颛臾在今山东费县西北，皆在今山东省境内，而此四小国既为风姓，又祭祀太昊、济水，可见其当是太昊的后裔。因此，太昊应该是东方某部族的首领。按《礼记·月令》孔颖达疏以为："东方之帝，谓之太昊。"由于太昊可能是东夷族部落的首领，因此一般学者多认定凤鸟是太昊的图腾代表。古文字学者唐兰根据对大汶口文化中"羊"字的考证，认为它可能就是"昊"字，是一种对太阳的崇拜。[⑥]近代学者也有人主张"皞"本作

[①]《补上古考信录》，第21—23页。
[②] 近世学者多将中国古代部族分为华夏集团、东夷集团及苗蛮集团等三大集团，其中太昊和少昊的传说属东方的夷族，以鸟为氏族图腾。详参印顺：《中国古代民族神话与文化之研究》，台北：正闻出版社，1994年版，第81—92页；徐旭生：《中国古史的传说时代》，台北：里仁书局，1999年版，第45—56页。
[③]（汉）司马迁撰，（刘宋）裴骃集解，（唐）司马贞索隐，（唐）张守节正义：《史记三家注》卷二八，第1361页。
[④] 徐旭生：《中国古史的传说时代》，台北：里仁书局，1999年版，第301—302页。
[⑤]（晋）杜预注，（唐）孔颖达等正义：《春秋左传正义》卷一四，十三经注疏本，第725页。
[⑥] 唐兰：《关于江西吴城文化遗址与文字的初步探索》，载《文物》1957年第7期，第72页。

广"𦍌",像"以桂枝为表,刻玉鸡置于表端"的太阳鸟图腾柱,是用于观察太阳全日运动的日晷,乃少昊氏的司职。故太昊、少昊是古代东方沿海地区以鸟为图腾的王国。①细考太昊的形象与传说,亦可发现他确实具有鸟图腾氏族的许多特质,如据《吕氏春秋·孟春纪》载:

> 孟春之月,其帝大昊,其神勾芒。②

而《淮南子·天文训》也说:

> 东方,木也,其帝太昊,其佐勾芒,执规而治春。③

勾芒本是太昊之佐,而神话传说中的勾芒形象,据《山海经·海外东经》所述,是"东方勾芒,鸟身,人面乘两龙"④。《墨子·明鬼》也记载了秦穆公白日见一神"鸟身,素服三绝,面状正方",秦穆公问神之名,答曰:"予为勾芒"。⑤从这些记载可以看出,勾芒状若鸟神,而太昊与勾芒同族,所以自然也是鸟族的一员。

《盐铁论》中有这样一段记载:

> 轩辕战涿鹿,杀两曎、蚩尤而为帝。⑥

按,古字"曎",睪也。杨倞注云"睪读为皡",所以这里所谓的"两曎",便是指太昊与少昊这两个氏族。⑦按《帝王世纪》载:少昊"邑于穷桑,以登帝位,都曲阜"⑧。穷桑在今山东曲阜北境,且今曲阜云阳山也有少昊陵。⑨又加上在《左传·昭公十七年》中,郯子回答"少皞氏以鸟名官"时称:

> 我高祖少皞,挚之立也,凤鸟适至,故纪于鸟,为鸟师而鸟名。⑩

唐兰通过考证以为大汶口文化为少昊部族所创造,而太昊和少昊可能有先后之分,太昊在前,少昊在后。所以当少昊强盛时,太昊则已经衰落了。如果确如唐兰所考,那么少昊氏是继承太昊氏者,他既以鸟为氏族图腾,则太昊应该也属于鸟图腾崇拜的氏族。

太昊与伏羲除了在所代表的图腾上有所不同外,在历史记载上的时间也有先

---

① 陆思贤:《神话考古》,北京:文物出版社,1995年版,第75页。
② 《吕氏春秋》卷一,第281页。
③ 《淮南子》卷三,第88页。
④ 袁珂点校:《山海经校注》,上海:上海古籍出版社,1980年版,第265页。
⑤ (周)墨翟撰,(清)孙诒让注:《墨子》卷八,台北:华正书局,1987年版,第202页。
⑥ (汉)桓宽撰:《盐铁论》卷八,天津:天津古籍出版社,1983年版,第489页。
⑦ 徐旭生:《中国古史的传说时代》,台北:里仁书局,1999年版,第50—51页。
⑧ 《帝王世纪》,第7页。
⑨ 赵尔巽等撰:《清史稿》卷八五《礼志三·历代帝王陵庙》,见杨家骆主编《二十五史》,第2530页。
⑩ 《春秋左传正义》卷四八,第836页。

后的区分。据《礼记·曲礼》孔颖达正义引《六艺论》所云:

> 燧人至伏羲一百八十七代。
>
> 遂皇之后，历六纪九十一代至伏羲。①

谯周《古史考》则曰:

> ……燧人，次有三姓，乃至伏牺。②

《礼记·曲礼》孔颖达正义亦云:

> 伏羲以次有三姓，始至女娲。女娲之后五十姓至神农。③

按照以上所述的古史系统来看，伏羲的时代应在神农氏时代之前。据《商君书》所云:

> 神农之世，男耕而食，妇织而衣，刑政不用而治，甲兵不起而王。
>
> 神农既没，以强胜弱，以众暴寡，故黄帝作君臣上下之义，父子兄弟之礼，夫妇妃匹之合；内行刀锯，外用甲兵，故时变也。④

又《史记·五帝本纪》亦云:

> 轩辕之时，神农氏世衰。诸侯相侵伐……天下有不顺者，黄帝从而征之，平者去之……⑤

因此，神农又在黄帝之前。又如前面《盐铁论》中所述，黄帝曾杀"两暤"（太昊、少昊）于涿鹿，所以太昊、少昊应该与黄帝的时代相当。

此外，因《山海经·大荒北经》载有"颛顼为黄帝孙"，而《大荒东经》中则又说"少昊孺颛顼"，据此，清人郝懿行以为"少昊即颛顼之世父"⑥。那么，我们可以推论：太昊应该是和黄帝同时，或稍晚于黄帝的部落首领，但黄帝在神农之后，而神农又在伏羲之后，因此太昊的世次上距伏羲氏应甚远矣。所以，根据崔述的考证，应按《周易·系辞传》的次序，首列庖羲氏，而依《左传·昭公十七年》中郯子所言古帝王，依次为黄帝、炎帝、共工、少昊，而将太昊列于黄帝与共工之后、少昊之前，与伏羲别为二人。⑦

至于伏羲与太昊二者相混的原因，历来学者讨论的结果也不一而足，如

---

① 《礼记注疏》卷一，第16页。
② （蜀）谯周撰，（清）章宗源辑:《古史考》，第64页。
③ （汉）郑玄注，（唐）孔颖达等注疏:《礼记注疏》，第16页。
④ 《商君书》，第141页。
⑤ 《史记》卷一，第1页。
⑥ 袁珂点校:《山海经校注》之《大荒东经》"少昊之国"，第339页。
⑦ 吕振羽:《史前期中国社会研究》原于1934年由北平人文书店出版，后于1961年12月由生活·读书·新知三联书店（北京）影印出版，第78页。

"古史辨"派学者认为伏羲、太昊都是"层累造成的古史人物",二者本无关系;[1]童书业等人则主张以太昊为伏羲是晚出之说,不足为信;[2]杨宽则以为太昊"初为殷与东夷之上帝",《吕氏春秋·十二纪》及《月令》之所以列太昊于五帝之首,"以太昊置黄帝上,少昊置颛顼上,此明为东夷民族所造之说";[3]但徐旭生认为将伏羲与太昊合二为一,主要是因为受到战国时期西秦尊祀少昊的因素所影响。[4]

关于伏羲、太昊之所以相混的原因,笔者以为,可能有其深层的文化背景:

1. 伏羲可能不是一个人名,而是一个氏族部落首领的共称,太昊有可能是伏羲氏族中的某一位首领。

诚如前面所论述,文献记载中的伏羲时代很长,而其所代表的时代可能又同时含括了渔猎、畜牧,甚至到农业时代,所以这个氏族所经历的时间可能很长。故"伏羲"可能是代表某一氏族或某一氏族部落首领的共称,而太昊则是此一部落中的一个支系或其中的一位首领。

2. 氏族部落的迁徙。伏羲与太昊的合并,也有可能是由于早期氏族部落的联盟或兼并所致,诚如顾颉刚所说的:

> 《左传》上说:"任、宿、须句、颛臾,风姓也,实司太皞与有济之祀。"则太昊与有济是任、宿诸国的祖先。又说:"陈,颛顼之族也。"则颛顼是陈国的祖先。至于奉祀的神,各民族亦各有其特殊的。如《左传》上说鲧为夏郊。又如《史记·封禅书》上说秦灵公于吴阳作上畤,祭黄帝,作下畤,祭炎帝。这原是各说各的,不是一条线上的人物。到了战国时,许多小国并吞的结果,成了几个极大的国,后来秦始皇又完成了统一的事业。但各民族间的种族观念向来极深的……于是有几个聪明人起来,把祖先和神灵的"横的系统"改成"纵的系统",把甲国的祖算做了乙国祖的父亲,又把丙国的神算做了甲国的祖的父亲……[5]

---

[1] 顾颉刚等:《古史辨》第七册上编,第97—118页。
[2] 童书业:《春秋左传研究》,上海:上海人民出版社,1983年版,第3页。
[3] 杨宽:《中国上古史导论》,见《古史辨》第七册上编,第255页。
[4] 徐旭生在《中国古史的传说时代》一书中以为:秦人嬴姓,其祖先出于颛顼之苗裔女修,而少昊亦嬴姓,故秦人自认出于少昊。太皞、少昊又同以"皞"为氏,故秦人又推少昊出于太皞,因此亦奉祀太皞。据《史记·封禅书》云:"秦宣公作密畤于渭南,祭青帝。"依《吕氏春秋》及《淮南子》《礼记》等书中"东方色青"的说法来推论,"青帝"可能就是太皞,故秦人亦将太皞视为先祖。随着秦人势力的扩张及秦始皇统一六国,作为秦人祖先的少昊与太皞日益受到重视。见第196—288页。
[5] 顾颉刚等:《古史辨》第四册中编《自序》,上海:上海古籍出版社,1982年版,第5页。

顾颉刚以为太昊和伏羲可能是不同氏族部落的祖先或神灵，后来氏族部落合并，于是便将其祖先神灵合并了。

其实，在上古时期的中原地区，部落的合并或迁徙是常有的事，何光岳在其《中原古国源流史》中在谈到鲁国的来源时说：

> 鲁是一个很古老的方国，早在夏代时业已在今甘肃天水市境内形成。乃为姞姓之鲁，为黄帝之裔十二姓之一，约于夏初东迁于今河南之鲁山。商代武丁时，甲骨文有商、鲁关系密切的记载。西周初年，地入于姬姓应国。到商末，周文王征服鲁的同姓密须及阮，鲁地约于这时落入周人之手。接着，周文王便将鲁地封给他的孙子伯禽。从此，鲁地由姞姓之手转入姬姓之手了。后来，周武王灭商，又派伯禽东征……今山东曲阜。①

故东边以太昊为氏族首领的东夷族，也有可能是本来源自于西北的民族。所以，有可能是由于东迁的伏羲氏族后裔将原来氏族部落首领的尊号加在后来新的氏族首领太昊之上，或者后来往东发展的太昊氏族继承了原来伏羲氏的称号，便合称为"太昊伏羲氏"了。

伏羲、太昊本非同一人，前贤的研究与讨论，似乎已辩之甚详。然而有一些学者以为伏羲与太昊"未必非为同一人"，有人认为"伏羲、太昊显然有时代早晚之别"，可能是"太昊族或是风姓集团发展到山东的直接后裔"②，也可能是"两者氏族图腾相混"的因素③。此外，有学者认为文献中太昊与伏羲的名称，皆为后人所加，且事迹大多雷同，考察传说中人物，"只当其母题是否相同，而不当拘于其名称之殊异，以此论之，谓太皞为伏羲，似无不可"。④

无论如何，伏羲与太昊的合二为一，使得后世的伏羲或太昊传说都产生了相混与合并。如《绎史》卷三引《帝王世纪》云：

> 燧人氏没，庖牺氏代之继天而王，首德于木，为百王先。⑤

《抱朴子·对俗》也有：

> 太昊师蜘蛛而结网。⑥

---

① 何光岳：《中原古国源流史》，南宁：广西教育出版社，1995年版，第79页。
② 程德祺：《伏羲新考》，载《江海学刊》1987年第5期，第66页。
③ 屠武周：《伏羲非太昊考》，载《东南文化》1990年第4期，第20—25页。
④ 徐中舒：《跋苗族的洪水故事与伏羲女娲的传说》，见芮逸夫《苗族的洪水故事与伏羲女娲的传说》附录，《中国民族及其文化论稿（下）》，第1067页。
⑤ （清）马骕：《绎史》，第78页。
⑥ 王明：《抱朴子内篇校释》，北京：中华书局，1985年版，第43页。

事实上，"木德"者应是东方之帝的太昊，而"师蜘蛛而结网"的才是伏羲，但后世学者由于多将伏羲与太昊视为同一人，所以便将他们的事功混为一谈。

三、其他相关的名号

伏羲除了又作"太昊"之外，由于后来位列三皇之首，所以又被称为"羲皇"。加上与太昊传说的相结合，故他又被称为"春皇""木皇""东皇""东皇太一"或"太一""泰皇""泰帝""青帝"等。

首先，伏羲与太昊的相混，致传说中伏羲"居东方"，因此他又称"东皇"。按五行方位的原理，东方主春，木德，因而伏羲也被称为"春皇"，如《拾遗记》卷一中说：

> 春皇者，庖牺之别号。①

而东方属木，因此他又被称为"木皇"。

在古书中，"东皇"又作"东皇太一"，故伏羲亦称为"太一""泰帝"。如《史记》中的"泰帝兴，神鼎一"一语，张守节《史记正义》便以为：

> 泰帝谓太昊伏羲氏。②

由于"东皇"又常和"太一"结合起来，因此屈原《九歌》中的"东皇太一"，闻一多便释为"伏羲"。③

关于"太一"的源起，顾颉刚在其《三皇考》一文中以为：由于《老子》言"一"，《老子》的"一"就是道，以后的人们感觉到这"一"字太平凡了，于是就在它的头上加字，名之曰"太一"或"大一"。④故《庄子·天下》有：

> 以本为精，以物为粗，以有积为不足，澹然独与神明居，古之道术
> 有在于是者。关尹、老聃闻其风而悦之，建之以常无有，主之以太一。⑤

《吕氏春秋·仲夏纪·大乐》则有：

> 万物所出，造于太一，化于阴阳。
>
> 道也者，至精也，不可为形，不可为名，强为之，谓之太一。⑥

而《楚辞》中也有"东皇太一"，《楚辞·东皇太一》云：

> 吉日兮辰良，穆将愉兮上皇。⑦

---

① 《拾遗记》，第692页。
② 《史记》卷一二《孝武本纪》，第472页。
③ 闻一多：《东皇太一考》，载《文学遗产》1980年第1期，第3—6页。
④ 顾颉刚、杨向奎：《三皇考》，见《古史辨》第七册中编，第80页。
⑤ 《庄子集释》卷十下，第1093页。
⑥ 《吕氏春秋》卷五，第255—256页。
⑦ （宋）洪兴祖撰：《楚辞补注》卷二九，台北：天工书局，1989年版，第55页。

这里的"上皇",据洪兴祖的《楚辞补注》以为就是"东皇太一"。由此可知,到了战国时期,"太一"已成了天神。故宋玉在其《高唐赋》中有所谓的:

> 有方之士……进纯牺,祷璇室,醮诸神,礼太一;传祝已具,言辞已毕。①

所谓的"礼太一",按刘良的注以为:"太一,天神也。"可见"太一"信仰形成的时间很早。

到了汉武帝时,"太一"的信仰顿时兴盛。《史记·孝武本纪》有载:

> 文成死明年,天子病鼎湖甚……游水发根乃言曰:"上郡有巫,病而鬼下之。"上召置祠之甘泉。及病,使人问神君。神君言曰:"天子毋忧病,病少愈,强与我会甘泉。"于是病愈,遂幸甘泉,病良已。大赦天下,置寿宫神君。神君最贵者太一;其佐曰太禁、司命之属,皆从之。非可得见,闻其音,音与人言等,时去时来……②

以是之故,"太一"在诸神中取得了独尊的地位。到了元鼎四年(公元前113)秋天,武帝便明定"泰一"的祭典。据《汉书·郊祀志》载:

> 其秋,上幸雍,且郊。或曰:"五帝,泰一之佐也,宜立泰一而上亲郊之。"……上遂郊雍,至陇西,西登空桐。幸甘泉,令祠官宽舒等具泰一祠坛。坛放薄忌泰一坛,坛三陔;五帝坛环居其下,各如其方……日赤月白。

> 十一月辛巳朔旦冬至,昧爽,天子始郊拜泰一。朝朝日,夕夕月,则揖;而见泰一如雍礼。其赞飨曰:"天始以宝鼎神策授皇帝,朔而又朔,终而复始,皇帝敬拜见焉。"……公卿言:"皇帝始郊见泰一云阳,有司奉瑄玉嘉牲荐飨,是夜有美光;及昼,黄气上属天。"太史公、祠官宽舒等曰:"神灵之休,祐福兆祥,宜因此地光域,立泰畤坛以明应,令太祝领,秋及腊间祠;三岁天子一郊见。"③

自谬忌劝武帝祀泰一坛以来,对泰一的信仰得到了蓬勃的发展。从此以后,凡有重要的事件,武帝便去祀泰一。据《汉书》载,武帝元鼎五年(公元前112)时:

> 其秋,为伐南越,告祷泰一。以牡荆画幡日月北斗登龙,以象太一三星。为泰一,命曰灵旗。为兵祷,则太史奉以指所伐国。既灭南越,嬖臣李延年以好音见,上善之,下公卿议,曰:"民间祠有鼓舞乐,今

---

① 《文选》卷一九《高唐赋》,第880—881页。
② 《史记》卷一二《孝武本纪》,第459页。
③ 《史记》卷一二《孝武本纪》,第467—470页。

> 郊祀而无乐，岂称乎？"公卿曰："古者祠天地皆有乐，而神祠可得而礼。"……于是塞南越，祷祠泰一、后土，始用乐舞。①

在此，公卿所言的"祠天地"，就是"祷祠泰一、后土"，可见当时可能认为"泰一"就是天皇，而"后土"是为地皇。因此，司马迁在其《史记·封禅书》中总结武帝一代的大事时谓：

> 今天子所兴祠，太一、后土，三年亲郊祠，建汉家封禅，五年一修封。薄忌太一及三一、冥羊、马行、赤星，五，宽舒之祠官以岁时致礼。②

泰一之祠盛极于汉武帝之时及有汉一朝，由《汉书·艺文志》中录有许多含有"泰一"（"泰壹"）之名的著作即可见其一斑[3]。

另一方面，如前所述，秦始皇时王绾等奏书以"天皇、地皇、泰皇"为"三皇"，而此"天一、地一、泰一"称"三一"。所以，"三一"大概就是"三皇"的化身，"泰一"就是"泰皇"的化身。

除了作为三皇之一外，在后世所谓的各种"五帝说"[4]的记载中，也有以伏羲为五帝之首者，如《战国策·赵策》载：

> ……帝王不相袭，何礼之循？宓戏、神农教而不诛；黄帝、尧、舜诛而不怒。及至三王……⑤

另外，或受"五帝说"的影响及后来太昊与伏羲的结合，太昊居东方，色主青，故伏羲又被称为"青帝"。

综上可知，经由时代的演进变化，以及不同时期的政治、社会、心理需求，"伏羲"一名的文化符号意涵愈益丰富，而加诸他身上的名号也就更多样化了。

---

① 《汉书》卷二五上，第 1231—1232 页。
② 《史记》卷二八，第 1403 页。
③ 《汉书·艺文志》录"泰一"（"泰壹"）的著作包括《太壹兵法》一篇（兵、阴阳）、《泰壹杂子星》二十八卷（数术、天文）、《泰壹杂子云雨》三十四卷（数术、天文）、《泰一阴阳》二十三卷（数术、五行）、《泰一》二十九卷、《泰壹杂子候岁》二十二卷（数术、杂占）、《泰壹杂子十五家方》二十二卷（方技、神仙）、《泰壹杂子黄冶》三十一卷（方技、神仙）等。
④ 自战国末期以来，学者在"五德终始说"的影响下，编造了一套古史系统，以上古的五位传说人物为"五帝"，而古文献中至少出现了六种以上的"五帝说"。第一种"五帝说"：黄帝、颛顼、帝喾、尧、舜；第二种"五帝说"：伏羲、神农、黄帝、尧、舜；第三种"五帝说"：太昊（即伏羲）、炎帝、黄帝、少昊、颛顼；第四种"五帝说"：少昊、颛顼、喾、尧、翼；第五种"五帝说"：喾、尧、舜、禹、汤；第六种"五帝说"：黄帝、少昊、颛顼、喾、尧。详见刘起釪：《古史续辨》，第 97—106 页。
⑤ 《战国策》卷一九《赵策二》，第 663 页。

第二节　伏羲、女娲与洪水兄妹婚神话的粘合

由前一章的叙述可知，自20世纪30年代以来，一些民族学者在中国西南的少数民族地区发现了为数不少的洪水兄妹婚（也有学者称其为"同胞配偶型"）神话，而在这许多地区的洪水兄妹婚神话传说中，伏羲、女娲又常常被当作洪水后世上仅存的人类，兄妹二人为了人类的繁衍，只得结为夫妻，生育子女，使得人类得以延续。因此，后世的伏羲、女娲神话传说，便常常与洪水兄妹婚神话相提并论。缘此，拟特别利用本书探讨在后世的神话传说中，伏羲、女娲与洪水兄妹婚神话粘合的现象。

首先，由于洪水兄妹婚神话为一世界型的神话母题，相关的研究众多，其中涉及伏羲、女娲神话传说者亦不在少数，故拟先概略叙述现今洪水兄妹婚神话的流布与研究情形，再从目前可见的伏羲、女娲与洪水兄妹婚神话粘合之情形，探讨相关神话传说所蕴含的深意。

一、洪水兄妹婚神话的流布与研究概述

近代学者对中国洪水兄妹婚神话的研究，约发轫于1933年，由于芮逸夫等人在中国西南地区进行考察时，在湘西的苗族中发现了一些"同胞配偶型的洪水故事"，芮氏便将其与汉族古籍中的伏羲、女娲神话进行比对，发现其中有许多极为相似之处，于是，他首于1938年发表了《苗族的洪水故事与伏羲女娲传说》一文，由此开启了中国学者对于洪水兄妹婚相关神话的研究热潮。

其后，常任侠的《重庆沙坪坝石棺画像研究》、闻一多的《伏羲考》等文，则从考古学的角度，并参考现代民族学的资料来说明伏羲、女娲神话的源流。此后，亦有不少学者对于伏羲、女娲神话传说及其与中国西南少数民族的洪水兄妹婚神话之关联性进行探讨。尤其是随着近数十年来对中国大陆少数民族调查研究的不断深入，大量的洪水创世神话被发现和记录下来，其中，尤以洪水兄妹婚神话在中国的分布最广，无论是在中国西南的许多少数民族中，抑或是近年来民间文学工作者在中原的河南、陕西等地区，都有可观的发现。

这些洪水兄妹婚神话的内容，大都是在讲述大洪水后，人类毁灭，只有兄妹二人幸存，兄妹二人不得已结成夫妻，繁衍人类的故事。如芮逸夫的《苗族的洪水故事与伏羲女娲传说》一文中所记录的四个湘西苗族洪水故事，在情节上大同小异，大致都是说雷公与人结怨，发大水欲灭绝人类，只有兄妹因对雷公有恩而获得葫芦或瓜藏身，得以在洪水中幸存。接着，经过滚磨盘、剖竹，或

由金龟、金鱼撮合而婚配。兄妹婚后，生下了肉块，经砍碎扬撒，就成了吴、龙、石、麻和廖五姓或百家姓的由来。①

另外像瑶族的《伏羲兄妹》《兄妹成亲》《伏羲兄妹造人民》等神话，也都是以伏羲兄妹作为洪水后兄妹始祖的神话传说。其中如在《伏羲兄妹》中，便叙述了洪水泛滥，伏羲兄妹在葫芦里躲避了七天七夜，漂到昆仑山上，经太白仙人指点，以石磨、隔山梳头为卜，最终结成夫妻的传说故事。②

贵州水族的创世神话则说：洪水过后，只剩下伏羲、女娲兄妹二人。天神命兄妹继续传人种，妹妹不允，急忙逃跑，哥哥紧追不放，妹妹情急，见前面树木，便问应避何处，树木不答，又问竹子，竹答曰："可避东方。"妹妹避于东方，仍被哥哥追及。二人不得已成婚媾，世界上乃有今日人类。③

而广西的壮族也有一则《洪水淹天》的神话传说：有一年，因雷公爷作坏而天地为洪水淹没，伏羲兄妹因钻入葫芦里而得以存活。太白金星叫伏羲兄妹结为夫妻，后来生下一块磨刀石，两人非常生气，将这块磨刀石打碎了，从山上撒到地上来。跌到河里的，变成鱼虾；跌到山上的，变成鸟兽；跌到村子里的，就变成了老百姓。从此，天下又有了人和生物。④

另外，如土家族也有：在开天辟地时，出了四个力大无穷的孝子，因母亲病了，想吃雷公肉，于是他们把雷公捉住，叫罗氏兄妹二人看守，他们自己上街买油盐。雷公哄骗罗氏两个小孩给他火，得火后便乘机逃走并放下齐天大水，要把人类都淹死，但因感念这两个小孩救过他的恩情，故送给他们一个葫芦，兄妹二人因躲入葫芦得以幸存。后来他俩结婚，生下了人类，这才有了人种。⑤因此，在土家族的信仰中，伏羲、女娲是生育祖神。土家族求子"还傩愿"所敬的傩公、傩娘，就是伏羲、女娲。并且以为，今天的人类都是此罗氏兄妹二人的后代繁衍而来。现今土家族地区保留扒龙旱船以及船里供奉罗神爷、罗神娘，就是为了纪念再造人类的罗氏兄妹。⑥

---

① 芮逸夫：《苗族的洪水故事与伏羲女娲传说》，见其《中国民族及其文化论稿（下）》，第1030—1036页。
② 谷德明编：《中国少数民族神话》上册，北京：中国民间文艺出版社，1987年版，第132—135页。
③ 岑家梧：《西南民族文化论丛》，广州：清华印书馆，1949年版，第178页。
④ 袁珂：《古神话选释》，引自广西壮族自治区科学工作委员会壮族文史编辑室编《壮族民间故事资料》第二集，第46—49页。
⑤ 杨和森：《图腾层次论》，引自中南民族事务委员会编《土家族初步调查报告》，第49页。
⑥ 杨和森：《图腾层次论》，第400页。这是作者于1983年9月赴湘西吉首参加土家族历史讨论会时，湘西州政协主席在会议期间向全体与会者讲述的故事。

此外，如黎族的《人类起源》[①]、毛南族的《盘兄古妹》[②]、白族的《天地起源》[③]等神话传说中也都有类似的记载。

由此可见，洪水后兄妹结婚再造人类的神话传说，流传的区域非常广泛。根据现代民族学的材料发现，在中国的56个民族中，许多民族都有洪水兄妹婚神话的流传。如闻一多在《伏羲考》一文中便收集有湖南、贵州、广西、云南、台湾诸省的苗族、侗族、瑶族、傈僳族、彝族、高山族等民族所流传的材料。而陶阳、牟钟秀在其《中国创世神话》一书中，则根据古代典籍记载和现代民族学发掘材料的综合研究，认为中国东北、西北、中南、西南地区都有洪水造人的神话，涉及的民族有苗、瑶、侗、傈僳、彝、高山、布依、白、傣、纳西、羌、基诺、水、景颇、怒、哈尼、拉祜、仡佬、德昂、苦聪、普米、布朗、阿昌、独龙、珞巴、黎、壮、畲、满、鄂伦春、柯尔克孜、汉、毛南等众多民族。[④]

中国境内广泛流传的洪水兄妹婚神话，又以在西南少数民族地区的分布最为普遍，且情节又多相近，大致都与人类或部落的起源有关。现将目前所见中国西南少数民族洪水兄妹婚神话列表比较如下。[⑤]

中国西南少数民族洪水兄妹婚神话分布表

流传族群	洪水原因	避水工具	卜婚	造人	采集者	出处
湖南凤凰苗族	雷公发洪水	兄妹各入黄瓜	扔磨石东西分走	肉块	芮逸夫	《神话与诗》
凤凰北部苗族	雷公发洪水	葫芦	金鱼老道撮合		芮逸夫	《神话与诗》
苗傩公傩母歌	玉帝发洪水	葫芦	合烟	肉块	芮逸夫	《神话与诗》
湖南乾县[⑥]苗族	雷公发洪水	仙瓜	扔竹片扔磨石	怪胎	芮逸夫	《神话与诗》
苗人故事	木鼓		滚磨抛针抛钱	鸡卵	Savina, F. M.	
黑苗洪水歌	雷公发洪水	弟入葫芦	滚磨扔刀	怪胎	Clarke Samuel. R.	《神话与诗》
贵州八寨黑苗	雷公发洪水	葫芦	结婚	生人	吴泽霖	《神话与诗》
贵州丹江等地	雷公发洪水	弟作法上天	弟与妹相遇	肉球	吴泽霖	《神话与诗》
花苗故事	木鼓		扔磨石扔针线	怪胎	Hewitt, H. J.	《神话与诗》

---

① 谷德明：《中国少数民族神话》上册，北京：中国民间文艺出版社，1987年版，第185—187页。
② 谷德明：《中国少数民族神话》上册，北京：中国民间文艺出版社，1987年版，第153—159页。
③ 杨和森：《图腾层次论》，昆明：云南人民出版社，1987年版，第50页。
④ 陶阳、牟钟秀：《中国创世神话》，上海：上海人民出版社，1989年版，第240页。
⑤ 本表主要参考鹿忆鹿：《洪水神话——以中国南方民族与台湾原住民为中心》，台北：里仁书局，2002年版，第149—152页。
⑥ 即今湘西土家族苗族自治州首府吉首市。清有乾州厅，民国时期废厅设乾县。因与陕西乾县同名，后改名乾城县。1953年改名为吉首县。1982年撤县设立吉首市。

续表

流传族群	洪水原因	避水工具	卜婚	造人	采集者	出处
贵州大花苗	安乐世君发洪水	杉舟	滚磨	生三子	杨汉先	《神话与诗》
威宁大花苗		木鼓	滚磨、穿针	怪胎		《神话与诗》
黔南鸦雀苗		葫芦	扔磨石、扔树	怪胎	Clarke Samuel. R.	《神话与诗》
贵州生苗	大雨	瓜	神指示	瓜儿	陈国钧	《神话与诗》
贵州生苗	雷公发洪水	船	小虫教二人相逢	瓜形	陈国钧	《神话与诗》
贵州生苗	雷公发洪水	南瓜	老奶指点	瓜形	陈国钧	《神话与诗》
生苗起源歌			结婚	怪胎	陈国钧	《神话与诗》
贵州生苗			结婚	瓜儿	陈国钧	《神话与诗》
贵州生苗			兄妹相爱结婚	生南瓜	陈国钧	《神话与诗》
贵州侗人	洪水	人种放鼓内				《神话与诗》
桂北苗人	铁雨成灾	葫芦	太白仙人、金龟、老道撮合	生肉团	徐松石	《神话与诗》
广西西隆偏苗	洪水	人种放鼓内			雷雨	《神话与诗》
广西融县瑶人	洪水	葫芦	绕树	生肉球	常任侠	《神话与诗》
葫芦晓歌	寅卯二年发洪水	葫芦			常任侠	《神话与诗》
广西武宣瑶人	洪水	铁镬浮至天门			常任侠	《神话与诗》
广西三江板瑶	寅卯二年发洪水	葫芦	烧香礼拜结婚	置人民	乐嗣炳	《神话与诗》
广西象县板瑶	洪水七日夜	葫芦	金龟撮合	生"团乙"		《神话与诗》
广西都安侬瑶盘瑶	洪水七日夜	葫芦	烟火	生血盆		《神话与诗》
镇边盘瑶		瓢瓜	滚磨、绕烟、看竹枝	撒瓜子		《神话与诗》
灌阳盘瑶	下雨三年	瓜		生磨石仔		《神话与诗》
广西龙胜红瑶	大雨	瓜	看烟、种竹、滚磨、绕山	人种	徐松石	《神话与诗》
上林东陇瑶		瓜		生磨石仔	陈志良	《神话与诗》
田西蓝靛瑶	大雨	瓢瓜	烧烟、种竹、滚磨	生怪胎	陈志良	《神话与诗》
凌云背笼瑶	久雨	瓢瓜	滚磨	生肉团	陈志良	《神话与诗》

续表

流传族群	洪水原因	避水工具	卜婚	造人	采集者	出处
背笼瑶遗传歌	大雨	瓜	结婚前	生磨石儿	陈志良	《神话与诗》
广西东二阑蛮瑶	久雨	大瓮	烧烟、滚磨	生怪胎	陈志良	《神话与诗》
广西都安独侯瑶	大雨	瓢瓜		生磨石儿	陈志良	《神话与诗》
隆山西山瑶	雷王下雨	葫芦	烧烟	生磨石	陈志良	《神话与诗》
果倮故事	洪水	木箱			Vial. Paul	《神话与诗》
汉河果倮故事	洪水			葫芦生人	邢庆兰	《神话与诗》
耿马老亢故事	洪水	木床	结婚	生子砍碎	芮逸夫	《神话与诗》
耿马傈僳故事	洪水	葫芦	结婚	生七子	芮逸夫	《神话与诗》
罗城仫佬族	下雨三年	葫芦	金龟撮合、绕山	生肉团	包玉堂等	《中国少数民族神话选》
毛南族	大水	葫芦	滚磨	生包衣		《中国少数民族神话选》
湘西土家族	雷公下雨	葫芦	绕山、乌龟撮合	生肉球	谷德明	《中国少数民族神话选》
黎族	下雨	葫芦瓜	雷公撮合	生子砍碎	云博生	《中国少数民族神话选》
海南黎族	螃蟹精黄水成灾	葫芦瓜	问龟、问竹、雷公撮合	生肉团	陈葆真等	《中国少数民族神话选》
海南黎族	下雨十年	南瓜	天神不允，地神求情	生肉包	王国全	《中国少数民族神话选》
云南路南彝族	雷神发洪水	木箱	穿针、滚磨	生肉团	王伟	《中国少数民族神话选》
碧江勒墨人	洪水	葫芦	棍打贝壳	生五女	周天纵	《中国少数民族神话选》
哈尼族	救火而淹水	葫芦	抛树叶、扔木刻、滚磨	生人	卢朝贵等	《中国少数民族神话选》
哈尼族	神要淹直目怪人	葫芦	滚磨	全身怀孕	刘元庆等	《中国少数民族神话选》
傈僳族	洪水	牛皮口袋	滚磨、滚锅	瓜中生人	谷德明	《中国少数民族神话选》
碧江傈僳族	洪水	葫芦	滚磨、射箭	九男七女	谷德明	《中国少数民族神话选》
傈僳族	洪水	葫芦	卜贝壳、滚磨、射针孔	六男六女	刘辉豪等	《中国少数民族神话选》

续表

流传族群	洪水原因	避水工具	卜婚	造人	采集者	出处
景颇族	神鬼交战发洪水	木鼓	滚磨	生子剁碎	东耳、永生	《中国少数民族神话选》
怒族	洪水	天降兄妹	射箭	生七子女	陈荣祥	《中国少数民族神话选》
怒族	洪水	入高山木桶中	射织布机	生七子	汉永生	《中国少数民族神话选》
独龙族	鬼怪尸体堵住江水	高山避水	滚石头	生九男九女		《中国少数民族神话选》
基诺族	洪水	木鼓	兄向妹求婚	葫芦生人	赵鲁云	《中国少数民族神话选》
湘南湘西苗族	雷公发洪水报复	南瓜	抛竹、滚磨	生磨岩儿	滕树宽等	《中国少数民族神话选》
布依族	雷公报复引洪水		问树、滚磨	生肉坨		《中国少数民族神话选》
贵定布依族	下雨成灾	葫芦	滚磨	生肉团		《中国少数民族神话选》
布依族	雷公发洪水	葫芦	穿针、滚磨、绕山	生肉坨	汛河	《中国少数民族神话选》
水族	洪水	南瓜	绕山、滚磨		朝丰等	《中国少数民族神话选》
水族	洪水	瓜	问竹			《中国少数民族神话选》

除了中国西南少数民族之外，在中原地区亦有为数不少的这类神话传说。据学者杨利慧在中国河南、河北等古中原地区的搜集，便有将近230则之多[1]。而近年来由河南大学师生组成的中原神话考察队，也在河南的淮阳地区搜集到不少洪水兄妹婚的故事[2]。此外，如前一章所提及的于湖北神农架地区发掘的《黑暗传》中，更有洪水后伏羲、女娲兄妹相婚的情节。由此可见，洪水兄妹婚神话的流传，并非仅限于中国西南的少数民族地区。

此外，在台湾原住民的神话中，也有许多洪水后始创人类的神话。现仅将目前可见的台湾原住民的洪水神话列表比较如下。

---

[1] 杨利慧：《女娲溯源——女娲信仰起源地的再推测》，北京：北京师范大学出版社，1999年版，第11—71页。

[2] 张振犁：《中原古典神话流变论考》，上海：上海文艺出版社，1991年版，第297—298页。

台湾原住民洪水人类源起神话分布表

流传族别	洪水原因	制造者	避水方式	避水地点	结果	出处
泰雅族	兄妹结婚	灵		山	形成高低起伏的地形	《番族调查报告书·第一卷·泰雅族》
泰雅族	兄妹结婚	祖灵		山	造成今日的地势	《台湾山胞各族传统神话故事与传说文献编纂研究》
赛夏族				大霸尖山	剩下夫妻二人繁衍人类	《台湾南岛民族起源神话与传说比较研究》
赛夏族			织布机木筒	大霸尖山	老人截幸存者肉生各族群	《台湾南岛民族起源神话与传说比较研究》
赛夏族	海水倒灌			大霸尖山	剩男女二童繁衍	《台湾的原住民赛夏族》
赛夏族				大霸尖山	夫妻繁衍人类	《台湾的原住民赛夏族》
赛夏族				大霸尖山	夫妻繁衍人类	《台湾的原住民赛夏族》
赛夏族	大海啸		纺织用木筒	大霸尖山	老人截幸存者肉生各族群	《台湾的原住民赛夏族》
赛夏族				山地	幸存二人截同族尸体成各族群	《台湾的原住民赛夏族》
赛夏族			织布机胴	李头山	哥哥截妹妹尸体肉成各族群	《台湾的原住民赛夏族》
赛夏族				山地	幸存二人截同族尸体成各族群	《台湾山胞各族传统神话故事与传说文献编纂研究》
排湾族					淹死所有人畜,卵破再造人	《台湾南岛民族起源神话与传说比较研究》
排湾族				玉山	两家园繁衍人类	《台湾南岛民族起源神话与传说比较研究》
鲁凯族					祖先分散	《台东大南村鲁凯族口传文学》
鲁凯族	与卑南族本是一家人				祖先分散	《台东大南村鲁凯族口传文学》
阿美族	地震		臼	荳兰附近	兄妹婚配	《番族调查报告书·第二卷·阿美族卑南族》
阿美族	海水高涨		臼	七脚川	兄妹婚配,生下五个孩子,繁衍子孙	《番族调查报告书·第二卷·阿美族卑南族》
阿美族	海神之子求婚不成	海神	臼	七脚川山巅	兄妹婚配,成为各族祖先	《番族调查报告书·第二卷·阿美族卑南族》
阿美族	海神求婚不成引发海啸	海神	臼	凤林旁山顶	兄妹婚配,生下子女,三兄妹也结为夫妻,逐年繁衍子孙	《番族调查报告书·第二卷·阿美族卑南族》
阿美族			猪槽	凤林旁山顶	兄妹婚配	《番族调查报告书·第二卷·阿美族卑南族》

续表

流传族别	洪水原因	制造者	避水方式	避水地点	结果	出处
阿美族	海神求婚不成	海神	臼	七脚川山巅	兄妹婚配，生下三名子女，尔后子孙繁衍成一大部落	《番族调查报告书·第二卷·阿美族卑南族》
阿美族	地震			无人岛	兄妹婚配，生下子女十余人，繁衍部落	《番族调查报告书·第二卷·阿美族卑南族》
阿美族			臼		兄妹婚配，最初生蟹，次生石头，石生人之子孙为阿美族及卑南族	《台东县史·阿美族篇》
阿美族	海水涨潮		臼	凤林旁山顶	兄妹婚配，生很多小孩，成为布农族、木瓜番、马太鞍、里漏及七脚川社之祖先	《台东县史·阿美族篇》
阿美族	海啸		臼	花莲西北的山	兄妹婚配，子孙繁衍，移至荳兰及薄薄社	《台东县史·阿美族篇》
阿美族			臼	花莲西北	兄妹婚配，成为奇密、七脚川、荳兰、薄薄、里漏等社的祖先	《花莲原住民音乐（二）·阿美族篇》
阿美族			臼	凤林旁山顶	兄妹婚配，生六男六女，各自婚配，成为马大安、七脚川、里漏等社的祖先	《花莲原住民音乐（二）·阿美族篇》
阿美族			臼	七脚川	兄妹婚配，成为阿美族祖先	《花莲原住民音乐（二）·阿美族篇》
阿美族	夫妻神讨鹿不成	夫妻神	臼	七脚川	兄妹婚配	《花莲原住民音乐（二）·阿美族篇》
阿美族			臼	花莲西北	兄妹婚配	《台湾原住民史——阿美族史篇》
阿美族	海水暴涨		臼	凤林旁山顶	兄妹婚配，生六男六女，各自婚配，成为马大安、七脚川、里漏等社及木瓜群泰雅族与布农族的祖先	《台湾原住民史——阿美族史篇》
阿美族	海水暴涨		臼	七脚川	兄妹婚配	《台湾原住民史——阿美族史篇》
阿美族			臼	七脚川	兄妹婚配	《台湾原住民史——阿美族史篇》
阿美族			臼		兄妹婚配，最初生蟹，次生石头，石生人之子孙为Pangcah及Panapanayan族	《台湾原住民史——阿美族史篇》

续表

流传族别	洪水原因	制造者	避水方式	避水地点	结果	出处
阿美族	地震		小船	拉瓦山	兄妹婚配，繁衍子孙	《台湾山胞各族传统神话故事与传说文献编纂研究》
阿美族			臼		兄妹婚配，生二子女，繁衍众多子孙	《台湾山胞各族传统神话故事与传说文献编纂研究》
阿美族	二恶神要动物不成	海鳗母			兄妹婚配，生四男一女	《台湾山胞各族传统神话故事与传说文献编纂研究》
阿美族	被海夫妇骂不好好照顾父母	海夫妇	臼	人仔山边	兄妹婚配	《台湾山胞各族传统神话故事与传说文献编纂研究》
阿美族	天降雨四十天				兄妹婚配，生二女，大女儿生卜的儿子成为阿美族、布农族及台湾人的祖先	《台湾山胞各族传统神话故事与传说文献编纂研究》
阿美族	天神向人讨鹿不成	天神	臼		兄妹婚配	《台湾山胞各族传统神话故事与传说文献编纂研究》
阿美族	天降大雨		臼	荳兰社西方	兄妹婚配，成为荳兰社祖先	《台湾山胞各族传统神话故事与传说文献编纂研究》
卑南族	台风		竹筏	兰屿岛	夫妻发现台湾	《从自己的土地出发》
卑南族			木臼	台东华源村	兄妹婚配	《台东卑南族口传文学》
卑南族			研钵	台东华源村	兄妹婚配	《台东卑南族口传文学》
卑南族				台东华源村	兄妹婚配	《台东卑南族口传文学》
达悟族	人们行为不检	天神			天神再造人	《台东县史·雅美族篇》
达悟族	孕妇翻起石块	孕妇		大森山红头山	二男人双膝生人	《台湾山胞各族传统神话故事与传说文献编纂研究》
达悟族	孕妇翻动珊礁	孕妇		山上	十人存活，繁衍人类	《台湾山胞各族传统神话故事与传说文献编纂研究》

从以上对中国境内各地区洪水兄妹婚神话的叙述与统计可知,洪水后人类灭绝,兄妹或近亲自相婚配、繁衍人类的情节,可能是一遍存的世界共同母题。而将这些于各地区所发现的洪水神话加以比较,又可发现其共通之处——以远古创世神话为主体。

从世界上各文明古国的史前史、文化史、宗教史、艺术史、考古史、生物学史和地质学史等记录大多是从"洪水"的部分写起来看,洪水神话在人类发展的历史中,应占有极为重要的分量。因此,不仅犹太教、基督教经典引用洪水神话,且在巴比伦的最古典籍中也有相同的洪水故事。此外,在希腊人、埃及人、希伯来人、印度人、北美印第安人、北冰洋沿岸的爱斯基摩人、澳大利亚人、太平洋岛屿的土著及东南亚的许多民族中,也都有洪水毁灭人类的神话传说。所以,洪水神话作为原始文化的一个重要组成部分,在一定程度上体现了早期人类对自然现象和社会现象的理解。

由于世界上各民族都有远古洪水神话的流传,因此学者们对于世界性普遍存在的洪水神话现象大致上有两种观点:一种是认为曾经存在过世界性的大洪水,因此各个不同的地区都流传有相同的故事;另一种则是认为洪水神话来源于人们对各地区洪水灾害的记忆,遍及全世界的洪水并不存在。

至于人类历史上是否曾经历过一场遍及全球的洪水灾难,持肯定看法的学者认为,可能是新冰河期冰雪融化后形成的洪水灾难,或因地震、海啸、山洪及地质变化而形成的洪水;[①]有的学者则以为暴雨、冰川消融、地震、火山爆发及台风等,都有可能引发洪水,并认为第四冰河期结束时曾发生过"全球性"的冰川大洪水;[②]有的则认为是第四冰河期的洪水泛滥。[③]著名的史学家吕振羽则主张世界各地有关洪水的传说"大概都是地球最后一次冰河解冻所留下来的传留和印象"[④]。此外,朱大可也认为真正的世界性洪水曾经存在过,他在其《洪水神话及其大灾变背景》一文中指出:"地质学也向我们提供了有力的证据,它表明,在早期人类的生涯中,曾经有过真正的世界性洪水。"[⑤]冯天瑜则指出:"地球在冰河期末期,随着气候转暖,冰解雪融,导致了世界性的大水灾。"[⑥]

---

① 范文澜:《中国通史简编》,北京:人民出版社,1965年版,第62页。
② 周德均:《洪水神话与造人神话》,载《民间文学论坛》1985年第2期,第70页。
③ 汪玢玲:《论满族水神及洪水神话》,载《民间文学论坛》1986年第4期,第20页。
④ 吕振羽:《史前期中国社会研究》,原于1934年由北平人文书店出版,后于1961年12月由生活·读书·新知三联书店(北京)影印出版,第191页。
⑤ 朱大可:《洪水神话及其大灾变背景》,载《上海师范大学学报》1993年第1期,第65页。
⑥ 冯天瑜:《上古神话纵横谈》,上海:上海文艺出版社,1983年版,第166页。

然而，另一部分学者像英国博物学家赫胥黎便认为：如果当作一个洪水的记载，洪水曾泛滥全球，把差不多全部的人类和禽兽都淹死，这和极浅显的地质学不合，所以必须把它摒弃。[1]而著名的人类学家弗雷泽则认为："似乎颇有理由相信，一部分或者多数的洪水传说，不过是关于实在发生过的洪水的夸大报告。"[2]鲁刚也以为：遍布世界的洪水神话是以各地区的洪水灾害为历史依据的，世界性的洪水传说则是初民由此推彼而想象出来的。[3]所以，杨知勇以为："洪水神话是人们在对曾发生的洪水灾害的记忆的基础上所幻想出来的。"[4]张振犁则更进一步地全然否定了淹没整个地球的洪水的存在，他认为洪水的发生与各地具体的自然灾害有关，因为各民族原始人所处的社会发展阶段相同，生产方式、生活条件和心理状态接近，因此神话的情节骨干一致。[5]

至于人类历史上是否曾经历过一场遍及全球的洪水灾难，至今尚无定论。然而，事实上神话本就是人类与自然对抗的原始性幻想故事，在神话式的幻想中，人类与自然的斗争，往往会通过经历一些奇特、怪诞乃至神秘的复杂过程，使其具有故事性，以作为其重要的审美特征。所以，旱灾的记忆形成了射日神话，水灾的记忆形成了洪水神话。正如荣格学派所主张的，洪水原型根植于人类的集体无意识（Collective Unconscious），洪水神话的普遍发生恰恰反映了人类远古祖先的种族记忆必然要通过"原型"（Archetype）在后代反复呈现。因此，叶舒宪、王海龙在其《从中印洪水神话的源流看文化的传播与异变》一文中便说：

……洪水神话……它无论在内容和形式上，都是一种最典范的文化原型（archetype）模式。所谓原型，它的实质是人类童年时期的直觉神秘思维形式在观念形态的文化符号中反复出现的母题。原型的意义在于它的神秘模糊性和感染性。正是这种特征使它能神秘地渗透播迁于整个初民的文化生命之中。……只有想象的文学依然保留着直觉的情感，并借原型的力量传达出人类所面对的基本生活境况以及与之相应的情感要素。[6]

因此，无论在远古时期人类是否曾经历过一场世界性的大洪水，洪水神话可

---

[1] 转引自徐旭生：《中国古史的传说时代》，原作徐炳昶著，重庆：中国文化服务社，1943年初版，此据台北：里仁书局，1999年版，第306页。

[2] 转引自徐旭生：《中国古史的传说时代》，原作徐炳昶著，重庆：中国文化服务社，1943年初版，此据台北：里仁书局，1999年版，第313—330页。

[3] 鲁刚：《大洪水神话中的虚与实》，载《求是学刊》1989年第6期，第61页。

[4] 杨知勇：《洪水神话初谈》，载《民间文学论坛》1982年第6期，第59—66页。

[5] 张振犁：《中原洪水神话管窥》，见《中原古典神话流变论考》，上海：上海文艺出版社，第64—65页。

[6] 叶舒宪、王海龙：《从中印洪水神话的源流看文化的传播与变异》，载《学习与探索》1990年第5期，第5页。

能都是上古时期历史生活的一种折射。

同样的，在中国，洪水神话也相当丰富。据《尚书·尧典》所载："汤汤洪水方割，荡荡怀山襄陵，浩浩滔天。"①《孟子·滕文公》也有："当尧之时，水逆行，下者为巢，上者为营窟。"②《淮南子·览冥训》则载有："往古之时，四极废，九州裂，天不兼覆，地不周载，火爁焱而不灭，水浩洋而不息，猛兽食颛民，鸷鸟攫老弱。"因此，梁启超在写《太古及三代载记》一书时便写了《洪水》一节，并附有《洪水考》一篇，篇中以为："上古有一大事曰洪水。古籍所记，与洪水有系属者凡三：其一，在伏羲、神农间，所谓女娲氏积芦灰以止淫水是也。其二，在少昊、颛顼间，所谓共工氏触不周之山是也。其三，在尧舜时，即《尚书》《史记》所载而鲧禹所治也。"③由此可知，见于载籍中的古代中原洪水神话，是由女娲止淫水、共工触不周山、鲧禹治水三个系统所构成的。

而这些古代中原典籍中的洪水神话，大多又都具有治水的母题。据梁启超所说：

> 惟就其神话剖析比较之……所谓炼石补天，积灰止水，言诚夸诞，然隐然示人类万能之理想焉。唐虞之朝，君臣孳孳，以治水为业。共工鲧禹，相继从事，前蹶后起，务底厥成，盖不甘屈服自然，而常欲以人力抗制自然。我先民之特性，盖如是也。④

按任公的说法，古代中原洪水神话的特点便是"欲以人力抗制自然"的治水神话。此外，美国学者D. 博德在论述中国神话时也发现了这一特点，他说：

> ……中国的洪水故事同《圣经》中洪水灭世故事以及近东其他民族的洪水灭世故事之间，有着下列显著的区别：中国之说中，所谓洪水并不是神因世人犯有罪愆所降的惩罚，而无非是人类社会尚未井然有序以前存在于世间的种种条件之概括。正因为如此，所谓传说并不是着重在洪水本身，而是着重在如何平治洪水，使民众安居乐业。因此，中国神话所述实则为文明的起源。⑤

---

① 《尚书》卷二《尧典》，第26页。
② 《孟子注疏》卷六下《滕文公章句》，第117页。
③ 梁启超：《太古及三代载记》，见《饮冰室专集》之四十，上海：中华书局，1922年版，第18—19页。
④ 梁启超：《太古及三代载记》，见《饮冰室专集》之四十，上海：中华书局，1922年版，第18—19页。
⑤ ［美］塞·诺·克雷默（Samuel Noah Kramer）主编：《世界古代神话·中国古代神话》，北京：华夏出版社，1989年版，第375页。

同样的，观诸目前所见最早的、保存于楚帛书中的伏羲、女娲神话，其中所记伏羲、女娲结为夫妻，生四子以治洪水的情节，亦是以"与洪水对抗"为其重要特点。由此可见，在中国早已流传有洪水为灾的神话母题，只是不知从何时开始，才在原始的洪水神话母题中加入了洪水后兄妹结为夫妻的情节。根据现有的材料与线索，似仍无法寻得确切的答案，但有不少学者认为这应是受了印度洪水神话的影响。

目前可见的最早的印度洪水神话约产生于公元前 10 世纪，它最早见于印度古经典《百道梵书》(Satapatha Brahmana)，内容大致为：

> 一天早上，摩奴在水池里洗手，捉到了一条鱼，鱼忽说话："好好照料我，我将保佑你。"摩奴问："为什么要保佑我？"鱼回答："一场将毁灭所有生灵的大洪水就要来了，我将救你脱离苦难。"这鱼希望摩奴能把它养在一陶钵里，等长大些再移到沟里，最后放入大海，这样可以免于受伤害。鱼渐渐长大，对摩奴说："数年之后，洪水将至，你要造船儿，我将图报。水发时速入舟，我必救你。"摩奴如言作讫，果如斯。水发，摩奴系舟于鱼角，鱼携其至北山（The Himalaya，即喜玛拉雅山），鱼请摩奴系舟于树，将随水而游。他如言，发现大水裹去所有生物，唯己身子存。为求子嗣，他虔敬祭祀于神。后造出一个女人，她来到摩奴面前并声言为其女。经过了虔诚的宗教祈祷、礼仪和祭祀，摩奴和她在一起，子孙世代永继。①

摩奴的洪水故事最晚到三国时期，应该已经由居住在吴国的康僧会在其所编译的《六度集经》中介绍到中原来，只不过在故事中，"摩奴"的名字被换成了菩萨，鱼换成了鳖。②

一般来说，洪水后乱伦，兄妹或姐弟结为夫妻，并成为创世神、人类始祖，

---

① John Dowson, *A Classical Dictionary of Hindu Mythology and Religion*, *Geography*, *History*, *and Literature*, Reprinted by London: Routledge, 2000, pp. 199-200.

② 据《大正新修大藏经》载："昔者菩萨为大理家，积材巨亿……慈向众生。观世睹鳖，心悼之焉，问价贵贱。鳖主知菩萨有普慈之德，尚济众生，财富难数，贵贱无违，答曰：百万能取者善，不者吾当烹之。菩萨答曰：大善。即雇如值，持鳖归家，澡荡其伤，临水放之。……鳖后夜来蚍其门，怪门有声，使出睹鳖，还如事云。菩萨视之，鳖人语曰：吾受重润，身体获全，无以答润。虫水居物，知水盈虚，洪水将至，必为巨害矣，愿速严舟，临时相迎。……时至鳖来，曰：洪水至，可速下载，寻吾所之，可获无患。船寻其后，有蛇趣船，菩萨曰：取之。鳖云：大善。又睹漂狐，曰：取之。鳖亦云：善。又睹漂人，搏颊呼天，哀济吾命。曰：取之。鳖云：慎无取也。凡人心伪，少有终信，背恩追势，好为凶逆。菩萨曰：虫类尔济，人类吾贱，岂是仁哉，吾不忍也。于是取之……遂之丰土。"

是一个非常古老的神话观念。如在《旧约·创世记》中亚当和夏娃二人的媾合，虽然《创世记》中并未提及他们二人是兄妹，但夏娃却是上帝用亚当的肋骨创造的，二人同样有血缘关系。另，如前所述，在《百道梵书》中，也有洪水后独存的摩奴和自己的女儿乱伦的情节。此外，在印度洪水神话中还有一种变体流传于中印度丛林部落比尔人（Bhils）之中，这里的洪水神话，在主人公接到鱼警报的内容后，加入了准备大箱子和他妹妹入箱等情节，比较详尽地叙述了创造新人类的乱伦主题，[①]这种洪水神话的支流和我国西南少数民族的洪水神话可能有一定的传播关系。

至于在洪水后兄妹结为夫妻的神话传说，除了在中国的各民族中流传外，也广泛流传于东亚及东南亚一带。就目前所见，除了中国各民族之外，包括印度、苏门答腊岛、印尼、泰国、菲律宾以及朝鲜和日本都存在这一类型的神话传说。故芮逸夫主张：这一类型的神话是构成东南亚文化区（culture area）"文化复质"（culture complex）的一种"文化特质"（culture trait）。[②]

然而，若以中国的洪水兄妹婚神话与世界上许多民族的洪水神话相比较，则将发现其中有颇多类同。从民间文学传播的原理来看，对这种母题的契合，如果我们仅以"平行发生论"来解释，认为它是一种源自初民的幻想或经验，这应该是行不通的。因为，非同源发生的神话，可能在主题，甚至构成要件，乃至一些细节上会有相似或雷同的现象出现，但是在基本母题上的完全相符却是不太可能的。

由于在六朝以前的中国洪水神话中，包括楚帛书中的伏羲、女娲创世神话记载，除有以"洪水为灾"为母题外，所拼合的母题各有不同，包括如惩恶扬善、动物报恩等，但都未涉及兄妹为婚及人类再造的问题。一直到了六朝时期敦煌写本《天地开辟巳（以）来帝王记（纪）》中的伏羲、女娲治洪水记载，才有了片断关于洪水后伏羲、女娲兄妹结为夫妻、繁衍人类的记载。所以，这一主题的急遽转变，有可能是因为受到印度或其他地区传入的洪水神话所影响，才使得原本以治水为发展主轴的伏羲、女娲洪水神话，一变而成为以兄妹婚为发展主干的新神话传说类型。其后，可能又受到人类猎奇心理的作用所驱使，中国许多地区与洪水及人类繁衍相关的神话传说，大多也都采用了这一洪水兄妹婚

[①] James George Frazer, *Folk-lore in the Old Testamen：Studies in Comparative Religion, Legend and Law*, London：Macmillan, First edition 1918；reprinted 1919, pp. 135–143.

[②] 芮逸夫：《苗族的洪水故事与伏羲女娲传说》，见其《中国民族及其文化论稿（下）》，第1058—1059页。

的基本架构。

其实，洪水兄妹婚神话和其他创世神话一样，它的内容并不只限定在洪水和兄妹婚本身，事实上还包括了人类的起源、天灾人祸和各种风俗及事物源起的解释等，而洪水兄妹婚神话之所以能被长期保存下来，并被人们不断地加工、充实，那是因为在很多时候，许多民族中的洪水神话其实是代表着这个民族的一部口传历史、民族史教科书。据宋兆麟的调查发现，在许多民族中，洪水神话是由巫师或萨满保存下来的，"一般在节日时、婚丧期间、战争前夕，必须由巫师举行祭祀，其间要诵念洪水传说、创世纪等，其用意是温故而知新，讲述氏族历史、道德规范，加强群体的团结，鼓舞战士的士气。特别是在械斗前夕，由巫师诵念传说故事往往能起到动员和组织的作用，听者义愤填膺、摩拳擦掌，具有很大的鼓舞作用"。①由于神话传说是原始人类对个体生命历程的一种阐述，是一群人共同生活条件下集体经验之交集，更是族群发展过程中所留下的历史缩影，故这类洪水神话的广泛流传与被讲述，有时也是一种对部落历史集体记忆的重演。

二、伏羲、女娲与洪水兄妹婚神话

承上所述可知，洪水兄妹婚神话广泛流传于中国境内的各个民族之中，而在许多地区保存的洪水兄妹婚神话中，又出现了不少以伏羲或女娲为故事中的兄妹始祖之名者。因此，近世许多学者主张伏羲、女娲起源于中国西南的少数民族，并且认为伏羲、女娲是洪水兄妹婚的代表。赞同此说的学者，其理由大约有以下四种：

1. 伏羲、女娲在古代典籍中出现得较晚，疑非汉族旧有之说，可能是后来接受南方民族所传的结果；②

2. 南方民族中盛传的洪水兄妹婚神话，其中有的主人公兄名 Bu-i，妹名 Ku-eh，与"伏羲""女娲"音相近，而事迹更多有相似，这证明了伏羲、女娲的神话与兄妹婚神话源头同一，而盛行于中国南方；③

3. 在南方民族中，尤其是苗、瑶等族中，至今仍存在着信仰伏羲、女娲的习俗；④

---

① 宋兆麟：《洪水神话与葫芦崇拜》，见马昌仪编《中国神话学文论选萃（上）》，第 577 页。
② 持此说者包括芮逸夫《苗族的洪水故事与伏羲女娲传说》、闻一多《伏羲考》、白川静《中国神话》、徐旭生《中国古史的传说时代》、吕思勉《三皇五帝考》等。
③ 参袁珂《古神话选释》、常任侠《常任侠艺术考古论文集》、萧兵《楚辞与神话》。
④ 参芮逸夫《苗族的洪水故事与伏羲女娲传说》、闻一多《伏羲考》、白川静《中国神话》、徐旭生《中国古史的传说时代》。

4. 伏羲、女娲人首蛇身的形象，也是他们源出于崇蛇乃至称作"蛇种"的南方民族的一个佐证。①

在这些主张伏羲、女娲神话起源于中国西南方的"南方说"学者中，又以闻一多主张最力，尤其是他的《伏羲考》一文，由于论证新颖，因此在学术界的影响力不小。

但有关伏羲、女娲神话与兄妹婚神话的同源说，因疑点颇多，故一直以来是受到质疑的。如王孝廉就提出：即使"Bu-i"的语音在中古音上近于"伏羲"的音，但也无法肯定"Bu-i"即等于汉籍中的"伏羲"，因为西南诸民族各有各的语言，他们并不使用汉语，所以若用汉语的中古语音去推论或比附另一种完全不相同的语音，而得出语音相近即是同义的结论，也是很不恰当的。②

同样的，李福清也指出："Bu-i"只是鸦雀苗地区洪水神话中兄弟的名字，在其他的苗族地区并非称"Bu-i"，如黔东南苗的兄妹名叫"姜央"，也有说是姜央的儿女葫芦兄妹的；而广西大苗山的则作"因"和他的妹妹；黔西苗族则作"勒陆"和"杜妹"；另外在许多民族的神话传说中，兄妹都是无名的。③由此可见，南方民族中的"Bu-i"未必就是汉族的"伏羲"。

事实上，从目前所见有关兄妹婚神话在中国和其他国家、地区的传承来看，其中的"兄妹"大多没有名字，往往只交代是"哥哥和妹妹"，有时也有"姐弟"，或者也有"姑侄""母子""父女"等不同的形式。而有些神话中，"兄妹"的姓名也往往因地域、文化背景的差异而有所不同，如汉族的伏羲兄妹、拉祜族的札笛和娜笛兄妹、阿昌族的遮米麻与遮帕麻、侗族的丈良与丈妹、苗族的姜央兄妹或伏羲兄妹、瑶族的伏羲兄妹等。在这众多的名字中，较具共通性的是"伏羲兄妹"及其各种异称，如"伏依兄妹""伏哥羲妹"等，而在少数的异文中，"妹"的名字也出现了"女娲"的字样。④

据杨利慧在其《女娲的神话与信仰》一书中的统计，在她于中原地区所搜集的230则兄妹婚神话中，"兄"或"弟"是伏羲的，其中包括"妹"为女娲，以及称"兄妹"为"伏哥、羲妹""伏西、伏妹"等明显由"伏羲"异化而成的异

---

① 蒙文通：《巴蜀古史论述》，成都：四川人民出版社，1981年版，第34页；邓少琴：《巴蜀史迹探索》，成都：四川人民出版社，1983年版，第119—120页；冯天瑜：《上古神话纵横谈》，上海：上海文艺出版社，1983年版，第70页。
② 王孝廉：《中国的神话世界（上）——东北、西南族群及其创世神话》，台北：时报文化出版事业有限公司，1992年版，第390页。
③ 李福清：《从比较神话学角度再论伏羲等几位神话人物》，见《新古典新义》，台北：学生书局，2001年版，第1—32页。
④ 杨利慧：《伏羲女娲与兄妹婚神话的粘连与复合》，载《北京师范大学学报（社会科学版）》1997年第6期，第21—22页。

文者有62则；而"妹"或"姐"直言"女娲"的，其中包括"兄弟"无名或有名的有42则。在其中，明确地表明"兄妹"即"伏羲、女娲"者，只有38则。另外，在少数民族的150多个同类神话中，"兄弟"称"伏羲"的有22则，"兄妹"是"伏羲、女娲"的有4则，而"妹"为女娲，"兄"无姓名的则一个也没有。①由这组数据可以发现：大多数的"兄妹"或"姐弟"是没有姓名的，或者有姓名也不一定是"伏羲""女娲"；有的将其说为"伏羲""女娲"，也是受到了传统文献的书面资料的影响。而被认为能保留较多原始形态的台湾原住民族创世神话中，则完全没有以"伏羲"或"女娲"作为其始祖之名者。故可知，伏羲、女娲和兄妹婚型神话并不存在着必然的关联。同样的，伏羲和女娲与兄妹婚相粘合的程度也不是完全相等的。

一直以来，伏羲、女娲神话传说便常常与洪水兄妹婚神话相提并论，尤其是洪水兄妹婚神话的象征意涵与伏羲、女娲神话传说之间，似乎存在着某种相容的特性，又使得伏羲、女娲神话传说在许多地区自觉或不自觉地与之相粘合，且多保存于较晚的神话传说中。但由以上的讨论可以发现，中国西南地区的洪水兄妹婚神话传说未必完全等同于伏羲、女娲的洪水兄妹婚神话传说，而这类神话究竟是源自南方还是中原的汉族地区，亦难成定论。但由除了台湾的原住民族以外，目前流传于中国境内各地的洪水兄妹婚神话内容可以发现，各地所流传的洪水兄妹婚神话，往往会自觉或不自觉地与伏羲、女娲作某种程度的比附，故伏羲、女娲与洪水兄妹婚神话的相粘合，已逐渐成为伏羲、女娲神话传说广泛流传的一种典型样式了。

三、洪水兄妹婚神话的再生意涵

由上述中国各个地区、各个民族的洪水兄妹婚神话可以发现，在具体情节方面，特别是洪水起源的解释上，虽然是千差万别、迥然相异的，但它们的基本结构却大同小异。概括起来，大体是这样一个模式：

1. 人类的某种行为触怒了超自然的神秘力量；

2. 洪水突然降临人间，给人类带来毁灭性的灾难；

3. 幸存的两兄妹（或姐弟）面临要如何繁衍人类的重大问题，神的意旨要他俩结婚，他俩服从神的意旨，人类因而得到繁衍，幸存的两兄妹（或姐弟）成为各族人民的祖先。

李卉对台湾及东南亚的洪水神话加以分析，发现其中大致也包括以下三点要素：

---

① 杨利慧：《女娲的神话与信仰》，北京：中国社会科学出版社，1997年版，第100页。

1. 洪水泛滥，万物丧生；
2. 洪水孑遗，同胞二人幸存；
3. 遗传人类。①

可见在这个模式中，洪水之后各民族神话描述的多半是幸存的兄妹（或姐弟）结为夫妇繁衍人类的经过。故可知，兄妹（或姐弟）的血缘婚姻往往是这类神话传说的一个中心母题。

事实上，在世界各民族流传的创世神话和英雄神话中，血缘婚姻往往都是其中心母题。②这种兄妹或姐弟，甚至父女、母子成亲，繁衍人类的情节，有人认为是对原始时期血缘婚和血缘家庭的追忆，③也有人认为这是对血缘婚和血缘家庭的反映，它的产生应是在血缘婚尚在流行的时期。④

但是，也有学者主张兄妹婚神话其实就是"禁忌兄妹婚的神话"，因为兄妹结婚具有"被迫"的性质，所以它主要表现了"非血缘婚姻"的观念，是对血缘婚的一种抵制。如乌丙安便认为：

……不管这类神话传说在多大程度上描绘了兄妹配偶及繁衍人类，而占主体位置的却是贯串故事始终的非血缘婚姻观念。……不管它们还掺杂了哪些那时候的成分，而它们的主干却历史地具体地描绘了人类由血缘婚家族向氏族组织过渡的艰苦历程，显示了冲破血缘婚姻观念的最早从野蛮走向文明的某些进步意识。⑤

他还认为兄妹婚后生下了"怪胎"，便是此类故事为抵制血缘婚的一个有力的依据，他说：

……只要注意一下数十个这类神话传说中兄妹婚后生下了肉球、肉块、肉团、肉瓜、无四肢、无五官、无颜面的怪胎情节，就会衡量出故事中显示了多大的抵制血缘婚姻的力量。⑥

万建中则认为，由于社会发展了，对血缘婚持否定态度，于是民间口头文学

---

① 李卉：《台湾及东南亚的同胞配偶型洪水传说》，载《中国民族学报》第1期，第205—238页。
② [俄] 梅列金斯基：《论英雄神话中的血亲婚原型》，马昌仪译，载《民族文学研究》1990年第3期，第89—95页。
③ 乌丙安：《洪水故事中的非血缘婚姻观》，见马昌仪编《中国神话学文论选萃（下）》，北京：中国广播电视出版社，1994年版，第183—199页。
④ 钟敬文：《洪水后兄妹再殖人类神话》，见《钟敬文民俗学论集》，上海：上海文艺出版社，1998年版，第85—87页；张余：《晋南的神话与传说》，载《民间文学论坛》1990年第2期，第62—63页。
⑤ 乌丙安：《洪水故事中的非血缘婚姻观》，见马昌仪编《中国神话学文论选萃（下）》，北京：中国广播电视出版社，1994年版，第190页。
⑥ 乌丙安：《洪水故事中的非血缘婚姻观》，见马昌仪编《中国神话学文论选萃（下）》，北京：中国广播电视出版社，1994年版，第190页。

就找借口为兄妹婚开脱，一是讲洪水泛滥之后，天地间只剩兄妹二人，如不婚配，人类将灭绝；再是假托天意之允许，或云兄妹燃火烟能相合，或云兄妹滚磨，两扇磨能重叠，兄妹隔河丢线穿针，也能相穿……不论是不得已而为之，还是天意所致，都传达出以兄妹婚为禁忌的观念。而有些民族的兄妹婚神话则直接提供了婚后的可怕情景：儿女不成形，是怪胎，或为磨刀石，或为肉团，或为肉蛋，或为瓜，等等。散发出浓烈的遣责兄妹婚的意味。①

蔡大成则以"神话展示出的最初情境，往往与客观世界的情境正好相反"此一神话逻辑，认为非血缘婚的社会恰恰能产生出血缘婚的神话；而神话中把人类的第一对男女想象为同血缘的兄妹，即始祖之间实行兄妹婚，完全是为了用极端的方式证明族源血统的纯正。②

可知，洪水后兄妹相婚生下肉球、肉块的情节，一向是许多学者争议的焦点，有人甚至提出"因为近亲通婚，所以才会生下畸形儿"③的论点。如潘定智说：

> 兄妹婚后生怪胎，反映了当时人们的道德观念，兄妹结婚违反伦常，才生出"怪胎"。"怪胎"是神话想象的产物，这种想象又有其现实依据，即兄妹结婚后代在体质和智力上产生缺陷，而"怪胎"就是这种观念的幻想和反映。④

然而，另有一派学者对此"怪胎"却持不同的看法，如张铭远从少数民族姑舅象征仪式等习俗的信仰功能上论定，兄妹婚神话表现出对自然、农耕事业或种族兴旺进行整合的生殖力，因此怪胎的"高产生殖"并非兄妹婚的恶果，而正是创世意义上的生殖魔力崇拜的结果，一胎多产远远超出人类的实际生育能力，表现了兄妹婚的神圣生殖、创造力。⑤

对兄妹婚后所生下来的肉团，杨知勇则认为，在原始初民的观念中，"团"和"圆"具有"最大、最多"的意思。兄妹婚后生下的不是完整的人肉团，肉团被砍成无数碎块撒出去，每块碎肉变成一个人，比直接生出人来不知多出多少倍，这里实际就是表示兄妹婚后生下最多的人，其中没有包含任何一点惩罚的意思。⑥

---

① 万建中：《解读禁忌——中国神话、传说和故事中的禁忌主题》，北京：商务印书馆，2001年版，第103—104页。
② 蔡大成：《兄妹婚神话的象征》，载《民间文学论坛》1986年第5期，第29—30页。
③ 乌丙安：《洪水故事中的非血缘婚姻观》，见马昌仪编《中国神话学文论选萃（下）》，北京：中国广播电视出版社，1994年版，第183—199页。
④ 潘定智：《民族学工作者应重视民间文学的研究——从古代神话传说和图腾崇拜谈起》，载《贵州民族学院学报》1981年第1期。
⑤ 张铭远：《洪水神话新考——兄妹婚与生殖信仰》，载《民族文学研究》1990年第2期，第48—53页。
⑥ 杨知勇：《洪水神话浅探》，载《民间文学论坛》1985年第2期，第64页。

兄妹婚后生下的非人形物体，除肉团外，还有葫芦、瓜、国土，它们在原始观念中的意涵，有的与肉团近似，有的比肉团具有更特殊的地位。比如葫芦，因为它是人类最早使用的天然容器，其形体与即将分娩的妇女形体相似，又有多籽的特点，所以许多民族的原始初民把生殖崇拜的特殊情感寄托在葫芦上。例如，在《阿细的先基》中生出瓜，瓜里藏着世间万物，[1]就具有类似葫芦的神秘力量。而日本《古事记》中兄妹婚后生下国土[2]，国土的含义也是显而易见的。

伊藤清司也认为：大洪水后幸存的男人（或男女）结婚后所生育的或为肉块，或为瓜、南瓜，其中出现的人类几乎都是"复数"的，这个"复数"是极具深意的，因为那些"复数"的孩子们后来成为各民族的祖先。故"复数"反映了有神意的人类快速的繁衍性。[3]

所以，兄妹婚后生下非人形的物体，并不能当成惩罚来解释，反而有可能是要用来说明原始初民繁衍人类的强烈愿望。而兄妹婚后生下的异形儿，往往也是在强调神奇。[4]故鹿忆鹿认为：

> 生肉球、肉块，当和反血缘婚无关，因为肉球、肉块被剁碎扬撒后，必定成为一个或多个民族的起源，异于常人的肉球、肉块，并非在说明兄妹婚的不正常性，而是不平常性、神圣性。[5]

事实上，在原始社会时期，人类由群体的内部杂交逐渐发展为族外婚的形式，从而产生了婚姻集团的两合组织，两合组织的每一方就是一个氏族。在此一氏族社会中，如果是父系氏族，则兄弟们的儿女就属于同一氏族而不能通婚；如果是母系氏族，则姐妹们的儿女就属于同一氏族，也不能通婚；但是兄弟们的儿女和姐妹们的儿女却始终属于不同氏族，所以完全可以通婚。换句话说，如果两个氏族构成一个通婚的两合组织的话，这种婚姻就是世世代代的兄妹相婚，而原始氏族也正是由兄妹婚构成的。设若，兄妹婚在早期氏族社会中是一种正常的行为，那么又有何好"非"之呢？如果把生下异形儿理解为"抵制血缘婚姻的力量"，那么在许多民族的神话传说中，非血缘婚姻所产下的仍然可能是怪

---

[1] 谷德明编：《中国少数民族神话》，北京：中国民间文艺出版社，1987年版。
[2] [日] 安万侣：《古事记》，邹有恒、吕元明译，北京：人民文学出版社，1979年版，第2—3页。
[3] [日] 伊藤清司：《人类的两次起源——中国西南少数民族的创世神话》，王汝澜、夏宇继译，载《民族文学研究》1990年第1期，第81—91页。
[4] 杨知勇：《洪水神话浅探》，载《民间文学论坛》1985年第2期，第59—66页。
[5] 鹿忆鹿：《洪水神话——以中国南方民族与台湾原住民为中心》，台北：里仁书局，2002年版，第91页。

胎。如在纳西族的《创世纪》中，洪水过后，活着的只有利恩一人，他和仙女结婚，正是最典型的非血缘婚，但他们生下的三个孩子，过了三年还不会喊爹妈，仍是不健全的人。①所以，洪水兄妹婚神话的主题，可能并不完全是表现对兄妹血缘婚姻的抵制。

另一方面，洪水神话中所谓的兄妹婚可能也并非现今意义上的兄妹彼此婚配，它可能是一种原始群婚中两方氏族的表亲婚配。因此，有学者认为，"兄妹"之所以做了神话的主角，是由于在具备生殖能力的两性中，机能最强盛的是婚前青年男女。而在所有适龄的未婚青年中，同辈的血亲异性，如兄弟姐妹等，关系又是最为亲昵的。或正由于血亲兄妹（或姐弟）具备了生殖繁衍的两大要素：第一，机能强健；第二，关系密切。因此，在这类神话里，"兄妹"并非实质性的兄妹，而可能仅仅是完成生殖的两元素——青年男女的代称而已。②

因此，像瑶族神话《伏羲兄妹》说兄妹生了一个冬瓜，然后把冬瓜砍开，将其中的瓜子撒向四方变成许多人；③傈僳族神话则说兄妹二人种了一个瓜，从瓜里走出了众多民族的人；④基诺族神话则说是从兄妹所种的葫芦里走出了众多民族的人。⑤虽然说法各异，但主题是相同的——一胎多产。而这种设想正远远超出了人类实际的生育能力，是一种对于生殖魔力的崇拜，而且可能是一种对创世生殖能力的崇拜。尤其是在洪水过后，是神要两兄妹结婚，某些动物也希望两兄妹成为夫妻。所以，虽然妹妹（有时是哥哥）具有非血缘婚姻的观念，不愿和哥哥结婚，卜婚的时候，神的意旨又使根本不可能做到的事情（如两山滚下的石磨合在一起，或在两边山头上点燃的烟合在一起等）变成了事实。神的意旨虽然表现在许多方面，但都离不开一个中心——把繁衍人类的急迫任务放在具有非血缘婚姻观念的两兄妹身上。而这里所表现的意旨，实际上就是当时人们最大的希望。

据鹿忆鹿的分析与统计，大体上来说，中国西南少数民族的洪水后兄妹婚神话，大部分是生下肉块剁碎扬撒；而在台湾原住民的洪水神话中，虽然没有生下肉球、肉块等所谓怪胎并切碎扬撒的情节，但洪水后兄妹婚所生下的却是鱼

---

① 谷德明编：《中国少数民族神话》，北京：中国民间文艺出版社，1987年版，第415—418页。
② 史军超：《洪水与葫芦的象征系统》，见游琪、刘锡诚主编《葫芦与象征》，北京：商务印书馆，2001年版，第235页。
③ 谷德明编：《中国少数民族神话》，北京：中国民间文艺出版社，1987年版，第137—139页。
④ 谷德明编：《中国少数民族神话》，北京：中国民间文艺出版社，1987年版，第358—362页。
⑤ 谷德明编：《中国少数民族神话》，北京：中国民间文艺出版社，1987年版。

蟹的祖先、蛇、青蛙或乌龟、石头等①，也是在强调物种的起源，仍表现了生殖的意涵。

至于所谓的兄妹婚或血亲婚，其实是一种对族外婚的破坏，故也有学者主张：对族外婚的破坏是社会混乱的一种表现，它比其他形式的破坏禁忌，容易在更大程度上酿成宇宙性的混乱。故在许多血亲婚神话的深层结构里直接蕴涵着大洪水，正如英雄神话的血亲婚母题一样——洪荒大水的爆发其实也是对英雄的一次考验，平息洪水意味着宇宙业已形成，英雄已经成长，而血亲婚显示了英雄降生的浑沌环境和与众不同之处。故洪水后的兄妹婚，也是宇宙秩序破坏后的重建；而兄妹婚神话中的兄妹，正如英雄一般，有其与众不同的神圣性。②

此外，在洪水神话中，因为大洪水毁灭了罪孽深重的堕落人类，所以一种更新的人类才得以出生。而大洪水后，天地间之所以只留下了有血缘关系的兄妹没有被淹死，据鹿忆鹿的推论以为，这正清楚有力地揭示了洪水再生神话中"兄妹婚"这一关键情节的本质——"渴望保持种族血统的纯粹性"③，她说：

在很多的情况下，洪水正是由于神对人不满所引起，因此，种族纯粹净化成为人类再生的前提，是既自然又必要的。大洪水把原先的宇宙涤荡干净，为以"兄妹婚"为象征的氏族准备新的沃土。所以这些洪水神话正是以"神命"的方式、名义强调了人的种族纯洁是出于天命、天意，使得"兄妹婚"成为一种普遍的再生模式。④

至于洪水后兄妹结成夫妻的过程，往往要经过一连串的占卜，如问龟、问竹、滚磨等，其目的亦是在确定兄妹二人的结合是出于神意，有其不可替代的神圣性。⑤

---

① 如在秀姑峦太巴塱社阿美族的洪水后兄妹婚神话中，兄妹婚后所生的子女均为蛇和青蛙。参见刘斌雄等编：《秀姑峦阿美族的社会组织》，载《"中央研究院"民族学研究所专刊》第 8 期，第 8—12 页。另外如台东卑南族的洪水神话中，兄妹婚后生下的则是虾、蟹和鱼类。参见曾建次：《卑南族神话传说中的人与自然》，载《山海文化》第 6 期，第 88—99 页。

② ［俄］梅列金斯基：《论英雄神话中的血亲婚原型》，马昌仪译，载《民族文学研究》1990 年第 3 期，第 89—95 页。

③ 鹿忆鹿：《洪水神话——以中国南方民族与台湾原住民为中心》，台北：里仁书局，2002 年版，第 369 页。

④ 鹿忆鹿：《洪水神话——以中国南方民族与台湾原住民为中心》，台北：里仁书局，2002 年版，第 369 页。

⑤ 鹿忆鹿：《洪水神话——以中国南方民族与台湾原住民为中心》，台北：里仁书局，2002 年版，第 365 页。

第三节　与盘古、槃瓠的重合相混

一、关于槃瓠的神话传说

如前一章所述,由于盘古创世神话的兴起,伏羲创世始祖神的地位渐为盘古所取代。关于盘古神的形成背景,一直以来,又为学者们所热烈讨论。首先,是近人夏曾佑在其《中国古代史》一书中,根据"盘古""槃瓠"音近,认为汉族盘古神话是将南方少数民族中流传不衰、不同内容的神话加以吸收而产生的。他说:

> 今案盘古之名,古籍不见,疑非汉族旧有之说。或盘古、槃瓠音近,槃瓠为南蛮之祖(《后汉书·南蛮传》),此为南蛮自说其天地开辟之文,吾人误用以为已有也。故南海独有盘古墓,桂林又有盘古祠(任昉《述异记》)。不然,吾族古皇并在北方,何盘古独居南荒哉。①

他所说的南蛮始祖"槃瓠",一作"槃瓠",或"槃护"。槃瓠神话在许多古籍文献中多有记载,最早将之载于史书的要算是汉应劭的《风俗通义》:

> 帝(高辛氏)……乃以女配槃瓠。槃瓠得女,负而走,入南山,止石室中……经三年,生子一十二人,六男六女。槃瓠死后,因自相夫妻。②

关于槃瓠,较完整的早期记载则首推范晔的《后汉书·南蛮传》:

> 昔高辛氏有犬戎之寇,帝患其侵暴,而征伐不克,乃访募天下,有能得犬戎之将吴将军头者,购黄金千镒,邑万家,又妻以少女。时帝有畜狗,其毛五彩,名曰槃瓠。下令之后,槃瓠遂衔人头造阙下。群臣怪而诊之,乃吴将军首也。帝大喜,而计槃瓠不可妻之以女,又无封爵之道,议欲有报而未知所宜。女闻之,以为帝皇下令,不可违信,因请行。帝不得已,乃以女配槃瓠。槃瓠得女,负而走入南山,止石室中。所处险绝,人迹不至。于是女解去衣裳,为仆鉴之结,着独力之衣。帝悲思之,遣使寻求,辄遇风雨震晦,使者不得进。经三年,生子一十二人,六男六女。槃瓠死后,因自相夫妻。织绩木皮,染以草实,好五色衣服,制裁皆有尾形。其母后归,以状白帝。于是使迎致诸子,衣裳斑斓,语言侏离。好入山壑,不乐平旷。帝顺其意,赐以名山广泽。其后

---

① 夏曾佑:《中国古代史》,石家庄:河北教育出版社,2002年版,第14页。
② 《风俗通义校注》,第489页。

滋蔓，号曰蛮夷。外痴内黠，安土重旧。以先父有功，母帝之女，田作贾贩，无关梁符传，租税之赋。有邑君长，皆赐印绶，冠用獭皮，名渠帅曰精夫，相呼为姎徒。今长沙武陵蛮是也。①

然应劭的《风俗通义》及范晔的《后汉书》中皆未说明槃瓠的来历。至于槃瓠的来历，直至三国时鱼豢的《魏略》，才开始有了较清楚的记载：

高辛氏有老妇人居于王宫。得耳疾历时，医为挑治，出顶虫，大如茧。妇人去后，置以瓠蓠，覆之以盘。俄尔顶虫乃化为犬。其文五色，因名"槃瓠"。②

以后的史籍记载便大多沿用这一说法。稍后，晋干宝的《搜神记》，郭璞注《山海经》，《太平御览》引《玄中记》等书，也都有关于槃瓠神话的记述。

但"狗槃瓠娶帝女生子"这一记载的离奇诡谲，曾引起一些文人的指责，如唐代的杜佑即认为范晔"纰缪若此，又何不减不愧之有乎！"③在此杜佑将范晔所记载的神话当成了历史来看，因此将这一神话的怪诞以及后世所增补的内容完全归结于范氏的纰缪，以为是范氏所编造的。但事实上，任何神话的产生和流传，都必有它的现实依据或心理根据，如槃瓠神话中的狗祖先及其行为，在很长的时期里，一直被中国南方及西南许多少数民族认为是真实的，而中国的南方及西南地区也有许多以犬槃瓠为始祖的传说与信仰。据《后汉书·南蛮传》唐李贤注引《荆州记》曰：

沅陵县居酉口……唯此是槃瓠子孙，狗种也。④

而《隋书·地理志下》也称：

南郡、夷陵、竟陵、沔阳、沅陵、清江、襄阳、春陵、汉东、安陆、永安、义阳、九江、江夏诸郡，诸蛮承槃瓠之后。⑤

除了上述已提明之武陵蛮及桂林、庐江等地之族以槃瓠为始祖外，大抵南方及西南许多少数民族往往也以其始祖为槃瓠。据清陆祚蕃《粤西偶记》载：

狼人者亦古槃瓠之苗裔，粤西诸郡，处处有之。⑥

盛襄子《湖南苗瑶问题考述》一文中亦云：

今苗、瑶中亦有此项神话，湘瑶仅是将所谓高辛氏女改为黄帝之公

---

① （南朝宋）范晔：《后汉书》卷八六《南蛮传》，第2829—2830页。
② （魏）鱼豢等撰：《三国志附编》，台北：鼎文书局，1990年版。
③ （唐）杜佑著，王文锦点校：《通典》卷一八七《南蛮上·槃瓠种》注，北京：中华书局，1988年版，第5042页。
④ （南朝宋）范晔：《后汉书》卷八六《南蛮传》，第2830页。
⑤ （唐）魏徵撰：《隋书》卷三一，第897页。
⑥ （清）陆祚蕃：《粤西偶记》，板桥：艺文印书馆，1966年影本，第13—14页。

主，犬戎改为边匪，槃瓠改为槃扈，并云所生诸子即苗、瑶诸人。①

另外，畲族也说自己是槃瓠之后，并有流行的口头传说和歌谣。如畲族民间流传有《狗皇歌》：

当初出朝高辛王，出来游嬉看田场；
皇后耳痛三年在，医出金虫三寸长。
医出金虫三寸长，便置金盘拿来养；
一日三时望领大，变成龙狗长二丈。
变成龙狗长二丈，五色花斑尽成行；
五色花斑生得好，皇帝圣旨叫金龙。
收服番王是佫人，爱讨皇帝女结亲；
第三宫女生偎愿，金钟内里去变身。
金钟内里去变身，断定七日变成人；
六日皇后开来看，奈是头未变成人。
头是龙狗身是人，爱讨皇帝女结亲；
皇帝圣旨话难改，开基蓝雷盘祖宗。
亲生三子甚端正，皇帝殿里去讨姓；
大子盘张姓盘字，第二篮装便姓蓝；
第三小子正一岁，皇帝殿里拿名来；
雷公云头响得好，纸笔记来便姓雷。
当初出朝在广东，亲生三子在一宫；
招得军丁为其妇，女婿名字身姓钟。②

此外，如杨宽的《中国上古史导论》引沈作乾《畲民调查记》、何联奎《畲民的图腾崇拜》中所记录的畲民关于槃瓠的口头传说，大抵也是说高辛氏于耳中取出一虫，育于盘中，变成龙犬，赐名龙期，号称槃瓠，因衔了犬将军的头请践言配公主。③

直至现在的湘、桂边及岭南瑶区中，也还保留有槃瓠祠、盘王庙，并且香火不断。④至于对槃瓠的祭祀，则早在晋干宝的《晋纪》中便记载有"武陵、长沙、郡夷，槃瓠之后……每常为猱杂鱼肉而归，以祭槃瓠"⑤。清人陆次云《峒谿纤

---

① 盛襄子：《湖南苗瑶问题考述》，载《新亚细亚》第10卷5期。
② 杨宽：《中国上古史导论·盘古槃瓠与犬戎犬封》，见《古史辨》第七册上编，第172—174页。
③ 杨宽：《中国上古史导论·盘古槃瓠与犬戎犬封》，见《古史辨》第七册上编，第172—174页。
④ 马卉欣：《盘古之神》，上海：上海文艺出版社，1993年版，第51页。
⑤（清）汤球辑：《晋纪》，北京：中华书局，1985年版，第2页。

志》中的记载则更为具体：

> 帝誉高辛氏以槃瓠为奸溪蛮之功，封其地，妻以女，生六男六女而为诸苗祖。尽夜郎境多有之……以十月朔为大节，岁首祭槃瓠，糅鱼肉于木槽，扣槽群号以为礼。①

至于槃瓠是谁，有学者认为他是氏族中某个现实的人，或为游牧部落首领的守护官②，或为苗、瑶族中的一个王爷③，或为一个绰号或名字④，总之，他绝对与狗无关。另外，由于《魏略》中的槃瓠是从葫芦中出来的，所以也有学者主张槃瓠就是"葫芦"，较具代表性的便是闻一多在《伏羲考》中提出来的"瓠"就是"葫芦"的说法⑤，较后的刘尧汉也认为槃瓠就是"葫芦"的别称⑥。然而，按近年来诸多学者的考察来看，他们多认为槃瓠"实在是某些少数民族所信奉的动物，是图腾时代的'动物的祖先'"⑦，槃瓠神话可能是"荒远的古代人们所编造的关于氏族血统来源的说明神话"⑧。

二、伏羲与盘古、槃瓠的重合相混现象

虽然，伏羲与盘古、槃瓠，本属于不同的神话内容，然而，从近年来收集的民族学材料来看，伏羲神话传说又常常有与盘古甚至槃瓠神话传说相混淆或重合的现象⑨。如在浙江兰溪市便流传有一则《盘古与女娲》⑩的神话传说；河南南阳地区则流传有一则《盘古滚磨》的神话传说，内容为：

> ……老天爷见盘古开天辟地有功，就叫他的三闺女下凡给盘古做伴。三闺女下凡以后，认盘古当哥哥。盘古是个实在人，待三闺女比亲妹子还亲。有一天，三闺女对盘古说："哥，咱们成亲吧？"盘古说："哪会中？哪有当哥的跟妹子成亲哩？"三闺女是个妮儿家，也嫌赖（方言，意为害羞），就没再往下说。又过了一段时间，三闺女想想没个小孩，到老了咋办？又给盘古说成亲的话，盘古还是不吐口。三闺女为这

---

① （清）陆次云：《峒谿纤志》卷上，台北：广文书局，1968年版，第1页。
② 马卉欣、朱阁林：《盘古槃瓠关系辨——论盘古神话的根》，载《民间文学论坛》1992年第4期，第5—10页。
③ 吴晓东：《盘瓠：王爷，盘古：老爷》，载《民族文学研究》1996年第4期，第38页。
④ 徐松石：《粤江流域人民史》，上海：上海书店出版社，1990年版，第135页。
⑤ 闻一多：《伏羲考》，第59页。
⑥ 刘尧汉：《论中华葫芦文化》，载《民间文学论坛》1987年第3期，第10—11页。
⑦ 钟敬文：《槃瓠神话的考察》，见马昌仪编《中国神话学文论选萃（上）》，北京：中国广播电视出版社，1994年版，第313页。
⑧ 马昌仪编：《中国神话学文论选萃（上）》，第319页。
⑨ 张振犁：《中原古典神话流变论考》，上海：上海文艺出版社，1991年版，第33页。
⑩ 收录于《浙江省民间故事集成·兰溪市卷》，转引自马卉欣《盘古之神》，第146—147页。

事很发愁。后来,她上山去挖野菜,见南山顶上有扇公磨,北山顶上有扇母磨,回来对盘古说:"哥,咱俩滚磨吧!"……两扇磨不偏不斜合了个严丝合缝。盘古没话可说,只好跟三闺女成了亲。

他俩成亲以后,忙了干活,闲着没事了就捏泥巴人儿。世上的人一天一天多了。①

这与广泛流传的伏羲、女娲兄妹滚磨成亲、捏泥造人的情节如出一辙。

而在张振犁等人所搜集的中原地区的盘古神话中,盘古除具有开辟宇宙的功劳外,同时亦兼有"文化英雄神话"的功能。如盘古山有传说,说盘古夫妻婚后生了八个儿子,分居八方,盘古居中,分管"九州"。②又,马卉欣根据在中原地区的河南省桐柏县考察的结果,发现此处有盘古神话传说的遗迹,及各种与盘古相关的传说及风物,③如在河南桐柏县的盘古山也流传着《盘古造字》④的传说,此外,还有盘古制衣、盘古造水牛等与创制文明相关的神话传说。这都显示出其与伏羲"文化英雄"形象的相混现象,且有合二为一的情形。

伏羲与盘古本非同一人,二人的神话性格亦不相同,但从许多地区收集的盘古兄妹为婚、繁衍人类的神话传说来看,在后世的神话传说中,伏羲和盘古常为同一人物。故常任侠在其《巴县沙坪坝出土之石棺画像研究》一文中便以为:

伏羲与槃瓠为双声,伏羲、庖牺、盘古、槃瓠,声训可通,殆属一词。无问汉苗,俱自承为盘古之后,两者神话,盖同出于一源也。⑤

而闻一多在《伏羲考》一文中也对伏羲和盘古从语音转变到神话传说有非常详细的考证,他在研究中国西南少数民族广为流传的"兄妹配偶洪水遗民再造人类"故事时提出,"槃瓠""伏羲"乃一音之转,明系出于同源,而两个故事的相通之处也很多。又,槃瓠的本义是"葫芦",伏羲兄妹是借大葫芦逃生的,这个大葫芦就是盘古,盘古也就是伏羲。⑥他并且以为伏羲与女娲"二人本皆谓葫芦的化身",因为:

---

① 收录于《浙江省民间故事集成·兰溪市卷》,转引自马卉欣《盘古之神》,第149—150页。
② 这里的"九州"含义比较原始,在中国神话中,"划九州"的功绩都是大禹的,但在伏羲的相关记载中,也有"治九州"的说法。见马卉欣记录:《盘古定九州》,《中原古典神话流变考论》引,第36页。
③ 如在今河南桐柏山地区形成了一个"盘古神话群",有所谓的盘古山、盘古墓、盘古庙,甚至还出现了传说中盘古兄妹当年滚磨成亲所在的大磨村、二磨村,此外,像河南桐柏山每年的定期庙会也与伏羲人祖庙会同样定在三月三日。见马卉欣:《盘古之神》,第10—20页。
④ 马卉欣采录:《盘古造字》,《中原古典神话流变考论》引,第37页。
⑤ 常任侠:《巴县沙坪坝出土之石棺画像研究》,载《金陵学报》第8卷第1、2期合刊,第9页。
⑥ 闻一多:《伏羲考》,第60—62页。

> "槃瓠"名字中有"瓠"字,而《魏略》等述茧未化生时复"妇人盛瓠中,覆之以槃"之语,可见瓠亦为此故事母题之一部分。实则槃即剖瓠匏为之,"槃瓠"犹匏瓠,仍是一语。是"槃匏"与"包羲"字异而声义同。在初本系一人为二民族共同之祖,同祖故同姓。旧说伏羲女娲风姓,而《图书集成》《畬民调查记》及《狗皇歌》皆有姓槃之说。风从凡声,古作凡,槃从般古作𣪊,亦从凡声,然则风、槃亦一姓也。①

而袁珂也赞同此说,并主张:

> 神话传说,流传演变,错综复杂,大可融会观之,本来不必拘泥。除声训可通外,从伏羲演变到盘古,从形貌上看,《文选·鲁灵光殿赋》说:"伏羲鳞身。"《史记·补三皇本纪》说:"庖牺氏……蛇身人首。"而《广博物志》卷九引《五运历年纪》说:"盘古之君,龙首蛇身。"其形貌大体相同。又伏羲女娲兄妹结婚,记录虽始见于唐李冗的《独异志》,但是他们以蛇身人首作夫妇交尾姿态的画像,却屡见于汉代的石刻画像与砖画,咸以为即是神话中两人血亲婚配的纪实,众无异辞。而六朝梁任昉的《述异记》说:"盘古氏夫妻,阴阳之始也。"古文省约,所谓"盘古氏夫妇",即盘古氏以兄妹结婚而为夫妻。如今口头传说的盘古神话中,亦多盘古兄妹结婚神话。……由此看来,由伏羲演变而为盘古,乃事物发展的自然,顺理成章,本无足议。②

他们都以为"伏羲"和"盘古""槃瓠"皆为一声之转。但事实上,无论从神话传说的内容或特征来看,伏羲与盘古、槃瓠在最开始时,都不属于同类型的神话。

首先,盘古与槃瓠本来就不是同一神祇,因为槃瓠只是辰州卢溪的一个种族部落,而盘古的年代则远在高辛之前,"二者犹绝不相蒙,安得据音读相近,牵合为一哉?"③其次,伏羲与槃瓠的形象也大不相同。刘起釪以为《五运历年纪》及《地理坤鉴》皆说"盘古龙首蛇身""盘古龙首人身",其形象与《风俗通》《后汉书·南蛮传》《述异记》《搜神记》《武陵记》等所载的犬身或《狗王歌》所说之人首狗身的槃瓠形象完全不同,所以汉族的盘古与苗、瑶、畬等族的槃瓠本来并非一神。④故伏羲为人首蛇身,槃瓠则为人首狗身;伏羲乃西戎民族的上古氏族部落首领,槃瓠则为南方蛮族的始祖:二者也不可能为同一人。且伏羲

---

① 闻一多:《伏羲考》,第61—62页。
② 袁珂:《盘古之神·序》,上海:上海文艺出版社,1993年版,第2页。
③ 吕思勉:《先秦史》,上海:上海古籍出版社,1982年版,第46页。
④ 刘起釪:《古史续辨》,第89—90页。

为创制文明的始祖,盘古属于开天辟地神话,槃瓠则属于图腾生殖神话,三者之间,不太可能"同出于一源"。

然而,从近年来所采集到的伏羲或盘古神话传说来看,三者相混叠合的例子却不可胜数。若从故事传播学的原理来看,笔者认为,这可能是由于盘古神话"宇宙之卵"化生万物的情节,是一种"超自然生殖力的神秘象征"[1],和伏羲、女娲创造生育人类的象征相同,所以才产生了附会、混淆的情形。

基本上来说,伏羲、女娲神话传说本来即具有强烈的"生殖"象征。例如,现存最早记载伏羲、女娲神话的文本——楚帛书,按董楚平在其《中国上古创世神话钩沉——楚帛书甲篇解读兼谈中国神话的若干问题》一文中以为,帛书甲篇的创世神话可称为"生殖型"[2],因为在这则创世神话中,有伏羲、女娲二神结为夫妻,生了四子,四子又造了地与天。而盘古从"宇宙之卵"中诞生,尸体化生宇宙万物的情节,也充分表现了"生殖"与"创育"的意涵。至于槃瓠,乃原始时期图腾崇拜的一种遗留,同样是一种对"生殖"的崇拜。也许,就是因为这三则神话都具有"生殖"的象征意涵,所以在后来的神话传说中便逐渐被混淆了。

第四节　不断扩大增衍的伏羲神话传说

自战国时期,伏羲开始出现在诸子的一些记载之中,他们将伏羲视为远古的一位氏族部落首领,并且开始将某些社会文明的创制归诸他的身上。

及至汉魏六朝,由于受到"神话历史化"及谶纬学说的影响,伏羲逐渐成为上古三皇之首及圣王的典范,人们还将民间传说中许多的人类社会精神与物质的文明创造搜集起来,归诸伏羲的名下,伏羲开始成为上古文明的重要创制者。

后来,随着伏羲相关记载的增加,伏羲除了作为神话传说中的一个上古帝王、历史人物之外,又逐渐与女娲结合,成为华夏民族共同的始祖神,且附会上了洪水后兄妹婚配、繁衍人类的神话情节。

另一方面,由于其始祖神的属性,也开始出现伏羲与盘古、槃瓠产生相混重

---

[1] 陈建宪:《神祇与英雄——中国古代神话的母题》,北京:生活·读书·新知三联书店,1994年版,第29页。

[2] 董楚平:《中国上古创世神话钩沉——楚帛书甲篇解读兼谈中国神话的若干问题》,载《中国社会科学》2002年第5期,第157页。

合的现象。加上经由人们不断地创造与踵事增华，与伏羲相关的神话传说呈现出丰富多元的新发展。

据现今可见的与伏羲相关的神话传说，我们大致可以将其分为以下几个较为重要的母题。

一、文明创制的神话传说

综合相关文献记载，伏羲对人类文明的贡献包括以下几个方面。

（一）造网罟、教民渔猎，引领人类进入渔牧时代

"结网罟"是传说中伏羲最伟大的发明之一。据《周易·系辞传下》云：

> 古者包牺氏之王天下也……作结绳而为网罟，以佃以渔。①

又《汉书·律历志》云：

> 炮牺继天而王……作网罟以田渔，取牺牲，故天下号曰炮牺氏。②

王符《潜夫论》、谯周《古史考》也都说伏羲氏结绳作网。唐司马贞《史记·补三皇本纪》亦称：

> 结网罟以教佃渔，故曰宓牺氏；养牺牲以供庖厨，故曰庖牺。③

又《太平御览》卷八三二引《尸子》则写道：

> 宓羲氏之世，天下多兽，故教民以猎也。④

而晋葛洪《抱朴子·对俗篇》更附会地以为：

> 太昊师蜘蛛而结网。⑤

网罟的发明，使得先民狩猎的效益提高，猎物增多，人类便开始驯服圈养动物，并加以繁殖放牧，原始的畜牧业开始萌生。故《礼记·月令》以为，伏羲能"执服牺牲"⑥。而由于畜牧业的发展，先民们不再游牧迁徙，同时为了豢养牲畜，开始有了房室的修造。这在远古文明的演进过程中，实具有极不平凡的意义。

（二）人工取火

传说中，燧人氏教民钻木取火。依据旧有传闻，我们普遍认为，在伏羲氏之前，人类可能已经懂得运用火了。但近年来各种考古文物发现的结果，却又推翻

---

① 《周易》卷八，第166页。
② 《汉书》卷二一下，第1011—1012页。
③ 《史记·补三皇本纪》，见戴逸主编《二十六史》，第1页。
④ 《太平御览》，第3842页。
⑤ 《抱朴子内篇校释》卷三，第53页。
⑥ 《礼记注疏》，第281页。

了这样的说法。因为在与燧人氏时代相当的旧石器时期北京山顶洞人和云南元谋人那里，我们并没有看到人工产生火种的迹象，只有采取和保存天然火种的遗迹。但从与伏羲时代相当的大地湾出土文物中，我们反而发现了两个灰坑，其中有大型的灶坑、灶台和火塘，以及磨制的骨锥、角锥和大量的钻孔工具，这些或可证明可能要到与伏羲时代相当的新石器时期，人类才懂得、掌握人工取火的技术。故《太平御览》卷八六九引《河图挺佐辅》云：

> 伏羲禅于伯牛，钻木作火。①

火的发现，对于原始人类迈向文明时代具有重大的意义。且传说中伏羲又名"庖牺"，唐司马贞《史记·补三皇本纪》以为他"养牺牲以供庖厨，故曰庖牺"②，所以伏羲氏可能才是教导原始人类利用火庖煮肉类，脱离茹毛饮血生活，进入熟食阶段的氏族部落领袖。

关于伏羲教民利用火庖煮食物，袁珂在其《中国神话传说》一书中有一段非常生动的论述：

> 伏羲对人民贡献最大的，恐怕是把火种带给人民，让人民都吃到烧熟的动物肉，以免使大家生胃病、闹肚子吧。取火这件事，史传上有的记载到燧人名下，也有的记载到伏羲名下，更有的记载到黄帝名下，可见古来原无定说。伏羲又叫"庖羲"或叫"炮牺"，那含义就是"取牺牲以充庖厨"（《帝王世纪》）、"变茹腥之食"（《拾遗记》）的意思。要想达到上述的目的，一定得有火才成，所以"炮牺"（烧动物肉）的发明，其实也就是取火的发明。燧人钻木取火，其目的也正是为了"炮牺"。伏羲在神话上是雷神的儿子，他又是管理春天的东方的天帝，和树木的生长很有关系，我们想：雷碰着树木将会发生怎样的景象？那毫无疑问，将会燃烧起来，发生炎炎的大火。从伏羲的出生和他的神职联想起来，很容易得到火的概念。所以说我们把取火的发明归之于伏羲，似乎更为妥当。当然，伏羲取得的火，大约就是大雷雨之后山林里燃烧起来的天然火，后来才有燧人发明钻木取火，钻木取火应该后于从山林里携带出来的天然的雷火。③

袁先生对于伏羲名号的解释，虽然多落入汉晋学者以字义、音训读"伏羲"一词的窠臼，但若以伏羲所代表的文明意义来说，伏羲教民"取牺牲以供庖厨"，

---

① 《太平御览》，第3986页。
② 《史记·补三皇本纪》，见戴逸主编《二十六史》，第1页。
③ 袁珂：《中国神话传说（上）》，板桥：骆驼出版社，1987年版，第113页。

确实是传说中伏羲发明火的最大功劳。

（三）始作八卦

相传八卦是中国最早的文字。伏羲的始画八卦首见于《周易·系辞传下》：

> 古者包牺氏之王天下也，仰则观象于天，俯则观法于地，观鸟兽之文与地之宜，近取诸身，远取诸物，于是始作八卦，以通神明之德，以类万物之情。①

关于《周易》的来源，据《汉书·艺文志》所说，乃伏羲作卦、文王作《系辞传》、孔子作《十翼》，即所谓的"易历三圣"②。其中"始画八卦"者，先儒莫不归之于伏羲氏。

除了《周易·系辞传下》之外，《史记·太史公自序》亦云：

> 余闻之先人曰："伏羲至纯厚，作易八卦。"③

《拾遗记》亦云：

> 庖牺氏……调和八风，以画八卦。④

又《绎史》卷三引《尸子》则云：

> 伏羲始画八卦，列八节而化天下。⑤

此外，像《易纬·乾凿度》《周易本义》《春秋纬》《尚书中侯·握河纪》《黄氏逸书考》《三国志·魏书·高贵乡公传》等文献的记载中，也都认为是伏羲始创了八卦。

伏羲氏始作八卦之说，大致出现于战国时期，自此以后，学者们多认定此说。直至近世，始有多位学者开始怀疑伏羲始作八卦的说法。他们认为《周易》是西周时期的作品，应源自商代的龟卜，并以为八卦与伏羲无关。⑥而郭沫若在其《〈周易〉制作之时代》一文中更断然地指出："八卦并非作于伏羲，是毫无

---

① 《周易》卷八，第166页。
② 《汉书》卷三〇《艺文志第十》载："易曰：'宓戏氏……于是始作八卦，以通神明之德，以类万物之情。'至于殷、周之际，纣在上位，逆天暴物，文王以诸侯顺命而行道，天人之占可得而效，于是重易六爻，作上下篇。孔氏为之彖、象、系辞、文言、序卦之属十篇。故曰易道深矣，人更三圣，世历三古……"第1704页。
③ 《史记》，第3299页。
④ 《拾遗记》，第692页。
⑤ 《绎史》，第79页。
⑥ 屈万里：《〈周易〉卦爻辞成于周武王时考》，第81—100页；屈万里：《易卦源于龟卜考》，见《书佣论学集》，台北：开明书店，1969年版，第48—68页。

疑问的。"①

原则上，以传说中伏羲所处的渔猎阶段过渡到畜牧阶段的时代而言，距今约七千年前，当时人们的生活可能还很原始，思维能力可能也很低下，或许根本还没有文字的产生，即使有，可能也只是一些原始的符号而已，所以，这些原始的符号应当也不会有如《周易·系辞传下》中所说的"通德类情"这一类深奥的含义。故《周易·系辞传下》中对伏羲始作八卦的叙述，应是后世学者的一种附会。

至于八卦的源起，则众说纷纭。由于八卦是一组具有多种神秘意象的符号，使得后世在解读它时出现了各种各样的说法，诸如"星象说"、"生殖器说""鱼纹说""甲骨符号说""数卜法说""手关节说""结绳说""土圭说""算筹说""太阳崇拜说"等，不一而足。而近代学者对于易卦源起的讨论，或主为西周初年的产物②，或主"系从殷人所崇拜的自然神中所抽绎来的"③。基本上来说，主张八卦可能只是一种占卜的符号，而非最早的文字，则几为近代学者所普遍认同。④

事实上，从目前我们所看到的八卦符号中也可以看出来，八卦是由简单的笔画所组成，其特点是"有画无文"。而依照文字演进的进程，应该也是先有结绳，后有图画，然后才演进为符号，一如《周易·系辞传下》所说的"上古结绳而治，后世圣人易之以书契"，所以东汉许慎的《说文解字》、唐代司马贞的《史记·补三皇本纪》中便直书"庖羲氏造书契，以代结绳之治"。又，近若干年来，考古工作者也先后于甘肃秦安大地湾文化遗址的陶器上，发现了十多个刻画符号⑤。另外，在西安半坡遗址的陶片上也发现有许多刻画符号⑥。对于这些符号，郭沫若、于省吾、唐兰等诸位前贤一致认为，它们是"中国文字的起源或者中

---

① 郭沫若：《〈周易〉制作之时代》，见《郭沫若全集·历史编》第一卷，北京：人民出版社，1982年版，第378页。

② 屈万里：《易卦源于龟卜考》，见《书佣论学集》，台北：联经出版公司，1984年版，第48—68页。

③ 陈梦家：《古文字中的商周祭祀》，补录四则（四）"论八卦五行为商人之原子说"，载《燕京学报》第19期，第154页。

④ 陈梦家在《古文字中的商周祭祀》中提出"易之产生源于卜辞，当亡殷以后，王室之卜史散入民间，易卜法为较简易之筮法，而依其本来术语造为口诀，经后人汇集而为卦爻辞……"第154页。于省吾《伏羲氏与八卦的关系》一文则认为"八卦系起源于原始宗教中巫术占验方法之一的八索之占"，见《纪念顾颉刚学术论文集》上册，成都：巴蜀书社，1990年版，第1页。

⑤ 甘肃省博物馆文物工作队：《甘肃秦安大地湾遗址1978至1982年发掘的主要收获》，载《文物》1983年第11期，第23页。

⑥ 根据学者们的统计，计有20多个，有的或作一竖，有的或作两竖，有的或作一多并列，有的或作T形，也有较多笔画的。见中国科学考古研究所、陕西省西安半坡博物馆编：《西安半坡——原始氏族公社聚落遗址》，北京：文物出版社，1963年版，第196—198页。

国原始文字的孑遗"①,"是文字起源阶段产生的一些简单文字"②。由此或可推论,传说中的伏羲氏可能是从结绳过渡到图画文字之间的重要人物。至于整齐的八卦或六十四卦,大约在殷末周初时确已使用,先儒之所以将八卦的发明归之于伏羲氏,或许有追源溯始的纪念意义吧。

至于伏羲创造八卦的灵感来源,各种文献载籍及神话传说中,多有所谓的"河出图,洛出书"的说法,以及所谓的"龙马负图,神龟出书"这一类传说。然所谓的"河图"与"洛书",本来根本是两种完全不相干的事物,是到了后来才被结合在一起的。③及至《史记》的《孔子世家》里,则出现了"河不出图,洛不出书,吾已矣夫"④这类引孔子之言的叙述,多以"河出图,洛出书"代表圣明之世。因此,《河图》和《洛书》往往被相提并论,且渐成为象征祥瑞的征兆。到了《周易·系辞传上》中则演变成:

> 河出图,洛出书,圣人则之。⑤

这里所说的"圣人"便是伏羲氏。传说中伏羲画八卦时便是取象于《河图》《洛书》。从此以后,《河图》《洛书》的地位被大大提升,如《周易·序》中唐孔颖达正义引《礼纬·含文嘉》便称:

> 伏牺德洽上下,天应以鸟兽文章,地应以河图洛书。⑥

"河出图,洛出书"本来便是一段编造的神话,但经过纬书的渲染,《河图》《洛书》几乎成了帝王受命时的天书。后来,又因受《尚书·洪范》中"天乃锡禹洪范九畴,彝伦攸叙"⑦记载的影响,而将受"洛书"者归于禹的事功。故《尚书》伪孔安国传以为:

> 天与禹洛出书,神龟负文而出,列于背,有数至于九。……禹遂因而第之,以成九类,常道所以次叙。⑧

但基本上来说,《河图》始终与伏羲画八卦有着密不可分的关系。如元代吴澄《易纂言》卷五"河出图洛出书"注便云:

> "河图"者,羲皇时河出龙马,背之旋毛,后一六,前二七,左三八,右四九,中五十,以象其旋毛如星点而谓之"图"。羲皇则其阳奇

---

① 郭沫若:《古代文字之辩证的发展》,载《考古学报》1972年第1期,第1页。
② 于省吾:《关于古文字研究的若干问题》,载《文物》1973年第2期,第32页。
③ 顾颉刚、杨向奎:《三皇考》,见《古史辨》第七册中编,第219—221页。
④ 《史记》卷七四,第1942页。
⑤ 《周易》卷七,第157页。
⑥ 《周易》,第4页。
⑦ 《尚书》卷一二,第168页。
⑧ 《尚书》卷一二,第168页。

阴偶之数以画卦生蓍。"洛书"者，禹治水时，洛出神龟，背之拆文，前九后一，左三右七，中五，前之右二，前之左四，后之右六，后之左八，以其拆文如字画而谓之"书"。禹则其自一至九之数，以叙《洪范》九畴。①

又，《古今图书集成·职方典》卷三八九则谓：

上古伏羲时，龙马负图于河，其图之数，一六居下，二七居上，三八居左，四九居右，五十居中。伏羲则之以画八卦。②

所以，在民间的神话传说里，便多以为伏羲画八卦是受到"龙马负图"的启示，才得到灵感的。

如在今甘肃天水卦台山的神话传说《伏羲画八卦的地方》中便有：

相传远古的时候，中华民族的先民中有一个伏羲氏部落就生息在渭水流域的天水一带。这个民族部落的首领是伏羲。……后来，他深感祖先留传的结绳记事的简陋方法很不方便，越来越不能满足变化发展的生活需要。于是，他就想创造出一种能够表示、记录各种事物的符号。为此他仔细观察日月星辰、山水树木、飞禽走兽等天地万物，时时刻刻都在苦思冥想。

一天，他正站在渭水边一座山的平台上四下观望，忽见对面山洞里云雾滚滚，有一身着花斑、两翼振动的龙马翻腾，与渺渺渭河中一块巨石的太极图相映。他不禁灵机触动，立即在平台上画下了代表自然界天、地、雷、风、水、火、山、泽的乾、坤、震、巽、坎、离、艮、兑等符号，这就是八卦。画卦台、卦台山、龙马洞也由此而得名。③

《精编廿六史·五帝》中亦载有：

太昊伏羲氏……时帝治极盛，文明将起，聚天地之精华，于河中生出一件物事来。其物龙首马身而龙麟，高八尺五寸，形类骆驼，左右有翼，波中踏水，如履平地，背负图点，其文后一六、前二七、左三八、右四九、中五十，出于孟津河中。百姓看明，飞报入朝。伏羲闻报，即命驾至河边观看，果见其物踏水不没。乃叹曰："此文明之始也。"命抬

---

① （元）吴澄：《易纂言》，台北：世界书局，1988年版，第494页。
② （清）蒋廷锡、陈梦雷等编纂：《古今图书集成·职方典》，台北：鼎文书局，1985年版，第3568页。
③ 张士伟、李虎生编：《神圣伏羲氏》（天水：天水市文化局、天水市电器厂合作编印，1993年版），摘自甘肃敦煌学学会秘书处编辑出版《丝绸文化精华》一书，第152—154页。

石案至前，同群臣礼拜讫，遂将其背上图点，用炭画于石上，再取竹木之板，画于板上。由是则而象之，推而广之，画成乾、坤、艮、巽、震、离、坎、兑之八卦。卦有三爻，因而互相配合，重为六十四卦、三百八十四爻。①

至于民间，则另有这样的传说：

> 传说，在很久前的远古年代，人们对大自然中出现的风、雨、雷、电、水、火等，莫名其妙，无法说清楚。伏羲带着这些问题，常常站到卦台山上，看看天上日月星辰，瞧瞧地上飞禽走兽。长期观察天地间的变化，他觉得自然界的一切，各自都有不同的形态。有一天，他猛然发现对面的一个山洞，就是后来叫龙马洞的地方，爬出来一条巨大的黑龙。他还看到渭河中有一匹非常漂亮的马，身上长着一条条花纹。伏羲按照这些自然现象，创造了一个八卦，把它作为记事的符号。也有人说，这就是文字的起源。古老的八卦，究竟反映了什么？要说得很准确，至今仍然是一个引人入胜的谜。它的一条长线表示阳，两条短线表示阴。这种记号叫"爻"。把三个爻放在一起，进行组合排列，产生了八卦。这就是：☰乾，☷坤，☳震，☶艮，☲离，☵坎，☱兑，☴巽。在民间还流行着一种牢记八卦的口诀，这就是：乾三连，坤六断；震仰盂，艮覆碗；离中虚，坎中满；兑上缺，巽下断。再将一长两短的爻段，用六爻组合排列，就会产生不同的六十四卦。②

另外，在河南淮阳还流传着《画八卦》的传说，说伏羲是根据白龟盖上（中间八块，外圈十二块，最外一圈二十四块）的花纹特点用蓍草在青竹上画龙马、白龟身上的图像，心里想着上天下地、风雷水火，仿龙马点线，学白龟龟纹，以一画为阳，断画为阴。画画断断，于一个早上画出了八卦。③而洛阳孟津黄河渡口流传的神话传说《负图寺》，也记载着当时伏羲降服龙马时，仔细研究龙马背上旋毛花纹的规律，发现了龙马身上的花纹、斑点上下相对、左右对称，后身花点一十六，左身三十八，右身四十九，中身五十。④这虽然和古籍中的"河图"符号不尽相同，但仍然是民间对伏羲画八卦的一种解释说明。

至于这些神秘的数字是如何演变为八卦或文字的，文献则很少涉及。但在民

---

① 转引自张士伟、李虎生编：《神圣伏羲氏》，见《丝绸文化精华》，第24—25页。
② 罗培模等编：《麦积山的传说》，北京：中国旅游出版社，1991年版，第78—80页。
③ 张振犁：《东方文明的曙光——中原神话论》引《中国民间故事集成·淮阳县卷》，第97页。
④ 张振犁：《东方文明的曙光——中原神话论》引《中国民间故事集成·淮阳县卷》，第97页。

间流传的神话传说中,却有非常丰富且神奇的记录。如民间流传的《伏羲造字》里,便十分生动、形象地描述了伏羲当初造字的经过:

> ……原来的结绳记事,因田鼠咬断结绳,发生各种纠纷,大乱。伏羲在山上见天上有一个日头,一个月亮,他就画一个圆圈是一。加上月亮,画两个小圆圈是二。后来画圆圈不方便,就改用点。点太小,改用线。一字一画,然后有了数字。十字画十画,太麻烦。伏羲用手,四指一并,一条线,拇指横生写出"↑"表示五,此后又有了十字、廿字。如此一不做二不休,接连造出日、月、水、火、山、石、田、土、羊、鱼、人、牛等几百个字。后来,仓颉继续伏羲造字,还改正了伏羲造的错字(如牛字一角,鱼有四只脚,羊生六只脚……)。①

总而言之,无论是八卦还是河图、洛书的神话传说,都是为了说明中国最早文字符号的起源。虽然,八卦或未必为伏羲所创发、画定,但经历了几千年来中国人对于八卦此一符码的运用与推想,八卦的演变实已涵括了中国古代哲学思想、科学知识、宗教巫术等内涵,价值极高。其中包括了宇宙生成论、哲学思维模式、阴阳五行学说、数学、历法、生物学、医学、蓍占巫术、军事科学原理,甚至还有武术、保健等。此一内涵丰富的文化符码,实已为中国古代的科学文化奠定了深厚的根基。

(四)造书契

在典籍的记载中,除了伏羲画定八卦外,有时还有关于他创造书契的神话传说。据纬书《春秋命历序》载:

> 羲皇、燧人,始名物虫鸟兽之名。②

《拾遗记》载伏羲时:

> ……未有书契,规天为图,矩地取法。

《路史·后纪一》载:

> 太昊伏羲氏……作为龙书,以立制号而同文……肇书契以代结绳之政。③

而清人段玉裁在注《说文解字·序》时也以为:"自庖牺以前,及庖牺,及神农,皆结绳为治而统其事也。……庖牺作八卦,虽即文字之肇专……"明确地指出伏羲作八卦是中国文字之始。

---

① 周明耀记录:《伏羲造字》,载《民间文学》1989年第4期,第27页。
②《太平御览》卷九一四引,第4181页。
③(宋)罗泌撰,罗苹注:《路史·后纪一》,第2页。

但关于文字的创造，较常见的说法则认为是仓颉造字。据《荀子·解蔽》载："故好书者众矣，而仓颉独传者，一也。"①另，《淮南子》和《韩非子》中都说到"仓颉作书"；②《论衡》不仅讲"仓颉造字"，而且还说"仓颉四目"。③在相关的记载中，特别值得注意的则是《春秋元命苞》中所记的仓颉：

……实有睿德，生而能书，及受河图绿字，于是穷天地之变化，仰观奎星圆曲之势，俯察龟文鸟羽山川指掌而创文字。……天为雨粟，鬼为夜哭……。④

从这段记载可以发现，仓颉发明文字的经验也和伏羲相似，是"仰观俯察"，这可能是古人对于文字神圣起源的一种解释。虽然，文字的发明是日积月累的，无论是"伏羲造书契"，还是"仓颉造字"的说法，都只是后人的比附之说，未必可靠。但如前面所述，在今甘肃省秦安大地湾文化遗址中发现一些原始符号，这些原始符号基本上已具备了记录的功能，据 C^{14} 的测定，大地湾遗址所发掘的木碳标本距今已有七千八百年左右，七千八百年前又正好是考古专家们所考证的伏羲先民所处的旧石器时期。因此，之所以会有"伏羲造书契"的说法，或许是人们试图以伏羲作为此一时期文明的一种象征吧。

(五) 作历法

相传伏羲观阴阳变化，首创八卦之后，为使民"耕获授时"，便依四象八卦，定出四时、八节、二十四节气。据《周髀算经》所载：

古者包牺立周天历度。⑤

《管子》则云：

虙戏作造六峜，以迎阴阳，作九九之数，以合天道，而天下化之。⑥

《路史·后纪一》亦有：

伏羲……矢正爻以配气，置重爻以抵日，以作甲历。⑦

《太平御览》卷七八引《春秋内事》则写道：

伏牺氏以木德王天下，天下之人未有室宅，未有水火之和，于是乃

---

① 《荀子》，第490页。
② 《淮南子》卷八《本经训》，第252页；《韩非子》卷一九《五蠹》，第1057—1058页。
③ 黄晖撰：《论衡校释》，北京：中华书局，1990年版，第112页。
④ 《纬书集成》，第590页。
⑤ (汉) 赵君卿注，(北周) 甄鸾重述，(唐) 李淳风释：《周髀算经》，上海：商务印书馆，1937年版，第1页。
⑥ 《管子》，第1228页。
⑦ 《路史》，第5页。

仰观天文，俯察地理，始画八卦，定天地之位，分阴阳之数，推列三光，建分八节，以爻应气凡二十四节气，消息祸福，以制吉凶。①

而近人唐明邦也以为："伏羲氏作历度，定节气。"②柯杨则说："伏羲是古代历法的肇始者。"③

以伏羲作为古代历法的肇始者，可能是由于传说中伏羲创画八卦，而八卦这组古老的数字符号，又是中国许多古老文明的源头。《周易·系辞传》中有所谓"两仪生四象，四象生八卦"，其中的两仪与中国阴阳两极、四象与四季、八卦与八节，皆不谋而合，加以传说中的《洛书》图式又正与中国传统的八节及二十四节气的哲理相通，④故才会将历法的发明附会在伏羲身上。

（六）制嫁娶之礼

传说中，伏羲也是制定婚姻制度的人。诚如班固《白虎通德论》所云，"古之时，未有三纲六纪，民人但知其母，不知其父"⑤，于是伏羲仰观象于天，俯察法于地，"因夫妇，正五行，始定人道"，才开始了婚姻制度。而谯周的《古史考》亦谓："伏羲制嫁娶，以俪皮为礼。"在《史记·补三皇本纪》中，司马贞也这样说："……始制嫁娶之礼，以俪皮为礼。"⑥可见，嫁娶之礼的制定，可能也与伏羲的神话传说关系密切。

以俪皮为婚嫁之礼，最早见于《仪礼·士昏礼》的记载："纳征，玄纁束帛俪皮，如纳吉礼。"郑玄注以为："俪，两也。执束帛以致命，两皮为庭实。皮，鹿皮。"⑦许慎《说文解字》也说："礼，俪皮纳聘，盖鹿皮也。"因此俪皮就是鹿皮。至于俪皮，亦有两种说法：一种说法是以两张鹿皮作为男女双方订婚的礼物，"俪"的意思就是相并、对偶；另一种说法则是将一张鹿皮用刀划为两半，男女各执一半为婚姻信物。而结婚之所以要送鹿皮，据《春秋公羊传》徐彦的疏，是因为"俪皮者，鹿皮，所以重古也"⑧。

但是在后世的神话传说中，关于制定婚姻制度的人也有两种说法：一说以为是伏羲，一说则以为是女娲。认为女娲为婚姻制度制定者的说法见于汉代应劭

---

① 《太平御览》，第493页。
② 唐明邦：《伏羲画卦考》，见霍想有主编《伏羲文化》，第11页。
③ 柯杨：《论伏羲神话传说的文化史意义》，见霍想有主编《伏羲文化》，第74页。
④ 黄国卿：《对天水卦台山伏羲画卦传说的新思考——卦源新探》，载《周易研究》1999年第2期，第12—17页。
⑤ （汉）班固撰：《白虎通德论》卷一《号篇》，四部丛刊初编本。
⑥ 《史记·补三皇本纪》，见戴逸主编《二十六史》，第1页。
⑦ 《仪礼注疏》，第42页。
⑧ （汉）何休注，（唐）徐彦疏：《春秋公羊传注疏》，十三经注疏本，第99页。

的《风俗通义》：

> 女娲祷祠神祈而为女媒，因置婚姻。①

至于伏羲、女娲为何要制定婚姻制度，似乎并没有文献可以说明，可能是因为他们是传说中华夏民族创育人类的两位始祖神，而生命的繁衍本来自于两性的结合，因此才会以为婚姻制度是由他们制定的。至于在许多地区广泛流传的伏羲、女娲兄妹婚的神话传说，又都以为是因某种原因，如洪水使人类灭绝等，使得天地间只剩下伏羲、女娲兄妹二人，他们只好议以为夫妻，成为各族人民的共同始祖，这便是今天婚姻制度的源起。

（七）立政制、定官职

传说中伏羲也是原始氏族部落的首领，为使先民的生活安宁有序，他开始制定法治、祭祀、官职和礼乐制度。据扬雄《法言·问道》载：

> 鸿荒之世，圣人恶之，是以法始乎伏牺，而成乎尧。②

又，郑玄《六艺论》亦云：

> 羲皇始序，制作法度。③

宋代刘恕《资治通鉴外纪》则说：

> （伏羲）……筮之纪阳气之初，以为律法，建五气，立五常，定五行，始名官。④

《路史·后纪一》中则写道：

> 伏羲立九部而民易理。⑤

《孝经纬·援神契》中也有：

> 伏羲氏尽地之制，凡天下山，五千三百七十，居地五十六万四千五十六里。⑥

又《古微书》引《论语谶·摘辅象》则谓：

> 伏羲六佐出世，金堤主化俗，鸟明主建福，视默主灾恶，纪通为中职，仲起为海陆，阳侯为江海。⑦

当人类进入氏族社会，为了维护氏族制度和社会秩序，作为氏族的法制逐步

---

① 《风俗通义校注》佚文《阴教》，第599页。
② 《法言义疏》，第118页。
③ （清）严可均校辑：《全上古三代秦汉三国六朝文·全后汉文》卷八四引，北京：中华书局，1958年版，第927页。
④ （宋）刘恕：《资治通鉴外纪》，台北：台湾商务印书馆，1977年版，第2页。
⑤ 《路史》，第5页。
⑥ 《纬书集成》，第964页。
⑦ 《纬书集成》，第107页。

开始建立。同时，为了有效管理日益扩大的疆土，身为氏族部落首领者，便会进行职务的分工，分天下为九部，设官而治。这本是人类进入文明社会所必经的过程，也应是人类历史智慧的累积，神话传说则将之归诸伏羲。

（八）创制礼乐

创制礼乐是人类文明生活的最佳展现，因此，在相关的文献记载中，也有不少关于伏羲制作乐器、创作音乐的说法。如：

伏羲造琴瑟。[①]（《孝经》正义引《世本》）

伏羲，作琴瑟以为乐。[②]（谯周《古史考》）

故太族为人统，律长八寸，象八卦，宓戏氏之所以顺天地，通神明，类万物之情也。[③]（《汉书·律历志》）

伏羲"作三十五弦之瑟"。（司马贞《史记·补三皇本纪》）

伏羲氏削桐为琴，面圆法天，底平法地……龙池八寸通八风，凤池四寸象四时，五弦象五行，长七尺二寸，以修身。……女娲承庖牺制度，始作笙簧。（《世本》）

瑟，庖羲所作弦乐也。（《说文》）

伏牺乐为《立基》。（《礼记·乐记》正义引《孝经纬·钩命决》）

伏羲乐曰《立基》，一云《扶来》，亦曰《立本》。（《绎史》卷三引《孝经纬·钩命决》）

另，传说中伏羲亦创制了音乐，如：

伏戏氏作瑟，造《驾辩》之曲。（《楚辞·大招》王逸注）

伏羲乐曰扶来。（《世本》）

伏牺之乐曰立基。（《周礼·大司乐》贾公彦疏）

伏羲氏……有网罟之歌。（《太平御览》卷五七引夏侯玄《辨乐论》）

太昊有网罟之歌，则诗之始也。（《古今事物考》）

由以上的记载可知，传说中伏羲所作的乐曲，与现实生活之间有着密切的关系。如《驾辩》曲，表达了先民在渔猎畜牧生活中，为了达到获取食物的目的而利用劳动工具的情形，表现了先民驾驭自身、识别真假的意志。又如《扶来》曲，表现了先民在艰难困苦的环境下互相扶持、患难相助的情景。而《网罟之歌》则是先民编织渔网、捕鱼狩猎生活的写实。《立本》《立基》则反映了先民

---

① （唐）玄宗御注，（宋）邢昺疏：《孝经注疏》卷六，十三经注疏本，第43页。
② 《古史考》，第64页。
③ 《汉书》卷二一上，第961页。

为获得基本生活资料和必需品而从事各种生活劳动的情形。①

综观以上各种文献中对于伏羲创制文明的记载,我们可以发现,伏羲神话传说的内涵实包含着早期原始社会先民对于文化的创造、发明等多元象征的一种说明与解释。而伏羲氏之所以始终被视为华夏民族文化起源的创制者,这又与关于他的神话传说中实蕴涵有渔猎经济时期的生产发展状况,社会组织机构的形态,狩猎及耕稼成果的信息,居住、衣、医药等生活景象等,以及婚姻制度的演进,画八卦创造文字,制乐器,制定礼法等一系列文化结构的完整层次有关。

同理可知,在神话传说中,伏羲所创造的各种文明涵盖的历史现象其实相当多,应非一时一地一人所能完成,其中又包含中国古代各个历史时期文化累积的因素。然而,可能是为了要让上古时期原始人类的科学信息获得传播的一种语言符号载体,所以在许多神话传说中,如此多样且多元的事项都加诸伏羲一个人的身上,使伏羲成为一位"箭垛式的人物"——集华夏民族上古时期所有文明创制于一身的文化英雄。

二、女娲兄妹为婚及繁衍人类的神话传说

在神话传说中,伏羲最伟大的功绩之一,则为创造生命、繁衍人类。而这项工作又是和女娲分不开的。传说中女娲是伏羲的妹妹,后来在特殊的情况下二人创造、繁衍了人类。如由河南大学师生在淮阳地区搜集到的一则伏羲、女娲洪水后造人的故事中说:远古时代天塌地陷,仅剩伏羲、女娲二人,他们身单力薄,去找救过他们性命的白龟帮忙。他们边走边喊白龟,但没有找到白龟。有一天,他们走累了,伏羲在河边晒太阳休息,女娲在河滩上摆弄砂石。她从河边挖一块黄泥,又捏又搓,做成许多人。伏羲也以草茎为其画上眼睛、嘴等器官,然后将其放在地上晒太阳。阳光一照,泥人都活了。伏羲、女娲情不自禁地喊:"我的孩子,我们的孩子!"就这样,他们又捏了许多泥人,满山遍野,到处都有人烟。后来有一天下大雨,伏羲、女娲怕泥人被淋湿了,即用扫帚把泥人扫到洞穴里,却使有些泥人碰破了眼、脚,于是出现了盲人、瘸子等残疾之人。②

然而,与伏羲、女娲兄妹相关的传说,较常见且引人注意的则是伏羲与女娲兄妹(或姐弟)结为夫妻,创育、繁衍人类的传说故事。由前面的考察可知,早

---

① 李建成:《从大地湾遗址文物看伏羲对人类的贡献》,载《天水师范学院学报》2000年第4期,第53页。
② 淮阳县文化馆:《人祖爷的传说》,出版项不详。

在战国末年的楚帛书中，女娲便开始与伏羲结合在一起，成为创造人类、宇宙的共同始祖。到了六朝时期的敦煌写本《天地开辟已（以）来帝王记（纪）》中，伏羲与女娲既为兄妹，又结合为夫妻。所以，在后世相关的神话传说中，便广泛流传着兄妹二人为婚并繁衍人类的神话传说。相关的神话传说大致包括以下几种主要情节与类型。

（一）兄妹议以为婚姻

在许多的神话传说中，都记载天地经历了一场大洪水或大灾难，世间仅剩下伏羲和女娲两人，在不得已的情形下，两人只得结成夫妻，成为后来人类的始祖。如安徽亳州流传的《伏羲、女娲和他们的孩子》中所言：

> 盘古死后，世上还没有人。只有盘古的儿女伏羲和女娲兄妹俩生活在世上。伏羲找不到老婆，女娲找不到丈夫，兄妹俩就结为夫妻。后来，他们生下了五个儿子，分别叫稷、黍、胡、菽、谷。但世界依然荒凉。于是女娲挖来了五色泥土做人。人一天天多起来了。因为人是用五色泥土做的，所以世上有五大种族。伏羲和女娲就当了五大种族的首领，教人们猎获鸟兽、捕捉鱼虾。①

（二）卜婚的考验：滚石磨、追赶、龟为媒、问竹等

由于伏羲、女娲兄妹结为夫妻并不符合后世的道德礼教，所以在许多的神话传说中便出现了兄妹二人不甘愿结为夫妻，后因依照占卜的指示，或得到非自然神力的帮助，始得以结合的情节。而卜婚的方式各地多有不同，大致来说，又以"滚石磨""追赶""龟为媒"和"问竹"四种方式为最多。

1. 滚石磨

在洪水后伏羲、女娲兄妹婚的占卜方式中，最常见的便是"滚石磨"。如流传于河北涉县的《女娲兄妹结亲的传说》：

> 开天辟地的时候，世上只有女娲和她哥哥伏羲二人，孤孤单单的。后来伏羲就与女娲商量，不如二人结为夫妻，生儿育女。女娲说："应该问问天意。"于是二人各扛一扇磨，分别爬上南北山头。二人向天祈祝完毕，滚磨，磨合。兄妹成亲的时候，女娲害羞，就用蒲草编织成扇子，把脸挡上。后来新娘用扇子或手帕挡住脸儿，据说就是照着女娲奶奶的样儿。②

---

① 转引自杨利慧：《女娲的神话与信仰》，北京：中国社会科学出版社，1997年版，第43页。
② 李亮、王福榜：《娲皇宫的传说》，北京：中国民间文艺出版社，1989年版。转引自杨利慧《伏羲女娲与兄妹婚神话的粘连与复合》，第21—22页。

这则神话传说的情节与《独异志》中的大致相近。由于石磨是农业社会中重要的生产工具，因此，除了《独异志》中所记汉族神话中的滚磨情节外，在许多地区或民族，包括布依、傈僳、毛南、哈尼、苦聪、仡佬、拉祜、瑶族、彝族、白族、苗族、水族、羌族、傣族、侗族等族的洪水兄妹婚神话传说中，都有滚石磨的情节。

2. 追赶

在民间流传的神话传说中，"追赶"也是常见的卜婚方式之一。如江苏常州的《伏羲夫妇造人》中便有这样的情节：

> 盘古开天辟地后，精气变成了一个葫芦，在洪水中漂浮。千万年后，洪水退落，葫芦落在高山顶。一天，葫芦破开，里面跳出了伏羲、女娲兄妹俩。伏羲欲繁衍人类，向女娲求婚。女娲提出用"追赶"方式卜婚。伏羲反方向赶上妹妹后，二人结为夫妻，生了十八对子女。从此，世上便有了人类。①

此外，像仡佬族的《伏羲兄妹的传说》中则说：伏羲的两个哥哥将雷公抓起来要吃其肉，雷公后赖好心的伏羲兄妹帮助而逃脱。雷公后来发了三年零六个月的洪水，天下的人全部被淹死了，只剩下伏羲兄妹幸存，金龟劝他们二人结为夫妻。听了金龟的劝说后，妹妹讲："好吧！但要依一条：我绕着天山跑，哥哥跟在后面追，什么时候从正面追上了我，我就什么时候嫁给哥哥。"说完，妹妹绕着天山就跑，伏羲在后面跟着紧追。跑啊跑啊，妹妹跑了四九三十六圈；追呀追呀，伏羲追了九四三十六道，就是不能从正面追上妹妹。后赖金龟给伏羲出主意，伏羲转身追上妹妹，兄妹就结成夫妻。②

3. 龟为媒

乌龟在伏羲、女娲的兄妹婚神话传说中常常扮演着重要的劝婚角色。像壮族的《布伯》神话，说在洪水灭绝人类后，幸存的伏依兄妹因为金龟、竹子劝他们成婚，而将金龟打烂、竹子砍断，可是兄妹最后毕竟因金龟、竹子的建议而结成夫妻。壮族人认为，金龟、竹子有先见之明，因此后来巫师就用龟壳、竹根来打卦、问卜，判断吉凶。③

事实上，在许多洪水兄妹婚神话传说中，常常会出现妹妹将劝婚的乌龟打烂的情节，如在湖北江陵的《女娲配伏羲》中便有：

---

① 转引自杨利慧：《女娲的神话与信仰》，北京：中国社会科学出版社，1997年版，第39页。
② 马昌仪编：《中国神话故事》，北京：中国广播电视出版社，1996年版，第453—455页。
③ 谷德明编：《中国少数民族神话》，北京：中国民间文艺出版社，1987年版，第100—101页。

古时候，地上到处是洪水，人都被淹死了，只剩下伏羲和女娲兄妹。伏羲对女娲说："世上没人烟了，我们俩成亲吧。"女娲不答应。二人就用两根檀香，在太阳山的东、西两头各点一根。烟升到半空中，未合拢，被一只老乌龟看见，吹一口气，烟就合拢了。女娲又提出要滚磨、追赶等。由于乌龟的帮助，伏羲都办到了。女娲很恼火，把乌龟砸死了。伏羲在乌龟身上屙了一泡尿，乌龟又活了，只是从此身上有股臊气。破碎了的乌龟壳拼拢来，正好形成个八卦形。兄妹成亲后，女娲怀孕三年，生下一个肉球，被伏羲砍碎，里面蹦出五十男孩、五十女孩。伏羲、女娲就给他们一人取了一个姓，从此世上传下了"百家姓"，并有了"哭姊妹""放生乌龟"的习俗。①

另外，湖南江华瑶族的洪水神话中说：英雄姜发果为了吃雷公肉，而引来雷公报复，引发洪水，洪水过后只剩伏羲、女娲兄妹。因为乌龟劝婚，妹妹很生气，拿起石头将乌龟砸成八块。后来兄妹将乌龟的八个碎块拼在一起，乌龟又复活了。妹妹提出成婚的三个条件：合烟、种竹、滚磨。伏羲在乌龟的帮助下完成了这三个难题，兄妹终于成婚。②

4. 问竹

在许多的洪水兄妹婚神话中，除了龟之外，竹子也是兄妹议以为夫妻所卜问的一个重要的对象。如在瑶族的《伏羲兄妹》神话中，便说洪水后大地荒无人烟，仅存伏羲、女娲兄妹。雷公劝兄妹结为夫妻，延续人类，兄妹二人拒绝，于是决定去问一样会动、一样不会动的东西。他们找呀找，找到一蓬竹子：

伏羲问："竹子，我和妹妹是亲兄妹，可以结为夫妻吗？"竹子摇摇摆摆着说："可以，可以。"妹妹着急了，就把竹子砍成几节，并对竹子说："如你竹子能再接起来成活，我们兄妹俩就成亲。"满地的竹子节真的一节一节连接成一棵棵活竹了。从这以后，竹子就有了节疤。③

此外，也有将不同卜婚方式加以组合的，像汉族的《伏羲和女娲的故事》便是如此：

……伏羲对女娲说："世上没别的人了，人会绝种的，我们成亲吧。"女娲说："我是妹来你是兄，兄妹同胞一母生，哪怕世人会绝种，兄妹不可结成亲。"兄妹两个争不清，就叫狗来评理。狗说："……兄妹应该

---

① 转引自杨利慧：《女娲的神话与信仰》，北京：中国社会科学出版社，1997年版，第41—42页。
② 黄书光等编：《瑶族文学史》，南宁：广西人民出版社，1988年版，第13页。
③ 谷德明编：《中国少数民族神话》，北京：中国民间文艺出版社，1987年版，第137—138页。

结成亲。"女娲不服,又把乌龟喊来问。乌龟说:"……兄妹应该成夫妻。"女娲还是不服,对伏羲说:"我们围着一座小山跑,你抓得到我,我就做你的妻子。"女娲在前面跑,伏羲在后面追,从太阳升起追到日头偏西,还没追上。乌龟对伏羲说道:"她跑你也跑,从少追到老。她跑你不跑,一把抓住了。"伏羲信了乌龟的话,躲在山石后面不追了,等女娲跑近身边,就钻出来一把抓住女娲。兄妹两个成了亲。所以,现在很多地方的夫妻还是以兄妹相称。女娲恨死了乌龟,骂乌龟说:"不要脸的东西,以后不准你出头露面了!"从此,乌龟常常把头缩进壳里,要等没人时才敢伸出来。她又骂乌龟说:"多嘴多舌的东西,以后不准你开口说话!"从此,乌龟就变成了哑巴。女娲的气还没有消,撒了一泡尿在乌龟身上,踩了它一脚,再把它踢到河里去。乌龟的壳从此有了裂纹,身上也带尿臊气了。这就是"两公婆,热和和,把个媒人踢下河"的来由。[①]

前面两则故事,同时将"乌龟身上有尿臊味""百家姓""哭姊妹"和"放生乌龟",以及民间俗谚"两公婆,热和和,把个媒人踢下河"等的由来的解释,与伏羲、女娲的兄妹婚结合在一起,这是民间文学作品中常见的一种表现形式。

(三)合力造人与"百家姓"的由来

由于传说中女娲能抟土造人,因此在伏羲、女娲兄妹婚神话传说中,自然不能缺少他们合力造人,并给予生下的一百个子女一人一个姓氏的"百家姓"之起源传说,如河北的《百家姓的传说》:

> 相传很久以前,有兄妹俩相依为命过日子。哥哥叫伏羲,妹妹叫女娲。……这时天崩地裂,只有兄妹二人得以逃生。……两人结婚后,女娲生了一个大肉蛋。伏羲觉得奇怪,便用菅草割开了肉蛋,从里面一下蹦出了一百个娃娃,他们都跪在伏羲面前,各报了一个姓。这就是后来的百家姓。[②]

又如在汉族的《伏羲兄妹制人烟》故事中,关于"百家姓"的由来,则有更生动的情节变化:

> ……伏羲兄妹成亲百日以后,女娲生下一个肉团,伏羲看了很不自在,拿起刀来就一阵乱砍。哪晓得才怪哩,被砍下来的这些肉坨坨,一

[①] 唐憨搜集整理:《创世神话故事——伏羲和女娲的故事》,载《民间文学》1986年第1期,第11—14页。

[②] 转引自杨利慧:《女娲的神话与信仰》,北京:中国社会科学出版社,1997年版,第88页。

个个都变成了人。伏羲一数,恰好是一百个。这些小家伙到处乱跑乱跳,有的跑到河边,有的爬到树上。伏羲兄妹就按照他们所在的地方来替他们取姓,在河边耍的就姓"何",爬到桃树上的就姓"陶",爬到李子树上的就姓"李"……那些娃儿落在啥子地方就姓啥子,这就成了后来的百家姓。从此以后,普天之下才又有了人烟。[①]

(四)与事物的起源结合

在许多的神话传说中,故事本身往往又同时具备解释世界事物起源的功能,所以,广泛流传于各地的伏羲、女娲兄妹婚神话传说自然也有类似情节的出现,如湖南湘潭地区流传的伏羲和女娲的故事:

> ……困龙山洞里睡了一条大黑龙……兄妹转身进了洞,见黑龙睡得鼾齁齁的。两把鱼叉一齐下,女娲的叉刺进了黑龙的喉咙,伏羲的叉挑开了黑龙的肚皮。黑龙受了致命伤,负痛冲出洞来,向东南方滚去。霎时山摇地动,黑龙滚过的地方成了一条弯弯曲曲的泥水河……这条河,就是有名的黄河。……困龙山上的黑龙早死了,人们就把困龙山叫成了昆仑山。昆仑山上的人,越来越多,住不下了。他们分别到各地去谋生,子子孙孙散布在五洲四海,立起了千邦万国。直到现在,人们在洗过澡后,只要在皮肤上擦一擦,总是擦得出墁(污垢)来,就是因为人类的祖先,有一半是用泥巴做的。[②]

这里借用了伏羲、女娲的兄妹婚,说明了黄河、昆仑山以及人身上总是擦得出泥垢的源起。所以,这是一则不折不扣的借用盛行于民间的伏羲、女娲兄妹婚故事来解释各种事物起源的传说故事。此外,这则故事中也提到了"谷穗子像狗尾巴""狗只能汪汪叫,说不清话"的缘故:

> ……凡间的人更多了,光靠掘草根、摘野果、打鸟兽、捕鱼虾,那是不够的。伏羲和女娲就和狗商量。狗说:"我游过天河,找王母求救去!"狗见了王母,向王母说明了来意。王母叫它到谷仓去取种子。……狗身上的谷种被水冲走了,它只好昂着脑壳,拼命翘起尾巴,奋力游过天河,给人们带回了一尾巴的谷种。所以,后来的谷穗子的形状就像狗尾巴。狗也被天河水呛嘶了喉咙,就只能汪汪叫,再也说不清话了。[③]

在这里,固然已窜入了后世的仙话成分,唯伏羲、女娲的兄妹婚神话传说,事

---

① 陶阳、钟秀编:《中国神话》,上海:上海文艺出版社,1990年版,第180页。
② 唐憨搜集整理:《创世神话故事——伏羲和女娲的故事》,载《民间文学》1986年第1期,第11—14页。
③ 唐憨搜集整理:《创世神话故事——伏羲和女娲的故事》,载《民间文学》1986年第1期,第11—14页。

实上与"谷穗子像狗尾巴""狗只能汪汪叫"并没有必然的关联,只是借助这个故事来作为解说而已。

此外,像在河南西华县流传有一则《女娲薯来历》的故事,说天塌地陷后,世上只剩女娲姐和伏羲弟,于是两人开始捏泥做人。没想到捏的人都死了,女娲哭了又哭,也没劲捏人了,便拔了棵草嚼起来,不料顿时浑身是劲。女娲要孩子们吃,他们也就不会死了。草就这样传下来,人称"女娲薯",就是中药中的黄芪。[1]这是将中药黄芪的来源,附会在伏羲、女娲的神话传说之中。

三、地方风物的传说

由于伏羲相关神话传说的广泛流传,有些地区也产生了一些与伏羲有关的风物传说。兹列举数则如下。

(一)河南巩义伏羲台、羲皇池

在河南淮阳地区有一座伏羲台,位于巩义市东北约10公里处的河洛镇洛口村东黄河南岸台地上,该台地正在黄河与洛河交汇处以东的夹角地带,高出黄河20多米,相传为当年伏羲画八卦之处。伏羲台以西的河洛交汇处,洛水清,黄河浊,洛水注入黄河时,清浊异流,形成了旋涡现象,而伏羲在台上观察日月交替,观河洛汇流所形成的旋涡,有感而绘制出"太极图"。[2]

另外,在伏羲台东有一个15平方米的洼地,称为伏羲池,相传是伏羲画卦着墨处。隋文帝开皇二年(公元582)颁诏于此建羲皇祠,元代谯国公曹铎曾在祠侧建有河洛书院,现祠、院均毁。

(二)河南上蔡画卦亭

在河南上蔡县城东15公里的白龟庙村蔡河之滨有一座伏羲画卦亭,传说是伏羲揲蓍画卦的地方。该亭建在一个砖砌的高台上,亭顶呈八角形,檐下八方分别书有"乾、坤、坎、离、震、艮、巽、兑"八个大字,门侧的两根石柱上有对联一副:"仰观俯察一画明天地之道,数往知来六爻发古今之藏"。

据《太平寰宇记》卷十载:"宛邱县,本汉陈县……八卦坛,在县北一里,即伏羲于蔡水得龟,因画八卦之坛。"[3]因此,画卦台前面有白龟池,原有白龟祠,俗称白龟庙。祠内蓍草丛生,祀伏羲,有伏羲墓。相传东汉时蔡邕曾到此

---

[1] 马昌仪编:《中国神话故事》,北京:中国广播电视出版社,1996年版,第43页。
[2] 马世之:《伏羲文化中原觅踪》,载《寻根》2003年第1期,第26页。
[3] 《太平寰宇记》卷十《河道十·陈州》,第91页。

题有"画卦碑"三字。①明清之际，每年都在此举行祭祀大典。现祠被拆除，仅存伏羲画卦亭，相传为当年伏羲画卦处。

（三）河南孟津负图寺

另外，在河南孟津县亦有一与伏羲神话传说相关的风物——负图寺。负图寺或称龙马负图寺，位于孟津县城东北20公里处的老城乡雷河村。相传上古之世，有龙马负图出河，伏羲据此而画八卦。传说中，伏羲降服了龙马，把它圈养起来，经过认真观察龙马背上的旋毛图纹，受到启发，画出了八卦。而后人为了缅怀伏羲降龙马、画八卦的伟大功绩，于晋穆帝永和四年（公元348），在此建寺纪念。②据《孟津县志》载：

> 寺在孟津县（今老城西），始名浮图寺。晋天竺僧浮图澄西来，住锡于此。怀帝永嘉时曰河图寺，梁武帝改曰龙马寺，唐高宗麟德中改曰兴国寺，又改曰负图寺。

寺内雄伟的伏羲殿内，供奉着伏羲和龙马的塑像。原来建筑比较完整，历经毁坏，仅有明嘉靖年间所建的一座大殿旧貌未变。

（四）河南淮阳太昊陵蓍草园

由于有伏羲画八卦的神话传说，故在今河南淮阳太昊伏羲陵的后面，也有一与他画卦传说有关的名物——蓍草园。据《古今图书集成》载：

> 陈州有太昊祠、揲蓍坛，在陈州城外伏羲揲蓍之所，内有蓍草堂。③

相传伏羲是用蓍草画八卦，而《周易·系辞传》中又有"蓍之德圆而神"，也就是说，蓍与卦是对称的。由于在河南淮阳地区的传说中，伏羲是根据白龟背上的图案采来蓍草，"揲蓍画卦"，创立了先天八卦，④故蓍草又称"神蓍"。

宋代以来，历代皇帝每年春秋二季都要派大臣前来祭拜伏羲，返京时都要取回一束蓍草作为凭证，以复王命，⑤由此可知太昊陵的蓍草可谓历史久远。清代贡生钱廷文更曾为太昊陵的蓍草撰有专作《蓍草赋》：

> ……太昊伏羲氏陵，蓍草周阿而生，圣神之域，灵物斯荣。

他把太昊伏羲陵视为"圣神之域"，而陵中的蓍草自然便是灵物了。因此，如今的"蓍草春荣"还被列为淮阳八景之一。

---

① 马世之：《伏羲文化中原觅踪》，载《寻根》2003年第1期，第28页。
② 马世之：《伏羲文化中原觅踪》，载《寻根》2003年第1期，第27页。
③ 《古今图书集成》卷三八〇《职方典·开封府部·汇考十一》。
④ 张振犁、陈江风等：《东方文明的曙光——中原神话论》，上海：东方出版中心，1999年版，第100页。
⑤ 刘玉珍：《伏羲与淮阳古城》，载《中原文物》2001年第3期，第84页。

（五）甘肃天水卦台山龙马洞

在甘肃天水卦台山西北 1.5 公里处的余家峡口，有传说中给予伏羲画卦灵感的龙马洞。此洞处渭河北崖龙马山半腰，据明胡缵宗云：

> 龙马山之阳有洞焉，相传古龙马洞也。云：昔龙马负图出于是洞，羲皇则之以画卦，故洞在卦台之侧。

> 乃《易》云："河出图。"则龙马出于孟河，如成纪相传，则龙马出于渭矣。岂影响之言耶？山与河何以名龙马耶？而《开山图》又云："陇西神马山有泉池，龙马所生。"①

据传洞内有石槽、马蹄等痕迹。古往今来，时有人在洞内焚香化纸，视之为神圣所在。

（六）甘肃天水卦台山分心石

在甘肃卦台山麓东北，渭河中流处，有一相传伏羲画卦时，龙马曾飞临的分心石。又因伏羲木德风姓，故此石又名"风姓石"，亦雅称"龙石"。该石耸出水面 3 米多，屹然卓立，呈圆形，中空外突，形似太极炉，因"石当乎渭，渭分以流，故名分心石"。②明胡缵宗曾著有《分心石说》：

> 卦台东北、渭中流有石焉，屹然卓立，郡人曰"分心石"也。云：石当乎渭，渭分以流。然水涨不见其减，水落不见其增，若与水浮沉焉者。

> 其形傍实中虚，非圆非方，似柱似笋，大约丈五尺，高约丈八尺，宛如龙马真图，又如太极本图。其虚处风能出，水不能入，其虚当水，水虽澎湃，亦不能冲。其上若蒙之而不着，其中若激之而不纳者；其声小如车，大如雷，盖不知几千百世矣。岂非为羲皇特出此石以为之象耶？以与龙马并呈若形耶？而羲皇之所以观法也，盖龙石也。其天地自然之太极耶！其天地自然之龙图耶！而龙马洞之所以名，羲皇之所以则，卦爻之所以画耶，抑不知其几千百世矣，而人莫之识也。……③

胡氏认为以"分心"名石，实不足以体现其真正的意义，故提出了石是"其天地自然之太极耶！其天地自然之龙图耶！"的看法，后来的州志亦沿袭此说。

---

① 原载（明）胡缵宗《鸟鼠山人集》。清乾隆二十九年费廷珍修、胡釴等纂《（乾隆）直隶秦州新志》，清光绪十五年余泽春修，王权、任其昌纂《（光绪）重纂秦州直隶州新志》的《艺文》部均有收录。

② 刘雁翔：《伏羲庙志》，兰州：甘肃文化出版社，2003 年版，第 49 页。

③ 原载（明）胡缵宗《鸟鼠山人集》。（明）杨恩原本，（清）纪元续修《（康熙）巩昌府志·艺文》载杨恩之《龙石说》，内容与此相近。

四、其他相关神话传说

（一）与雷公相关的神话传说

在关于伏羲的神话传说中，伏羲又与雷公关系密切。据载，伏羲的母亲于雷泽履大人迹而感生伏羲。而居雷泽中的是雷神，雷泽中的足迹，可能就是雷神之迹。又依《淮南子·坠形训》所述"雷泽有神，龙身人头，鼓其腹而熙"[①]，从后世许多文献记载与画像中伏羲的形象来看，他也是"人首蛇身"或"人首龙身"的形貌，所以，明显地可以看出他和这位"龙身人头"的雷神之间可能具有一定的血缘关系，甚至许多的神话传说中说伏羲就是雷神的儿子。如河南淮阳地区便流传着一则关于伏羲是雷神之子的传说：

> 在很早以前，西北有一个华胥之国，当地有一条雷河，发源于雷泽。在雷泽中住有雷神，但雷神经常发怒，一旦怒气发作，就带一巨鼓到天上敲打，从而导致雷雨大作，河水泛滥成灾，人畜大量死亡。当时有一位美丽的华胥姑娘，为了拯救人民于水火，历尽千辛，到了雷泽，踩一个足印，引起身体反应。后为雷神引入宫中。姑娘问："诸神都在天上，你为何在地上作孽？"雷神并没有生气，对姑娘说："我可以上天，但请你陪伴。"姑娘答应了，一起上到天上。从此风调雨顺，天下安宁，五谷丰收，六畜兴旺。华胥生一男孩。但她十分想念父母，就把男孩放在葫芦里，让河水把葫芦漂走。华胥的父母正在下游捕鱼，发现了葫芦，并辨识出葫芦里坐的男孩就是自己的外孙，将他命名为伏羲（即葫芦）。但伏羲人首蛇身。他长大后随外公打鱼、种田，还有沿建木（树）爬上天的本领。[②]

伏羲与雷神之间的关系，在许多民族的洪水兄妹婚神话中常常可见。如江西南昌地区的《洪水的传说》中说：弟弟雷公和哥哥斗法，雷公被哥哥困住，后为哥哥的一双儿女——伏羲、女娲所助而逃脱，雷公因而发洪水。洪水后世间只剩下伏羲、女娲两兄妹，两人结为夫妻。[③]在这里，雷公是伏羲、女娲兄妹的叔叔。另外，苗族古歌《洪水朝天》中则说：很古很古的时候，姜央与雷公本是亲兄弟，后来分了家，雷公住天上，姜央住地上。二人斗法，但伏羲兄妹却又救了雷公，雷公也救了伏羲兄妹。

---

① 《淮南子》卷四，第150页。
② 宋兆麟：《人祖神话与生育信仰》，引自淮阳县文化馆编《太昊伏羲陵》，收入［日］御手洗胜等：《神与神话》，王孝廉等译，台北：联经出版公司，1988年版，第217页。
③ 马昌仪编：《中国神话故事》，北京：中国广播电视出版社，1996年版，第13—15页。

此外，根据鹿忆鹿的统计，在许多壮侗语族和苗瑶语族的神话中，洪水的起因多与雷公有关，包括：第一，天旱不能下雨，引起人们对雷王的恼怒，雷王以水淹天下，如壮族、布依族、仡佬族、毛南族都流传着这样的说法；第二，吃雷公肉，如侗族、布依族、仡佬族、土家族的神话中都有想吃雷公肉的情节。[1]例如，布依族的《伏哥羲妹和洪水》神话说：布依族的祖先布杰因天下大旱，便把雷公囚在笼里，叫儿子伏哥和女儿羲妹看守，嘱咐不准给雷公水喝。善良的妹妹撒了一泡尿给雷公喝，使雷公恢复元气，兴起滔天洪水。[2]广西融县罗城瑶民的《伏羲女娲兄妹成亲》神话则说：伏羲兄妹的父亲抓了雷公欲腌来吃，后善良的伏羲兄妹给雷公水喝。雷公逃跑后，引发洪水要灭绝人类，善良的伏羲兄妹因对雷公有恩，得了雷公赠送的牙齿，牙齿种下后长成了无比大的葫芦，洪水中兄妹躲进大葫芦而得以幸存。[3]从这些神话传说中，都可看出雷公与伏羲的神话传说，尤其是与洪水兄妹婚相关的神话传说关系密切。

此外，也有学者认为，吃雷公肉引起洪水的说法与图腾崇拜有关。据考证，岭南越人奉鸟为图腾，壮族始祖"布洛陀"意为鸟首领，即鸟部酋长。传说中的雷，鸟喙、鸟翅、禽足、人身鸟形，十足的鸟形象。而按图腾制的规矩，奉鸟之氏族是不能吃鸟的，可能是后来鸟图腾崇拜渐趋衰微，人们才开始吃鸟肉，但刚开禁时因思维惯性所引起的灾害联想，便演化为神话的情节。[4]至于吃雷公肉是否与图腾制有关，似乎还未有定论。

（二）与盘古混淆叠合的神话传说

如前所述，伏羲的神话传说到了后来，常常与关于盘古的神话传说产生相混或叠合的情形。据马卉欣的搜集，有说盘古制衣、盘古拦牲口、盘古造字、盘古爷抱太极图、盘古定九州、盘古分世界的神话传说。[5]这些本为关于伏羲的神话传说中的情节内容，后来却与关于盘古的神话传说相混了。另外，如浙江的民间故事《盘古和女娲》中说盘古开天后，因为男人较粗心，所以天上还有许多洞，在细心的女娲的协助下，两人共同把天补好，并结为夫妻。[6]在河南泌阳

---

[1] 鹿忆鹿：《洪水神话——以中国南方民族与台湾原住民为中心》，台北：里仁书局，2002年版，第41—43页。

[2] 马昌仪编：《中国神话故事》，北京：中国广播电视出版社，1996年版，第148—155页。

[3] 袁珂：《中国神话传说（上）》，板桥：骆驼出版社，1987年版，第93—98页。

[4] 马学良等主编：《中国少数民族文学比较研究》，北京：中央民族大学出版社，1997年版，第46页。

[5] 参马卉欣：《盘古之神》中编"原始盘古神话的遗存"，上海：上海文艺出版社，1993年版，第91—248页。

[6] 马卉欣：《盘古之神》，上海：上海文艺出版社，1993年版，第146—147页。

县陈庄乡大磨村采录的一则神话说：盘古时，下七七四十九天红雨而天塌地陷，只剩姐妹二人（据说泌阳习惯说夫妻俩为姐妹俩），二人经过滚磨定亲，然后以泥巴做人。①而封丘县的洪水神话则说洪水后盘古姐弟婚配，生下了百男百女，这一百对夫妻形成了百家姓。②这些都与伏羲、女娲补天、抟土造人的情节相符。

而在伏羲、女娲的洪水兄妹婚神话中，二人为确认婚姻的神圣性而以滚磨、问龟等方式决定的情节，也同样出现在盘古的洪水兄妹（或姐弟）婚神话中。如河南桐柏地区便流传有大量盘古与女娲兄妹成婚，繁衍人类的神话传说，其中一则说：天塌地陷时石狮子救了盘古兄妹，兄妹俩为了婚配要滚磨，石磨没合严，乌龟帮了忙。盘古因怪乌龟多事，就把龟壳砸碎。妹妹将四十五块龟壳对在一起，乌龟又活了，兄妹才得以成亲。所以后来人们到了四十五岁就回避。③毛南族的神话《盘和古》中则说盘和古本是兄妹俩，洪水后世上只剩他俩，兄妹俩商量如何再造人和世界。

……后来约定，俩人各扛一扇石磨到山顶上，各自把石磨从山顶滚下来，如滚下的石磨上下合在一起，就证明有姻缘。说也奇怪，石磨滚到山下，当真合在一起，于是兄妹成婚，生了一个包衣小孩。他俩把小孩切成碎块，让乌鸦、老鹰啄去撒在四方。三天以后，到处都有人了。④

从上面的内容可以看出，后世流传的盘古神话传说与伏羲、女娲的洪水兄妹婚神话如出一辙。这可能是民间神话传说在流传的过程中，彼此相互感染的结果。可能是因为盘古与伏羲都具有创生宇宙万物的特质，所以在民间流传的过程中，便自觉或不自觉地产生相混的情形。

（三）伏羲之女——宓妃

据传伏羲的女儿是宓妃，又称"雒嫔"，在渡洛水时淹死，就成了洛水女神。《楚辞·离骚》中有所谓"吾令丰隆乘云兮，求宓妃之所在"⑤。而曹植又作有《洛神赋》云："河洛之神，名曰宓妃。"李善注以为："宓妃，宓羲氏之女，溺死洛水，为神。"⑥

据传伏羲的这个女儿，美艳绝色，诗人们对她的美丽有极高的歌颂。在传说

---

① 张振犁、程健君：《中原神话专题资料》，郑州：中国民间文艺家协会河南分会，1987年版，第27—29页。

② 《中国民间故事集成·河南卷》，北京：新华书店，2001年版，第6—7页。

③ 张振犁、程健君：《中原神话专题资料》，郑州：中国民间文艺家协会河南分会，1987年版，第34页。

④ 马卉欣：《盘古之神》，第156—157页。

⑤ 《楚辞补注》，第31页。

⑥ 《文选》卷一九，第896页。

中，宓妃溺死后成为黄河之神河伯冯夷的妻子。可是在古神话里，宓妃又与射日英雄后羿发生了恋情，后来终被河伯知道，河伯化为白龙游于水旁，兴起大波浪和羿作战，结果被羿射瞎了一只眼睛。河伯哭着向天帝诉说，要求天帝杀羿，天帝没有答应。因为这样的缘故，屈原还在他的《楚辞·天问》中提出了这样的质问："帝降夷羿，革孽夏民，胡射夫河伯而妻彼雒嫔？"①这里的"雒嫔"正是宓妃。

但，另外又有说宓妃是宓羲的妻子而不是女儿。清人屈复在其《楚辞新注》中以为："宓妃当是伏羲之妃，非女也。"②游国恩也同意这样的说法，以为："后人乃以为宓羲氏女。然既云宓妃，必是宓羲氏之妃无疑。若云女也，则措词之例，不当以妃称之，后人自妄耳。"③

姑不论宓妃究竟是伏羲之女还是其妃，盖在较早期的记载中，伏羲与宓妃并无任何的关系，可能只是因为伏羲后又作"宓牺"，因此，后世的好事者才将二者联系在一起的。

（四）伏羲的助手——勾芒

在古代的神话传说里，伏羲是东方的天帝，辅佐他的则是木神勾芒。传说中勾芒手里拿着一个圆规，和东方天帝伏羲共同管理着春天，是掌管春天和生命的神祇。据《淮南子·天文训》载：

东方，木也，其帝太皞，其佐勾芒，执规而治春。④

又《淮南子·时则训》云：

东方之极，自碣石山过朝鲜，贯大人之国，东至日出之次，榑木之地，青土树木之野，太皞、勾芒之所司者，万二千里。⑤

神话中认为，由碣石山向东，包括今天的朝鲜半岛和日本群岛，都是他们管辖之地。这位勾芒，据《山海经·海外东经》载，"东方勾芒，鸟身人面，乘两龙"⑥。

传说中，勾芒又是司命之神。据《山海经·海外东经》郭璞注引《墨子》：

昔秦穆公有明德，上帝使勾芒赐之寿十九年。⑦

按今本《墨子·明鬼下》中亦记有此事：

---

① 《楚辞补注》卷三，第99页。
② （清）屈复：《楚辞新注》，台北：新文丰出版公司，1989年版。
③ 游国恩主编：《天问纂义》，北京：中华书局，1982年版。
④ 《淮南子》卷三，第79页。
⑤ 《淮南子》卷五，第184—185页。
⑥ 《山海经校注》，第265页。
⑦ 《山海经校注》，第266页。

> 昔者郑穆公，当昼日中处乎庙，有神入门而左，鸟身，素服三绝，面状正方。郑穆公见之，乃恐惧，奔。神曰："无惧！帝享女明德，使予锡女寿十年有九；使若国家蕃昌，子孙茂，毋失。"郑穆公再拜稽首曰："敢问神名？"曰："予为勾芒。"①

此处接受赐寿的作"郑穆公"，但考之史传，郑穆公似乎并无"明德"可查，而秦穆公则有赦免了杀他骏马吃的歧下野人的事迹，并且曾以五张羊皮赎百里奚后委之以重任，所以，一般学者普遍赞成《山海经》中上帝赐寿的应为秦穆公而非郑穆公，因为他能够厚爱百姓、任用贤能，故上帝伏羲才委任勾芒为他添寿十九年。

（五）伏羲的臣子——蹇修

相传伏羲有一名叫蹇修的臣子，其事迹则无可考。据《楚辞·离骚》云：

> 吾令丰隆乘云兮，求虙妃之所在。解佩纕以结言兮，吾令蹇修以为理。纷总总其离合兮，忽纬繣其难迁。

王逸注以为："蹇修，伏羲氏之臣也。"②

（六）伏羲的后代——巴人

关于伏羲的后人，有谱系可查的据说是在西南的巴人。《山海经·海内南经》有：

> 西南有巴国。太皞生咸鸟，咸鸟生乘厘，乘厘生后照，后照是始为巴人。③

《路史·后纪一》亦载：

> 伏羲生咸鸟，咸鸟生乘厘，是司水土，生后照。后照生顾相，降处于巴，是生巴人。巴灭，巴子五季流于黔而君之，生黑穴四姓，赤狄巴氏服四姓，为廪君，有巴氏、务相氏。④

又，袁珂在《中国神话传说》一书中也提到：

> ……据说伏羲生了咸鸟，咸鸟生了乘厘，乘厘生了后照，后照就成为巴国人的始祖。巴国在天梯建木不远的地方，它附近还有一个国家叫流黄辛氏，又叫流黄丰氏，这个国家周围三百里的地区，都是山环水绕，远离尘嚣，清旷好像仙境。想来巴国的光景也会和这个国家差不

---

① （清）孙诒让撰，孙以楷点校：《墨子闲诂》，台北：华正书局，1987年版，第205—206页。
② 《楚辞补注》，第31页。
③ 《山海经校注》，第453页。
④ 《路史》，第7—8页。

多吧。①

在远古时代巴国的祖先当中，有个叫务相又名廪君的英雄人物，可能就是伏羲的后代。

除此之外，由于伏羲后来被神化了，所以在河南淮阳地区还流传有大量伏羲后世显灵的传说。民间传说，西汉末年，王莽篡位，刘秀在春陵起兵，讨伐王莽，两军在淮阳一带发生激烈的战斗。一战，刘秀战败，眼看就要被敌军所擒，仓皇逃进伏羲墓前的一座小庙避难，连声祷告人祖保佑。庙门上马上结满蜘蛛网，敌兵看到蛛网层层，也就不再进庙搜查，刘秀的性命得以保全。后来刘秀终成帝业，建立了东汉，便在伏羲墓前建庙宇，报答人祖保佑之恩。②此外，还有诸如伏羲显灵治病、惩罚恶人和惩罚破坏太昊陵的人的大量神迹传说。③

神话的发生，最初来自于人类蒙昧无知的幻想，以及试图运用这种幻想作为对于已经存在的自然、社会和文化现象之起源、含义、特征等现象的一种解释，或以之为依据，用来作为对现存秩序的一种证明和肯定。它一方面表现了初民对自然、社会的理解，另一方面也寄寓了人们对于超自然力量的向往。所以，在与伏羲相关的神话传说中，无论是文明的创制、伏羲女娲的兄妹婚，还是伏羲与其他神话人物的关系等，都强烈地表现了人们对于事物的起源、生命的繁衍之朴素理解。另外，像繁衍巴人、与助手勾芒执规而治春等神话传说，则在一定程度上勾画了中国远古时代社会历史发展的基本轮廓。这些神话传说，集中表现了华夏民族文化的精神，同时也对后代的民族行为、性格的形成及社会发展产生了一定的影响。

---

① 袁珂：《中国神话传说（上）》，板桥：骆驼出版社，1987年版，第113页。
② 樊奇峰、杨复峻：《太昊伏羲陵》，郑州：河南人民出版社，1985年版，第7—8页。
③ 张振犁、陈江风等：《东方文明的曙光——中原神话论》，上海：东方出版中心，1999年版，第182页。

第四章 伏羲神话传说的象征与意涵

第一节 伏羲神话传说的象征意义

神话是原始人类认识世界的方式之一。关于神话的性质与起源,西方神话学研究者的主要主张及流派包括语言疾病说[1]、文化人类学派[2]、潜意识说[3]、人类集体无意识说[4]、功能学派[5]、互渗说[6]以及符号学派[7]等。无论哪一种学说理论,都不能否认,神话是原始时期人们观念、思想的一种反映与呈现。远古人类往往利用神话来表达他们的生活经验,表达他们对宇宙的了解及看法,表现他们所共同承认的历史。因此,考古人类学家张光直便曾这么说过:

> 神话是文化的一部分,与文化生活的其余部分密切地联系在一起;它不是人类空闲遐想之际造出来的虚无飘渺的无垠梦话。在一个神话产生的当时,也许是根据一件历史事件,或凭空杜撰的事件,来说明当时

---

[1] 此说由德人马克斯·缪勒(Max Muller)提出,他认为神话在产生的当时,是原始人用具体形象的语言,对普通事物作了简单明了的叙述,但是到了后世,由于语言本身的发展、演变,原来的含义被人遗忘了、曲解了,所以就变得怪诞离奇,为现代人所难以理解。

[2] 此学派以泰勒(E. B. Tylor)为代表,认为神话是人类古老社会文化的一种遗留物,故主张由现存较落后群团的生活和思想中去恢复人类过去的文化与历史。

[3] 此学派的代表人物为弗洛伊德(S. Freud),他将神话、仪式,乃至一切文化现象与社会生活都归结为人的心理活动的结果,是人类"潜意识"的反映。

[4] 荣格(C. Jung)修正了弗洛伊德的说法,他认为神话是人类社会经验、集体精神的结晶,例如人对蛇和对黑暗的恐惧等,故他将神话当作"人类集体无意识"的活动。

[5] 功能学派的创始人是英国人类学家马林诺夫斯基(B. Malinowski),他认为神话与原始时期的仪式、巫术密不可分,它的价值在于具有"实用"的功能,对于原始人有"控制行为准则建立习俗与赋予一种制度以尊严的规范力量"。

[6] 此说为法国社会学家列维·布留尔(L. Levy-Bruhl)所主张,认为神话是"前逻辑思维"的产物。所谓"互渗"是指原始思维中的人与物可以互化借用,也就是说动物可以变为人,人也可以化为动物;死的可以再复活;植物、山石、人兽无不可互变。

[7] 此学派以德国哲学家恩斯特·卡西尔(Ernst Cassirer)为代表人物,他认为神话可以作为原始人认识世界的一种特殊符号形式,具有形象性、语言隐喻性和天然信仰性等特点。

的文化或代表当时的观念。①

因此，对于伏羲其人的真实存在性，一如前面所述，历来学者多有怀疑，尤其是"古史辨"学派所谓的"层累地造成的古史观"提出后，更使得后世许多学者对古史传说中的人物及其事迹，采取了抹杀及否定的态度。然而，诚如历史学者王仲孚所说的：

> 古代文献载籍中的远古史事，多系后人述古之作，并非当时的"实录"，固然可成定论，但也不能因为写成的时代较晚，或内容"荒诞不经"，即遽指为伪书或伪史，斥其毫无意义，而加以抹杀或否定。因为有些"荒诞不经"的记载，也许是由于我们的知识还不足以了解……②

尤其，战国、秦汉时代的学者，不可能具备现代考古学、民族学、人类学的知识，他们的著作中，所述上古史事的现象，如果与现代社会科学的新知或理论，有足以对照或符合的地方，我们就应该加以重视，宁信其有。③所以，王先生认为：对古史传说的研究，应注重其"母题的研究，注意其显示的古文明特征，而不必过于在意其'人'"有无的考证，或其谱系世次是否合理，因为，古史传说"常以人物为中心，反映着上古某一阶段的文明特征"，而"这些特征，才是我们考察的重点"。④

一、原始氏族社会与上古文明的象征

无论历史上是否曾经出现过伏羲这个人物，由与他相关的许多神话传说来看，如始作八卦、制嫁娶之礼、结绳网罟、教民佃猎、取牺牲以供庖厨等一直被视为"王天下"的圣德事功，其实都是原始氏族社会与上古文明的一些象征。

传说中伏羲的时代，显然是原始农业诞生以前的一个重要阶段，因此，历代载籍中皆将其列于神农氏之前。然过去学者对于伏羲时代的考订，并不一致，如

---

① 张光直：《中国创世神话之分析与古史研究》，见《中国神话学文论选萃》下编，北京：中国广播电视出版社，1995年版，第44页。

② 王仲孚：《伏羲氏传说试释》，见《中国上古史专题研究》，台北：五南图书出版有限公司，1996年版，第140页。

③ 王仲孚：《伏羲氏传说试释》，见《中国上古史专题研究》，台北：五南图书出版有限公司，1996年版，第140页。

④ 王仲孚：《伏羲氏传说试释》，见《中国上古史专题研究》，台北：五南图书出版有限公司，1996年版，第140页。

德国汉学家夏德（F. Hirth）曾把伏羲的时代定为公元前2852年至前2738年[①]，若比照参考今日考古学的年代，这些年代正是彩陶文化的极盛期，农业早已诞生，与传说中伏羲所代表的渔猎或畜牧时代差距颇大，故并不值得采纳。另外，有些学者则依据古代经学家所编造的三皇五帝世系，推算伏羲诞生的具体时间，如《太极与八卦》一书的作者推断伏羲为"距今6598年前之人物"[②]。同时，又有学者将伏羲认定为父系氏族社会的开端代表，以目前对中国史前时期的考古研究证明，父系社会开始于距今6000—7000年间，所以断定伏羲时代开始于距今7000年左右。然而这些也都没有可靠的数据及证据足以支持其说。

至于传说中"伏羲在位115年"的说法，从民族学的角度来看，在原始社会里，个人的名号和整个氏族的名称是混同的，故伏羲的名号有可能同时兼有氏族名称和个人名称的双重意义。如在《遁甲开山图》中便有一段这样的记载：

> 女娲氏没。大庭氏王。次有柏皇氏、中央氏、栗陆氏、骊连氏、赫胥氏、尊庐氏、祝融氏、混沌氏、昊英氏、有巢氏、葛天氏、阴康氏、朱襄氏、无怀氏，凡十五代，袭庖羲氏之号。[③]

唐司马贞《史记·补三皇本纪》中也有：

> 女娲氏殒，大庭氏，次有柏皇氏、中央氏……凡十五代，袭庖牺氏之后，一二六〇年，女娲氏没，神农氏作。[④]

从女娲氏、大庭氏等凡十五代皆袭庖羲氏之号来看，"伏羲"最初也可能是一个氏族及其酋长的名号。因为，名号的世袭有时不单是一个称谓的问题，它所反映的往往是氏族繁衍发展过程中的一种血缘关系和血缘系统，所以，伏羲"可能是一位时代'拟人化'的象征人物"。[⑤]这也正印证了史学家吕振羽在其《史前期中国社会研究》中所说的：

> ……所谓伏羲氏、金天氏、神农氏、有熊氏等等，在最初不仅是其氏族的名称，而且是其每个成员的名称。但是后人关于古代部落、氏族的一些传说或关于某一氏族成员的一些传说，反映到他们的阶级意识中，不制造出一个特定的人出来代表，在他们是难于说明和传述的，甚而在他们为阶级社会的一定阶级的代言人的立场上来说，也不能不需要去创

[①] F. Hirth, *The Ancient history of China，To the End of Chóu Dynasty*，Columbia Universitypress，1908；Reprinted by Chéng Wen Publishing Company，Taipei，1974，p.7.

[②] 李晶伟：《太极与八卦》，天津：天津大学出版社，1988年版，第9页。

[③] 《太平御览》卷七八引《遁甲开山图》，第494页。

[④] 戴逸主编：《史记》，长春：吉林人民出版社，1996年版，第2页。

[⑤] 袁珂：《古神话选释》，北京：人民文学出版社，1979年版，第148页。

造出那些异于常人的"帝""皇"和"昊"出来。①

因此,"伏羲"可能并非仅是上古时期的一个人名或一位人王,它可能代表着某一个氏族,或是某一时代的象征。

自战国以来,学者多喜以古代著名的氏族名号,作为指示时代的名词,以代表社会演化的各个阶段,如《韩非子·五蠹》中便提出了有巢氏、燧人氏等进化的阶段②。据《汉书·律历志》谓"作网罟以田渔,取牺牲",是"天下号曰炮牺氏"的原因,就像燧人氏"钻燧取火,以化腥臊"、神农氏"制耒耜,教民农作,故谓之神农也"的情形一样。依此类推,伏羲氏可能就是"驯服家畜",使人类脱离采集时代而进入原始畜牧阶段的一个时代象征人物吧。

而从文献的记载中,也不难窥见伏羲神话传说所显示的各种上古时期的文明特征。如:

> 古者包牺氏之王天下也,仰则观象于天,俯则观法于地,观鸟兽之文与地之宜,近取诸身,远取诸物,于是始作八卦,以通神明之德,以类万物之情。作结绳而为网罟,以佃以渔。③(《周易·系辞传下》)

> 伏羲始画八卦,列八节而化天下。虙牺氏之世,天下多兽,故教民以猎。④(《尸子》)

> 古之时,未有三纲六纪,民人但知其母,不知其父,能覆前而不能覆后,卧之詓詓,起之吁吁。饥即求食,饱即弃余,茹毛饮血而衣皮韦。于是伏羲仰观于天,俯察法于地,因夫妇,正五行,始定人道。画八卦以治下,天下伏而化之,故谓之伏羲也。⑤(《白虎通义》)

> 伏羲……伏牛乘马。⑥(《帝王世纪》)

> 伏羲制嫁娶,以俪皮为礼。……庖牺氏作卦,始有筮。⑦(《古史考》)

> 伏羲时,礼义文物于兹始作。去巢穴之居,变茹腥之食,立礼教以导文,创干戈以饰武,丝桑为瑟,灼土为埙,礼乐于是兴矣。调和八

---

① 吕振羽:《史前期中国社会研究》,原于1934年由北平人文书店出版,后于1961年12月由生活·读书·新知三联书店(北京)影印出版,第78页。
② (周)韩非撰、(清)吴鼐校《韩非子·五蠹》云:"上古之世,人民少而禽兽众,人民不胜禽兽虫蛇,有圣人作,构木为巢以避群害,而民悦之,使王天下,号曰有巢氏;民食果蓏蚌蛤,腥臊恶臭而伤脾胃,民多疾病,有圣人作,钻燧取火,以化腥臊,而民悦之,使王天下,号曰燧人氏;……"台北:成文出版社,1980年中华书局聚珍排印本,第1040页。
③《周易》卷八《系辞传下》,第166页。
④《太平御览》卷八三二引,第3842页。
⑤《白虎通德论》卷一《号篇》,四部丛刊初编本。
⑥《帝王世纪》,第2页。
⑦《古史考》,第64页。

风，以画八卦，分六位以正六宗。于时未有书契，规天为图，矩地取法。视五星之文，分晷景之度。使鬼神以致群祠，审地势以定山岳。始嫁娶以修人道。庖者，包也，言包含万象。以牺牲登荐于百神，民服其圣，故曰庖牺。亦谓伏羲。变混沌之质，文宓其教，故曰宓牺。布至德于天下，元元之类，莫不尊焉。以木德称王，故曰春皇，其明睿照于八区，是谓太昊。①（《拾遗记》）

太皞庖牺氏，风姓，代燧人氏继天而王……有圣德。仰则观象于天，俯则观法于地，观鸟兽之文与地之宜，近取诸身，远取诸物，始画八卦，以通神明之德，以类万物之情。造书契以代结绳之政。于是始制嫁娶，以俪皮为礼。……作三十五弦之瑟。②（《史记·补三皇本纪》）

（太昊伏羲氏）"立治纪"、"修文教"、"养牺牲、伏牛乘马"、"著八卦以逆阴阳"、"以龟为策，以蓍为筮"、"为网罟以佃以渔"、"制都市给其衣服"、"作为龙书，以立制号而同文"、"肇书契以代结绳之政"、"尽地之宜"、"兴神鼎"、"致群祠而升荐之"、"正姓氏、通媒妁"、"正君臣父子夫妇之义"、"以别轻重，以通有无"、"尝草治砭，以治民疾"、"建造甲子以命岁时"、"立九部"、"为律法"、"作甲历"、"绝港道以济不通"、"分九土"、"置城邑"、"为礼仪"、"作荒乐，歌扶徕、网罟"、"为七尺二寸之琴"、"为三十六弦之弦"，"灼土为埙，而礼乐于是兴焉"。③（《路史·后纪一》）

由这些叙述可以归纳出，伏羲作为"百王先"的文化创造大致包括做网罟，狩猎捕鱼，钻木取火，教民熟食，伏牛乘马，将野生动物驯服圈养，以弦木为弓，作乐，创八卦和九九之数，制文字，造书契，做甲历，置城郭，立百官，名物虫鸟兽，制嫁娶之礼，定父子之亲、君臣之义、夫妇之道、长幼之序等。

事实上，这些上古时期的各种文明，绝不可能完全出自于一时一地一人之手，只是因为伏羲作为人类始祖的一位代表而存在，故其神话传说的内涵也会随着文化的发展而不断扩大，人们往往会根据当时现实环境的要求，而将原始时期初民的文化创造和进入文明初期人类所有的文明创造，全部加诸伏羲的名下。总而言之，伏羲神话传说实为华夏民族原始氏族社会与上古时期文明特征的一种呈现。

---

① 《绎史》卷三引（晋）王嘉《拾遗记》，第79页。
② 《史记·补三皇本纪》，见戴逸主编《二十六史》，第1页。
③ 《路史》，第2—6页。

二、图腾崇拜的遗存

与伏羲相关的神话传说中，有许多关于他"人首蛇身""人面龙身"形象的描述。在许多汉唐墓葬艺术中，伏羲又多作人首蛇身、与女娲两尾相交的形象。之所以出现这种形象，应与伏羲作为原始氏族社会的一种始祖图腾崇拜有关。

所谓的图腾，本来是印第安语 Totem 的音译，意思是"他的亲属""他的图腾标志"。对于图腾观念起源的问题，近世学者讨论者众，仅何星亮在其《图腾文化与人类诸文化的起源》一书中，便将中外学者有影响的讨论分为名目论、经济论、灵魂论、妊娠论、转嫁论、象征论、恋母情结说、控制论、对立说、神化祖先说等十种类型[①]，可见图腾的起源问题，至今仍无定论。

基本上来说，图腾崇拜的主要表现是原始社会中的基本集团——氏族，将一种自然物认作是本集团的亲族而加以神化、崇拜。因为，"原始人不能区分人类社会与自然界，把人类社会群体与自然界的动物群体混同起来"，所以，"人可以与周围的某种动物群体结成友好联盟。而在当时条件下，原始人只能把这种联盟的性质解释为血缘关系"。[②]因此，他们相信人的某一血缘体和动物的某一种类型之间存在着血缘关系。

其实，图腾崇拜在原始社会里普遍存在着，并且对原始社会的各个方面，特别是社会生活和艺术生活方面有深刻的影响。德国学者恩斯特·卡西尔（Ernst Cassirer，1874—1945）便曾指出：

> 图腾崇拜的信念是原始文化最典型的特征。大多数原始部落……的全部宗教和社会生活，都是受图腾崇拜的观念支配的。而且甚至在已经大大发展了的阶段上，在具有高度文明民族的宗教中，我们仍然可以看到一种非常复杂而精致的动物崇拜体系。在图腾崇拜中人并不只是把自己看作某种动物的后代；一条现存的，同时也是遗传学的纽带把他的全部物理和社会存在与他的图腾祖先联结起来。在很多情况下这种联结被看成是一种同一性。[③]

而学者们归纳出图腾崇拜最显著的表现是：

1. 氏族以所崇拜的图腾动物或其他成为图腾的自然物命名，相信图腾为氏

[①] 何星亮：《图腾文化与人类诸文化的起源》，北京：中国文联出版公司，1991年版，第165—189页。

[②] 何星亮：《图腾文化与人类诸文化的起源》，北京：中国文联出版公司，1991年版，第194页。

[③] ［德］恩斯特·卡西尔：《人论》，甘阳译，上海：上海译文出版社，1997年版，第105—106页。

族的祖先，或氏族与它有血缘亲属关系；

2. 对作为图腾的动植物等，氏族成员都加以崇敬，一般不伤害或杀食，而须在一定场合举行仪式求其繁盛；

3. 氏族集体以所崇拜的图腾为共同信仰，以图腾为保护神，形成了有关的宗教仪式。氏族成员的服装、工具、武器、住所、墓地等的装饰常以图腾形象或其象征物为标志；

4. 男女达到一定年龄，要举行图腾入社式，亦即成丁仪式。同一图腾内的男女通常禁止婚配，实行族外婚；

5. 氏族对于自己的图腾，会创造出相关的赞颂歌、神话，并可能在此基础上产生出有关图腾的歌舞、音乐、戏剧等。

因此，图腾崇拜事实上代表着所有此一氏族或其成员共同的心理与社会生活，可推测在中国的原始社会中可能普遍存在图腾崇拜。众多的考古文物，如河姆渡文化遗址里出现在象牙雕刻中的鸟形图案，仰韶文化彩陶纹饰上出现鱼纹、人面鱼纹、蛙纹、鸟纹、花卉纹等图案，良渚文化的玉琮上镂刻有兽面纹，陶器盖上有似龙似蛇的图案等，可能和图腾崇拜有关。此外，在文献的记载中，亦可见到图腾崇拜的痕迹，如《左传·昭公十七年》所记载的郯子那段话中说"黄帝氏以云纪""炎帝氏以火纪""共工氏以水纪""太皞氏以龙纪""少皞氏以鸟纪"，这里所谓的"纪"，可能就是一种图腾的标志。

神话传说中，伏羲之母华胥"履大人迹"而感生伏羲，这里所谓的"大人迹"是指雷泽中"雷神"的足迹，这其实也是一种常见的原始时期图腾崇拜"感生神话"。

所谓的"感生"，即指不通过男女交媾的方式，而由女子直接与氏族的图腾相"感应"而怀孕生育子女。在古代社会中，很多知名的英雄人物都有这类感生神话，如神话传说中的简狄吞玄鸟卵而生契，姜嫄践巨人迹而生后稷等。对于这一类的感生神话，于省吾在讨论姜嫄履巨人迹而生子之事的时候，曾经引述了这样一段值得注意的民族学资料：

> 在古代的人们看来，之所以能够生育子女，是由于图腾童胎入居妇女体内的结果。现在的世界某些少数民族也有相类似的看法。根据近代民族学家对于澳大利亚的阿兰达部落的调查，阿兰达部落的人认为，他们的图腾祖先曾经漂泊于各地，并且在不同的处所（石头里、树林中和水池里）都曾留下了童胎，他们称这种童胎为"拉塔尔"，这种童胎从那

时候起就连在那里了。如果妇女,特别是结了婚的并且年轻的妇女,在走近这种地方的时候,童胎就会进入她的体中,从而她就会怀孕。此后,她所生的那个小孩就属于传说中的、与这个地点有关的那个图腾。①

依此类推,伏羲之母在雷泽履大人迹而生伏羲,所以伏羲就是"雷"氏族或部落图腾的后代。

关于"雷"的图腾物,说法不一。②然据前面的讨论可知,经由汉代的"圣王"政治神话作用,"雷"与"龙"产生了一定的关联性。故从汉代以来的各种文献记载,以及出土文物中伏羲的形象多为身体上部为人、下部为蛇的样貌来看,这可能也与伏羲的龙、蛇图腾崇拜有关。据闻一多的考证以为,《山海经》中所谓的"延维"或"委蛇",即伏羲、女娲。③而芮逸夫考察了在河南安阳殷墟侯家庄1001号大墓中出土的一件蛇形器,认为:"细察被毁遗痕,似当二首二身,似当为《山海经》中所记的'延维',也即是流传在东汉及隋唐石刻、绢画上的伏羲、女娲。"④饶宗颐则称这件仅留遗迹的"一首二身交尾的蛇形器"为"肥遗",而长沙楚帛书上所绘的一首交尾四翼的蛇,当是商汤"肥遗"蛇形状的演变。⑤他并且认为,《山海经·海内经》中"人首蛇身,长如辕,左右有首"⑥的延维,"和一首蛇身的肥遗、蛇身交尾的伏羲很相似"。⑦刘渊临并依据殷代以至汉唐时期单独或对称的蛇身像与伏羲、女娲的密切关系,而认为甲骨文中的"虫"字极可能就是伏羲、女娲。⑧任继昉则从"伏羲"一词语音的根源去考证,以为:"伏羲"是一个联绵词,其词义及其异名是声母格式为b/p-x-的联绵词,与"盘桓、畔涣、彷徨、屏营、徘徊"等相同,皆为形容"回转往还的动作与情状",其本义实指屈曲盘桓的"委蛇",故"伏羲"一词的本义即为龙蛇图腾。⑨

---

① 于省吾:《〈诗〉"履帝武敏歆"解》,载《中华文史论丛》第六辑,1965年版,第115页。
② 徐山:《雷神崇拜——中国文化源头探索》,上海:上海三联书店,1992年版。
③ 闻一多:《伏羲考》,第15页。
④ 芮逸夫:《苗族的洪水故事与伏羲女娲传说》,第188页。关于此说,有学者持怀疑的态度,如杨利慧便以为,此件蛇形器尽管为蛇身相交之状,很像后世石刻画像中的伏羲、女娲交尾像,但却不能据此肯定此即伏羲、女娲,它可能只是殷代常见的交龙形象的一种。见杨利慧:《女娲溯源——女娲信仰起源地的再推测》,北京:北京师范大学出版社,1999年版,第77页。
⑤ 饶宗颐:《荆楚文化》,见《"中央研究院"历史语言研究所集刊》第41本第2分,下册,1969年版,第293页。
⑥ 《山海经校注》,第456页。
⑦ 饶宗颐:《荆楚文化》,见《"中央研究院"历史语言研究所集刊》第41本第2分,下册,1969年版,第293页。
⑧ 刘渊临:《甲骨文中的"虵"字与后世神话中的伏羲女娲》,见《"中央研究院"历史语言研究所集刊》第41本第4分,1970年版,第604页。
⑨ 任继昉:《"伏羲"考源》,载《传统文化与现代化》1994年第3期,第27—36页。

另一面，从考古的发现来看，在号称"羲皇故里"的西北地区渭河流域一带的甘肃省甘谷县，也出土了一件绘有人首蛇身像的彩陶瓶。①苏联学者李福清（Riftin, Boris Lyvovich, 1932—）在谈及这件有"蛇的躯干和尾巴"的陶瓶时，认为：汉代石刻上表现伏羲、女娲的，原则上完全可以解释为起源于黄河流域的新石器时期艺术的这一传统的延续。②而萧兵也以为：包括上述的甘谷县彩陶瓶及临洮冯家坪彩陶纹在内的许多人首蛇身像，"至少可以证明殷商以及此前的北方原始文化里已经有人首蛇身乃至它们相交的形象，伏羲、女娲神话及交尾图很可能就潜藏于此"。③何新甚至认为，甘谷县彩陶瓶上的陶纹是"人首蛇身、尾交首上的原始'伏羲'神形象"。④

这些考古发现证明了殷商及其以前的北方原始文化里已经有人首蛇身乃至它们相交的形象，伏羲、女娲神话是否就渊源于此，尚有待进一步研究探讨，但至少可以证明人首蛇身形象的起源甚早。因此，日本学者岛田贞彦认为这一类"人首蛇身图"，是表现"古代汉族对于动物的观念，换言之，为赍灵信仰的信念与恐怖之综合的表现"；他并且认为这表现着古代中国的祖先崇拜，为了把祖先神秘化和特异化，使"一个现实的人物为灵的表现附以蛇身，使生存于人们的最高之想象中"。⑤芮逸夫则认为：

> 人首蛇身像……是代表古人对于人类起源的一种想象。画像之所以作人首蛇身式的超自然形体，则表示古人相信现生人类乃是由爬行动物演化而来的。在由爬行动物演化而为人类的过程中，当有爬行动物、人类间的中间形体或系联（link）。⑥

这种结合动物与人类形体的复合形象，可能正是原始时期图腾崇拜的一种遗留。

在原始的信仰和宗教中，图腾物之所以能成为创造天地、创造人类的神灵，这可能是由于在原始社会里，人们对动物的依赖感和恐惧感比较强，所以便在

---

① 1985年，在甘肃省甘谷县西坪乡，出土了一件仰韶文化庙底沟类型的彩陶瓶，时代在距今5500年左右，瓶上以墨彩绘有一鲵鱼形（一说人首蛇身或蜥身）动物，其头部滚圆，两眼圆睁，眉部有数道横纹，下颌长有露出齿的大嘴，身子窄长，尾高卷至首上，有二足。见张朋川：《中国彩陶图谱》，北京：文物出版社，1990年版，第166页。
② [苏联]李福清：《中国神话故事论集》，台北：台湾学生书局，1991年版，第75页。
③ 萧兵：《女娲考》，见萧兵《楚辞与神话》，南京：江苏古籍出版社，1987年版，第375—377页。
④ 何新：《诸神的起源——中国远古神话与历史》，台北：木铎出版社，1987年版，第23页。
⑤ [日]岛田贞彦：《人首蛇身图》，毕任庸译，载《逸经》（文史半月刊）第22号，第17—19页。
⑥ 芮逸夫：《伏羲女娲》，载《大陆杂志》第1卷12期，第10页。又见于芮逸夫《苗族的洪水故事与伏羲女娲传说》，收入其《中国民族及其文化论稿（下）》，第1072页。

宗教和神话中赋予动物神性，于是动物就成了天地和人类的创造者。后来，随着人类智能的开化，人们逐渐意识到人类自身的力量和作用，于是，在继续保持动物神性的同时，也开始将一半的神性赋予人类自身，所以便形成了"半人半兽神"的现象。伏羲、女娲的"人首蛇身"，以及其他人兽合体的神灵，可能就是在这样的心理与信仰基础上产生的。

另在许多神话传说或图像中，伏羲又多作"人首蛇身"的形象，这可能也是源自于原始时期人类对于"蛇"图腾的一种崇拜。其实，世界上有许多民族都存在着对"蛇"图腾的崇拜，这可能与原始人类普遍相信"蛇不会死亡"的错误印象有关。认为蛇"不死"的观念是非常古老的，其普遍存在于世界上的许多古老民族中。在中国的一些地区，相关的传说也很普遍，如在今陕西、广西、安徽、江西等地，也都有"蛇蜕皮型"的神话，讲述着人类死亡的起源：人类本来是可以通过蜕皮长生不死的，但由于忍受不了蜕皮的痛苦或其他的原因，与蛇作了调换，从此人有了死亡，而蛇则可以通过蜕皮而长生不死。[①]

人首蛇身的形象在中外神话中都比较常见。如希腊神话中的凯克罗普斯（Cecrops）也是人首蛇身，他被雅典人奉为始祖，雅典人以身为他的后代而自豪；[②]美洲的印加人把蛇作为创造天地的神来崇拜，在他们的神话中，两个蛇形的人能够联系宇宙中几个不同的世界；[③]台湾的排湾族，则是在其祖灵像上雕着一个人头，人头下面是两条头部上扬的百步蛇，有的木雕甚至是除了头部为人头以外，身体手脚是由两条百步蛇所构成。[④]由此可知，在世界各地的原始信仰和宗教中，蛇往往是一种神秘力量的代表。

但在许多的记载中，伏羲有时又作"人首龙身"，其形象往往龙、蛇不分。这可能就如闻一多在论及龙、蛇关系时所说的：

> 大概图腾未合并以前，所谓龙者只是一种大蛇。这种蛇的名字便叫

[①] 如在安徽淮南县即流传着一则《人、牛、蛇》的故事，内容大致为：远古时期，人和牛、蛇一样老死，并不像现在这种情形。一天，创造万物的天神忽然心血来潮，认为世间应当善有善报、恶有恶报，便写了一份天书，交给自己的仙童，让他去人世间传这几句咒语。咒语是这样的："牛老死，人脱壳，蛇该杀。"……谁知仙童竟把天书弄丢了，想了好多天，才想起三句咒语来，可是他把咒语记错了。每到一个地方他就喊："人老死，蛇脱壳，牛该杀。"于是……这个咒语就传遍了世界。从此，全世界就遵循这个规矩了。见陶阳、钟秀编：《中国神话》，第710页。

[②] 冯作民译著：《西洋神话全集》，台北：星光出版社，1992年版，第45页。

[③] 杨知勇：《具有特殊内涵的"人心营构之象"》，见《宗教·神话·民俗》，昆明：云南教育出版社，1992年版，第83页。

[④] 阮昌锐主持：《台湾排湾族雕刻艺术之研究》，屏东：屏东县立文化中心出版，出版年不详，第12页。

作"龙"。后来有一个以这种大蛇为图腾的团族（Klan）兼并、吸收了许多别的形形色色的图腾团族，大蛇这才接受了兽类的四脚，马的头、鬣和尾，鹿的角，狗的爪，鱼的鳞和须……于是便成为我们现在所知道的龙了。①

他并且认为：

> 龙与蛇实在可分而又不可分。……龙的基调还是蛇。……"龙"在最初本是一种大蛇的名字。总之，蛇与龙二名从来就纠缠不清。②

闻一多将这种现象称为"化合式的图腾"或"综合式的图腾"。③

近年来，考古学者在内蒙古的红山文化遗址中发掘出一龙形的玉器，这条玉龙的形状是马头蛇身，和汉唐以后的龙相比，它无脚、无须、无鳞、无足，尾部圆秃，面部少有狰狞之相。④红山文化属中国北方地区的新石器时代文化，距今 6000 至 5000 年前。而这枚玉龙为我们提供了中国最早的龙的形象，它和其他同时出土的兽形玉器的发现，更是第一次以考古的真实材料证明了龙并非出于后人的想象及附会，它实起源于早期的原始社会。如果我们同意闻一多的以上看法，那么红山遗址中所发掘出的这枚玉龙，则更加证实了龙的形成是以蛇为基础，后来随着众多部落的合并融合，才成为后来的"只存在于图腾中而不存在于生物界中的一种虚拟的生物"⑤。

另外，1987 年于河南濮阳西水坡的 45 号墓也出土了一用蚌壳摆塑的龙像。此一蚌塑龙长 1.78 米，高 0.67 米，头似兽，昂首瞪目，吻很长，半张的大嘴里长舌微吐，颈部长而弯曲，颈上有一小撮小短鬣，身躯细长而略呈弓形，前后各有一条短腿均向前伸，爪分五叉，尾部长而微细，尾端具有掌状分叉。⑥许多学者更称此一蚌塑龙为"中华第一龙"⑦。这一属于仰韶文化后岗类型的遗址，距今约 6460 年。有学者曾依据墓的年代而认为其约当是伏羲时期⑧，并称此蚌塑

---

① 闻一多：《从人首蛇身像谈到龙与图腾》，第 179 页。
② 闻一多：《从人首蛇身像谈到龙与图腾》，第 179 页。
③ 闻一多：《从人首蛇身像谈到龙与图腾》，第 179 页。
④ 刘淑娟：《红山文化玉器类型探究》，载《辽海文物学刊》1995 年第 1 期，第 21—24 页。
⑤ 闻一多：《伏羲考》，第 26 页。
⑥ 濮阳市文物管理委员会等：《河南濮阳西水坡遗址发掘简报》，载《考古》1988 年第 3 期；濮阳市文物管理委员会等：《濮阳西水坡遗址试掘简报》，载《中原文物》1988 年第 1 期。
⑦ 孙德萱、李中义：《中华第一龙——濮阳西水坡蚌壳龙虎图案的发现与研究》，载《寻根》2000 年第 1 期，第 10—16 页；南海森：《"中华第一龙"与图腾崇拜》，载《中原文物》1999 年第 3 期，第 21—23 页。
⑧ 张维华、张方、李爱民：《濮阳西水坡 M45 号墓与伏羲》，载《濮阳教育学院学报》2001 年第 1 期，第 1—9 页。

龙为"太昊伏羲第一龙"。①姑不论其当否，然由此应可推知，"龙"图腾的形成与运用在中国是非常早的。

依据卡西尔之说，人类对于信仰对象的崇拜，主要源自"情感质素"，然而，感性的情感所构成的信仰心理往往只是瞬间的，很难支持信仰的持续，幸而有由感性的产生引发出的情感体验不断加强着信仰感情；而无论是情感或体验，又都基于人类千年以来面对生存时，本能地遗留在集体潜意识中的经验沉淀物及所形成的心灵结构，这是一种有序的结构，往往在神话中形成原始类型。②故神话有时是一种符号，一种由集体表象和巫术仪式积淀而成的认知符号。在这些符号中，自然物象并不是一种单纯的自然存在，而是种种包含着人类对宇宙、自然、人然及人生之体认和判断的思维载体。在原始社会时期，外在真实的观察和内在表象的情感之间尚未有明确分别，因此，人们往往会以自己的幻想来把握可能属于真实亦可能为虚幻的神异现象，所以，心和物可通过神秘的交感联合起来。由于图腾基本上就是某种自然物或其变形，故图腾所体现的并不是图腾崇拜物本身的自然属性，而是人类集体的一种意识或感情。因此，以龙、蛇作为氏族所崇拜的一种图腾，往往是源于对龙、蛇此一图腾物所象征的意义之情感投射，这正如萧兵所说的：

> 无论是食物、宝货、财富、军实，抑或是人口、情欲、体能、技艺，还是由它们构成基础的"权力"（Power），都必须是可增殖、可扩延的符码或象征。……蛇、蜥、鳄（它们都是龙的母型），由于生命力和蕃殖力特别强大，所以常常成为首选。再加上它们多有"冬眠"或者"蜕皮"的习性，这些都代表着周期性的"生命循环"，使人"悬想"或"希望"人及其"权力"也能这样"生长—死亡—再生"，螺旋往复，臻于无穷。③

可能就由于龙或蛇具有一种令人产生强大生命力和蕃殖力的联想，并由于这种集体潜意识的长期积累沉淀，遂使得它们成为象征生殖力的一种图腾崇拜原型。

至于两条龙并立在一起的形象，亦由来甚久。首先，在中国古代很早就有"二龙"的传说，据《国语·郑语》云："夏之衰也……有二龙同于王庭。"闻一

---

① 武文：《华夏文明七千载 太昊伏羲第一"龙"》，载《社科纵横》1999 年第 6 期，第 64—66 页。
② [德] 恩斯特·卡西尔：《人论》，甘阳译，上海：上海译文出版社，1997 年版，第 8 页。
③ 萧兵：《委维或交蛇：圣俗"合法性"的凭证》，载《民族艺术》2002 年第 4 期，第 58 页。

图1 武梁祠第三石伏羲女娲画像

图2 徐州睢宁县双沟伏羲女娲像

多认为"同"就是"交合之谓"。①按照原始人类的想法，性交图形可以保障魔法原则中类似现象引出类似结果的效力，即保障家庭和周围整个大自然的繁殖生育。至于伏羲、女娲"人首蛇身"、两尾相交之状，据清代及近代中外诸学者的考证，则是夫妇的象征，代表着男女生殖、阴阳交合的意义。②故在汉代的石刻画像中，伏羲、女娲常以对偶神的形式出现，有的或互相拥抱，或尾部紧紧相缠，生育人类的形象非常鲜明。甚至在有的石刻画像上，伏羲、女娲像的中间或身旁，还会有一状似小儿的人首蛇身像出现。如山东嘉祥武梁祠的伏羲、女娲像（图1），女娲身前有一小人首蛇身像，状似正欲投入女娲怀抱的样子，而伏羲则是倾身伸臂逗戏自己身前的小人首蛇身像。孙作云便认为此一小人象征"人类的第二代"③，袁珂更以为这是"一幅非常美妙的家庭行乐图"④。在江苏徐州睢宁县双沟出土的伏羲女娲画像（图2），其中伏羲、女娲盘旋交缠的蛇躯尾部，亦绘有两个小人首蛇身像，看起来也似乎是他们的后代。虽然，有的汉画像中的伏羲、女娲并未交尾，只是呈相对而立的形态，但若根据前面所提到的释读成功的楚帛书来看，早在战国时期，伏羲、女娲的夫妻关系即已形成，故自两汉至六朝时期，人们才会把伏羲、女娲的形象刻绘在墓室中，此实代表着希望通过对伏羲、女娲两尾相交图像的巫术力量，以达到创造人类、繁衍子孙的目的。

① 闻一多：《伏羲考》，第4页。
② 闻一多：《伏羲考》，第4页。
③ 孙作云：《长沙马王堆一号汉墓出土画幡考释》，载《考古》1973年第1期，第55页。
④ 袁珂：《中国古代神话》，台北：台湾商务印书馆，1993版，第41页。

这些汉唐墓葬中大量出土的伏羲女娲人首蛇身、两尾相交的图像，除了是人类对于补充人口、繁衍后代愿望的一种巫术崇拜外，按宗教心理学者梅多（Mary Jo Meadow，1936—）给"崇拜"所下的定义说：

> 在庄严环境下的一种社会性仪式，身在其中的人把当下的体验作为充满了幸福感与价值感加以赞美，崇拜必不可少的前提条件：（1）共有的神秘物；（2）共同的价值观或罪恶感；（3）愿意把根本上是人类感受的对象转变为象征与仪式。①

可知，崇拜除了有共同的神秘物外，许多的宗教或崇拜仪式、行为，往往也具有促进社会统合、团结的功用，这些崇拜的仪式有时更能提供给他们与传统文化的联系。

因此，汉代画像中所出现的许多"人首蛇身"形象的伏羲，除了反映出人们对古老图腾的崇拜和神话传说的影响外，应该更是人们希望借着对传统神祇的崇拜而获得文化与民族的认同，获得一种绵延不断的抚慰力量。

第二节 伏羲的神话性格

一、始祖崇拜——兼论其族属的争议

世界上各个民族都有自己的始祖神，而在上古时期的中国，由各血缘集团所组成的各个部族也各有自己的始祖神。这些始祖神大多是各个部族神话传说的中心人物，后来，等到这些各姓的部族文化发展到建立了国家或王朝的时候，这些始祖神又被历史化而成为各个时代的帝王或传说中的英雄。②所以，在中国的上古时期，英雄往往即是祖先，许多受到崇拜的氏族英雄往往也就是氏族祖先。③

传说中伏羲创制了各种文明，也被华夏民族视为氏族的始祖。尤其自战国末年以来，他被推到了三皇之首的崇高地位，加上后来与女娲结合，成为洪水后创育人类的共同始祖，使得与其相关的神话传说，逐渐显示出其始祖神的神话

---

① 玛丽·乔·梅多（Mary Jo Meadow）、理查德·德·卡霍（Richard D. Kahoe）：《宗教心理学：个人生活中的宗教》，陈麟书等译，成都：四川人民出版社，1990年版，第265—266页。

② 王孝廉：《中国的神话世界（下）——中原民族的神话与信仰》第一章"民族的形成及族神"，第16页。

③ 张光直：《中国青铜时代》，北京：生活·读书·新知三联书店，1983年版，第313页。

性格，他也成为华夏各族所共同崇敬的始祖。

又由于伏羲作为始祖神的特性，一直以来伏羲的族属问题也受到了热烈讨论：或有学者主张伏羲应起于西方的羌夏；然亦有学者认为伏羲又作"太昊伏羲氏"，而太昊乃东方鸟夷族的始祖，故伏羲应属东夷部族；此外，由于伏羲、女娲洪水后始创人类的神话传说广泛流传于中国西南地区，故亦有不少学者主张伏羲应为南方的始祖神。

主张伏羲属西方羌夏民族的学者，认为伏羲氏族应该就是原居于中国西北的甘肃、陕北一带的华夏集团。[①]据《水经》引《开山图注》云：

> 伏羲生成纪，徙治陈仓也。[②]

又，《帝王世纪》载：

> 太昊帝庖羲氏，风姓也，母曰华胥……生伏羲，长于成纪。[③]

而唐代司马贞的《史记·补三皇本纪》中则说：

> 太皞庖牺氏，风姓，代燧人氏继天而王。母曰华胥，履大人迹于雷泽，而生庖牺于成纪。[④]

另，唐代李吉甫在《元和郡县志》中亦谓：

> 成纪县，本汉旧县也，属天水。伏羲氏母曰华胥，履大人迹，生伏羲于成纪，即此邱也。[⑤]

又如纬书《河图稽命徵》中则曰：

> 华胥于雷泽履大人迹，而生伏羲于成纪。[⑥]

以上旧说皆以成纪为伏羲的出生地。

关于成纪一地名称的来源本即颇有神秘色彩：相传伏羲母华胥怀孕十二年而生伏羲，古人以十二年为一"纪"，所以伏羲的诞生地被称为"成纪"。[⑦]从历史沿革来考察，西汉武帝时曾在今甘肃省秦安县的北面置成纪县，这就是一些史学家所谓的"汉置成纪"。关于"汉置成纪"的确切位置，历来史学家虽有争论，

[①] 张华：《伏羲传说之史影》，载《西北史地》1995年第2期，第35页。
[②] （汉）桑钦撰，（后魏）郦道元注，杨守敬、熊会贞疏，段熙仲点校，陈桥驿复校：《水经注疏》，南京：江苏古籍出版社，1989年版，第1509页。
[③] 《帝王世纪》，第2页。
[④] 戴逸主编：《史记》，第1页。
[⑤] （唐）李吉甫撰，（清）孙星衍校，张驹贤考证：《元和郡县志》，北京：中华书局，1985年版，第1114页。
[⑥] 《纬书集成》，第1179页。
[⑦] 刘雁翔：《伏羲庙志》，兰州：兰州大学出版社，1995年版，第8页。

但基本一致的看法则都认为应在今甘肃秦安县的北面。[①]根据《后汉书·隗嚣公孙述列传》李贤注所说，"成纪，县名，故城在今陇城县西北"[②]。而陇城县西北正好在秦安县北面。又，清道光年间秦安知县严长宦在其所著的《秦安县志》中则称"汉置成纪"在今甘肃静宁县的治平川，即古成纪水谷地，[③]他的说法正好与《后汉书》李贤注的说法相吻合。因此，研究者多认为汉代的成纪县治就在今甘肃省静宁县南、秦安县北的葫芦河支流一带。[④]

"成纪"之名直至南北朝时期仍为北周政权所沿用。明代秦安学者胡缵宗在其所著的《秦安志》中便记有：阳兀川何氏地掘得一石刻，上有"成纪"字样。[⑤]1965年9月，考古工作者更在这个河谷的叶堡乡杨家沟村南1公里处的山坡上发现了一座唐墓，在墓的耳室甬道口有刻字砖一块，上有"□（秦）州成纪县安乐乡安乐里"字样。[⑥]直至唐宝应元年（公元762），因唐与吐蕃战争，城垣毁坏，始于唐大中年间移治至今天水市渭河支流藉河北岸的秦城区，称"秦州成纪"。

而"成纪"一名，早在汉武帝设天水郡之前即已出现于史籍中[⑦]。据历史学家的研究，古成纪一地所含括的区域应该很广，现今甘肃的静宁、通渭、秦安、天水、甘谷等县可能均属成纪地区。[⑧]

既然相传伏羲生于成纪，成纪即今甘肃秦安、天水一带，而且近年来考古队在今甘肃省境内发现了大批新石器时代的文化遗址，如秦安县境内郭家河谷有马家窑和齐家类型遗址9处，南小河谷有仰韶文化遗址5处，以及田家寺、郭家河、王家沟、北庄、张湾等古遗址，尤其是位于渭河上游葫芦河谷地大地湾仰

[①] 张华、张益明：《历史上的成纪地名与伏羲的出生地》，载《丝绸之路》1994年第3期，第26页。

[②]《后汉书》卷一三，第513页。

[③]《秦安县志·建置》中认为汉成纪县的治所在今静宁县治平乡，故有"治平成纪"的说法。而今静宁县治平乡刘家河村东南1里处有一汉代古城遗址，1933年6月出版的《静宁县志》便认为这是汉代成纪县治所在。但刘雁翔的《伏羲庙志》则认为，汉代的成纪治所在成纪水谷地上，是极有可能的，但说今治平乡发现的汉城遗址就是汉成纪的治所则又未必。

[④] 张华、张益明：《历史上的成纪地名与伏羲的出生地》，载《丝绸之路》1994年第3期，第26—27页；王建祥：《关于伏羲出生地成纪及其相关几个问题的探讨》，载《天水师范学院学报》1997年第4期，第40—42页。

[⑤]（明）胡缵宗：《秦安志》，台北：成文出版社，1976年版，第11—12页。

[⑥] 甘肃省博物馆文物队：《甘肃秦安县唐墓清理简报》，载《文物》1975年第4期，第75页。

[⑦]《史记》卷二二《汉兴以来将相名臣年表》载：汉文帝十五年，"黄龙见成纪"。第1128页。

[⑧] 西北师范大学陈守忠教授在《甘肃史概述》一文中指出："成纪这块地方，古时包括地区相当大，甘肃的静宁、通渭、秦安、天水、甘谷等县均为成纪地方。"载《甘肃史志通讯》1986年第3期。

韶文化遗址的发现,更证明了这一带曾经是早期人类活动的密集区域。

大地湾遗址位于今甘肃省秦安县东北方向45公里处的五营乡清水河河谷南面邵店村第二、三级台地及山地上,是一规模较大的新石器时代遗址。1978年至1985年期间,在甘肃省考古研究组织的挖掘下,发掘出土文物8000余件,其数量之多、器物之完整,在中国考古史上堪称罕见。①而挖掘的结果证明,这里是一处典型的原始村落遗址,从挖掘出土的器物来看,遗址中发现的农作物种子、地画、宫殿式建筑雏形等,都是迄今中国考古发现中时代最早的。此外,又有陶纺轮、骨椎等结绳织网的工具,以及十多种刻画符号,另有许多动物的骨骼以及面积宽大的殿堂,这似乎又与传说中伏羲氏"命阴康氏主农田""结网罟以教民佃渔""始创文字""养牺牲以充庖厨""命大庭氏主屋庐为民居处"等事迹不谋而合。②同时,其遗址器物经C^{14}测定,最早的年代距今约7800年,最晚的年代距今约4800年,这又正好与传说中后来的黄帝时代相衔接。③因此,从各方面加以分析,大地湾遗址似乎与史籍所载伏羲"生于成纪"的传说特征及年代"有惊人的相类似之处"④,故许多学者便主张此即历史传说中的伏羲生地古成纪⑤。

另一与伏羲出生相关的材料,则为《太平御览》卷七八所引《遁甲开山图》中关于伏羲生于仇夷山的记载:

> 仇夷山,四绝孤立,太昊之治,伏牺生处。⑥

关于仇夷山,有学者主张即今甘肃西和县境内的仇池山⑦。按《水经注·漾水注》载:

> 仇池绝壁,峭峙孤险,登高望之,形若覆唾壶。高二十余里,羊肠

---

① 郎树德:《大地湾遗址的发现和初步研究》,载《甘肃社会科学》2002年第5期,第136—139页;汪国富:《秦安大地湾遗址》,载《丝绸之路》1996年第1期,第17—18页。
② 赵建龙:《秦安大地湾遗址的发掘对历史研究的贡献》,载《丝绸之路》1997年第4期,第21—22页。
③ 据《辞源》记载,黄帝元年为公元前2698年,换言之,黄帝生活的年代距约4695年。又据《史记》记载来推测,从太史公作《史记》起,黄帝、高阳、高辛、唐尧、虞舜、夏、殷、周、秦,讫于汉武帝天汉元年,合计2213年。而天汉元年即公元前100年,据此推算,黄帝至今已有4552年,若依据《史记》的记载,则大地湾遗址的最晚年代又较黄帝时代更早一些。
④ 张华:《伏羲传说之史影》,载《西北史地》1995年第2期,第34—40页。
⑤ 张华、张益明:《历史上的成纪地名与伏羲的出生地》,载《丝绸之路》1994年第3期;张华:《伏羲传说之史影》,第34—40页;李自宏、安江林:《大地湾文化与黄帝时代——从考古实物与史料看古成纪地区在我国远古史上的地位》,载《兰州大学学报(社会科学版)》1999年第3期,第96—97页。
⑥《太平御览》卷七八引《遁甲开山图》,第493页。
⑦ 范三畏:《旷古逸史——陇右神话与古史传说》,兰州:甘肃教育出版社,1999年版,第3页。

蟠道三十六回。《开山图》谓之仇夷，所谓"积石嵯峨，嶔岑隐阿"者也。上有平田百顷，煮土成盐，因以"百顷"为号。山上丰水泉，所谓"清泉涌沸，润气上流"者也。①

又据《后汉书》所载，汉光武帝时，氐族"居于河池，一名仇池，方百顷，四面陡绝，数为边寇"。②此即相传的古仇池国。而近年来，在西和县境内则出土了两枚虎钮封印，其中一方阴刻篆文"晋归义氐王"五字③，可知古仇池国的遗址即在今西和县的仇池山上。而根据前面郦道元《水经注》的补证，"仇池"即是《遁甲开山图》中所谓的"仇夷"。凑巧的是，仇池山的主峰名"伏羲崖"，海拔1973米，相传又是伏羲的出生之处。由于"成纪""仇池"这两个地名与甘肃天水地区甘谷平原的史迹与传说多有雷同，故当代许多学者便主张伏羲氏族发祥于中国西北的甘肃、陕西一带。④

除了以甘谷平原为伏羲氏族的发祥地外，在同样赞成伏羲氏族属于西北族系的当代学者中，彝族的刘尧汉则倡言伏羲出生在彝族先民古羌戎的发祥地——甘南的中心成纪。⑤他认为，"伏羲"为古羌戎虎氏族部落的名号或其首领名称。⑥

关于伏羲为戎人之祖的说法，闻一多早在《姜嫄履大人迹考》一文中已有提及⑦。另外，也有学者赞同伏羲、女娲与夏民族发源地西北地区有关，而兄妹婚的造人神话，原是夏族的起源神话，是后来才传入南方苗、瑶等族的。⑧

虽然，甘南地区有"成纪""仇夷"等与文献记载相符的地名，但由于伏羲神话传说年代久远，典籍文献的模糊性与歧异性颇大，故对于伏羲氏族发祥于西北地区的说法仍多有争议，其中又以主张伏羲氏族实起源于东夷部落的学者的讨论尤多。

正如本书第三章第一节所述，自战国时期以后，伏羲与太昊的合二为一，使

---

① 《水经注疏》，第1695页。
② 《后汉书》卷八六《南蛮西南夷列传》，第2859页。
③ 马天彩：《天水史话》，台南：复汉出版社，1993年版，第68页。
④ 范三畏：《秦发祥地上的伏羲之谜》，载《西北师范大学学报（社会科学版）》1994年第4期，第44—46页；张华：《伏羲传说之史影》，第32—40页。
⑤ 刘尧汉：《羌戎、夏、彝同源小议——兼及汉族名称的由来》，见《彝族社会历史调查研究文集》，北京：民族出版社，1980年版，第213页。
⑥ 刘尧汉：《中国文明源头新探——道家与彝族虎宇宙观》，昆明：云南人民出版社，1985年版。
⑦ 闻一多：《姜嫄履大人迹考》，见《闻一多全集（一）·神话与诗》，第78—79页。但闻一多在《伏羲考》一文中仍认为伏羲为龙蛇图腾，而刘尧汉则认为伏羲是虎图腾，见刘尧汉《中国文明源头新探——道家与彝族虎宇宙观》。
⑧ 杨秉礼：《白族〈创始记〉源流初探》，载《思想战线》1984年第2期，第88—94页。

得当代有许多学者认为伏羲乃东方部族的首领，如蒙文通在《古史甄微》一书中，便以为伏羲属于东方的海岱民族①。此外，孙作云在其《洛阳西汉卜千秋墓壁画考释》一文中也说："伏羲原是东夷族一个氏族酋长，以凤凰为图腾。"②

以上学者主张伏羲起源于东方的夷族，事实上是有迹可寻的。如王符的《潜夫论》及纬书《诗纬·含神雾》中，对于伏羲的出生都有"大人迹出雷泽，华胥履之"而生伏羲的记载③。至于"华胥"一名，清人俞樾以为《庄子·马蹄》中所记的"赫胥氏"，即"华胥氏"。近人顾实则以为伏羲大约是农业出现以前的人物，相当于母系氏族社会的前期，而"伏羲"又与其母"华胥"之名相近，故他提出了这样的说法：

> 胥、疋、雅、夏古字通，"华胥"即"华夏"也。上古知母而不知父，伏羲之母曰华胥氏，而古人用字无定，"华胥"转为"华夏"，遂为吾种族之名。④

顾氏以为因为伏羲是从母姓，"伏羲"即"华胥"，皆"华夏"之音转，所以，伏羲应为华夏诸族神话中的始祖，而华胥便是华夏各族的始祖母。

虽然，古典文献中多以为"华胥"为伏羲之母，但近代学者却多认为"华胥"不是人名，而是地名或氏族名，和禹娶于涂山，其妻即称为"涂山氏"是一样的道理。作为地名或氏族名，古籍中确有所谓的"华胥氏之国"，如《列子·黄帝》载：

> 黄帝……昼寝，而梦游于华胥氏之国，华胥氏之国在弇州之西，台州之北，不知斯齐国几千万里，盖非舟车足力之所及，神游而已。其国无帅长，自然而已。其民无嗜欲，自然而已。不知乐生，不知恶死，故无夭殇。不知亲己，不知疏物，故无爱憎。不知背逆，不知向顺，故无利害。都无所爱憎，都无所畏忌，入水不溺，入火不热，斫挞无伤痛，指擿无痟痒，乘空如履实，寝虚若处床，云雾不硋其视，雷霆不乱其听，美恶不滑其心，山谷不踬其步，神行而已。⑤

《列子》说华胥之国在弇州之西、台州之北，一般认为这些地方在今陕西蓝田一带。据《太平寰宇记》卷二六所记，蓝田县"古华胥陵在县西三十里，……

---

① 蒙文通：《古史甄微》，见《蒙文通文集》第五卷，成都：巴蜀书社，1999年版，第55—62页。
② 孙作云：《洛阳西汉卜千秋墓壁画考释》，载《文物》1977年第6期，第18页。
③ 《潜夫论笺校正》，第384页；《太平御览》卷七八引《诗经·含神雾》，第493页。
④ 顾实：《华夏考原》，南京：东南大学研究会出版《国学丛刊》一卷二期，第95页。
⑤ 杨伯峻撰：《列子集释》卷二，台北：华正书局，1987年版，第39页。

此地是三皇旧居"①。又《陕西通志》亦云："华胥渚，在蓝田县北三十五里，伏羲氏母居也，今有陵及华胥沟……"②《蓝田县志》卷七则谓："三皇庙在县北三十里，祀华胥、伏羲、女娲氏。"③此外，蓝田县境内与华胥相关的古迹也不少。④但李永先却认为华胥之国应该在今山东地区，因为所谓的"台"，也可写作"邰""骀"，据《左传·哀公六年》所载，邰在今山东章丘；又《左传·襄公十二年》所记之"台"，在《榖梁传》中则作"邰"，在今山东省费县境内⑤。而所谓的"弇"，在《左传·襄公二十五年》及《左传·哀公十四年》中都记载了齐地有"弇中"，即今山东省博山；且目前泰山一带还有大量的古地名可以证明该地就是伏羲的发祥地，所以，李氏以为华胥之国及伏羲的发祥地应在今山东泰山一带。⑥然而，由于历来学者对于伏羲"族南"问题的界定众说纷纭，从相关的传说记载中所见的各地名中，又无法统一出一个较为确切的范围，因此，很难确定华胥之国的真正所在。

除了以伏羲之母"华胥"作为考察伏羲族属的依据外，华胥孕生伏羲的"雷泽"所在地，也是考察伏羲族属与地望的重要参考材料之一。

关于"雷泽"一地，历来学者多有争议。据《山海经·海内东经》所记：

雷泽中有雷神，龙身而人头，鼓其腹则雷，在吴西。⑦

对于《山海经》中的这段叙述，后来的研究者有各种不同的解读。

首先，由于《山海经》中的"雷泽"属《海内东经》，因此最早注释《山海经》的晋代学者郭璞，便认为它就是《墨子》《尸子》及《史记》《汉书》中所提到的舜年轻时"耕历山，渔雷泽"的"雷泽"⑧，亦即《尚书·禹贡》中的"雷夏泽"。同样的，唐人司马贞在为《史记》作《补三皇本纪》时亦自注云："雷泽，泽名，即舜所渔之地，在济阳。"⑨《汉书·地理志》也肯定地说"雷泽"在

---

① （宋）乐史：《太平寰宇记》，台北：文海出版社，1980年版，第226页。
② （清）沈青崖：《陕西通志》卷七三，台北：台湾学生书局，1968年影印初版，第2145页。
③ （清）袁廷俊：《蓝田县志》，台北：台湾学生书局，清光绪元年刊本影印本，1976年12月影印初版，第423页。
④ 任本命：《蓝田华胥陵——中华民族的始祖陵》，载《唐都学刊》2002年第2期，第62—65页。
⑤ （晋）范宁注，（唐）杨士勋疏：《春秋穀梁传注疏》卷一五《襄公十二年》，第152页。
⑥ 李永先：《也谈伏羲氏的地域和族系》，载《江海学刊》1988年第4期，第108页。
⑦ 《山海经校注》，第329页。
⑧ 郭璞于"雷泽中有雷神"一语下注云："今城阳有尧之灵台，雷泽在北也。"见《山海经校注》，第330页。
⑨ 戴逸主编：《史记》，第1页。

"济阴成阳县西北"①，即在今山东鄄城县与菏泽县之间。支持此说的当代学者并以为，"雷泽"之"雷"最初是"莱"之音转，"雷""莱""服"皆乃"伏"之音转，故其泽是用伏羲族命名的，后世因传说伏羲为雷神之子，故称泽为"雷泽"。②

此外，据王献唐的考证，"伏"为"凤"、为"蒙"、为"牟"，即指族名。今山东省蒙阴县南蒙山之"蒙"便来自伏羲之"伏"；又，在今泗水和平邑交界处有伏山，其言伏山者，即伏族居此，因以名地，更以名山、名泽。③其他如徐金法则以为太昊伏羲文化为大汶口文化之源；④李永先也认为伏羲的发祥地应在今山东泰山一带；⑤李白凤以为伏羲风姓，"凤"与"风"通，今山东泗水地区确实有许多以"凤"命名的地名，如泗水县南部有凤阳山、凤仙山，曲阜有凤凰山，而泗水县东七十里有伏山，即因伏羲族居住而得名。又因"服"与"伏"同音，故雷泽亦名"服泽"；雷泽东南有伏犁山，又名扶来山，而伏羲作有歌曲名《扶来》；费县、泗水接壤处有费首山，又名"伏首山"，另还有伏尾山，也都是因"伏羲"之"伏"而得名。太昊伏羲氏的后裔封颛臾国，即今山东费县；此外，今山东的蒙阴县为牟族故土，莱芜县为莱族故土，而牟族、莱族都是伏羲氏族的族系。⑥

甚至有些学者更肯定地提出：伏羲是东方部族的首领，诞生地在今山东省境内。如王振复在其《巫术：〈周易〉的文化智慧》一书中便说：

  所谓伏羲并非实有其人，它是中华古人出于对祖先的崇拜虚构出来的一位"大人物"，它的文化原型，可能是远古在东方的某一氏族首领的形象。⑦

此外，像山东境内也有许多与伏羲、女娲神话传说相关的遗迹。据马邦玉《汉碑录文》所述，山东鱼台西塞里有伏羲陵，陵前有伏羲、女娲石刻画像。又，唐代李吉甫《元和郡县志》载：任县城（今山东济宁）东南三十九里有女娲陵。⑧宋《元丰九域志》云："兖、单皆有伏羲陵。"⑨兖、单即指今兖州、单县。唐司马贞作《史记·补三皇本纪》时也引皇甫谧之说云："伏羲葬南郡，或曰冢在山

---

① 《汉书》卷二八上《地理志第八上》，第1571页。
② 孙玮：《伏羲考论》，载《临沂师范学院学报》2002年第1期，第43页。
③ 王献唐：《炎黄氏族文化考》，济南：齐鲁书社，1985年版，第453—496页。
④ 徐金法：《太昊伏羲文化类属蠡测》，载《周口师专学报》1998年第6期，第73—75页。
⑤ 李永先的《也谈伏羲氏的地域和族系》一文以为泰山一带有大量的古地名可以证明该地为伏羲的诞生地。载《江海学刊》1988年第4期，第107—114页。
⑥ 李白凤：《东夷杂考》谓"莱夷牟族出羲皇"，济南：齐鲁书社，1981年版，第142页。
⑦ 王振复：《巫术：〈周易〉的文化智慧》，杭州：浙江古籍出版社，1990年版，第32页。
⑧ 《元和郡县志》卷十"河南道·兖州·任城"，第292页。
⑨ 《路史》，罗苹注引，第7页。

阳高平地西也。"①这里的山阳高平即今山东金乡县。而今山东境内的邹县、凫山、染山等地都有伏羲庙。从这么多的文献、传说和遗迹中可以看出,山东地区与伏羲关系密切。

这些学者认定伏羲诞生地在山东,依据主要有二:一是伏羲风姓,春秋时有风姓国家,分布在今山东境内;二是山东境内有大量确实与伏羲传说相关的古地名和遗迹。

另有一派的学者则主张伏羲属南方楚苗民族。

首先是芮逸夫、闻一多等人提出了伏羲属苗族的说法。人类学家芮逸夫在其《苗族的洪水故事与伏羲女娲的传说》一文中将自己搜集到的4个湘西苗族洪水故事以及中外书籍中的23则洪水故事,进行了人名和情节结构的分析,经过语言学的分析,他认为"伏羲"乃"始祖"之义,与西南洪水神话中的兄名含义正相同,发音也相似,而"女娲"之名又和神话中的妹名相似。因此,他推测伏羲、女娲即是苗族洪水神话中的兄妹,亦即苗人的祖先。他并且提出了伏羲、女娲之名见于古籍较迟,最早不早于战国末年,他们恐非汉族旧有之说,可能是从苗人中吸取过来的说法。②芮逸夫等人利用苗族的洪水故事来复原古典的伏羲、女娲兄妹婚神话,由于立论新颖、启人心智,在当时的研究条件下,确实为伏羲神话传说的研究指出了一新的研究方向与道路,因而引起了中外许多学者对于伏羲、女娲神话传说的关注与热烈讨论。后来,又经过闻一多《伏羲考》一文的发扬光大,更在当时引起如徐中舒、马长寿、徐旭生等许多优秀学者的推崇与赞同③,遂逐渐形成了伏羲、女娲神话"南方说"的一元论点。

在这些主张"南方说"的学者中,又有人认为是楚人将伏羲神话带到南方去的。因《楚辞·大招》中有"伏戏《驾辩》,楚《劳商》只"一语,其注云:"言伏戏氏作瑟,造《驾辩》之曲,楚人因之,作《劳商》之歌。"④吕思勉据此以为:"伏羲遗声在楚,亦其本在东南之证。"⑤同样的,侯哲安也认为,《庄子》一书中记载伏羲、女娲传说最为详细,而庄子是楚国人,所以伏羲的传

---

① 戴逸主编:《史记》,第1页。
② 芮逸夫:《苗族的洪水故事与伏羲女娲传说》,见其《中国民族及其文化论稿(下)》,第1029—1077页。
③ 其中如徐旭生、吕思勉、胡小石、蒙文通、徐中舒、袁珂、邹少琴、刘大杰、刘起釪、冯天瑜、饶宗颐、萧兵以及日本学者白川静、谷野典之,苏联汉学家李福清等,皆认为伏羲为南方苗族的始祖神。
④《楚辞补注》卷十,第221页。
⑤ 吕思勉:《伏羲考》,见《吕思勉读史札记》,上海:上海古籍出版社,1982年版,第32页。

说最早或最普遍地保留在楚国人的记忆之中。[1]但从近年来民间文学工作者实地考察的发现可知，有关伏羲、女娲的神话传说与民俗，在中原地区亦比比皆是，[2]这也证明了伏羲、女娲并非如闻一多等学者所谓的是南方苗人的始祖。

另一方面，亦有许多学者主张伏羲源自中国东南方的太湖附近。由于前面讨论过的华胥履迹之"雷泽"一地，若按《山海经·海内东经》中"雷泽中有雷神，龙身而人头，鼓其腹则雷，在吴西"的叙述，"雷泽"真如前面学者所说在山东境内的话，则文末的"在吴西"一语便解释不通。因此，又有学者提出别名"震泽"的太湖才是华胥履迹之处，而伏羲实发祥于东南地区的说法。[3]

首先是清人吴承志在其《山海经地理今释》中，根据"在吴西"一语，认为"雷泽"当是古之震泽，即今太湖，[4]因"吴"即今苏州，太湖在其西，古又称"震泽"，且《周易·系辞传》有云"震为雷"，"震""雷"二字相通，加上太湖地处中国东南，又正好与雷泽被置于《山海经》的《海内东经》相符，故此说颇为神话学者们所肯定。[5]然而，事实上太湖虽有"震泽"之别名，但在《左传》中被称为"笠泽"，在《周礼·职方氏》《汉书·地理志》及《山海经》中却被称为"具区泽"，且《山海经》中的"震泽"是被置于《南山经》而非《海内东经》，故上古的地理方位实与后人认知的不同。而以太湖为"吴西雷泽"，应不合理，故此说近来已遭多位学者所驳。

综观以上各家说法，虽各有所本，却终无定论。但神话传说的研究者大多倾向于将流传比较集中的地区视为此一神话传说的发源地。芬兰的安蒂·阿尔奈（Antti Aarne，1867—1965）在谈到幻想故事起源地时说：

更好的证据是对故事传播中心的探求，这需要顾及在一定地区之内故事的整个地理分布，而特别是它的出现频率和普及性。[6]

日本学者柳田国男也曾说道：传说往往有中心，而中心必有纪念物。他说：

传说有其中心点。……传说的核心，必有纪念物。无论是楼台庙

---

[1] 侯哲安：《中国古代南方传说人物考》，载《求索》1983年第4期，第102—107页。
[2] 张振犁：《中原古典神话流变论考》，上海：上海文艺出版社，1991年版，第57—60页。
[3] 程德祺：《伏羲新考》，载《江海学刊》1987年第5期，第62—67页；董楚平：《伏羲：良渚文化的祖宗神》，载《杭州师范学院学报（社会科学版）》1999年第4期，第21—25页。
[4]（清）吴承志纂，刘承干校：《山海经地理今释》卷六，《求恕斋丛书》十一函，第57—58页。
[5] 袁珂《山海经校注》《古神话选释》以及程德祺的《伏羲新考》一文亦持此说。
[6]［美］斯蒂·汤普森：《世界民间故事分类学》，郑海等译，上海：上海文艺出版社，1991年版，第522页。

宇、寺社庵观，也无论是陵丘墓冢、宅门户院，总有个灵光圣址、信仰的靶的，也可谓之传说的花坛发源的故地，成为一个中心。奇岩、古木、清泉、小桥、飞瀑、长坂，原来皆是像一个织品的整体一样，现在却分别而各自独立，成了传说的纪念物。尽管已经很少有人因为有这些遗迹就把传说当真，但毕竟眼前的实物唤起了人们的记忆，而记忆又联系着古代信仰。①

按照柳田国男的说法，在今河南各地及甘肃天水地区仍存在许多与伏羲或伏羲、女娲兄妹婚有关的"纪念物"，河南淮阳的太昊伏羲陵及甘肃天水地区的两座伏羲庙宇即是最好的例证。因此，中原地区可能才是伏羲信仰及神话传说的中心。

而事实上，华夏民族的各族实是由一源分化而出的。如黄帝、炎帝二族，实由氐、羌两族发展分化而成，而夏族则是从称为九州之戎的羌族中分化出去的，姜族四岳又是从也属于九州之戎的姜戎氏分化而出。故伏羲氏族的后裔，很有可能从很早就自黄河上游逐渐向东发展，循着黄河两岸以东进，一直到了黄河下游地区，又与原主要活动于山东地区的东夷诸族融合。而炎帝的部落后来也迁至今山东，据《史记·五帝本纪》正义引《帝王世纪》云："神农氏，姜姓也。……长于姜水……初都陈，又徙鲁。"②《国语·周语》云："齐、许、申、吕由大姜。"③这里的"齐"是指今山东，"许""申""吕"分别指今许昌、唐河、南阳一带，故在西周时，今河南、山东都有姜姓的封邑了。

而伏羲传说的分布之所以如此之广，可能也和伏羲氏族的迁徙有关。按《遁甲开山图注》所言："伏羲生成纪，徙治陈仓。"④陈仓即今陕西宝鸡市，这可能是伏羲氏部落或其中一支从其发祥地沿着渭水向东迁徙到陈仓。又据《古微书》引《孝经援神契》云："伏羲氏画地之制，凡天下山，五千三百七十，居地五十六万四千五十六里。"⑤这些数字我们不知有何根据，但由此可见伏羲氏族四处迁移的范围一定很大。我们今天在西北、西南、中原和华东的广大地区都能看到伏羲的传说和遗迹，可能就是伏羲氏族不断迁移和活动的结果。或许正如芮逸夫所说的：

……究竟伏羲、女娲是汉族还是苗族？这个问题的肯定答案，恐怕

---

① [日]柳田国男：《传说论》，连湘译，北京：中国民间文艺出版社，1985年版，第26—27页。
② 《史记》卷一，第4页。
③ 《国语》卷二，第48页。
④ 《水经注疏》引，第1506页。
⑤ 《纬书集成》，第964页。

是永远不会有的。因为现在既找不到关于伏羲、女娲的史实，以供历史学家的参研，也找不到关于他们的文化遗存，以供考古学上的探讨及民族学上的比证。①

根据近当代学者对于中国古代民族分布的考察可知，上古民族大致可分为西方羌夏、东方鸟夷、南方苗瑶等不同的族系。而由以上的讨论可以发现，西、东、南三大族系都有关于伏羲的神话传说与风物，并皆以伏羲为其民族的始祖。综上可知，由于时代的邈远，伏羲究为何处人可能已无从稽考，然众说纷纭的族系归属现象，反倒证明了：经由文化的传播与交流，伏羲已由原始的传说人物，成为中华民族各族的共同始祖神了。

二、"文化英雄"的神格

由前一章所述伏羲创制各种文明的神话传说，我们可以说伏羲是一典型的文化英雄（Culture Hero）。所谓的文化英雄，是指那些给人类带来有益、意义深远的发明和发现的人物。学者普遍认为文化英雄是一种较原始的神话人物，他们为人类取得各种文化物品，如火、各种可栽培或可吃的植物，制造各种工具，教人类狩猎、捕鱼等技艺，制定某种社会制度，如婚礼、祭典、节庆等。有的民族则把造宇宙之事，如制定天上的星球，安排昼夜或四季、潮汐涨退，造人，培养最早的人等事功也归在文化英雄的身上。②

由于文化英雄为人们带来了许多的文明，改变了人类世界，所以人们常常将他和创世者相混淆，神话传说中许多的创世功绩也都归之于他。因此，在一些较原始的采集狩猎民族中，文化英雄一般都是部族的始祖，而且在许多文化中都一定程度地保存着他作为部族始祖的性质。③

在中国，经由神话的"历史化"作用，上古的部落始祖皆成了所谓的圣王。由于中国自古以来对于各种发明皆极为尊崇，因此，往往会将这些伟大的发明之功归之于所谓的圣人或圣王，如《墨子·辞过》有：

> 古之民未知为宫室时，就陵阜而居，穴而处，下润湿伤民，故圣王作为宫室。④

---

① 芮逸夫：《苗族的洪水故事与伏羲女娲的传说》，见其《中国民族及其文化论稿（下）》，第1051页。

② 语见李福清：《从比较神话学角度再论伏羲等几位神话人物》引 Meletinskij E. M.《文化英雄》一书，收入朱晓海主编《新古典新义》，台北：台湾学生书局，2001年版，第2页。

③ ［日］大林太良：《神话学入门》，林相泰、贾福水译，北京：中国民间文艺出版社，1989年版，第88页，引威廉·施米特所说。

④《墨子》卷一，第28页。

但在此仅提到圣王,而未明言圣王的名号。然自《韩非子》开始,圣王便有了明确的归属。按《韩非子·五蠹》云:

> 上古之世,人民少而禽兽众,人民不胜禽兽虫蛇,有圣人作,构木为巢以避群害,而民悦之,使王天下,号曰有巢氏。民食果蓏蚌蛤,腥臊恶臭,而伤害腹胃,民多疾病,有圣人作,钻燧取火以化腥臊,而民说之,使王天下,号之曰燧人氏。①

在此认为圣王以能发明器物,而后始为人民举以为天子。于是,各家所喜托的古代圣王,如伏羲、神农、黄帝、尧、舜等都开始有了各种各样的发明。如《管子·轻重戊》中便有:

> 虙戏作造六峜,以迎阴阳,作九九之数,以合天道,而天下化之。神农作树五谷淇山之阳,九州之民,乃知谷食,而天下化之。黄帝作钻燧生火,以熟荤臊,民食之无兹胃之病,而天下化之。黄帝之王,童山竭泽,有虞之王,烧曾薮,斩群害以为民利。封土为社,置木为闾,民始知礼也。当是其时,民无愠恶不服,而天下化之。②

于此,伏羲开始被列入制器的圣王之列。

关于圣王制器的故事,以《世本》所记为最多亦最完备,但多集中在黄帝身上。到了《周易·系辞传》中,关于圣王观象制器之说,又较《世本》更为彻底,但凡先秦诸书及《世本》所载的各种器物之发明者,皆一笔抹杀,而将发明之功归之于圣王。其中,首位发明各种器物的圣王便是伏羲。

一般说来,伏羲神话的典型时代应该是以渔猎生活为主,但从前述伏羲相关神话传说中却可发现,伏羲既能教民畋猎、制网罟、以佃以渔,又能教民"去巢穴"之居,同时他又会"钻木作火""冶金成器""教民庖食"等。这和上古时期改善了居住条件,使人类从穴居到巢居的"有巢氏时代",发明火,使人类开始吃熟食的"燧人氏时代",以及教导原始人类开始农耕生产、发明医药的"神农氏时代",都出现了叠合的现象。而继"去巢穴之居"和"钻木作火"之后,随着人类文明的发展,伏羲又成了养蚕、制衣的始祖,尽管在许多记载中都说这是黄帝之妃嫘祖的功绩,但仍有典籍说"伏羲化蚕""做布",或说伏羲"化蚕桑为穗帛……给其衣服"者③。这种现象,固然和人们出于对伏羲的崇拜而对其加以附会有关,但换个角度思考,亦可发现,伏羲神话传说所反映的原始

---

① 《韩非子》卷一九《五蠹》,第1040页。
② 《管子》,第1228页。
③ 《路史·后纪一》以及《广博物志》卷五〇引《皇图要览》。

文明创造成就，其实也没有被固定在某一个神话人物的身上，它有时也会被附会在神农、黄帝等其他古代圣王身上。因此，或诚如钟敬文所说：

> 这里所谓的功绩，大概都是代表一种文化现象产生或发展的阶段。这种文化都是群众在长期的社会实践中逐渐形成的，绝不是一两个文化英雄在短时间里所能创造出来。关于伏羲的功绩的说法，至多只能表明他是个原始社会的文化神。这种神是许多民族所常见的。中国传说的历史里如燧人氏、神农氏之类，大都就是这种性质的人物。这种所谓文化神，虽然是虚妄的，但是他也多少反映了社会历史的某些现象和要求，在生产力非常低下，人类智力发展还在幼年时期的社会里，他对于部落成员的团结、奋斗等，并不是完全不起作用的。①

同理，为反映不同历史时期的现象和要求，人们于是将原始时期初民的各种文化创造和进入文明初期人类所有的文明创造，全部加之于伏羲的名下，来反映各历史阶段的文明进程，从而渐赋予他"文化英雄"的神话性格。

第三节　伏羲神话传说所反映的现象

一、由母性崇拜到父权崇拜

借由对伏羲神话传说发展脉络的考察可以发现，伏羲后来与另一位大神——女娲结合，成为华夏民族的共同始祖。然而，从最早的伏羲神话到后来的伏羲、女娲洪水兄妹婚神话，其演变的过程，并非是一种巧合的发展结果。英国人类学家马林诺夫斯基在原始部落间对于活态神话进行研究时，便曾发现：

> 原始人很少对于自然界有纯艺术或理论科学的关心，在野蛮人的思想与故事之中，象征主义的余地很少。神话，实际说起来，不是闲来无事的诗词，不是空中楼阁没有目的的倾吐，而是若干极重要的文化势力。②

也就是说，神话的产生，其实是不同阶段文化的一种反映，并非是原始人类的向壁虚造。同样的，从伏羲神话传说的内容来看，这类神话可能产生于由母系社会时期向父系社会时期过渡的中间阶段。坎伯（Joseph Campbell, 1904—1987）

---

① 钟敬文：《马王堆汉墓帛画的神话史意义》，载《中华文史论丛》1979年第二辑，第92页。
② [英] 马林诺夫斯基（Malinowski）：《巫术、科学、宗教与神话》，李安宅译，上海：上海文艺出版社，1987年版，第117—118页。

研究指出，在西方文明的演进过程中，其创世神话经历了四个阶段的转变：

1. 世界由无配偶的女神创生；
2. 世界由女神受孕于配偶而创生；
3. 世界由一男性战神自一女神身体上打造而成；
4. 世界由一男神独力创造。①

故无论中外，在原始社会中，人类最初的始祖神多为女性。其原因正如宋兆麟所说的：

> 人类在相当长的历史时期内，是不知道性交与生育之间的关系的，起初被人类所认识的生育泉源是母亲而不是父亲。②

但随着人类智识的开发，人类逐渐意识到生殖的秘密，尤其是男性在生殖过程中的功能，加上男性在生产劳动中所占的体力优势，社会又逐渐演进为以男性为主的父系社会，这才使得原先的女性或女神崇拜逐渐演化为一种男性或男神的崇拜形态。

当然，从女神崇拜转换到男神崇拜的过程并非截然分立的，其间仍应有一段错综纷乱的时期。在这个过渡阶段，为成功地使女性的生殖能力转换到男性神灵的身上，在许多民族中会出现"双性同体"神的现象。而在与伏羲相关的神话传说演变中，如汉唐墓葬艺术中的许多两尾相交或连体形式的伏羲女娲画像等，也都明显地标志着这一过渡期的痕迹。

除了雌雄同体的双性神祇和变性之神外，随着人类意识的发展，以及父权社会制度的发展，此类"双性同体"的神祇又逐渐一分为二，渐有以女神为基型而另外新造出一男神以为配偶，而使之成为兄妹神或夫妻神的现象。如此一来，女神降为男神之配偶，处于从属地位。这种现象，在人类文明的演进中，是一种必然的趋势。如闻一多便曾指出，楚之先妣当是女禄高阳，但在进入父系社会后，就以高阳为原型衍生出一对配偶神——高阳（夫）、高唐（妻），于是高阳成为掌大权的男性始祖神。③又如，史书中将夏、商的始祖神姜嫄、简狄皆配置为帝喾之妻妾，她们就成了名副其实以男性配偶身份而存在的女神，这表示她们不但丧失了其原作为始祖妣的特质，同时也代表着她们渐渐被贬抑到次要

---

① Joseph Campbell, *The Masks of God*, New York: The Viking Press, 1964, p. 86.
② 宋兆麟：《人祖神话与生育信仰》，见御手洗胜等著《神与神话》，王孝廉等译，台北：联经出版事业有限公司，1988年版，第224页。
③ 闻一多：《高唐神女传说之分析》，见《闻一多全集（一）》，第97—99页。

的从属地位。

王晓丽在《中国民间的生育信仰》一书中曾指出男性崇拜与女性崇拜的最大区别是，男性崇拜"强调的是男性社会的整体作用，从抗拒自然到人自身的繁衍，男性代表着一种独有的力量"[1]。从原始的始祖母神女娲造人、补天，到以伏羲为代表人物的男性始祖神阶段，相关的神话传说中渐被附会上各式各样有关他从抗拒自然到创造文明、增进人类福祉等伟大事功的现象。从原本为创世大神的女娲，在后世的神话传说中逐渐为伏羲这位男性创世神所取代，成为伏羲的配偶，并且开始被同列为人类的共同始祖等现象来看，伏羲这位神话传说人物的出现，实标志着人类文明已发展到了以男性为主宰的父权崇拜阶段。

二、"双性同体"的神话思维

在汉唐的许多伏羲、女娲画像中，伏羲、女娲常作连体交尾的形态，他们腰部以上多作人的形象，腰部以下则为蛇躯，两条尾巴紧密地缠绕在一起。这种表现男女同体的伏羲、女娲画像，可能是一种"双性同体"神话思维的表现，同时，也是一种对于祖先崇拜、增强生殖力的巫术力量的象征。

所谓的"双性同体"（androgyny），又称"雌雄兼体"（hermaphroditism），本是一个生物学概念，一般用来表述自然界的植物雌雄同株或现实中某些罕见的生理畸形者。但当此一概念越出了纯生物学界面而被引入人类社会领域之后，其又代表一种文化意义上的超越性别偏颇、克服性别对立的精神内涵。"双性同体"的象征在各民族的早期神话中常以"神界理想"（divine ideal）的方式，出现在其创世神祇的身上。这些神祇多半具有男女双重的性特征，至少兼有男女两性的能力，可不依赖异性创生。[2] 故这些"双性同体"的形象，在许多的原始民族中又多被视为祖先崇拜的一种象征。

而"双性同体"的神话思维在世界文化史上由来甚古，它是一种以性别的非凡神力为根本特征的文化原型。探究其神话思维发生的心理因素，应当是源于人类渴望克服性别的对立、从两性互补中达到强健的心理愿望的表现。美国学者卡莫迪（D. L. Carmody, 1935—）便曾指出：

> 古代人通常将神圣者描绘为两性兼体的，即它是男的又是女的。
> ……事实上，两性兼体是古代人表示全体、力量以及独立自存的普遍公

---

[1] 王晓丽：《中国民间的生育信仰》，北京：社会科学文献出版社，1999年版，第22页。
[2] 廖咸浩：《双性同体之梦：〈红楼梦〉与〈荒野之狼〉中"双性同体"象征的运用》，载《中外文学》第15卷第4期，1986年9月，第123页。

式。人们似乎觉得,神圣性或神性如果要具备终极力量和最高存在的意义,它就必须是两性兼体的。①

故从跨文化的角度来看,"双性同体"的神话思维实具有跨民族和跨地域的广泛性和共通性。

而宗教史学者伊利亚德(Mircea Eliade,1907—1986)在其《比较宗教学模式》中论及这一类神话时则说:

> 由于在神性之中同时存在着所有的禀赋,所以完全必要的是从神性中或明或隐地看到两种性别的合并表现。神圣的双性同体只不过是表达神的二位一体的原始公式;……我们在许许多多的神话和信仰中看到的神圣双性同体都有其自身的神学和哲学的蕴含。这个公式的本义在于用生物性别的语汇表达在神性核心中同时并存的两种对立的宇宙论原则(阴与阳)。②

因此,在"双性同体"观念形成或诉诸语言文字的神话原型之前,它作为一种原始意识与形态,应非常广泛地存在于世界各地彼此封闭的原始部族中的图腾崇拜物和其他遗物之中,其在人类历史上起源古老又影响深远。

以古代中国为例,如1961年于四川巫山大溪文化第64号墓中出土的一尊两面石雕人物,便是一以黑色火山灰岩制成的"双性同体"塑像,塑像的两面各有一人头像,为一男一女,面部器官为阴刻。③此外,在河南安阳的殷墟妇好墓也出土过一件男女裸体玉雕像,原报告称:"淡灰色,裸体,作站立状。一面为男性,另一面为女性。男性为椭圆脸,双目微突,大耳,长宽眉,头上梳两个角状发髻,耸肩,双手放胯间,膝部略内屈,以不同线条表示冗肉。女性的形象与男性相近似,唯眉较弯,小口,双手置腹部,脚下有伸出的短榫,似作插嵌之用。"④

另如内蒙古昭乌达盟宁城南山根夏家店上层出土了一件两侧曲刃的青铜短剑,剑柄上铸有裸体立像,一面为男,双手抚腹,一面为女,双手上抬交叉于胸前,胸部突出。而内蒙古的呼伦贝尔盟达斡尔族则有一种叫作"喀拉尼—喀

---

① [美]邓尼丝·拉德纳·卡莫迪(D. L. Carmody):《妇女与世界宗教》,徐钧尧、宋立道译,成都:四川人民出版社,1989年版,第14页。
② 转引自叶舒宪:《"诗言志"辨——中国阉割文化索源》,载《文艺研究》1994年第2期。
③ 四川长江流域文物保护委员会文物考古队:《四川巫山大溪新石器时代遗址发掘记略》,载《文物》1961年第11期。
④ 中国社会科学院考古研究所编:《殷墟妇好墓》,北京:文物出版社,1980年版。

拉尼"的木雕偶像物，是传说中的祖先神，其形两头两身两腿，头和身体是连在一起的。据说该神是保护神，又主宰生育。①

另外，还有一些与"双性同体"雕塑像相似的"双性同体"绘画形象。如1988年在新疆呼图壁县雀儿沟境内的天山腹地发现了一幅表现史前时期生殖崇拜的巨型岩雕画②，画面中便有一个"双头同体"的人像。王炳华在其《呼图壁康家石门子生殖崇拜岩雕刻画》一文中表示，这幅双头人体像，"表现了岩刻民族的始祖观念"③。

法国人类学家列维·布留尔曾指出原始思维有两个特性：一是原逻辑性，一是神秘属性。在神秘属性下，所有的经验和自然现象对初民来讲都是不为察觉的，他们不需要去对自然现象寻求解释，也无须等待经验来确证存在物和客体的神秘属性，人们往往会把自己的一些臆想、幻想投射到感知的外物上，于是在思维中形成虚实混同、真假参半的表象，这就是所谓的"互渗律"。④而这种原始思维是一种以形象直观的思维为基础，并由积淀相当程度的社会文化内涵之集体表象所形成的⑤，它常以类化的方式展现在神话中。

而恩斯特·卡西尔也认为："神话的真正基质不是思维的基质，而是情感的基质。""神话和原始宗教绝不是完全无条理性的，它们并不是没有道理或没有原因的。但它们的条理性更多地依赖于情感的统一而不是依赖于逻辑的法则。这种感情的统一性是最原始最强烈最深刻的推动力之一。"⑥

因此，神话思维并不是抽象的概念和严密的逻辑，而是具体的表象和感情的体验，这些具体的表象和原始人的主体意识密切相关。所以，在原始思维中，"看得见的世界和看不见的世界是统一的，在任何时刻里，看得见的世界的事件都取决于看不见的力量。""任何事情，即使是稍微有一点儿不平常的事情，都立刻被认为是这种或那种神秘力量的表现。……离开了看不见力量的支持，任何事情都

---

① 民委办公室：《达斡尔族情况》（内部资料），1957年，第31页。转引自宋兆麟：《中国生育信仰》，第207页。
② 王炳华：《新疆呼图壁生殖崇拜岩画》，北京：北京燕山出版社，1992年版。
③ 王炳华：《呼图壁康家石门子生殖崇拜岩雕刻画》，载《新疆文物》1988年第2期。
④ [法]列维·布留尔：《原始思维》，丁由译，北京：商务印书馆，1981年版。
⑤ 其中所谓的"表象"是指客体现象在主体记忆中所内化的感知映象，它不再是纯智力的事实，而是包含了认识主体在内化过程中的投射和幻化；而集体表象则又具备了表象的世代沿袭性和集体共同性等特征。
⑥ [德]恩斯特·卡西尔：《人论》，甘阳译，上海：上海译文出版社，1997年版，第127—128页。

得不到成功。"①故人们对自然和人生的各种现象如人类的诞生等，都不是以它们的自然性和科学性去解释，而是以一种与主体密切相关的感受去体验，并幻化出一种超自然和人性的神，然后通过想象神的具体活动将自己的解释表达出来。

故这些特殊的"双性同体"人像器物，除了是基于艺术形式上"对称美"原则外，可能仍有其特殊的社会意义——希望通过外在形象上的两性交合，来达到现实生活中两性的合二为一，并突显其神圣的巫术力量。故有学者便根据这些大量的文献、民俗学和民族学资料认定，"双性同体并不是单纯的美学形式，而是一种繁殖巫术"②。

同样的，在许多民族的创世神话中，以"双性同体"的神祇作为创世神或人祖之神的情形也非常普遍。如在埃及的神话中，地球四域的四位大神，又被称为八联神，实际上便是四男四女，八个形体。地神格卜和天神努特原来也是相互拥合、难以分离的，后来是他们的父亲（一作其子）大神舒将努特即天宇高高举起，努特才与她的兄长，也就是她的丈夫——地神格卜相分离的③。而在新西兰的毛利人中，也流传着天和地被扯开而分离的故事：天神拉吉和他的妻子芭芭在无止境的性拥抱中联为一体，无法分开，他们产生了诸神和万物。后来，这对夫妻被他们的孩子（或其他神）扯开而分离。在墨西哥的神话中，主宰繁衍的男神托纳卡特库特利和女神托纳卡西瓦特利，在神秘的宇宙结合和受孕中，为宇宙万有奠定了始基。④这一双性至高神不仅担负起开天辟地的伟业，而且也是创造生命和人类的始祖。

此外，"双性同体"不论是作为民俗母题还是神话母题，都具有其特殊的象征意涵。一般而言，成功的双性人通常都生具某种异禀，在特定的范围内往往能人所不能，例如能沟通灵异，能未卜先知，能纾难解困，能起死回生，甚至于性能力特异，等等。他之所以能被赋予这许许多多的奇能异禀，基本原因乃是因为其双性同体，故能超越一般历史存在的特质，与人类或个体创生前的混沌母体有所接触，而自其中汲取凡人所没有的能力。⑤

---

① [德]恩斯特·卡西尔：《人论》，甘阳译，上海：上海译文出版社，1997年版，第127—128页。

② 宋兆麟：《生育神与性巫术研究》，北京：文物出版社，1990年版，第212页。

③ [美]塞·诺·克雷默编：《世界古代神话》，魏庆征译，北京：华夏出版社，1989年版，第8页、52页。

④ [美]塞·诺·克雷默编：《世界古代神话》，魏庆征译，北京：华夏出版社，1989年版，第416页。

⑤ Mircea Eliade, *The Two and The One,* Translated by J. M. Cohen, Chicago: University of Chicago Press, pp. 113–116.

由于"双性同体"此一意象广泛地存在于先民的原始思维中，在世界上的许多民族中形成了一种跨文化的神话"原型"。因此，伊利亚德便曾就人类向往"双性同体"或"两极共存"的境界之心理背景，作了如下精辟的阐释：

> 这些许许多多各式各样，多少都隐含了"两极共存"、两极再整合（reunion of opposites），或细部集体统合（totalization of fragments）此一母题的神话、象征、仪式、秘法、传说与信仰，所透露的讯息是什么？其一，乃是人类对于其生存情况——我们所谓的人类处境（human condition）——的深刻不满。人类觉得自己被肢解了，被拆散了。……因为他时而觉得自己与一种力量惊人，一种与自己本质完全相异的东西隔绝了，时而觉得自己已被阻绝于一种难以定义而且没有时间性的状态之外；对于这个状态他虽然没有明晰的记忆，但在他存在的深处却始终记得，那是一个时间与历史都还未开始前，他一度徜徉其中的原始状态。……从某种角度而言，我们可以说，许多隐涵"两极共存"母题的信仰，都流露出一种对失乐园（Lost Paradise）的追怀；这个失乐园乃是一个似非而是的吊诡境界。[1]

可知，"双性同体"物的形成背景，除了是对初民时期的一种追怀外，更是人类对于存在的先天限制之不满的一种潜意识表现，故在许多民族的原始艺术中并不难见到各式"双性同体"的形象。

而在秦汉至隋唐时期的各墓室中，之所以大量出现这类伏羲、女娲人首蛇身、两尾相交的形象，其目的除了有借此以表达当时人们对共同始祖神及图腾的崇拜心理外，可能更有希望通过他们二者交尾或对称的组合形式，来反映他们对"双性同体"神祇所具备之生殖、繁育，以及"两极共存"对偶神所具有的统合阴阳两极之巫术力量的深切企望。

三、神话传说的"集约化"现象

伏羲作为华夏民族的始祖神，本即是原始时期人们崇拜的主要对象，甚至往往同时兼备各种神灵的功能，故在流传的过程中，又明显地与不同系统的始祖神产生合并的现象。就正如吴天明所说的：

> 创世神（始祖神）是所有神灵的总根，后世神话中各种各样的神灵，甚至包括一些害神恶鬼，全部都是这个树根上发出的枝叶。[2]

---

[1]［德］恩斯特·卡西尔：《人论》，甘阳译，上海：上海译文出版社，1997年版，第108—110页。
[2] 吴天明：《中国神话研究》，北京：中央编译出版社，2003年版，第27页。

例如，滇川交界处的藏族、普米族、摩梭人所共同崇拜的"巴丁喇木"女神，便是三族共同的繁殖女神、保护女神、狩猎女神、森林女神、美丽女神和性交女神。[①] 因此，在许多关于伏羲创制文明的神话传说中，伏羲又与燧人、神农、黄帝、太昊，甚至仓颉的创造发明神话相合并，从而形成一种重新整合后的伏羲神话传说内涵。

而民间文学由于其本身的流传性、口头性、变异性等特质，往往又会将许多相关的内容，集中在一个易于记忆的人的身上或故事的情节之中，并形成前因后果的关系，这种现象，在中国的民间文学作品中表现得又特别突出。如胡适在为《三侠五义》作序时，便提出了中国历史上有一种所谓"箭垛式的人物"的说法，他说：

> 历史上有许多有福之人。一个是黄帝，一个是周公，一个是包龙图。上古有许多重要的发明，后人不知是谁发明的，只好都归到黄帝的身上，于是黄帝成了上古的大圣人。中古有许多制作，后人也不知道是谁创始的，也就都归到周公的身上，于是周公成了中古的大圣人，忙的不得了，忙的他"一沐三握发，一饭三吐哺！"这种有福的人物，我曾替他们取个名字，叫作"箭垛式的人物"。就同小说上说的诸葛亮借箭时用的草人一样，本来只是一扎干草，身上刺猬也似的插着许多箭，不但不伤皮肉，反可以立大功，得大名。[②]

可知，在民间的作品中，为了表现某种思想情感，往往会把某些具有较广泛意义的相关内容，或者是某些特定历史时期的生活内容附会到某个人物或事件上，由于这种附会和捏合，便创造出了许多箭垛式的人物。

又由于在民间文学发展的过程中，一般大众往往以某些为众人所熟知的人物形象作为主角，不断地编各种故事，同时也吸收各种已经流传在当地的零散的、片断的故事情节，甚至所有的故事内容，使得以此一人物为主的故事逐渐扩充、发展，而形成一个故事群。这种故事群会将某些特征特意地突出、集中地归于一个代表人物的身上，使得此一人物的形象"类型化"。

同样的，中国古代神话传说中的人物，在其流传过程中，也经常会出现集约化的现象。所谓集约化，是指神话传说往往将历史长河中所累积的许多文化机制，采用压缩、隐含的手法，重新整合并安置在某一神祇或数代神祇的身上。此

---

① 杨学政：《原始宗教论》，昆明：云南人民出版社，1991年版，第194—202页。
② 胡适：《胡适文存》第三集卷五，第441页。

外,不同族系的神话系统间也会在不断地流失与增益间,发生合并、渗透的情况。①而这种集约化现象实是来自人类记忆的必然作用。卡西尔对记忆理解如下:

  记忆包含着一个认知和识别的过程,包含着一种非常复杂的观念化过程。以前印象不仅必须被重复,而且还必须被整理和定位,被归在不同的时间瞬间上。②

  它与其说只是在重复,不如说是往事的新生;它包含着一个创造性和构造性的过程。……我们必须真正地回忆亦即重新组合它们,必须把它们加以组织和综合,并将它们汇总到思想的一个焦点之中。③

所以,各神话谱系间错综的纠葛,由表象来看是借由意象的交织与重组创造新神,或原有神祇的职能被分化给诸位新神的过程,于是神祇变多;但是从本质上来看,借由各个性质相类神祇神性的淘汰与重组,神族数量反而不会增多,因为在各神话谱系交流的背后,更代表民族的融合,民族的融合又必定带动也必须要求一位更高神祇的产生。在民族融合的趋势下,自然会在相近的神祇中挑选一位显赫的大神以超越地域观念,统合广大人民。相形之下,其余多数部族神祇之神格的黯淡、神职之单化、神性之萎缩乃在所难免;而所创造的新神身份往往超越各族系、地域的区隔,集合原有众神的多种意象,所以神位是特别高的。

因此,在伏羲神话传说中,无论是作为上古氏族部落首领、圣王感生,还是其创育人类、创制文明等,在民间流传的过程中,也都经由这种集约化的作用,使得伏羲成为集创世始祖、圣王、文化英雄等多种形象与职能于一身的万能、至高神灵,且形象更加丰富、典型化。然在另一方面,这一典型化的形象,又促使更多相类的故事,如制衣、作杵臼、作琴瑟、制九针等,都被附会到了他的身上。如此不断地循环,并受到不同阶层的借用与"文化覆盖"现象的影响,便使得与伏羲相关的神话传说更加丰富与多样,并渐渐被赋予了各种新的象征符号,受到不同阶层民众的崇信与敬祀。

而有关伏羲的神话传说,大约到了两汉时期,便在这种集约化的作用下,发展到了鼎盛的局面。它一方面丰富了伏羲神话的意象,并提升了伏羲在上古神话世界的神格;但另一方面,神格提高了,神性丰富了,遂使得其神性及职能

---

① 王锺陵:《中国前期文化—心理研究:原始意识及文明发展分流之比较》第二篇,重庆:重庆出版社,1991年版。
② [德]恩斯特·卡西尔:《人论》,甘阳译,上海:上海译文出版社,1997年版,第79—80页。
③ [德]恩斯特·卡西尔:《人论》,甘阳译,上海:上海译文出版社,1997年版,第81页。

渐趋模糊。而神的模糊，往往象征着崇拜可能的滑落。所以，在后世的发展中，伏羲除了受盘古创世神话出现的影响，而失去其至高神的崇高地位外，在后面第五章与第六章的叙述中我们将可发现，在汉代的墓室中，伏羲从早期墓室或祠堂中居最上层位置的始祖神地位，或逐渐转化为保护神或升仙引路人，或只充作众仙中的一员，地位大不若前。逮至在后来的佛教、道教信仰或民间信仰中，他又一降而成为佛祖麾下的宝吉祥菩萨、道教的下三皇，甚至沦为民间信仰中的医药和卜卦之神。

第五章 伏羲神话传说的另一发展——伏羲与墓葬文化

经由前面几章中对于伏羲神话传说之形成与意义及其演变发展等相关问题的探讨可知，伏羲此一神话传说人物，不但经由神话"历史化"的作用，变成了上古三皇之首，更由于他与神话传说中的另一创世大神——女娲，后来同被尊奉为华夏民族的共同始祖，故自战国时期以来，伏羲的形象便常常被刻绘在各种墓葬装饰艺术中，或被视为创世始祖神而崇奉着，或与日、月结合作为墓室中调和阴阳的象征。尤其是到了汉代以后，由于受到雷神神话以及龙蛇崇拜的影响，不论是在汉代的画像中，还是在新疆吐鲁番地区的隋唐绢帛画中，他又往往与女娲结合在一起，或作为祖先神被奉祀于墓祠之中，或成了墓室的守护神，被刻绘于墓室的壁画或砖石之上，成为汉代画像中一对重要的主神。

第一节 先秦墓葬文化中的伏羲

在中国，以图案来装饰墓室的风俗由来已久，早在商代的侯家庄1001号大墓中，就已发现有雕刻花纹的木板[1]，可知，墓室装饰在中国的发展甚早。但由于中国早期的墓穴多受到木椁墓形制本身的限制[2]，墓中不能容人走动，因此较少有类似墓室装饰的画像出现，所以基本上来说，蕴含特定观念的墓葬画像约初创于战国时期。经历年来的挖掘与发现，考古所出土较具有代表性的战国时期墓葬艺术品包括河南信阳长台关一号楚墓出土的锦瑟漆画、湖北随县擂鼓墩曾侯乙墓出土的漆棺和漆箱绘画、湖北荆门包山2号楚墓出土的漆奁绘画、湖南长沙子弹库一号楚墓出土的缯书和帛画、湖南长沙陈家大山楚墓出土的帛画、湖

---

[1] 高去寻：《侯家庄第二本1001号大墓》（下册），台北："中央研究院"，1962年版，图版Ⅷ。
[2] 木椁墓最早出现在大汶口文化的墓葬中，其基本结构为由地面垂直向下开掘一长方形土圹，作为放置棺椁的墓室。椁室之构造一般均为长方箱形，椁皮结合以凹槽榫卯为主要方法。椁内可再分隔出大小不同的空间，以放置棺木及随葬品。蒲慕州：《墓葬与生死——中国古代宗教之省思》，台北：联经出版公司，1993年版，第55页。

北江陵马山1号楚墓出土的锦绣、江苏淮阴高庄和山东长岛等地出土的大批画像铜器等。从这些墓葬出土的绘画艺术品中，大致可归纳出，战国时期墓葬绘画的内容主要包括以下三个方面：一是由众多神人灵异构成的诡秘怪诞世界，二是由人物和人物活动构成的人间现实场面，三是由日月星辰构成的宇宙天象景致。① 而早期中国人的灵魂观念与丧葬信仰系统，就是由这些神人灵异、日月星辰构筑而成的。

学者比较一致地认定，作为华夏民族的创世大神出现于墓葬艺术中的最早的伏羲形象，是长沙马王堆1号汉墓出土的西汉初年的T形帛画中那个人首蛇身像。但事实上，可能早在战国时期的曾侯乙墓内漆箱及五弦琴上，就已有疑似伏羲和女娲的图像出现了。

曾侯乙墓是1978年在湖北随县擂鼓墩出土的一座战国中期的大型木椁墓，椁内置有两重漆棺。墓内除漆棺外，还另有两个漆箱，而在其中一个漆箱盖的边缘处，则绘有两条头尾颠倒、躯体相交缠绕的人面双头蛇（图3）。郭德维通过考证认为，由漆箱盖顶上的扶桑、日、日中之鸟及月、月中蟾蜍来推断，画面上的那两个人面蛇身而又反向互相缠绕的动物应该就是传说中的伏羲、女娲。②

图3 曾侯乙墓漆箱上的伏羲、女娲

此外，郭德维又在墓中的另一五弦琴上，发现琴面尾端的前部绘有两幅人面神图案（图4），这两幅图案一上一下，二神均为人面蛇躯，且其中一神绘了胡须，说明为男性，另一个未绘，可能是女性，两神同躯，关系亲密。加上又是绘在乐器上，因此郭先生认为他们是目前所发现最早的伏羲、女娲。③ 若此说成

---

① 贺西林：《古墓丹青——汉代墓室壁画的发现与研究》，西安：陕西人民美术出版社，2001年版，第143页。

② 郭德维：《曾侯乙墓中漆篋上日月和伏羲、女娲图像试释》，载《江汉考古》1981年第S1期，第56—60页。

③ 郭德维：《曾侯乙墓中漆篋上日月和伏羲、女娲图像试释》，载《江汉考古》1981年第S1期，第63—68页。

图4 曾侯乙墓五弦琴·人面神

立的话，那么伏羲形象用于墓葬艺术中的时间就又可向前推进许多。

曾侯乙墓中出现的这两个人面"双性同体"物，与后世许多的伏羲、女娲人首蛇身、两尾相交的形象非常近似；至于他们是否就是伏羲和女娲，则仍有待进一步的考订。虽然，目前我们并不能完全确定曾侯乙墓漆箱及五弦琴上这两个双头蛇形象就是伏羲和女娲，但至少可以确定，这种人首蛇身、两尾相交的形象，其形成时间至晚可追溯至战国时期。被刻绘在墓葬的艺术品中，说明它应是具有一定的神秘力量的。

同样的，在战国时期的墓葬中，另一更明确标志着伏羲神话的则为1942年于湖南长沙子弹库出土的楚帛书。此帛书长47厘米，宽38.7厘米，四边对应东、西、南、北，环绕绘有春、夏、秋、冬四季十二月的彩色神像，神像旁还附有说明文，载明十二月的月名和每月适宜的行事和禁忌，末尾则载有每个月月神职司或主管的事。另外，在四周神像的中央有两篇文字，主要内容是描述天象灾异、四时生成，并有伏羲、女娲遇洪水之灾的经过。关于帛书的结构、性质和意义，目前学术界各有不同的解读[1]，至今仍未获得较一致的定论。但从整个帛书中所绘的十二月神像和四季神，以及中间所述的文字可以看出，整个帛书所要表现的是一个由天、地、人、神所组成的宇宙，其中，创世者伏羲夫妇令四季之神开天辟地，从而使得"殊有日月，四神相代，乃步以为岁，是惟四时"。从帛书中说伏羲生下四时之神，在一片混沌之中令四神开天辟地，使得日月与四季分明来看，伏羲在战国时期是被视为至高无上的创世神而崇奉着的。战国时期的贵族阶级将这种带有宇宙意涵的图像和文字放在墓葬之中，有可能是因为这种图像具有引领亡灵实现个体生命的永存与不朽的象征意义。

---

[1] 商承祚：《战国楚帛书述略》，载《文物》1964年第9期，第8—20页；陈梦家：《战国楚帛书考》，载《考古学报》1984年第2期，第137—157页；连劭名：《长沙楚帛书与中国古代的宇宙论》，载《文物》1991年第2期，第40页。

由楚帛书的文字记载,我们大致可以归纳出:至晚到了战国时期,伏羲的形象应已被运用在一些墓葬之中,并且与女娲已形成对偶神的关系,拥有至为崇高的地位;然其形象并不固定,在墓葬文化中的功能亦无法确定。

第二节 汉代墓葬文化中的伏羲

自汉代始,由于受到当时社会风气、宗教信仰以及墓室建筑形制的演化等因素的影响,以各种图案随葬或装饰墓室的风气大为盛行,墓葬艺术因而有了空前的发展。

汉代的墓葬艺术中,最早出现伏羲形象的应属长沙马王堆1号汉墓帛画上的人首蛇身像。而除了随葬物之外,在汉代的许多壁画墓,墓室画像石、画像砖上,也出现了数量不少的伏羲形象。这些画像有的被刻在祠堂内,有的被刻在墓室的屋顶上,有的被刻在门阙上,还有很多则被刻绘在墓室的石壁上。而其所代表的意义,又都随着时代与地域的不同而有所变化。此外,汉代社会及信仰的嬗变,亦影响着伏羲形象在墓室中位置的改变。

一、汉代墓葬艺术兴起的历史背景

汉代墓葬画像艺术的兴起,事实上与汉代的社会风气、宗教信仰以及墓室建筑本身的改变有密切的关系。

首先,在社会因素方面,两汉之际由于受到墨家"尚鬼"思想的影响,认为人死后会变成鬼神,并且还会有知觉,因此,便形成了厚葬的风俗。这股崇尚厚葬的风俗,助长了各地墓葬装饰艺术的兴起。

而汉朝建立之初,由于长年的争战,社会经济遭到严重的破坏,于是采取了休养生息的政策。到了武帝时期,国家在经过了数十年的休养生息、积聚财富后,开始出现了"府库余货财,京师之钱累巨万,贯朽而不可校"的繁荣景象;加以武帝在即位后的第二年便开始大修陵寝,而茂陵的修建,开一代厚葬之风。所谓"上有所好,下必甚焉",于是,在全国各地也兴起了厚葬的风俗。据《汉书·成帝纪》所云:

> 方今世俗奢僭罔极,靡有厌足,公卿列侯亲属近臣,四方所则。……或乃奢侈逸豫……车服嫁娶埋葬过制。吏民慕效,浸以成俗。[1]

---

[1] 《汉书》卷十,第324—325页。

据桓宽《盐铁论》的记载：

> ……今富者绣墙题凑，中者梓棺楩椁，贫者画荒衣袍，缯囊缇橐。①

可知，西汉厚葬之风的盛行，是遍及朝野上下各阶层的。

到了东汉时期，厚葬之风更甚。据载，东汉和帝的慎陵占地"三百八十步"②，安帝的恭陵则"高十五丈"③。上行下效，于是京师贵戚，郡县豪家，比附之风，有过之而无不及，而民间亦弥漫着一股厚葬之风。

另一方面，由于神仙思想的盛行，汉代统治者多向往神仙，多方企求长生不死之妙方。加以当时人又普遍相信"人死辄为鬼神而有知"的观念，"谓死如生，闵死独葬，魂孤无副，丘墓闭藏，谷物乏匮，故作偶人以侍尸柩，多藏食物，以歆精魂"④。而在儒家思想中，孝道又占有极为重要的地位，厚葬则又是表达"孝思"的一种常见方式，人们也相信厚葬与子孙后代的昌盛有关⑤。于是，社会上兴起了一种"生不极养，死乃崇丧"的厚葬思想。很多人"积浸流至，或破家尽业以充死棺"⑥，正如东汉的王符在其《潜夫论·浮侈篇》中所说的：

> ……京师贵戚，必欲江南檽梓豫章楩柟；边远下士，亦竞相仿效……然后到雒，工匠雕治，积累日月，计一棺之成，功将千万。……东至乐浪，西至敦煌，万里之中，相竞用之，此之费功伤农，可谓痛心！……今京师贵戚，生不极养，死乃崇丧，或至刻金镂玉，檽梓楩柟，良田造茔，黄壤致藏，多埋珍宝，偶人车马，造起大冢，广种松柏，庐舍祠堂，崇侈上僭。宠臣贵戚，州郡世家，每有丧葬，都官属县，各当遣使赍奉，车马、帷帐、贷假待客之具，竞为华观……今天下浮侈离本，僭越过上亦已甚矣。⑦

---

① （汉）桓宽撰：《盐铁论》卷六《散不足论》，天津：天津古籍出版社，1983年版，第335页。
② 《后汉书·礼仪志下》载："和帝慎陵，山方三百八十步，高十丈。无周坦，为行马，四出司马门。石殿、钟虡在行马内。寝殿、园省在东。园寺吏舍在殿北。隄封田三十一顷二十亩二百步。"第3149页。
③ 《后汉书·礼仪志下》载："安帝恭陵，山周二百六十步，高十五丈。无周坦，为行马，四出司马门。石殿、钟虡在行马内。寝殿，园吏舍在殿北。隄封田一十四顷五十六亩。"第3149页。
④ 黄晖撰：《论衡校释》卷二三《薄葬》，北京：中华书局，1990年版，第961页。
⑤ 据《后汉书·袁安传》所载："初，安父没，母使安访求葬地，道逢三书生，问安何之，安为言其故，生乃指一处，云：'葬此地，当世为上公。'须臾不见，安异之。于是遂葬其所占之地，故累世隆盛焉。"见《后汉书》卷四五，第1522页。
⑥ 《论衡校释》卷二三《薄葬》，第961页。
⑦ （汉）王符撰，（清）汪继培笺，彭铎校正：《潜夫论笺校正》，北京：中华书局，1985年版，第134—140页。

甚至还有节约生者用度以事死者的情形，如崔寔的《政论》中便有：

> 念亲将终，无以奉遣，乃约其供养，豫修亡殁之备，老亲之饥寒，以事淫汰之华称，竭家尽业，甘之而不恨。①

故桓宽感慨地以为：

> 今生不能致其爱敬，死以奢侈相高，虽无哀戚之心，而厚葬重币者则称以为孝，显名立于世，光荣著于俗，故黎民相慕效，至于废屋卖业。②

又由于厚葬风气的盛行，汉人唯恐死者"魂孤无副"，加以迷信各种画像能庇佑死者，使魂神速还，于是墓室中经常可见各种壁画及石刻。

关于画像的风气，从许多原始时期的岩画中可知其起源甚早。到了西汉时期更被普遍运用于装饰宫室。《史记·封禅书》记载，齐人少翁（方士）对武帝说："宫室被服非象神，神物不至。"乃作画云气车及各以胜日驾车辟恶鬼。又作甘泉宫，中为台室，画天、地、太一诸鬼神，而置祭具以致天神。③可见，在当时人的观念中，绘画可用于崇拜神仙。

此外，在民间的信仰中，画像可以使人长治久生，并使魂神速还，因此，道教主张"悬象"，以使凶神退却。如道教典籍《太平经》有云：

> 悬象还，凶神往。夫人神乃生内，返游于外，游不以时，还为身害，即能追之以还，自治不败也。追之如何，使空室内傍无人，画像随其藏色，与四时气相应，悬之窗光之中而思之。……万疾皆愈。④

> 夫神生于内……欲思还神，皆当斋戒，悬象香室中，百病消亡；不斋不戒，精神不肯还反人也。⑤

> 上古神人戒弟子后学者为善图象，阴佑利人常吉，其功倍增。阳善者，人即相冗答而解。阴善者，乃天地诸神知之，故增倍也。⑥

从这些记载可以看出，早期道教思想以为"人神生于内"，所以必须画像，使魂神速还，悬象以使凶神速离。至于愚者或不信道者，若轻忽画像一事，或为恶图象，也自有其报应。《太平经》载：

> 上古神人真人诫后学者为恶图象，无为阴贼，不好顺事，反好为害

---

① （清）严可均校辑：《全上古三代秦汉三国六朝文·全后汉文》卷四六引，北京：中华书局，1958年版，第724页。
② 《盐铁论》卷六，第356页。
③ 《史记》卷二八《封禅书》，第1387页。
④ 王明编：《太平经合校》，北京：中华书局，1960年版，第14页。
⑤ 王明编：《太平经合校》，北京：中华书局，1960年版，第22—28页。
⑥ 王明编：《太平经合校》，北京：中华书局，1960年版，第455—456页。

嫉妒，令人死凶。……故画像以示后来，贤明得之以为大诫。[①]

至于"古之求寿，不失其道"者，也不可忘画像之本元，要"画图以示后来"，并使"万万余世，不可阙也"[②]；而汉代墓葬中的画像，可能也在道教信仰的推波助澜之下，更具有其神秘的力量。[③]这种现象，可能是古人思维中一种对文字、图像所具魔力的崇信，即凡是可以说出、写出、绘出的事物，在一定宗教仪式的转化下，便可成为实际存在于此一世界或另一个世界中的事物，[④]这也是古代宗教中再生仪式和死后世界信仰之所以能成立的基本原因。

而据北魏郦道元《水经注·济水注》引晋人戴延之所作《西征记》言及焦氏山北数里，有汉司隶校尉鲁恭冢：

> 冢前有石祠、石庙，四壁皆青石隐起，自书契以来，忠臣、孝子、贞妇，孔子及弟子七十二人形像，像边皆刻石记之，文字分明。

又载：

> 黄水东南流，水南有汉荆州刺史李刚墓。刚字叔毅，山阳高平人。熹平元年卒。见其碑。有石阙、祠堂、石室三间，椽架高丈余，镂石作椽瓦。屋施平天造方井，侧荷梁柱。四壁隐起，雕刻为君臣官属、龟龙麟凤之文，飞禽走兽之像，作制工丽，不甚伤毁。[⑤]

由此可见，汉晋之际，在墓地祠堂中绘忠臣、孝子、贞妇、飞禽鸟兽等各种画像，已蔚然成风。

但从出土的许多汉代墓室画像和随葬品内容中可以发现，当时人们相信，死后世界的日常生活和活在人世时是相似的。王充在其《论衡》一书中对当时人的死亡观念有这样的描述：

> 是以世俗内持狐疑之议，外闻杜伯之类，又见病且终者，墓中死人，来与相见，故遂信是，谓死如生。闵死独葬，魂孤无副，丘墓闭

[①] 王明编：《太平经合校》，北京：中华书局，1960年版，第457—458页。

[②] 王明编：《太平经合校》，北京：中华书局，1960年版，第723页。

[③] 据俞美霞《东汉画像石与道教发展——兼论敦煌壁画中的道教图像》一书中的考证，画像石的出现，与道教的发展有必然的关系。以现今出土的汉代画像石来看，其地域涵盖了四川、安徽、山东、河南、河北、江苏、浙江、江西、陕西、湖北等地。而这些地区正好都是道教兴起或盛行的地方，如山东、徐海地区为早期道教的发源地，四川地区为五斗米道的发展源头，河南地区有太平道的兴起，陕北地区则有骆曜及太平道的余绪。台北：南天书局，2000年版，第45—58页。

[④] Thorkild Jacobsen, *The Treasures of Darkness*: *A History of Mesopotamian Religion,* New Haven: Yale University Press, 1976, pp. 14—15.

[⑤]《水经注疏》，第778页。

藏，谷物之匮，故作偶人以侍尸柩，多藏食物以歆精魂。[1]

从许多墓葬中遗册所开列的随葬品皆为地下世界一般日常生活的必需品，其中包括车马衣食等日用器物以及各类奴婢仆从等可知，在当时人的观念里，死后的世界与阳世无异。所以，墓室画像有可能不仅是一种对生前实际生活的描述，更是一种具有实质意义的随葬品。例如，山东苍山的一座墓室画像石刻题记中，便有这样的一段文字：

> 元嘉元年八月廿四日，立郭（椁）毕成，以送贵亲。魂零（灵）有知，怜（怜）哀子孙。治生兴政，寿皆万年。薄（簿疏）郭中，观画后当。朱爵对游（仙）人，中行白虎后凤凰。中直柱，只（双）结龙，主守中［溜］辟邪央（殃）。……使女随后驾鲤鱼，前有白虎青龙车，后［即］被轮雷公君，从者推车。[2]

由以上这段叙述我们可以推知，在当时人的想象中，死后的生活景况应该也是热闹而缤纷的。此外，从一些砖文中还出现了如"长乐未央""寿若太山"[3]"长生寿考"[4]等字眼，以及以神仙生活为譬喻的铭文[5]可知，在两汉时期，人们已将对于来世生活的关心逐渐具体化，因而使得各类墓葬装饰艺术由此而勃兴。至于画像在墓中出现的位置，可说是无所不在，除了各主要墓室的四壁与四顶之外，门柱、门楣、门扇，乃至耳室、甬道、墓道之中，都可能有画像。

除了信仰的因素外，墓室形制的改变也是墓室画像兴起的关键原因之一。自西汉以后，砖室墓开始出现。砖室墓的规模一般较木椁墓为大，后来发展出"人"字形的墓顶形式，由于斜坡屋顶式的结构宛如活着的人所居之房舍屋顶，再加上有横梁、雕刻画像、墓门等，更加强了其作为"地下居所"的象征意义。而随着墓室形制的改变，人们产生了希望能提供给死去的亲人一个更为适意的生活环境的动机，于是渐渐有了在墓室中模仿活人居室中绘制壁画的情形出现。故邢义田在《汉代壁画的发展和壁画墓》一文中以为，汉代墓室艺术的兴起与兴

---

[1]《论衡校释》卷二三《薄葬》，第961页。

[2] 山东省博物馆、苍山县文化馆：《山东苍山元嘉元年画像石墓》，载《考古》1975年第2期，第126—127页；方鹏钧、张勋燎：《山东苍山元嘉元年画像石题记的时代和有关问题的讨论》，载《考古》1980年第3期，第271—272页。

[3] 周世荣：《长沙白泥塘发现东汉砖墓》，载《考古通讯》1956年第3期，第58页。

[4] 湖南省文物管理委员会：《湖南长沙南塘冲古墓清理简报》，载《考古通讯》1958年第3期，第1—4页。

[5] 如东汉时期的铜镜上便有这样的文字："福熹进兮日以萌，食玉英兮饮澧泉，驾文龙兮乘浮云，白虎□兮上泰山，凤凰舞兮见神仙，保长命兮万寿年，周复始兮八子十二孙。"见孔祥星、刘一曼：《中国古代铜镜》，北京：文物出版社，1984年版，第77页。

盛可能与西汉早中期之际，富有人家的居室墙壁上喜欢以壁画作为装饰的流行风气有关。①

而到了东汉，由于佛教早已传入中国，其构拟出的一套天堂、地狱之说，更强化了人死后有另一世界的观念，加上道教"长生不老""羽化升仙"等思想的助长，反映在墓葬风俗中，人们便开始用各种艺术装饰坟墓，设计并构筑一个理想舒适的阴间世界，让亡灵在墓中有一个安适的生活空间，于是形成了各种神秘又绮丽的墓葬装饰艺术。他们绘制了各种各样的神圣祥瑞，以作为对未来世界的一种精神寄托。

汉代画像自形成以来，经过不断地尝试与改造，逐渐形成一套具系统性且完整的墓葬图式体系。在这个图式体系中，人们表达了自先秦以来所逐步形塑出的深邃且又复杂的丧葬观念与信仰。其所代表的意义与功能，或许可以从王延寿在《鲁灵光殿赋》的叙述中反映出来：

……然其规矩制度，上应星宿，亦所以永安也。……乃立灵光之秘殿，配紫微而为辅，承明堂于少阳，昭列显于奎之分野。……于是详察其栋宇，观其结构，规矩应天，上宪觜陬。傀伟云起，嶔崟离楼。三间四表，八维九隅。……云楶藻棁，龙桷，画橡为龙……图画天地，品类群生。杂物奇怪，山神海灵。写载其状，托之丹青。……灵光殿……据坤灵之宝势，承苍昊之纯殷。包阴阳之变化，含元气之烟煴。玄醴腾涌于阴沟，甘露被宇而下臻。朱桂黝修于南北，兰芝阿那于东西。祥凤翕习以飒洒，泪芳香而常芬。神灵扶其栋宇，历千载而弥坚。永安宁以祉福，表与大汉而久存。实至尊之所御，保延寿而宜子孙。……神之营之，瑞我汉室，永不朽兮。②

从以上的描述可以看出，鲁灵光殿的建筑布局、形制结构以及图像配置，充分地展现了汉代阴阳五行观念下的宇宙空间概念，也反映了人们对祈求福寿、永恒不朽的期望。而墓室中所刻绘的各式各样神灵祥瑞图像，其目的除了是为死者模拟舒适的死后生活外，更是人们希望借由这些图像，以使死者的灵魂得以永生和不朽。

---

① 邢义田：《汉代壁画的发展和壁画墓》，见《"中央研究院"历史语言研究所集刊》第57本第1分，第155页。

② 《文选》卷一一《鲁灵光殿赋并序》，第508—518页。

二、汉代墓葬艺术中的伏羲

（一）湖南长沙马王堆 1 号汉墓帛画

西汉初期，伏羲在中国神话的神谱中，仍占有至高无上的创世神地位。就今所知见，汉代初年的墓葬文化中仍能表现对伏羲创世大神崇敬的，要属湖南长沙马王堆 1 号汉墓出土的 T 形帛画上的人首蛇身像。

湖南长沙马王堆 1 号汉墓的出土是中国考古史上一项重要的发现，在这批保存堪称完整的随葬物品中，又以彩绘帛画最引人注目。帛画出土时画面朝下，覆盖在内棺的棺盖上，画幅呈"T"字形，下面的四角缀有飘带，全长 205 厘米，上宽 92 厘米，下宽 47.7 厘米。它的顶端边缘包着一根竹棍，竹棍的两端系有丝带，可以悬挂。画的绢地呈棕色，用朱砂、石青、石绿等矿物颜料，绘成神话传说以及人物等图像（图 5）。

关于此墓的年代，据马雍的推论，是在汉惠帝二年至景帝中元五年之间（公元前 193—145），其下限可能不会晚于汉文帝三年（公元前 177），是一座西汉初年的墓，墓主人是官居长沙国丞相的轪侯利伥家的一个贵族妇女。[①]至于帛画的名称、性质和功能，历来学者各有不同的看法。[②]

从整幅帛画的构图可以看出，基本上，华盖以上为"天堂仙境"，有日、月、升龙及天门；天

图 5　马王堆 1 号汉墓帛画线描图

[①] 马雍：《轪侯和长沙国丞相——谈长沙马王堆一号汉墓主人身份和墓葬年代的有关问题》，载《文物》1972 年 9 期，第 14—21 转 47 页；马雍：《论长沙马王堆一号汉墓出土帛画的名称和作用》，见湖南博物馆编《马王堆汉墓研究》，长沙：湖南人民出版社，1981 年版，第 266 页。

[②] 关于帛画的名称、性质与功能，学者多有看法，意见不一。首先，在名称上，主要有两种看法：一种认为是"非衣"，一种认为是"旌铭"。关于帛画的功能，主要有三种意见：一种认为它是招魂用的，一种认为它是引魂用的，另一种则认为它是起辟邪作用的。另外，在帛画的图像结构方面，又有两种看法：多数学者认为画面分为三个部分，但也有学者认为应可分为四个部分。至于画中图像的考定，尤其是画面上部那个人首蛇身像，亦有许多不同的说法。参文物出版社编：《西汉帛画》，北京：文物出版社，1972 年版；林河、杨进飞：《马王堆汉墓飞衣帛画与楚辞神话、南方神话比较研究》，载《民间文学论坛》1985 年第 3 期，第 12 页。

门以下至托盘力士以上为"人世间",画死者将要升天,有二人跪迎,后有三侍女随从,是从人间到天堂的过渡阶段;祭享场面以下的则为"阴曹地府",画死者生前宴饮及其他神物。[1] 整体而言,画像的创作者将宇宙天象的自然景观,和各个具有不同功能的神仙灵异结合在一起,构绘了一幅奇幻谲丽的天堂乐土图景。其中,人间祭享的场面表明墓主的亲属正在设祭祈祷,希望墓主的魂可以顺利升入天堂仙界。代表"人世间"部分的羽饰上有两个人面鸟身的羽人,则是作为墓主之魂的召唤者,其上的图像代表墓主生命形态的转换已经完成,两条巨龙正载着其灵魂升腾而通往天堂之路。而华盖以上的"天堂仙境",便是墓主之魂所要到达的最终归宿。

图 6 马王堆 1 号汉墓帛画人首蛇身像

在帛画顶部的正中,有一人首蛇身的形象(图 6),高踞于整幅画幡的最顶端。此人披长发,发的末端搭在蛇身之上,上半身穿蓝色衣,足以下作红色的蛇身,环绕蟠踞。对于这一人首蛇身的形象,学者多有论辩,至今仍众说纷纭。有人认为此神应是烛龙[2],有人则认为是镇木神[3],郭沫若认为应是"女娲"[4],钟敬文则提出了"伏羲说"[5],而孙作云也认为此一人首蛇身神应是伏羲[6]。

虽然,此一人首蛇身像的身份,学界迄今仍未达成定论,但钟敬文曾在其《马王堆汉墓帛画的神话史意义》一文中,通过详细的论证与分析,提出了认定人首蛇身像即是伏羲的以下四个理由:

1. 伏羲在古代神话、宗教和传说的古史里有显赫的地位;
2. 伏羲的形象常见于汉代以后的坟墓石刻以及绢画中;

---

[1] 林河、杨进飞:《马王堆汉墓飞衣帛画与楚辞神话、南方神话比较研究》,载《民间文学论坛》1985 年第 3 期。
[2] 安志敏:《长沙新发现的西汉帛画试探》,载《考古》1973 年第 1 期,第 43—53 页。
[3] 顾铁符:《座谈长沙马王堆一号汉墓》,载《文物》1972 年第 9 期,第 9 页。
[4] 郭沫若:《桃都、女娲、加陵》,原载《文物》1973 年第 1 期,后收入《马王堆汉墓研究》,第 277—278 页。
[5] 钟敬文:《马王堆汉墓帛画的神话史意义》,载《中华文史论丛》1979 年第 2 辑,第 76—81 页。
[6] 孙作云:《长沙马王堆一号汉墓出土画幡考释》,载《考古》1973 年第 1 期,第 55 页。

3. 伏羲和太阳、月亮有着密切的关系；

4. 伏羲的形象特点是人首蛇身。

根据钟敬文的分析，并将之与两汉时期的相关文献记载和出土文物相对照，确实可以发现汉初正是伏羲信仰最兴盛的时期。在文献记载中，伏羲又被称为"东皇太一""泰帝"，而汉代初年"太一"信仰兴盛，因此，在汉代的许多石刻画像中都刻绘有伏羲的形象。而伏羲的形象，诚如第二章所述，由于受到圣王神话及图腾崇拜作用的影响，其最大的特色便是人首蛇身。虽然，在汉代的画像中，羲和、常羲有时亦作人首蛇身的形象，但他们的出现，必会伴有日、月。而在帛画中这位人首蛇身神居整幅画的最高位置，并未伴有日、月，又从楚帛书中所记的伏羲、女娲于洪水后创造宇宙世界的神话内容来看，伏羲在早期的神话中乃创世大神。

虽然，有部分学者以为在汉画像中伏羲和女娲多呈对偶神的形式出现，因而主张帛画中这个人首蛇身像不是伏羲；但从后面将提及的山东梁山后银山汉墓壁画中有一单独出现的人首蛇尾像，而其旁有榜题"伏生"亦即"伏羲"的形象可推知，在汉代画像中，伏羲不必然与女娲同时出现。而马王堆1号墓T形帛画上的这一人首蛇身像仍有可能就是伏羲。如果是伏羲的话，那么伏羲形象运用于汉代墓葬文化中的时间应仍算早了。

（二）汉代墓室壁画中的伏羲画像

除了帛画外，汉代墓葬艺术主要还包括一些壁画墓、画像石墓和画像砖墓等。

从西汉晚期开始，河南、河北以及辽阳等地区开始出现了一种壁画墓，其形制主要是将空心砖或石板墓的墓室墙壁施以彩绘装饰，以代替雕刻或模印的墓室装饰方式。[①]以壁画墓而言，目前已发现属两汉时期，存有伏羲形象的就有河南洛阳卜千秋壁画墓[②]、河南洛阳浅井头壁画墓[③]、河南洛阳烧沟61号壁画墓[④]、河南洛阳偃师辛村壁画墓[⑤]、河南洛阳北郊石油站壁画墓[⑥]及山东梁山后银山汉

[①] 中国社会科学院考古研究所编：《新中国的考古发现和研究》，北京：文物出版社，1984年版，第447—451页。

[②] 洛阳博物馆：《洛阳西汉卜千秋壁画墓发掘简报》，载《文物》1977年第6期，第1—12页。

[③] 吕劲松：《洛阳浅井头西汉壁画墓发掘简报》，载《中原文物》1996年增刊《洛阳考古发掘与研究》专号，第80页。

[④] 洛阳区考古发掘队：《洛阳烧沟汉墓》，北京：科学出版社，1959年版。

[⑤] 洛阳市第二文物工作队：《洛阳偃师县新莽壁画墓清理简报》，载《文物》1992年第12期。

[⑥] 洛阳市文物工作队：《河南洛阳北郊东汉壁画墓》，载《考古》1991年第8期。

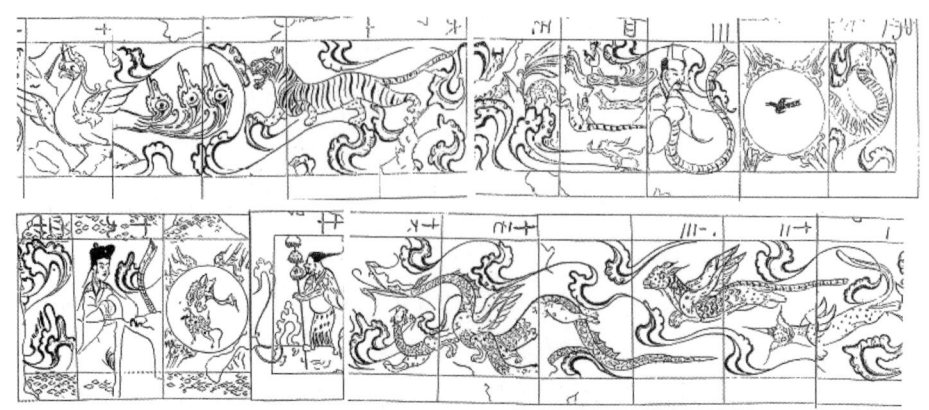

图 7　洛阳卜千秋汉墓主室顶壁画线描图

墓[①]等六座。

1. 河南洛阳卜千秋壁画墓

洛阳卜千秋壁画墓发掘于 1976 年,为西汉昭宣时期(公元前 86—前 49 年)的一座壁画墓,由于墓内出土了一方铜印,阴刻有篆书"卜千秋印"四字,故可知墓主人为卜千秋。此墓除主室前后壁绘有少量的图像外,大部分的图像主要集中在由多块空心砖拼接而成的脊顶上。壁画主要描绘了天堂的景象和壮观的升天场面,由西向东依次绘有鱼妇、日、伏羲、乘凤乘蛇之人、九尾狐、蟾蜍、玉兔、人物、白虎、朱雀、怪兽、青龙、持节羽人、月、女娲、瑞云,中间则穿插着流云(图 7)。

画面中伏羲、女娲屈肘笼手于袖,各自面对身侧巨大的太阳和月亮而分居画面的西、东两侧,伏羲胸前的日中有金乌,女娲胸前的月中则绘有桂树和蟾蜍,代表着阴、阳两极,中间则为引导和护卫亡灵升天的羽人以及天界的四方神灵。

卜千秋墓的发掘者认为这样的图像情节应该代表着整个墓室是由东向西、由外向里展开,代表着古人对于太阳自东向西的认识。[②]王元化则认为画面的正确方向应是由西向东、从里向外展开,而图像应是背阳向阴而动,最后止于女娲处;而墓主人夫妇背靠伏羲、面向女娲的这种图式,则表明墓主人夫妇已死,正在飞升。[③]王昆吾则认为日西、月东,动物由西向东的趋奔,展示了冥间天体由

[①] 杨子范:《山东梁山后银山村发现带彩绘的古墓》,载《文物参考资料》1954 年第 3 期,第 118 页;关天相、冀刚:《梁山汉墓》,载《文物参考资料》1955 年第 5 期,第 43—44 页,图版三。

[②] 洛阳博物馆:《洛阳西汉卜千秋壁画墓发掘简报》,载《文物》1977 年第 6 期,第 9 页。

[③] 王元化:《卜千秋墓壁画试探》,见王元化《文学沉思录》,上海:上海文艺出版社,1983 年版,第 165 页。

180

图 8　河南洛阳浅井头汉墓主室顶壁画·伏羲与日、女娲与月

西向东的运行。①

2. 河南洛阳浅井头壁画墓

年代略晚的洛阳浅井头壁画墓,除了在墓室斜坡上画有瑞云外,也是将壁画全部绘于脊顶的七块空心砖上。图像亦是由里向外展开,分前后两段,前段依次为朱雀、伏羲、日、怪兽、应龙、羽人乘龙、朱雀、蟾蜍、龙蛇穿璧、蓐收、月、女娲,后段则为瑞云(图8)。

其中伏羲位于日左侧,人首龙躯,长尾勾绕于日轮右侧,日中则有展翅飞翔的金乌,代表着阳之主掌神;另一端则绘有女娲人首蛇尾,长尾勾绕在月轮的左侧,月轮内绘有蟾蜍、玉兔,为主阴之神。综观此墓的图像,前段是包括朱雀、青龙、日、伏羲等代表东方、南方的神灵,应具有象征着阳的力量;而后段则是像女娲、月、蓐收、蟾蜍、蛇等代表西方、北方的神灵,具有象征着阴的力量;整个墓室脊顶的图像和卜千秋墓的图式有些类似,都反映了引魂升天、生命不朽的意愿。

3. 河南洛阳烧沟 61 号壁画墓

河南洛阳烧沟 61 号壁画墓壁画主要绘于后壁、隔梁梁柱、隔梁楣额、隔梁楣额上部两面、前堂脊顶和门额内上方等处。而在隔梁正面横梁上方有一组画面,中间方砖上端的正中间是朱雀,砖的左边是白虎,右边是青龙;而砖的上端两角左为蟾蜍,右是枭羊;方砖下段中央为一系红裙、形象较大的怪物,怪物两臂上各立一人,均为双手托盘状,而怪物头上方的左边是一着红裙、形象狰狞的人,右边是一熊,两边的三角形砖上绘有各种神人以及熊、天马等灵兽。孙作云认为这组图像表现的是驱邪打鬼的大傩仪式,并考证出画面中间形象较大的怪物是传

---

① 王昆吾:《论古神话中的黑水、昆仑和蓬莱》插图解说,见其《中国早期艺术与宗教》,上海:东方出版社,1998 年版,第 165 页。

说中的方相氏。[①]而郭沫若则指出画面中间方砖上的图像表现的是天地四方、日月阴阳和飞禽走兽，并且指出，怪物两臂上的人为代表着阴阳的男女，他们双手所托的盘状物象征着日、月。[②]有学者在结合了孙作云和郭沫若的说法后断定，怪物右臂托日和左臂托月的人首蛇尾形象，应该就是伏羲和女娲，[③]他们手托日、月，象征着主掌阴、阳。

尤其值得注意的是，在这几座较早出现的汉墓壁画中，象征大阳的神灵和东方的日与伏羲被放在墓顶的西方，而象征大阴的神灵和西方的月与女娲反被放到墓顶的东方，这与传统以伏羲与日代表阳性及东方，女娲与月代表阴性及西方的观念恰恰相反；而由其他神灵位置的紊乱也可约略看出，这些图像的阴阳关系是错乱的，似乎应该把西侧的伏羲伴日和东侧的女娲伴月相互置换，其阴阳关系才可得以顺畅。而这种图像结构的错误，也致使学者对其产生了各种不同的解释。或有学者从大量的汉代墓葬艺术中所表达的引魂升天、祈求再生的观念来看，以为此一图像的由阴向阳，应是象征着由死复生的希冀；或有学者主张这很可能是由于当时画工或建墓工匠缺乏相应的知识所造成的，[④]而类似的情形在一些汉画像砖中也经常可以看到。

4. 河南洛阳偃师辛村壁画墓

及至新莽时期的偃师辛村汉墓壁画中，也看得到伏羲、女娲的形象。在偃师辛村汉墓中，前隔梁是由上而下横卧的两块空心砖构成的一个梯形画面，画面正中绘有一蹲踞状的庞大怪物，怪物口大如盆，利齿如锯，而怪物的两侧则各绘一人首蛇躯的形象，蛇躯分别穿绕于怪物的两臂上，左边的人首蛇躯像为一有八字胡的男子，双手托月轮，月中生桂树（图9.1），右边则为一女子，双手托日轮，日中有金乌。两神均戴黑冠，通体涂白底，躯尾局部施紫、绿两色，衣领、袖口处加朱彩，五官用线描勾绘（图9.2）。原报告和研究者都认为中间的怪物是方相氏，两侧奉月捧日的则为羲和、常仪（又称"常羲"）。[⑤]然而，据文献

[①] 孙作云：《洛阳西汉壁画墓中的傩仪图——打鬼迷信、打鬼图的阶级分析》，载《中原文物》1987年特刊《洛阳古墓博物馆》创刊号，第118—125页；孙作云：《洛阳西汉壁画墓考释》，载《中原文物》1987年特刊，第106—108页。

[②] 郭沫若：《洛阳汉墓壁画试探》，载《考古学报》1964年第2期，第4页。

[③] 贺西林：《古墓丹青——汉代墓室壁画的发现与研究》，西安：陕西人民美术出版社，2001年版，第21页。

[④] 贺西林：《古墓丹青——汉代墓室壁画的发现与研究》，西安：陕西人民美术出版社，2001年版，第36页。

[⑤] 洛阳市第二文物工作队：《洛阳偃师县新莽壁画墓清理简报》，载《文物》1992年第12期，第5页；汤池：《汉魏南北朝的墓室壁画》，见《中国美术全集·绘画编12·墓室壁画》，上海：上海人民美术出版社，1988年版；黄明兰、郭引强：《洛阳汉墓壁画》，北京：文物出版社，1996年版，第126页，图五、六。

182

1. 伏羲　　　　　　　　2. 女娲

图9　河南偃师辛村汉墓壁画

所载，羲和、常羲二神均为女性①，与图像中的一男一女形象并不相符。故此二人首蛇躯的形象，实际上应该是伏羲和女娲才对。

由于伏羲、女娲和羲和、常羲这两对神话人物都是手托日、月圆轮，故在一些汉代的画像中，伏羲的形象常会和传说中的羲和形象有某些相似之处。

在相关的神话传说中，羲和确实与日有关，据《淮南子》载：

　　日出于旸谷，浴于咸池，拂于扶桑，是谓晨明。……爰上羲和，爰息六螭，是谓悬车……

高诱注云：

　　日乘车驾以六龙，羲和御之，日至此而薄于虞泉，羲和至此而回六螭。②

但在文献记载中，并未见过关于羲和人首蛇身的叙述，而王延寿的《鲁灵光殿赋》中则明确记载西汉前期宫殿壁画中的伏羲、女娲形象是"伏羲鳞身，女娲蛇躯"。至于文献中对于羲和、常羲的记载则比较混乱，如有文献记载羲和并非一人，而是羲氏、和氏二者的并称；又有文献说羲和为日御，但月御又不是常羲，而是望舒。可见，羲和、常羲两神的功能非常含混，而在汉代，伏羲、女娲的影响力却非常大。最重要的是，羲和、常羲只是日、月之神，但在众多的汉画中，这些人首蛇身像有许多是除了擎日、擎月之外，手中并持有规、矩，代表阴、阳的。加上在有的壁画中，甚至可判然若揭地分辨出为一男一女的形象，

---

① 《山海经·大荒西经》有"帝俊妻常羲"，《山海经·大荒南经》云："东南海之外，甘水之间，有羲和之国。有女子名曰羲和。方浴日于甘渊。羲和者，帝俊之妻，生十日。"从这些记载来看，羲和生九日，为日母，常羲为月之母，二者都是帝俊的妻子，因此二神均为女性。

② 《太平御览》卷三引，第144—145页。

而在《山海经》等文献的记载中，羲和、常羲分别是日、月之母，并且都是帝俊的妻子，均为女性。由此可证，汉画像中人首蛇身的日、月神应该就是伏羲、女娲了。

5. 河南洛阳北郊石油站壁画墓

洛阳北郊石油站壁画墓为东汉前期墓葬，墓中壁画主要绘于中室穹窿顶、中室两侧以及中室甬道的两壁。在中室穹窿顶东部绘有一人首龙躯擎日者，西部则绘有一同为人首龙躯的擎月者。擎日者为女子形象，修眉细目，小口朱唇，面容饱满俊秀，双手高举内有金乌的红色日轮；擎月者则为男子形象，高面阔额，修眉细目，小口朱唇，唇上有八字胡，面貌英俊，双手高擎着内藏蟾蜍的月轮。据原发掘报告的说法，擎月者应为女娲，蓄胡的现象可能是由于在较早的传闻中，女娲可能是男性所造成。①但亦有学者主张，此一形象的组合与洛阳偃师辛村壁画中的伏羲、女娲组合相同，同是女娲擎日、伏羲奉月，之所以会出现这样的组合，若非画工的知识不足，则可能是由于以大阴之神女娲配大阳之精的日，以大阳之神伏羲配大阴之精的月，便赋予了阴阳观念以新的内涵，这种阴阳之主和阴阳之精的相错位和替换，既蕴含着阴、阳两种强大力量的交合，同时还象征着宇宙万物的平衡与协调。②

6. 山东梁山后银山壁画墓

此外，在西汉晚期到东汉早期的山东梁山后银山墓中出现了明白标示为"伏羲"的图像（图10）。墓室藻井上绘有日、天象；东壁绘大树；西壁分上下两层，

图10　山东梁山后银山壁画墓

---

① 如《世本·姓氏》云："女氏，天皇封弟娲于汝水之阳，后为天子，因称女皇。"而在较早的传闻中，女娲可能是男性神。而《山海经》中谓其"一日七十变"，故本墓壁画中的男性女娲或许是其"一日七十变"之一变。参洛阳市文物工作队：《河南洛阳北郊东汉壁画墓》，载《考古》1991年第8期。

② 贺西林：《古墓丹青——汉代墓室壁画的发现与研究》，西安：陕西人民美术出版社，2001年版，第63页。

上层绘天界,有人首蛇尾的男性、凤凰和神人宰牛的场面,下层绘有由数辆车乘、骑吏和人物组成的车马出行队伍;南壁绘屋宇人物;北壁则上绘流云、龙和联璧图案。而特别值得注意的是在人身蛇尾像旁出现了"伏生"的榜题文字(图11)。过去曾有一些学者怀疑汉画像石中的人首蛇身像未必是伏羲、女娲,以为只是人首蛇尾的造型或羲和等神。而此一有"伏生"榜题的画像至少可以证明,汉代墓葬艺术中许多的人首蛇身或人首蛇尾形象,可能即为在两汉时期具有一定地位的创世大神伏羲。

图11 山东梁山后银山壁画榜题"伏生"人首蛇身像

(三)汉代墓地祠堂中的伏羲画像

从西汉中后期开始,伏羲和女娲又开始出现在一些墓地祠堂墓室或地下墓室的画像砖石上,成为墓室中重要的神祇。

墓地祠堂又称祠庙,是墓祭祖先之处。由于"古不墓祭",故在墓地上设祠堂,可能是在墓祭盛行后的汉代才出现的。①

综合古代文献记载及考古学发现来看,汉代的墓地祠堂,按其建筑用材不同,可分为两类:一类为土木结构祠堂,如西汉中期的满城中山靖王刘胜及王后墓,另一类则为石结构祠堂。从考古发现来看,这类石结构祠堂多集中分布在今山东省西南部、江苏北部的徐州地区和安徽省北部地区。其形式有两种:一种是可以供人出入的大型祠堂,有的还在祠内置有祭台,可摆放祭器、供品,如山东长清孝堂山郭氏祠堂、山东嘉祥武氏祠堂等;还有一种则是不能容身的小型祠堂,如山东嘉祥宋山出土的汉画像小祠堂。

---

① 关于汉代墓地祠堂的由来,目前历史学界和考古学界有两种截然不同的意见,一种意见认为墓地祠堂在先秦时期就已经出现了,如杨鸿勋:《关于秦代以前墓上建筑的问题》,载《考古》1982年第4期;杨鸿勋:《"关于秦代以前墓上建筑的问题"要点重申——答杨宽先生》,载《考古》1983年第8期。另一种意见则认为墓祭用的墓地祠堂是在墓祭盛行后的汉代才出现的,见杨宽:《中国皇帝陵的起源与变迁》,东京:学生社,1982年版;杨宽:《中国古代陵寝制度史研究》,上海:上海古籍出版社,1982年版。

1. 东壁伏羲执矩

2. 西壁女娲执规

图 12　山东长清孝堂山郭氏祠堂画像线描图（图版来自林巳奈夫《汉代の神神》附图 13）

据学者考证，这种祠堂大小类同于昔日农村所见的土地庙。①

在这些石祠中，可见刻绘有伏羲和女娲画像的包括山东长清孝堂山郭氏墓石祠②、山东嘉祥武氏石祠③、山东肥城栾镇村石祠④、山东滕县西户口出土画像石⑤和徐州青山泉白集村发现的一座残毁祠堂画像石⑥上的女娲画像。其中，伏羲的形象最早见于山东长清孝堂山郭氏墓的祠堂。

山东长清孝堂山郭氏墓石祠是一座单檐悬山顶两面坡的南向石祠，表面呈双向开间形式，为中国现存最早也是最完整的一座地面房屋建筑。据其画像石的雕刻技法及题刻铭文可以推断其年代最迟不晚于公元 1 世纪，即东汉初年。⑦

在长清孝堂山郭氏祠堂中，伏羲、女娲的形象分别列于东、西两壁上。东、西两壁呈对称格局，伏羲位于东壁山墙三角尖顶部，人身蛇尾，面北执矩而立（图 12.1）；女娲则位于西壁山墙的三角尖顶部，人首蛇身，手持规状物，旁有一

---

① 蒋英炬：《汉代的小祠堂——嘉祥宋山汉画像石的建筑复原》，载《考古》1983 年第 8 期，第 741—751 页。

② 罗哲文：《孝堂山郭氏墓石祠》，载《文物》1961 年第 4、5 期合刊。

③ （清）冯云鹏、冯云鹓编著：《金石索（下）》，台北：台联国风出版社、中文出版社联合印行，1974 年版；贾庆超：《武氏祠汉画石刻考评》，济南：山东大学出版社，1993 年版。

④ 王思礼：《山东肥城汉画像石墓调查》，载《文物参考资料》1958 年第 4 期。

⑤ 山东省博物馆、山东省文物考古研究所编：《山东汉画像石选集》，济南：齐鲁书社，1982 年版，图 228、229。

⑥ 南京博物院：《徐州青山泉白集东汉画像石墓》，载《考古》1981 年第 2 期，第 147 页。

⑦ 李发林：《略谈汉画像石的雕刻技法及其分期》，载《考古》1965 年第 4 期；李发林：《孝堂山石室墓主考》，见《山东画像石研究》，北京：文物出版社，1987 年版。

对男女相向而跪（图 12.2）。这里的伏羲和女娲，与前面所述西汉至东汉早期各壁画墓上的伏羲、女娲形象，无论在位置或作用方面，基本上是相同的，二者各司其职，是以对应关系出现的。这种最初的对应关系，可能就像前面在壁画墓的部分中所说的，是源于汉代人意识中的阴阳调和观念。

除了长清孝堂山祠堂的画像中出现有伏羲、女娲的形象外，同属山东地区祠堂的还有嘉祥县武梁祠西壁画像石（图13）伏羲、女娲图。该石分为五层，最上层锐顶部刻着西王母和许多奇禽异兽；第二层自右至左刻有伏羲、女娲、

图13　山东嘉祥武梁祠西壁画像石

祝融、神农、黄帝、颛顼、帝喾、尧、舜、禹、桀等中国古代传说中的一些帝王。其中，伏羲、女娲均人身蛇尾，二尾交缠。女娲执规，伏羲持矩，他们中间还有一小孩。另在左边隔栏上则有"伏戏仓精，初造王业，画卦结绳，以理海内"的榜题文字。

诚如前面所述，过去有学者怀疑汉代画像中许多人首蛇身、两尾相交的形象，或未必是伏羲和女娲，但从武梁祠第三石的榜题中明确标示着"伏戏仓精，初造王业"的文字说明，则可以确定此一形象即是传说中始创人类的伏羲和女娲。而两人长尾勾缠，则可能暗示着两人的夫妻关系，由此可知，至晚到了汉代，伏羲和女娲已被赋予创育人类的始祖功能。

此外，在武梁祠左石室屋顶前坡东段画像（图14）中也刻有伏羲、女娲的形象。此石画面分四层。第一层刻神人出行。第二层刻仙人及伏羲、女娲等，其中伏羲、女娲位置偏右，女娲执规，伏羲执矩，二尾相互交缠。女娲后方有两个人身蛇尾女侍者，一人手举便面，她们后面刻有半个长发小人；伏羲头戴斜顶高冠，面向右，其身后有一个头戴双角帽、肩生双翼、腿作双尾形的仙人，手举便面，但便面已剥落，此仙人面向伏羲，当为侍者。[①] 由四周所绘的仙人及祥瑞来看，可知此为仙人世界的象征。

---

① 朱锡录：《武氏祠汉画像石》，济南：山东美术出版社，1986年版。

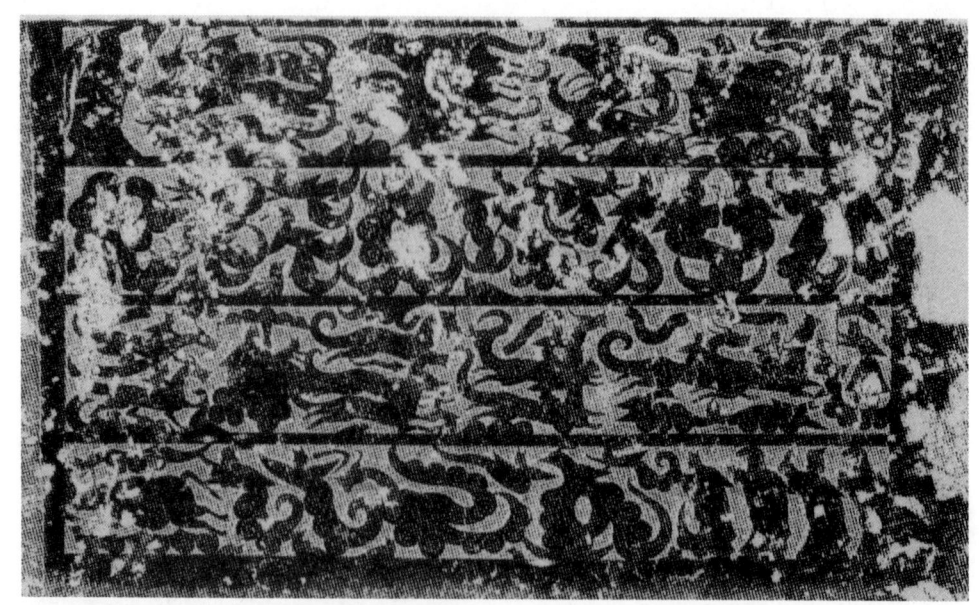

图 14 山东嘉祥武梁祠左石室屋顶前坡东段画像

另在武梁祠左石室后壁小龛西侧的画像（图 15）中，也有伏羲、女娲的形象。此石分三层。第一层刻管仲射小白的故事。第二层刻荆轲刺秦王的故事。第三层中刻有伏羲、女娲，伏羲头戴斜顶高冠，女娲头戴五梁华冠，均为人身蛇尾，尾相缠。伏羲执矩，女娲举规，背相向。当中两个小仙人，尾也相交缠。伏羲面前还刻一长尾、肩生双翼的小仙人，其下刻云纹。云纹中有两鸟头伸出，女娲面前有一长尾小女仙飞翔，其下也有鸟头、云纹，左上方一榜无题字。①由周围相关的图像主题及整个画面来看，这应也是神仙世界的象征。

图 15 山东嘉祥武梁祠左石室后壁小龛西侧画像

①朱锡录：《武氏祠汉画像石》，济南：山东美术出版社，1986 年版。

另一个在山东地区的则为肥城栾镇村的画像石（图16、17）。此墓为东汉初年汉章帝建初八年（公元83）所建，在藻井东面盖顶和前室东壁，都有伏羲、女娲手持规、矩列于上层的画像。[①]此处的伏羲、女娲分居楼阁顶的两侧，可能是为了因应画像石要将所有图案刻于同一画面的限制。而将伏羲、女娲绘置于楼阁左、右两侧最高处，则可能也与壁画墓中的伏羲、女娲分居脊顶的东、西两侧意义相近。

图16　山东肥城栾镇画像石之一

图17　山东肥城栾镇画像石之二

此后，伏羲和女娲的形象就较少见于墓室的藻井或山墙尖顶上。这可能是由于随着汉代社会的发展与信仰的变迁，尤其是自西汉末年以来西王母信仰的兴起，伏羲和女娲作为至高创世神的地位逐渐被取代。因此，在后来的画像中，伏羲和女娲的神话职能也大为减弱，他们的画像一般多见于墓室或墓门上，盖取其辟除邪恶、引领死者灵魂飞升仙界之意，他们不再高踞众神之首，只可充作仙班的众神灵之一员。

而由楚帛书的记载可知，早在战国时期，伏羲、女娲可能已形成了夫妻关系，成了生育人类的祖先。但在汉代以前，除了楚帛书的记载之外，伏羲、女娲可能还没有形成非常明确的对偶关系。从汉代的各种墓室壁画及画像中可以发现，可能是基于社会的需求，人们为了追求心理上的平衡，也希望神和人一样具有夫妻关系，于是使之渐渐朝着世俗化的人性关系发展。伏羲、女娲多作人首蛇身，或相对而立，或两尾相交的形象，开始大量地以对偶的姿态出现在汉代的各种画像石刻之中，成为汉代神画中除西王母、东王公之外另一对重要的主要神灵。

[①] 王思礼：《山东肥城汉画像石墓调查》，载《文物参考资料》1958年第4期。

此外，在汉代的各式祠堂中，亦有以伏羲、女娲为上古圣王而将其置于"人间现实世界"中者，如在东汉晚期的山东嘉祥的武梁祠中，伏羲被置于西壁画像的第一层最右边，图像旁则刻有"伏戏仓精，初造王业，画卦结绳，以理海内"的题记，其左依次为远古传说中的帝王。由武梁祠的画像配置来看，左右两侧最顶端三角形的两个山墙所代表的是最高的神灵位置，由东王公、西王母分据东、西，而伏羲、女娲画像则被放置在代表人间世界的历史故事类画像的第一幅位置，显然是富有深意的。这种配置，除了推伏羲为"初造王业"的古代帝王之首外，更是将伏羲和女娲视为创造人类的始祖，可见伏羲在有汉一代由于神话传说的不断扩大增衍，而被赋予了多种职能与形象。

（四）汉代地下墓室中的伏羲画像

除了墓室壁画与墓地祠堂之外，在汉代的各种地下墓室中，也有不少以伏羲、女娲为题材的墓葬艺术品。

概括而论，这一时期的画像墓可以分为纯石结构的画像石墓[①]和砖石混合结构的画像砖墓[②]两种。就目前所发现的汉代画像石墓、画像砖墓来区分，其基本上可以分为四大集中区域：一是以山东省西南部和江苏省西北部的徐州市为中心的山东省全境、安徽省北部、河南省东部和河北省东南部组成的广大区域；二是以南阳市为中心的河南省西南部和湖北省北部地区；三是陕西省北部和山西省西部；四是川渝地区。此外，在北京的丰台区和云南的昭通以及贵州的金沙等地区也有零星的发现。

以上这四大区域内之所以出现如此大量且密集的墓室画像，最主要是因为这些地区都是当时经济、文化发达的区域。[③]

[①] 画像石墓是指在墓室的壁上以镌刻画像为装饰的石结构墓或砖石混合结构墓。这类墓室大约在西汉晚期开始出现，到了东汉时期，特别是东汉后期数量大增。主要分布在山东、苏北、皖北、河南南阳、鄂北、陕北及晋西北等地区，另在北京丰台、河南密县、四川江北与合川等地也有一些发现。

[②] 画像砖墓是指以印有画像之砖块砌成的墓葬。在早期的砖室墓中，大多在大型的空心砖上印一些装饰花纹。到了西汉中期以后，发展出一种人字顶的砖墓，所使用的空心砖上的图案开始有较有叙事性或象征意义的图案出现。又随着砖室墓的发展，所用的砖块除了空心砖之外，又有长条形实心大砖以及小砖，均可以模造方式加以画像装饰，并且可以在画像上施以彩绘。见吕品：《河南汉代画像砖的出土与研究》，载《中原文物》1989年第3期，第51—59页。

[③] 如山东、徐州地区、河南南阳地区以及川渝地区都是汉代经济富庶、文化发达的地区，而陕北、晋西北地区则因其在汉代属上郡，在东汉顺帝以前是北方的边陲重地。经济的富庶造就了许多新兴的豪门大族，相对地也为这些地区墓室装饰艺术的兴盛发展提供了良好的社会条件。

而由于各地区墓葬的表现方式和特色各有不同,基于讨论上的方便,兹按其分布区域,分别论述如下。

1. 山东、徐州地区

山东以及与其相邻的江苏、安徽北部地区,是两汉时期经济、文化极为繁荣的区域。在这个经济富庶的地区,汉代时设立了许多王侯封国,社会上也出现了许多的豪门大族,而富庶的经济和新兴的豪门大族,则为汉画像石的兴盛发展创造了良好的社会条件。

目前所知,此区墓室中刻有伏羲、女娲图像者包括山东沂南北寨村画像石墓[1]、江苏东海昌梨水库1号画像石墓[2]、山东滕县龙阳店画像石墓[3]、山东滕县城关画像石墓[4]、山东滕县马王画像石墓[5]、山东滕县王开画像石墓[6]、山东临沂白庄画像石墓[7]、山东临沂张官庄画像石墓[8]、山东费县潘家疃画像石墓[9]、江苏铜山周庄苗山画像石墓[10]、安徽宿县褚兰画像石墓[11]、江苏徐州十里铺画像石墓[12]、江苏徐州铜山县利国画像石墓[13]、江苏徐州青山泉白集画像石墓[14]等。

由于这一地区汉画像石墓的情况较为复杂,关于此一区域汉画像石墓的形制

---

[1] 曾昭燏、蒋宝庚、黎忠义:《沂南古画像石墓发掘报告》,北京:文化部文物管理局,1956年版。

[2] 南京博物院:《昌梨水库汉墓群发掘简报》,载《文物参考资料》1957年第12期。

[3] 山东省博物馆、山东省文物考古研究所编:《山东汉画像石选集》,济南:齐鲁书社,1982年版,图254、260、277。

[4] 山东省博物馆、山东省文物考古研究所编:《山东汉画像石选集》,济南:齐鲁书社,1982年版,图322。

[5] 山东省博物馆、山东省文物考古研究所编:《山东汉画像石选集》,济南:齐鲁书社,1982年版,图328。

[6] 山东省博物馆、山东省文物考古研究所编:《山东汉画像石选集》,济南:齐鲁书社,1982年版,图334。

[7] 山东省博物馆、山东省文物考古研究所编:《山东汉画像石选集》,济南:齐鲁书社,1982年版,图372。

[8] 山东省博物馆、山东省文物考古研究所编:《山东汉画像石选集》,济南:齐鲁书社,1982年版,图391。

[9] 山东省博物馆、山东省文物考古研究所编:《山东汉画像石选集》,济南:齐鲁书社,1982年版,图426。

[10] 江苏省文物管理委员会编:《江苏徐州汉画像石》,北京:科学出版社,1959年版,第7—10页。

[11] 王步毅:《安徽宿县褚兰汉画像石墓》,载《考古学报》1993年第4期。

[12] 江苏省文物管理委员会:《江苏徐州十里铺汉画象石墓》,载《考古》1966年第2期。

[13] 江苏省文物管理委员会、南京博物院:《江苏徐州、铜山五座汉墓清理简报》,载《考古》1964年第10期。

[14] 南京博物院:《徐州青山泉白集汉画像石墓》,载《考古》1981年第2期,第147页。

 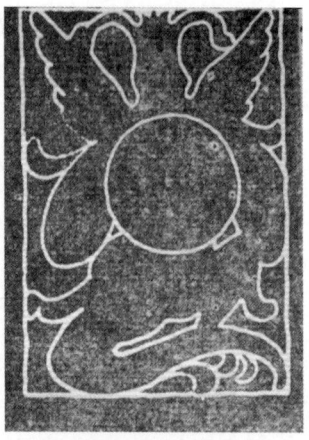

和时代分期等问题，相关的研究文章不少①。至于墓室结构，则有全部石筑者和砖石混合者，故往往会因其材质的不同而将伏羲、女娲刻绘于墓室的壁面或墓门之上，也使得伏羲、女娲在墓室中的配置与功能较为复杂。原则上，就墓室的结构来看，纯石结构的墓室较少受到位置的限制，故可以比

1. 藻井西间·伏羲　　2. 藻井东间·女娲
图18　东海昌梨水库1号画像墓藻井画像

较自由地按照造墓者的意志来进行画像的安排，因此，这一类的墓室也最能正确地反映汉画像石墓的画像规律。

这一时期画像石墓的画像主要集中在中室和前室，画像的内容主要包括表现天界诸神的画像、西王母和东王公的昆仑山仙界图像、描绘各种祭祀墓主活动的画像、历史故事类画像、表现墓主生前经历的画像等五大类。这五大类画像其实是按照当时人们的宇宙方位观念进行了有规律的配置，其中描绘各种祭祀墓主活动的画像作为墓室画像的最重要内容，一般会配置在位置较高的横梁和门额上，有时也配置在中室和前室的侧壁上。而描绘天界诸神的画像则几乎毫无例外地配置在象征天穹的墓室顶部。表现西王母和东王公的昆仑山仙界图一般多配置在门柱和立柱的上部。横梁和门额下的墓室壁面才是配置历史故事画像和表现墓主生前经历画像的地方。②

如江苏东海昌梨水库1号画像墓是一座石结构墓，墓中的伏羲、女娲被雕刻在墓室的藻井上，东间是伏羲，戴山形冠，肩生双翼，双手捧一圆轮，蛇尾（图18.1）；西间是女娲，高髻，肩生双翼，手捧圆轮，蛇尾（图18.2）。由其结构来

---

① 王恺：《苏鲁皖交界地区汉画像石墓墓葬形制》，见《汉代画像石研究》，北京：文物出版社，1987年版，第53—61页；米如田：《汉画像石墓分区初探》，载《中原文物》1988年第2期；信立祥：《汉画像石的分区与分期研究》，见《考古类型学的理论与实践》，北京：文物出版社，1989年版，第234—306页；王恺：《苏鲁豫皖交界地区汉画像石墓的分期》，载《中原文物》1990年第1期；罗伟先：《汉代画像石墓葬形制的初步研究》，见《华西考古研究（一）》，成都：成都出版社，1991年版，第64—136页；杨爱国、郑同修：《山东、苏北、皖北、豫北区汉画像石墓葬形制》，见《刘敦愿先生纪念文集》，济南：山东大学出版社，1998年版，第438—449页。

② 信立祥：《汉代画像石综合研究》，北京：文物出版社，2000年版，第83—182页。

看，应是用来作为代表"天界"的天象图，这可能与早期的壁画墓或墓地祠堂的配置相同，是将伏羲、女娲视为墓室的日、月及主宰阴、阳的两位大神。另如安徽宿县褚兰镇画像墓的墓前室顶盖上，则有伏羲、女娲人身蛇尾，有鳞有爪，伏羲戴进贤冠，女娲梳髻簪饰，皆着花边衣，环绕一朵盛开的莲花的图案（图19）。除了藻井外，像江苏铜山周庄墓的墓门两侧立柱上，也出土了两幅伏羲、女娲的画像石：其一左上刻朱雀、白虎，下刻一人持戟而立，右上刻伏羲、异兽，下一人持帚端立；另一右上刻玄武、青龙、飞鸟、异兽，下刻一人持戟而立，后一人徒手而立，左上刻女娲、应龙，最下刻一人持帚端立（图20）。此外，如徐州地区的十里铺汉画像石墓，后室支柱正面也刻有伏羲人首蛇尾双手捧日的形象（图21）。

除此之外，山东地区的画像石中刻有伏羲、女娲图像的尚有山东滕县龙阳店画像石墓。此墓共出土了三幅伏羲、女娲图：其一上层中有铺首衔环，两侧有伏羲、女娲，蛇尾相交穿于环内；[①]其二上刻伏羲、女娲蛇尾相交，下为群兽；[②]其三，中有一神物蹲踞，两足有蹼，左右伏羲、女娲人首蛇尾，捉神物头上之角，与神物两腿交缠。[③]另外，在山东临沂白庄的画像石墓中也出土了两幅人首蛇身的画像：其一执规，怀抱内有金乌和九尾狐的圆轮，是为伏羲；另一个执矩，怀抱内有玉兔和蟾蜍的圆轮，应为女娲。两图皆位于整幅画的上部。[④]又如山东临沂西官庄画像石的伏羲、女娲皆人首蛇身，交尾并相对而立。[⑤]山东费县潘家疃画像墓中也有三幅伏羲、女娲图，皆人首蛇尾，其一伏羲戴冠、执矩，右上角榜题"□□闵□"四字不清。[⑥]而山东临淄乙烯厂出土的画像石中部为伏羲，尾巴细长，右边上部为一白虎，下部则为亭长捧盾。

此外，这一地区的画像石墓门柱上，亦常常将伏羲、女娲置于同一画面，并两两相交，以表现二者对偶神的关系。如徐州铜山黄山画像墓的砖石上就刻有伏羲、女娲人首蛇身相交，上下有朱雀、神木等祥瑞图案（图22）。铜山蔡丘画像墓一画像砖上，则在石砖横分三格的最右格内刻有铺首衔环，伏羲、女娲人首蛇身，尾部缠绕环内的形象。利国的画像石墓则有四幅伏羲、女娲的画像，皆

[①] 山东省博物馆、山东省文物考古研究所编：《山东汉画像石选集》，济南：齐鲁书社，1982年版，图254。
[②] 山东省博物馆、山东省文物考古研究所编：《山东汉画像石选集》，济南：齐鲁书社，1982年版，图260。
[③] 山东省博物馆、山东省文物考古研究所编：《山东汉画像石选集》，济南：齐鲁书社，1982年版，图277。
[④] 山东省博物馆、山东省文物考古研究所编：《山东汉画像石选集》，济南：齐鲁书社，1982年版，图372、376。
[⑤] 山东省博物馆、山东省文物考古研究所编：《山东汉画像石选集》，济南：齐鲁书社，1982年版，图391。
[⑥] 山东省博物馆、山东省文物考古研究所编：《山东汉画像石选集》，济南：齐鲁书社，1982年版，图426。

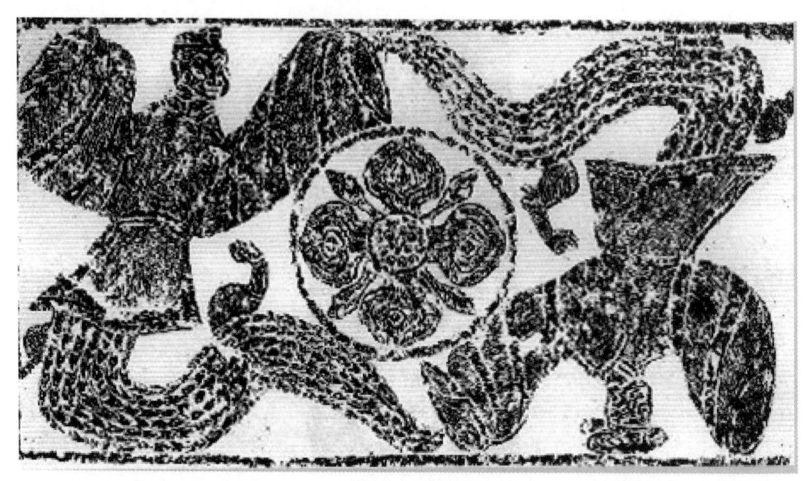

图19 安徽宿县褚兰镇画像墓·伏羲、女娲与莲花

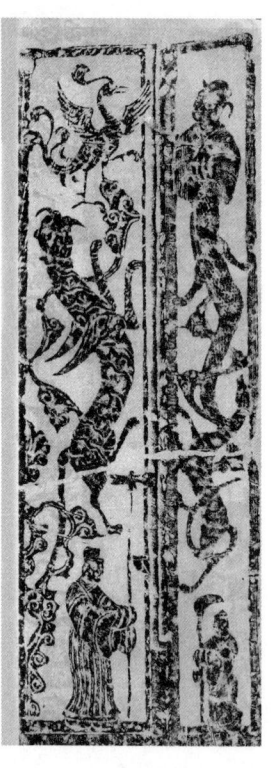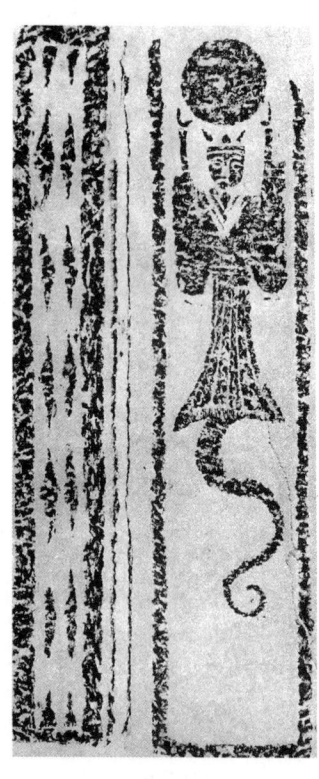

图20 江苏铜山周庄汉墓门柱·伏羲、朱雀、白虎、女娲、青龙、玄武

图21 徐州十里铺画像墓后室支柱正面·伏羲捧日图

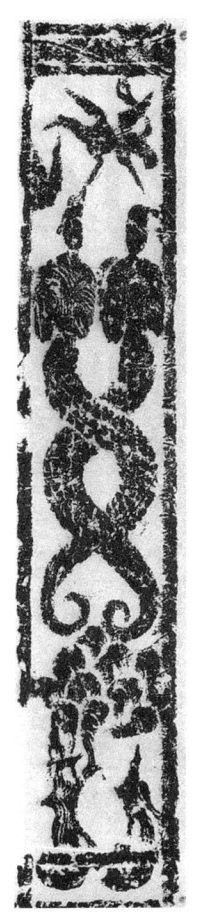 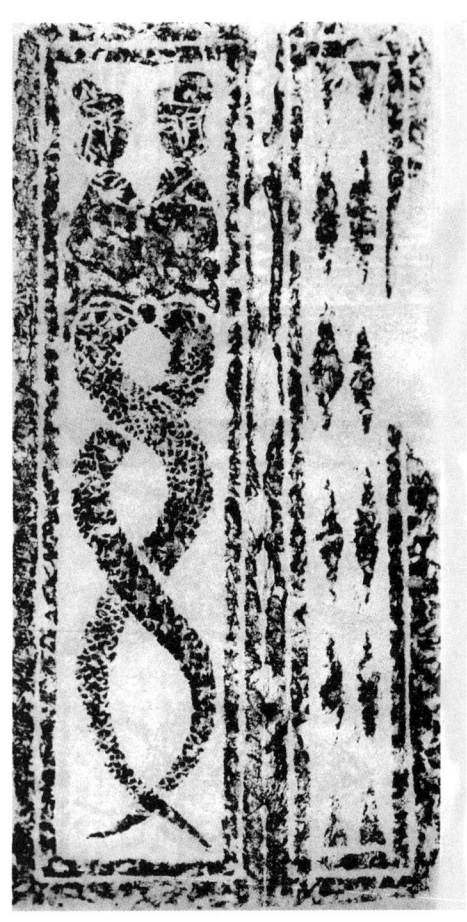 

图 22　徐州铜山黄山画像墓·朱雀、伏羲、女娲、神树　　图 23　徐州利国画像墓·伏羲、女娲　　图 24　山东沂南北寨村画像墓东门柱·伏羲、女娲和高禖图

作人首蛇身，相对而立，有的甚至尾交三重（图 23）。另外像江苏睢宁双沟画像石上也有伏羲、女娲，伏羲戴冠，女娲戴胜，二人蛇身作交缠之状，下有二人首蛇躯小人。有学者认为这是一幅充满和乐气氛的家庭行乐图。① 而如山东沂南北寨村画像石墓中的伏羲、女娲（图 24）则是被刻绘在墓门柱上。在该墓东主室门柱的上部配置有双手搂抱伏羲和女娲的图像，伏羲、女娲均为人首蛇尾，伏羲右侧一矩，女娲左侧一规，两者之间刻一人，或谓高禖神，或谓西王母，双手紧抱伏羲、女娲。下部则配置东王公仙界图，西门柱上则刻西王母昆仑山仙界图。伏羲、女娲和东王公、西王母，皆被视为昆仑山上的仙人。

---

① 袁珂：《中国古代神话》，台北：台湾商务印书馆，1993 年版，第 41 页。

综观山东、徐州地区汉代画像石中的伏羲、女娲，和早期墓室壁画及墓地祠堂中的伏羲女娲形象、功能大致相似，或出现在藻井中作为天界的象征，或与四神、祥瑞被置于同一画面。然由其原居墓室最高的山墙尖顶位置，到了东汉以后逐渐转移至与西王母、东王公同列的仙人世界中，可推知其已渐转化为仙界神灵，神格已逐渐下降。

2. 河南南阳地区

河南南阳地区由于其"西通武关、郧关，东南受汉、江、淮"①的地理环境，富于天惠，宜于人居，故自远古时代即为人口汇聚之地。自西汉以来，南阳地区的经济即已有了很好的发展，及至东汉光武中兴，南阳地区无论在冶铁、水利、农业和商业方面都出现了空前繁荣的局面。经济的繁荣，加以两汉时期的迷信风气与崇尚厚葬之风，使得南阳地区出现了大量的墓室石刻画像。

南阳地区虽贵为"帝乡"，然据《汉书·地理志》云：

> 颍川、南阳，本夏禹之国。夏人上忠，其敝鄙朴。韩自武子后七世称侯，六世称王，五世而为秦所灭。秦既灭韩，徙天下不轨之民于南阳，故其俗夸奢，上气力，好商贾渔猎，藏匿难制御也。②

即使到了东汉时期，这种朴野的民风并没有多大的改变，反映在艺术作品中，也颇有南阳地区不重礼教、崇尚气力、朴野难御的豪迈特点。故在题材方面，和山东、徐州地区的画像石相比，南阳地区画像石的历史故事内容相对较少，而神鬼祥瑞类的内容较多。

河南地区画像石产生的时间大约在西汉中晚期，至东汉早期已趋繁盛，到

图 25　河南唐河针织厂画像石·伏羲、女娲、高禖

---

① 《史记》卷一二九《货殖列传》，第 3269 页。
② 《汉书》卷二八下《地理志第八下》，第 1654 页。

了东汉晚期则逐渐衰落。其中刻绘有伏羲、女娲画像者包括南阳唐河电厂画像石墓①、南阳唐河针织厂画像石墓②、南阳军帐营画像石墓③、南阳王寨画像石墓④、南阳英庄画像石墓⑤、南阳麟麒岗画像石墓⑥、南阳市环城乡王府画像石⑦等。

于1971年发掘的唐河针织厂画像石墓为此一区域早期墓葬的代表，也是迄今在南阳地区发现的画像内容最丰富、墓室画像面积最大的汉画像石墓之一。其北主室顶部刻有日轮白虎图、用七条鲤鱼象征的天河图、连环图、穿壁图、由一双头龙表示的彩虹和四神图；南壁刻有两幅内容不明的历史故事画像；北壁刻仙禽神兽图，并有人首蛇身的伏羲、女娲手中各执一扇叶状物遮住各自的脸面，相对而立，两者被一疑似高禖的巨人所拥抱，巨人双手合于胸前，搂抱着两条蛇躯，纤长的蛇尾分别缠绕于这一巨人的胯下（图25）。所以，此类内容的画像，至目前为止，已有三幅，其一为前面所举的山东沂南北寨画像（图24），其二则是唐河针织厂的画像石（图25），其三则为河南南阳出土的画像石（图26）——这幅伏羲、女娲图一样是伏羲、女娲两脸相对，中间也有一人将两条蛇体抱于胸前，蛇体也未相交。由于伏羲、女娲在早期被视为创育人类的始祖，故有学者认为这类画像正是民间流传的伏羲、女娲兄妹婚神话的艺术反映，甚至可以说是伏羲、女娲兄妹成婚的一幅"风俗图"。⑧

图26 河南南阳画像石·伏羲、女娲、高禖

而汉代的画像石墓到了西汉晚期渐趋成熟，一如前面所言，从许多石墓主室的画像内容及其配置可以看出，在墓室营造者的观念中，各类题材内容的画像都是根据当时的宇宙方位观念，分别被配置在适当的位置，其中，主室的顶部多象征高高在上的天穹，四壁的壁面则象征构成宇宙的其他部分。以南阳唐河

---

① 吕品、周到：《唐河县电厂汉画像石墓》，载《中原文物》1982年第1期。
② 周到、李京华：《唐河针织厂汉画像石墓的发掘》，载《文物》1973年第6期。
③ 南阳博物馆：《河南南阳军帐营汉画像石墓》，载《考古与文物》1982年第1期。
④ 仁华、长山：《南阳县王寨汉画像石墓》，载《中原文物》1982年第1期。
⑤ 陈长山、魏仁华：《河南南阳英庄汉画像石墓》，载《中原文物》1983年第3期。
⑥ 韩玉祥、李陈广主编，南阳汉画馆编著：《南阳汉代画像石墓》，郑州：河南美术出版社，1988年版。
⑦ 王建中、闪修山：《南阳两汉画像石》，北京：文物出版社，1990年版，图版167。
⑧ 程健君：《南阳汉画像石中的伏羲、女娲》，载《民间文学论坛》1989年第1期，第59—60页。

图27 河南南阳军帐营画像石·伏羲、女娲　　图28 河南南阳英庄画像石·伏羲、女娲

针织厂画像石墓为例,其顶部绘七条鲤鱼、双头龙、彩虹及四神图等图像,主要即在表现天上的神仙世界。而伏羲、女娲和仙禽神兽图被刻绘在墓室的北侧壁,可知,伏羲、女娲的图像大约到了西汉晚期的墓室中,已不完全是至上神的代表,而有下降成为神仙世界中一员的倾向。

除了唐河针织厂画像石墓外,南阳地区的画像石墓到了王莽时期以后,又多以砖石混合结构为主。这些砖石混合墓由于受到墓室构石所在位置的限制,与纯石结构的画像石墓又有很大的差别。在这类砖石混合墓中,由于画像需集中配置在石材结构的墓门和各室的门柱上,所以,很少看到表现墓主地下世界日常生活场面及表现墓主生前官宦经历的画像,而描绘天界诸神的画像也很少见。其画像配置的规律,一般是在墓门的门额上刻仙禽神兽图像,故伏羲、女娲便经常被刻绘在该地区各种墓室的墓门之上,如唐河电厂画像墓中的伏羲、女娲便和门吏以及神荼郁垒图同被刻于门柱上,门扉上配置有铺首衔环和白虎、朱雀等图案。前室或中室的横梁,即后室、侧室、耳室的门额以及墓门门额的背面,又多配置仙禽神兽图和乐舞宴饮图,而各室的门柱和门扉的画像内容及其

 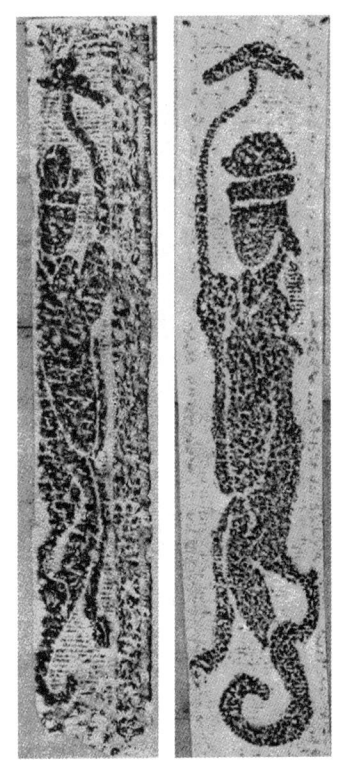

图29 河南南阳市画像石·伏羲、女娲执芝草　　图30 河南邓县长冢店画像石·女娲、伏羲

配置，则与墓门基本相同。另如南阳军帐营画像石墓的墓门中立柱正面也刻有伏羲、女娲（图27），背面则刻执笏和持节的二门卒。左立柱正面、背面皆刻持戟门卒，右立柱上部刻朱雀。门楣正面刻方相氏、仙人戏虎、仙人戏飞廉、牛虎斗等图案；门背面刻乘龙升仙、乘飞廉升仙、仙人戏龙等图案。这些墓门石柱上所刻的各式神灵仙人和仙禽神兽，构筑出一幅令人向往的神仙世界图画。伏羲、女娲的图像在南阳地区多具有守护墓室、辟除不祥、保证墓主人安宁的作用，因此，他们也常和其他具有辟邪作用的仙灵神兽刻绘在一起。

至于南阳的英庄画像石墓，则同样是一座砖石混合结构的画像墓，墓内共有53幅画像，也都刻在门和过梁的石材部分。伏羲和女娲则被刻在主室门的西门柱上，伏羲、女娲人首兽足，手持芝草（图28）[①]。

南阳地区的伏羲、女娲图与其他各地区的相比有一个值得注意的特色，即他们常手持华盖或芝草，如南阳市出土的伏羲、女娲画像即手持芝草（图29）[②]。

① 王建中、闪修山：《南阳两汉画像石》，北京：文物出版社，1990年版，图版167、168。
② 南阳汉代画象石编辑委员会编：《南阳汉代画像石》，北京：文物出版社，1985年版，图版160。

 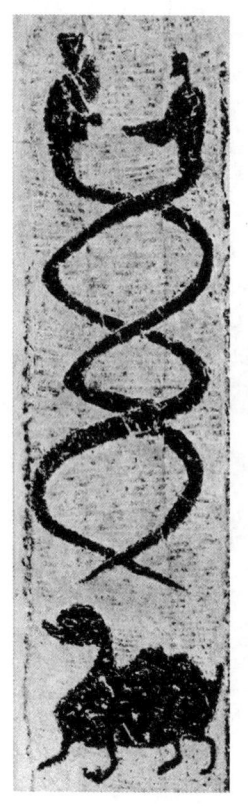

图31 河南南阳市画像石·伏羲、女娲　　图32 河南南阳市环城乡王府画像石·伏羲、女娲、玄武

由于华盖既是权势和地位的象征，又有蔽护之意，它可以蔽护生者永乐，死者安宁，而芝草在神话中又是一种可使人延年益寿、长生不老的神妙植物，加上南阳地区汉墓画像石中持华盖或芝草的伏羲、女娲图旁还都刻饰有云气，可以推知他们应是生活在仙境而不是人间。这应是伏羲、女娲在两汉时期被仙化的另一个明显标志。另一更能代表南阳地区砖石混合墓画像构图规律的则要属1973年发现的邓县长冢店画像石墓，在二主室门的南立柱上刻有伏羲，北立柱上刻有女娲，另外，在南二侧室门的东、西立柱上也刻有伏羲和女娲，同样手持芝草（图30）[①]。

此外，在南阳地区，伏羲、女娲也有与日、月相配者，以作为阴、阳之象征。如南阳市出土了一幅伏羲人首蛇尾，双手托举起阳乌日轮的画像[②]。南阳出

[①] 长山、仁华：《邓县长冢店汉画像石墓》，载《中原文物》1982年第1期，第19页。
[②] 南阳汉代画象石编辑委员会编：《南阳汉代画像石》，北京：文物出版社，1985年版，图版328。

土的另一幅伏羲、女娲图，则是他们人首蛇尾，位于画面两端，尾相交于中部，一端为伏羲双手托阳乌日轮，另一端则为女娲双手托蟾蜍月轮（图31）①，这更充分表现了二者各司阴阳的象征意义。而除了作为阴阳的象征外，更有与代表四方的四神结合的情形，如南阳市环城乡王府画像墓也有一石，画面上左刻伏羲，右刻女娲，皆人首蛇身，首尾相交，下刻神龟，应为四神中的玄武（图32）②。此玄武应为象征方位的神灵。

综观南阳地区所见的伏羲、女娲画像，可明显发现或因南阳地区不若山东、徐州等地一般深受儒家学派影响，致画像的内容较多地宣扬忠孝仁义的思想观念，所以，并没有像山东武梁祠一样将伏羲视为上古帝王类而被归入历史故事图像的例子。又由于受南阳地区墓室结构的限制，大部分的画像多被刻在墓门之上，故也经常可见伏羲、女娲的画像被刻于墓门之上，他们常常手持芝草，与青龙、白虎等仙禽神兽共同成为守护墓室、引领墓主人升往仙境的重要神灵。

3. 陕北及晋西北地区

陕北及晋西北地区由于在秦汉时期属上郡和西河郡，自古便是汉帝国抵御匈奴南侵和拱卫关中京畿的军事要地，也是通往北方边塞的军事要冲，故自西汉以后便曾多次推行大规模的移民实边政策。这不仅为此地区的农业开发提供了丰富的劳动力资源，同时，更有力地促进了当地经济和文化的发展。加上在这些地区又都广泛分布着可供开采构筑墓室石材的山丘，其中陕西绥德又位于通往西方的贸易通道上，故当汉代的富豪之家日益重视厚葬时，这些地区便自然而然地也出现了各式富丽堂皇的画像墓室。

陕北地区目前出土的东汉中晚期墓葬主要包括米脂汉墓群③、绥德汉墓群④与神木大保当汉墓群⑤等三大墓群，以及部分如榆林、清涧等零星的墓葬。由于此地区的整体墓室装饰大多以墓门板、两侧门柱、门楣与盖顶石为主，其余砖造部分装饰较少，故装饰的画像多集中压缩于墓门上，而伏羲、女娲图则多刻

---

① 南阳汉代画象石编辑委员会编：《南阳汉代画像石》，北京：文物出版社，1985年版，图版331。关于这幅画像的内容，现有两种说法：一说为羲和捧日和常羲捧月，一说为伏羲捧日和常羲捧月。在此从后者的说法。

② 南阳汉代画象石编辑委员会编：《南阳汉代画像石》，北京：文物出版社，1985年版，图版167。

③ 陕西省博物馆、陕西省文管会写作小组：《米脂东汉画象石墓发掘简报》，载《文物》1972年第3期，第69—71页。

④ 墓群相关出土资料参绥德汉画像石展览馆编，李贵龙、王建勤主编：《绥德汉代画像石》，西安：陕西人民美术出版社，2001年版。

⑤ 陕西省考古研究所、榆林市文物管理委员会办公室编著：《神木大保当——汉代城址与墓葬考古报告》，北京：科学出版社，2001年版。

图33　陕西米脂2号画像石墓·墓门

图34　陕西绥德刘家湾画像石墓·墓门

绘于墓门或后室门上。其中刻有伏羲、女娲画像的包括陕西米脂2号画像石墓[①]、绥德刘家湾画像石墓、绥德张家砭画像石墓、绥德裴家峁画像石墓[②]，以及陕西榆林神木大保当11号画像石墓[③]等。

据信立祥的考察，此地区的画像内容及其配置比其他地区的同类墓葬表现出更强的规律性。[④]

以目前可见的陕北地区出土的画像墓室来看，在墓室的顶部一般都没有像山东、苏北或河南南阳那样的刻画有日月星辰、风雨雷电等天上诸神世界的画像。因此，在这一地区的画像石墓中，墓主升仙图一般都配置在门柱上或墓门上。属于比较早期的画像墓的墓门上，则多以伏羲、女娲作为仙界主神的代表，周围则有仙人、奇禽异兽陪伴，并有仙禾神树和捣不死之药的玉兔和蟾蜍等图像。其中如陕西米脂2号画像石墓的墓门和后室门的门额左、右两侧，便分别刻有伏羲和女娲的图像，皆人首蛇身，着冠服，手捧日、月，日、月中用黑线分别画金乌和蟾蜍，周围布满蔓草状的云气，内侧则刻有各式仙人神兽（图33），

[①] 陕西省博物馆、陕西省文管会写作小组：《米脂东汉画象石墓发掘简报》，载《文物》1972年第3期，第71页。

[②] 吴兰、志安、春宁：《绥德辛店发现的两座画像石墓》，载《考古与文物》1993年第1期，第17—22页。

[③] 陕西省考古研究所、榆林地区文物管理委员会：《陕西神木大保当第11号、第23号汉画像石墓发掘简报》，载《文物》1997年第9期，彩色插页1。据发掘简报推测，M11号墓两门柱上手持规矩、胸有日月的人首鸟身像为句芒、蓐收。然考其形象，应为伏羲和女娲。李凇《论汉代艺术中的西王母图像》及贺西林《古墓丹青——汉代墓室壁画的发现与研究》二书亦都主张其为伏羲、女娲。

[④] 信立祥：《汉代画像石综合研究》，北京：文物出版社，2000年版，第262页。

充分表现出墓主对升仙的渴望。另如绥德刘家湾画像石、张家砭画像石和裴家峁画像石，这三座画像墓的墓门构图，都是以伏羲、女娲为主神，横额主要是吉祥动物，如有翼奔马、仙人骑鹿、鹳衔鱼等，门扉石铺首下为四神中的青龙和白虎。伏羲和女娲皆作人首蛇身像，立于两侧的门柱上，有时下方还刻绘有执笏门吏拱手迎候（图34、35）。

另一以伏羲、女娲作为墓门主神的则是在陕西榆林市神木县周围的东汉中晚期的编号为M11号的神木大保当汉画像石墓，墓的左、右两门柱上便刻有伏羲、女娲像。其中伏羲在左，长着鸟足和细长的尾巴，留着八字胡，肩插羽毛，下着羽裙，头戴羽饰朱冠，身着朱衣，手中执矩，胸前置日轮，日中绘有三足乌，脚下有一形体较小的青龙，身旁还有一直立持盘戟的青龙。与之相对的右门柱上段残缺，绘有一女娲像，同样长着鸟足，垂有细长的尾巴，头绾双髻，肩披羽翼，下着羽裙，一手持规，胸前置月轮，月内绘蟾蜍，脚下有一形体较小的白虎，左边则直立着一三爪执荣戟的白虎（图36）。

又，由陕北地区早期画像墓门柱和门额上只有伏羲、女娲而没有西王母、东王公的现象，大致可推测其为较早期的作品。[①]到了后期，可能是由于西王母信仰的兴起，遂较少见伏羲、女娲的形象，或仅以圆形的日、月作为墓室东、西方位的代表。

4. 川渝、滇北地区

四川自古以来即有"天府之国"的美称，物产的丰饶，农业和手工业的发

图35 陕西绥德张家砭画像石墓·墓门

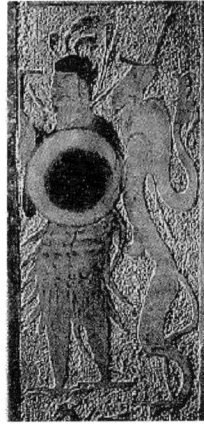

图36 陕西榆林神木大保当M11号画像墓墓门·女娲、伏羲

---

① 李淞：《论汉代艺术中的西王母图像》，长沙：湖南教育出版社，2000年版，第159—162页。

图37 重庆市合川县画像石墓·伏羲擎日

达，促进了经济的繁荣，使得自西汉以来盛行的厚葬之风也逐渐在此地区蔓延开来。加上此地多易于开凿的砂岩，更为当地人开凿崖墓及凿石造墓、造棺、建阙提供了便利的自然条件。

川渝和滇北地区所发现的画像墓形式较为特殊，包括洞室墓、崖墓[①]和石棺[②]、石阙等。自20世纪起，就有各种画像石棺不断被发现，画像的题材内容都很精彩丰富。而川渝地区出土的伏羲、女娲画像，也以刻绘在崖墓中的石棺上为最多。其中，雕刻有伏羲、女娲的主要有重庆市合川县画像石墓[③]、四川成都扬子山1号墓[④]、长宁保民"七个洞"1号崖墓墓门框[⑤]、乐山张公桥崖墓石刻[⑥]等。

合川县出土的画像石墓，据墓内随葬品的特征、画像石的内容、雕刻的技巧，及与文献资料对照，大致推断其为东汉晚期的墓葬。[⑦]在后室的右门柱正面上则刻有伏羲双手托内有阳乌的日轮（图37），左门柱上刻有青龙白虎图。而在四川成都扬子山1号墓的墓门画像中，则有两人首蛇身者，长尾有足，左边为伏羲，一手

[①] 所谓的崖墓是指由山崖向山体内凿建而成的一种墓葬形式。自东汉起，在川渝地区出现了大批的崖墓，其分布的地点大致在岷江、嘉陵江流域一带。这些崖墓多建造在半山腰处，建筑方式大多是先在崖壁上纵向山腹削凿出一条墓道，到达相当深度后，开凿墓门，入墓之后，即为墓室。

[②] 关于"石棺"的定名，文物界有过争论，有人主张叫"石箱""石柜"，也有人称"石函"。在美术考古中，美术史家则根据石函在崖墓中的作用和功能，称其为"不可移动的石棺"。参王子云：《中国雕塑艺术史（上）》，北京：人民美术出版社，1988年版，第63页。这些石棺制作特殊，有的是以整块石块雕凿而成，如成都天回山崖墓南二室石棺及四川宜宾县崖墓画像石棺。参刘志远：《成都天回山崖墓清理记》，载《考古学报》1958年第1期，第94页；兰峰：《四川宜宾县崖墓画像石棺》，载《文物》1982年7期，第24—27转99页。有的是用大石块镶成，有的则是在洞室壁上将原有的岩石凿成固定的石棺，如成都天回山崖墓北三室的石棺，参刘志远：《成都天回山崖墓清理记》，载《考古学报》1958年第1期，第94页。

[③] 重庆市博物馆、合川县文化馆田野考古工作小组：《合川东汉画像石墓》，载《文物》1977年第2期，第65页。

[④] 于豪亮：《记成都扬子山一号墓》，载《文物参考资料》1955年第9期。

[⑤] 四川大学考古专业七八级实习队、长宁县文化馆：《四川长宁"七个洞"东汉纪年画像崖墓》，载《考古与文物》1985年第5期。

[⑥] 唐长寿：《乐山崖墓和彭山崖墓》，成都：电子科技大学出版社，1994年版。

[⑦] 李如森：《汉代丧葬制度》，长春：吉林大学出版社，1995年版，第348页。

托内有阳乌的日轮，一手执规状物，右边为女娲，一手托内有蟾蜍和桂树的月轮，一手执矩状物，二人相对。另在重庆出土一画像砖，其中伏羲、女娲皆人首蛇身，伏羲举日轮，尾下有玄武，女娲举月轮，尾下有朱雀，二人以花纹相隔而头部相对。①

将伏羲、女娲刻绘在墓门之上的还有长宁保民"七个洞"1号崖墓。此墓为一单室墓，墓门有三层门框，由外向内层层缩小，门额、门楣和两层门边都刻有画像，也是将有伏羲和女娲的图像刻于门柱上（图38）。

图38 四川长宁保民"七个洞"1号崖墓门框

最能代表川渝地区汉画像墓地方特色的，要属这一地区的石棺画像。其中许多石棺上也出现有伏羲、女娲的画像，包括重庆沙坪坝出土石棺②、重庆江北盘溪画像石棺③、宜宾翠屏村出土石棺④、郫县新胜1号⑤、2号和3号墓出土石棺⑥、长宁2号石棺、泸州5号、12号石棺⑦、彭山出土石棺⑧、璧山2号、3号、4号石棺⑨、宜宾公子山崖墓石棺⑩、新津堡子山崖墓石棺⑪、简阳鬼头山崖墓3号石

---

① 高文：《四川汉代画像砖》，上海：上海人民美术出版社，1987年版，图101。
② 常任侠：《巴县沙坪坝出土之石棺画像研究》，载《金陵学报》1938年第8卷第1、2期合刊，第7—16页；常任侠：《重庆沙坪坝出土之石棺画像研究》，载《说文月刊》1943年第1卷；常任侠：《民俗艺术考古论集》，台北：正中书局，1943年版，第1—17页。
③ 常任侠：《重庆附近发见之汉代崖墓与石阙研究》，见《常任侠艺术考古论文选集》，北京：文物出版社，1984年版。
④ 吴仲实：《四川宜宾汉墓清理很多出土文物》，载《文物参考资料》1954年第12期；匡远滢：《四川宜宾市翠屏村汉墓清理简报》，载《考古通讯》1957年第3期。
⑤ 李复华、郭子游：《郫县出土东汉画像石棺图像略说》，载《文物》1975年第8期。
⑥ 梁文骏：《四川郫县东汉砖墓的石棺画像》，载《考古》1979年第6期，第495—503页。
⑦ 高文、高成英：《四川出土的十一具汉代画像石棺图释》，载《四川文物》1988年第3期。
⑧ 高文：《绚丽多彩的画像石——四川解放后出土的五个汉代石棺椁》，载《四川文物》1985年第1期。
⑨ 戴克学：《璧山出土汉代石棺》，载《四川文物》1993年第1期。
⑩ 兰峰：《四川宜宾县崖墓画像石棺》，载《文物》1982年第7期。
⑪ 四川博物馆文物工作队：《四川新津县堡子山崖墓清理简报》，载《考古通讯》1958年第8期。

棺①，新津1号石棺②，南溪3号石棺③，富顺石棺④，金堂2号石棺⑤，合江1号、2号、4号、5号、10号石棺，内江白马镇关升店石棺⑥，成都天回山崖墓石棺⑦，新津崖墓石函中则有两幅⑧。

由于受川渝地区崖墓形式的限制，墓室内多无法刻绘画像，因此，画像便集中在石棺上，故石棺四周的画像内容、配置和功能亦等同于其他地区的墓室画像，它们同样都是以画像作为替死去的墓主人建构的一个小型世界。而从四川出土的一些石棺画像内容和配置情形可以看出，在雕造这些石棺的工匠的观念中，小小的石棺便是一个完整的世界，棺四壁的画像则在表现幽冥两界与墓主祭祀有关的各种内容。以郫县新胜1号墓石棺为例，石棺的头部挡板上刻有伏羲、女娲，二神蛇尾交缠在一起，头部紧贴，右边的伏羲左手举内有三足乌的日轮，左边的女娲右手高举内有蟾蜍的月轮（图39.1），二人同样具有祝愿墓主再生和子孙繁衍的意义。足部挡板上则刻阙门图（图39.2），高耸的双阙之间为有顶的大门，两扇门扉大开，门前站着双手捧盾的亭长，似在恭迎主人的到来。石棺的左侧壁板上则刻建筑乐舞图（图39.3），画面的中部是一座庑殿顶二层楼台，楼台的右边是高耸的阙观，阙观的右侧，上部是庖厨炊爨的场面，下部有一辆卷篷马车正向阙观行进。故信立祥认为这是一幅墓主乘马车从地下世界到墓地祠庙接受子孙家人祭祀的"墓主受祭图"。⑨石棺的右侧壁板的画像，上面一组为神怪出行图，下面一组为墓主渡河图（图39.4）。故在这些石棺中，伏羲、女娲多被刻绘在石棺的头部或足部挡板上，以作为引领墓主人魂魄飞升天上仙界的神灵。

除了郫县新胜1号墓石棺外，简阳鬼头山3号石棺中也刻有伏羲、女娲的画像。这具石棺中的每幅画像旁都有汉隶榜题说明画像名称，共有15榜，31个字，这些榜题对于我们正确理解画像内容具有极高的价值。石棺的头部挡板上刻有朱

---

① 雷建金：《简阳县鬼头山发现榜题画像石棺》，载《四川文物》1988年第6期。
② [法]色伽兰：《中国西部考古记》，冯承钧译，北京：中华书局，1955年版；成恩元：《四川大学历史系博物馆调查了彭山、新津的汉代崖墓》，载《文物参考资料》1955年第5期；闻宥：《四川汉代画像选集》，群联出版社，1955年版，图26—29、40—45。
③ 高文编著：《四川汉代石棺画像集》，北京：人民美术出版社，1998年版，图119。
④ 高文编著：《四川汉代石棺画像集》，北京：人民美术出版社，1998年版，图19。
⑤ 高文编著：《四川汉代石棺画像集》，北京：人民美术出版社，1998年版，图124。
⑥ 雷建金：《内江市关升店东汉崖墓画像石棺》，载《四川文物》1992年第3期。
⑦ 刘志远：《成都天回山崖墓清理记》，载《考古学报》1958年第1期，第94页，图版十二·1。
⑧ 高文编著：《四川汉代石棺画像集》，北京：人民美术出版社，1998年版，图202、203。
⑨ 信立祥：《汉代画像石综合研究》，北京：文物出版社，2000年版，第279页。

1. 头部挡板·伏羲、女娲

2. 足部挡板·阙门图

3. 左侧壁板·建筑乐舞图

4. 右侧壁板·墓主出行图

图 39　四川郫县新胜 1 号墓石棺画像

1. 足部挡板·伏羲、女娲图

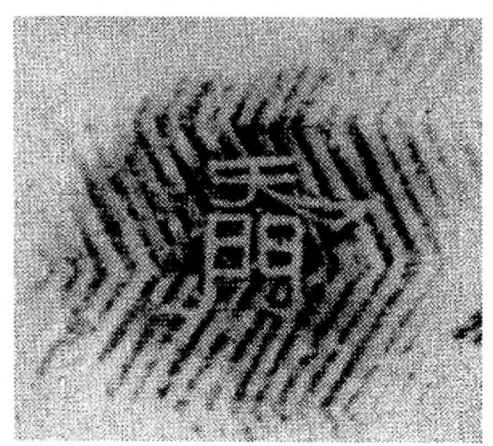

4. "天门"题记

2. 左侧壁板

3. 右侧壁板

图 40　四川简阳鬼头山 3 号石棺画像

雀；足部挡板外侧则刻人首蛇身的伏羲、女娲及一只甲壳很高的神龟和一只鸠鸟，其旁分别刻有"帝（伏）羲""女絓（娲）""兹（玄）武"和"九"字共四组题记（图40.1）。左侧壁刻有数组画像（图40.2），包括仙人陆博图、仙人骑鹿图、一辆只有大车轮而没有车舆的奇特马车、鳞角分明的巨龙、鱼。画面的左侧则刻有日神与月神左右相对，均头戴长羽冠，圆腹，有翼，长有羽状鸟尾；右边日神的圆腹内刻有三足乌，左边月神的腹内刻有桂树和蟾蜍，二神之间刻有"日""月"二字题记。而在日、月神的下方刻有神树柱铢，左侧刻有长尾鸟白雉和独角兽离利。石棺的右侧壁则刻有三组画像（图40.3），画面的右侧刻太仓图；画面的中部刻天门图，图中高耸的阙门前立着一位双手捧盾的人物，阙门上方刻"天门"二字题记（图40.4），阙门左侧刻"大可"二字题记；左侧还刻一白虎。通观石棺上所有的画像，朱雀、白虎、伏羲、女娲、玄武、柱铢神树、白雉和离利等图像，都具有辟除不祥、驱除恶鬼、守护墓主的功能，而仙人陆博、仙人骑鹿和柱铢神树则表达了墓主人的升仙愿望。

由这副石棺上的图像，我们除了可以再一次确认汉画像中许多人首蛇身像是为伏羲、女娲外，更可证明在汉代画像中许多腹部圆轮中有金乌或蟾蜍、兔、桂树的神人，是为日、月神的形象。

这样的信仰与图像传统，到了魏晋时期仍可见到。如在四川江安出土的1号、3号石棺中，也可见刻有伏羲、女娲的石棺画像[1]。其中，1号石棺中的女娲在左，一手托月轮，一手执乐器，伏羲在右，一手托日轮，一手执便面，皆人首蛇身，作两尾相交状（图41）。

可能是受到川渝地区墓葬文化的影响，西南的云南昭通白泥井石棺[2]以及贵州金沙后山墓[3]中

图41　四川江安1号石棺画像·伏羲、女娲

---

[1] 高文、高成英：《汉画瑰宝——四川新出土的八个画像石棺》，载《文物天地》1988年第3期，第48页，图十一。

[2] 孙太初：《云南古代石刻丛考》，载《学术研究》（云南卷），1963年9月。

[3] 张合荣：《贵州金沙县汉画像石墓清理》，载《文物》1998年第10期。

图42 北京丰台区三台子画像墓·伏羲、女娲

也有伏羲、女娲的画像。云南昭通白泥井石棺的一端刻着伏羲人首蛇身兽体，两腿间生一尾，右手执一长杆形物，左手托一圆轮；女娲饰三起大髻，右手托一圆轮，左手执矩；二者交尾。而贵州金沙后山墓中也有伏羲、女娲与双阙、乐舞的画像。墓内画像的画面较小，内容也很简单，形象亦较朴拙，风格与川渝、滇北地区的画像石相近。

综合以上的分析可知，具有强烈地方色彩的川渝汉代石棺画像，其核心内容仍然是表现对仙人世界的向往和飞升仙界的强烈愿望。

除了上述的四大汉画像集中区域外，在其他地区，如北京丰台区三台子画像墓[①]中，也有伏羲、女娲的画像。此墓因已遭破坏，结构不明，仅存石门一对。在墓门的反面有伏羲执矩于胸前，头戴帽，蛇尾；女娲执规于胸前，头戴"山"字形高帽（图42）。

总而言之，作为始祖神的伏羲与另一创世大神女娲，在汉代浓厚的宗教思想影响下，他们的神职范围又开始逐日扩大，其后渐成了墓室中庇佑死者安息或超度亡灵通往极乐世界的保护神。而这些汉代墓室的空间结构和图像配置，已清晰地反映了当时墓葬艺术蕴含的深刻思想与信仰。天井大多配置天上世界内容的画像，而门柱和立柱上部多配置仙人世界内容的画像，横梁和门额上配置表现祭祀活动的画像。其中，伏羲、女娲的画像由早期在壁画墓及祠堂中位居藻井及山墙尖顶高处，到后来位居画像石墓及石棺中的门楣及足部挡板上，可知其或已由传说中的至上神，下降而成为镇墓避邪的神灵。

---

① 喻震：《丰台区三台子出土汉画像石》，载《文物》1966年第4期。

第三节　魏晋以后墓葬文化中的伏羲

一、魏晋南北朝时期

汉末至魏晋时期，由于中原地区战乱频繁，民不聊生，一如《三国志·吴书·朱治传》注引《江表传》所云："而中国萧条，或百里无烟，城邑空虚，道殣相望。"①加以中原地区经济衰退，民生凋敝，因此，魏晋时期许多统治者多积极倡导节葬。如北方曹魏的历代统治者都极力推行薄葬，曹操生前除曾下令"禁厚葬，皆一之于法"②外，死前更留遗诏说：

天下尚未安定，未得遵古也。……敛以时服，无藏金玉珍宝。③

文帝曹丕承继父训，亦力倡薄葬。他在谈论自己的后事时也曾说过：

无施苇炭，无藏金银铜铁，一以瓦器，合古涂车、刍灵之义。棺但漆际会三过，饭含无以珠玉，无施珠襦玉匣。④

到了西晋时期，统治者仍效法魏制，薄丧之风仍能延续，于是从曹魏到北朝中期的三百多年间，中原及其周围地区的丧葬文化式微，而盛行于两汉时期的伏羲、女娲画像亦几近绝迹。

及至北朝时期，尤其是北魏统一北方之后，北方渐趋稳定。其后又经过北魏孝文帝改革，北方的经济、文化逐渐复苏。随着北魏、北齐统治者对中原汉文化的复兴，以及经济的迅速发展，社会上奢靡之风及厚葬的习气又起，原已废弛多时的丧葬文化也渐渐出现了复兴的局面，而废弃已久的墓室装饰又再度兴盛发展起来。

目前所发现的中原地区北朝墓室，大多为北朝中后期的墓葬，其中更不乏如东魏时期河北磁县的茹茹公主墓、北齐时期太原的娄叡墓、山东临朐的崔芬墓等较大型的墓葬，而在这一时期的墓葬装饰中，亦可零星地看到伏羲、女娲的形象。如河南洛阳金村出土的北魏石棺盖画像（图43）⑤上便刻有四个人身鸟足的守护神，为首的两个手擎日、月者，应该就是伏羲和女娲，背景则衬托着云

---

① （晋）陈寿撰，（宋）裴松之注：《三国志》卷五六《朱治传》，第1304页。
② 《三国志》卷一·魏书·《武帝纪》，台北：鼎文书局，第53页。
③ 《三国志》卷一·魏书·《武帝纪》，第53页。
④ 《三国志》卷一·魏书·《文帝纪》，第81页。
⑤ 中国画像石全集编辑委员会编：《中国画像石全集8·石刻线画》，图版88。

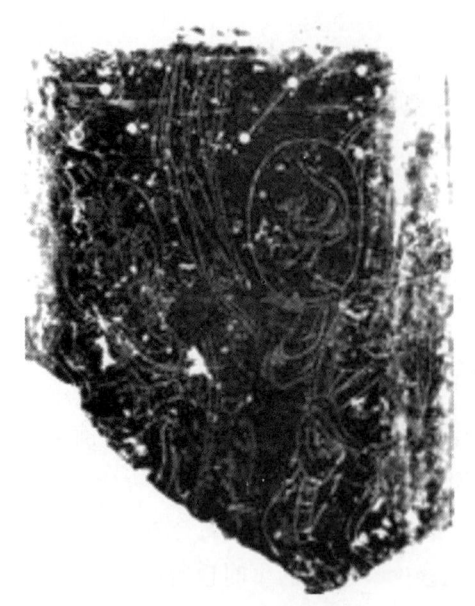 

图43 北魏石棺盖画像　　图44 北周匹娄欢石棺画像·伏羲、女娲

气,显出飞动的姿态。另,在陕西西安的北周匹娄欢石棺画像上亦发现有伏羲、女娲人首蛇身,伏羲捧日轮、女娲捧月轮的形象(图44)[①]。由此可见,伏羲、女娲的形象,在魏晋时期的墓葬艺术中,仍具有一定的重要性。

相较于中原地区的战乱频繁、社会动荡不安,边陲地区相对较为稳定,在政治、经济和文化上都有较大的发展。因此,原来居住于中原地区的许多民众大量涌入边陲地区,同时,盛行于中原地区的丧葬文化与丧葬艺术亦随之流入边远地区。其中尤以河西与辽东地区是中原人口迁徙比较集中的地区,因此,曾经高度繁荣的中原丧葬文化,便在此得到了较大的发展。根据不完全统计,目前为止在河西一带的酒泉、嘉峪关、张掖、敦煌等地区发现的魏晋十六国墓葬壁画便达20余座之多。[②] 而这些遍布于戈壁的魏晋墓葬,并不是魏晋时期才开始的,至少从汉代开始,这里便已经遍布大大小小的墓葬群。从目前已经发现和发掘的墓葬来看,绝大多数都是汉代和魏晋时期的墓葬连接在一起,由此可以明显地看出它们在时代和文化传统上具有一种重要的承继关系。因此,这些魏晋时期的墓葬,从

[①] 武伯纶:《西安碑林述略》,载《文物》1965年第9期,第14页,图版二。
[②] 贺西林:《古墓丹青——汉代墓室壁画的发现与研究》,西安:陕西人民美术出版社,2001年版,第184页。

图45 嘉峪关新城1号墓漆棺盖·伏羲与日、女娲与月

形制、内容到风格，基本上都保留了该地区汉代墓室艺术的架构与模式。以位于河西走廊属曹魏时期的甘肃嘉峪关新城1号及13号墓漆棺为例，棺盖内面便绘有伏羲、女娲的形象。嘉峪关自古以来即为河西走廊上的政治、经济、军事和文化重镇，乃古肃州的一部分，早先为西戎之地，至汉武帝时设酒泉郡，嘉峪关正式归属酒泉郡，魏晋时期仍属于酒泉郡管辖。1972年至1979年间，嘉峪关市文物清理小组与甘肃省博物馆合作，先后发掘清理出13座墓葬[①]。这些墓葬的形制基本上与中原地区的墓室结构相似，从中可以看出河西地区和中原地区的文化渊源关系。在这些魏晋时期的嘉峪关新城墓群中，1号及13号墓的漆棺棺板上均绘有图画。其中1号墓为合葬墓，所以在男、女棺盖的内面以红、黑、白、石青等色绘有伏羲、女娲和云气的图案（图45）。13号墓也是合葬墓，在男棺的盖板内里，则以云气图案为衬底，黑线阔边，前绘东王公，后绘西王母，而女棺盖板的内里，也以云气图案衬底，绘有一幅伏羲、女娲图，整个画面染以红、黑、白、黄、石青等颜色。其中需特别注意的是，在女棺后档头的内里，有一个用墨线描绘的八卦图，其方位、射线、星点都十分整齐，且画面保存完好。这是否与伏羲画八卦的传说有关，则有待进一步证明。但可以确知的是，这些伏羲、女娲图像所欲传达的概念与功能，和汉代墓葬中的伏羲、女娲图所蕴含的观念应是相同的，都是在表达对灵魂不朽、引魂升仙、平安祥顺的企求。

汉代画像的题材和风格不仅直接影响了河西地区魏晋十六国的墓室壁画，同时，对河西地区北朝石窟的造像和壁画创作亦产生了间接的影响。伏羲、女娲

[①] 甘肃省文物队、甘肃省博物馆、嘉峪关市文物管理所合编：《嘉峪关壁画墓发掘报告》，北京：文物出版社，1985年版，第1页。

这一对神话人物，经由民族的播迁与文化的交流，也开始出现在河西地区北朝时期的甘肃天水麦积山石窟造像及敦煌莫高窟第285窟的壁画之中。

位于甘肃天水麦积山西崖中部的69窟与169窟之间的崖面上，塑有人首蛇身交尾的浮雕（图46）[1]。虽然头部有些残损，但它的鳞身蛇躯以及交尾的形象仍完好地保存着。其与中原出土的众多汉代石刻画像及壁画中的伏羲、女娲交尾形象如出一辙。虽塑像头部部分已残损，无法明确地辨识出何者为伏羲，何者为女娲，然从二者手中所执之

图46 甘肃天水麦积山69窟与169窟之间的伏羲女娲交尾浮雕

物，仍可清楚地看出，右边的人首蛇身像手中所执之物为一似矩形的器物，故笔者以为应为自汉代以来即普遍流行于中原地区的伏羲、女娲形象[2]。而之所以将此塑像置于69窟与169窟之间类似门柱的崖壁上，可能也是汉代画像中将伏羲、女娲置于墓室的门柱上，以作为引导墓主人升天成仙的一种方式。

河西地区另一较为明确的北朝时期伏羲女娲形象，则出现在敦煌莫高窟的第285窟窟顶。莫高窟第285窟建造于西魏时期，为莫高窟早期洞窟中唯一有纪年题记者[3]。洞窟的窟顶部分为道教神灵与佛教神灵混合区，其间充满了神灵、仙

---

[1] 中国美术全集编辑委员会编：《中国美术全集·雕塑编8·麦积山石窟雕塑》，北京：人民美术出版社，1988年版，图版六六。

[2] 李怀顺等以为是"交龙"，并认为，在第69龛与第169龛龛柱之间"壁面上浮塑两条交龙，龙头从两龛龛梁上向两龛龛间伸出又回首反顾，眼睛大睁，龙口大张，吐出长舌交叉，龙身交缠一起"，将浮雕最上端两相交的"∧"形物视为双龙，认为"两龛之间的浮塑交龙图像具有护法的意义"。参李怀顺、魏文斌、郑国穆：《麦积山石窟"伏羲女娲"图像辨析》，载《华夏考古》2006年第3期，第89—97页。据笔者考察，麦积山第69窟与第169窟之间的浮雕，无论在造型或位置上，皆与一般佛、道造像的双龙龛楣有一定的差别，尤以大多的交龙龛饰，双龙大多不作二次以上交缠，故此暂从原勘察报告及李西民、刘大有等诸学者之说，仍将其视为伏羲、女娲交尾图。参中央文化部勘察团：《麦积山石窟内容录》，载《文物参考资料》1954年第2—6期；李西民：《伏羲文化与麦积山小议》，见霍想有主编《伏羲文化》，北京：中国社会科学出版社，1994年版，第151—157页；刘大有：《麦积山伏羲女娲浮塑》，见天水市政协文史资料委员会编《羲皇颂》，《天水文史资料》第十辑，2002年版，第241—242页。

[3] 在第285窟的北壁第7铺说法图中，两铺的发愿文中有"大代大魏大统四年岁次戊午八月中旬造"及"大代大魏大统五年五月二十一日造讫"两则完整的墨书纪年造像题记，由此可知，第285窟建造于西魏大统四年至五年期间。

图47　莫高窟第285窟壁画·伏羲、女娲

怪、飞天、力士、鸟兽、禅僧等形象。窟顶东披中间以二力士捧摩尼珠为中心，力士裸体披巾共执莲茎，莲花中化出六角摩尼如意宝珠，摩尼珠两侧则为伏羲、女娲。二者人面龙身，头饰三髻，穿大袖襦，巾帔飘扬，奔腾空中。其中伏羲一手持规，胸前有圆轮，轮中画三足乌，象征日；女娲持矩和墨斗，胸前亦有圆轮，轮中画蟾蜍，象征月。而伏羲下有乌获，女娲下有飞廉等中国神话中的人物。从伏羲、女娲胸前的日、月，及其与如风、雷、电等神灵共处于一个画面的情形来看，其应为日、月的象征（图47）。

由莫高窟第285窟的壁画内容可以看出，不管是在图像的内容还是观念上，它都受到中原地区墓室壁画的影响。最特别的是，在这里，同时出现了中西两组日、月神的形象：在西壁圆环上，有驾四马车的希腊日神阿波罗和驾白鹅车的月神狄安娜；而在东壁上，则有中国的日、月神——伏羲、女娲。在两种日、月神的壁面上又出现了两种不同的天体：西方的日、月神与天空诸星神组合成一人格化的天体；而中国的日、月神又与风伯飞廉、雷神等形成幻化的天界图像，与汉画中的天上神仙世界相似，由此可知，这一中国的天界图像确实是自汉代以来传统伏羲、女娲文化的另一种发展与延续[①]。

除了河西地区以外，在辽东地区的高句丽墓室壁画中也出现有伏羲、女娲的形象。

其实，墓室壁画在东汉中期前后就由中原传入东北，但当时并不普及。到了

[①] 相关讨论详见刘惠萍：《试论佛教艺术对中国神话题材的融摄——以莫高窟第249、285窟为中心》，载《兴大中文学报》第23期增刊《文字与神话特刊》。

东汉晚期至魏晋之际，由于中原战乱，大批中原的汉人移往辽东地区，因此，盛行于中原地区的墓葬文化便自然地随之在此地盛行起来。到了曹魏、西晋时期，这股风气又向东传播扩散，从而推动了高句丽墓葬文化的发展。

高句丽的壁画墓主要集中在朝鲜半岛西部的平壤周围和吉林集安一带。在公元1世纪初，古高句丽王国迁都集安。到了4世纪以后，国力日渐强大。及至4世纪晚期到5世纪之际，其势力范围已扩及辽东半岛大部和朝鲜半岛的中北部。此时中原动乱不安，"汉人避乱来投者甚多"[1]，人口的迁徙与文化的交流，使得辽东与中原地区的汉文化得以传播到高句丽地区。故大约从公元4世纪中期开始，吉林集安地区的壁画墓便开始兴起，这股风潮一直延续到公元6世纪中期。到目前为止，在吉林集安地区发现的高句丽墓便有20多座，从这些墓室的形制结构、壁画题材内容和形式风格来看，实亦是汉代墓葬壁画的一种延伸。

在这些壁画墓中，建造于公元6世纪中期前后，相当于北朝后期的吉林辑安五盔坟4号、5号墓[2]，皆属于集安地区晚期的高句丽壁画墓。其中在4号墓的墓室中，除了东、西、南、北四壁上依次绘有青龙、白虎、朱雀、玄武四方神外，在四隅的第一重抹角石相交处，又分别绘有人首蛇躯的伏羲、女娲和飞仙及牛首蛇身怪物，其中伏羲、女娲分别高举日轮和月轮（图48）。在第二重顶石上则绘有日中有三足乌、月中有蟾蜍以及南斗六星、流云和各种飞仙的形象。从壁画墓中这些四神、日月星宿、各种神怪以及伏羲、女娲等图像来看，这无疑也是中原汉墓壁画传统的一种余绪。

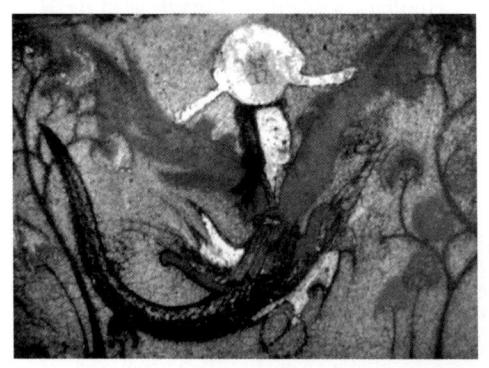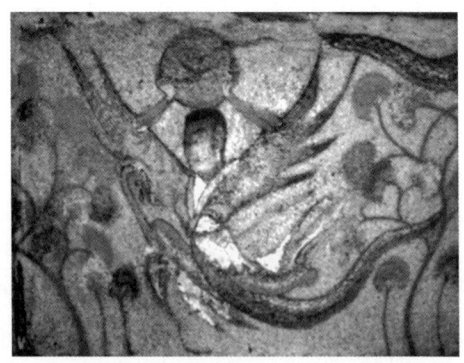

图48　吉林集安洞沟五盔坟4号墓·女娲擎月、伏羲擎日

---

[1] 好太王碑文字，见耿铁华：《好太王碑新考》，长春：吉林人民出版社，1994年版，第283页。
[2] 吉林省博物馆：《吉林辑安五盔坟四号和五号墓清理略记》，载《考古》1964年第2期，第61页。

自南北朝时期以来，佛教艺术盛行。随着佛教的东渐，高句丽的壁画墓也受到佛教艺术的感染，使得各种如飞天伎乐、佛道并存的神仙灵兽都出现于此；但壁画中仍然被保留下来的伏羲、女娲，则可以说是中原传统墓葬文化向东传播的最佳明证。

二、隋唐时期

到了隋唐时期，在中原地区目前仅发现了唯一一个以伏羲、女娲图像装饰墓室的例子，即陕西三原的隋开皇二年（公元582）李和墓石棺盖上的伏羲、女娲画像（图49）[①]。这是中原地区比较晚的伏羲、女娲画像用于墓葬装饰的例子，所以，画面的内容组合及布局也有明显的晚期特征：棺盖前部刻伏羲、女娲像，伏羲与女娲皆人首、蛇腹、鸟尾，面相视，举日月，伏羲戴冠，女娲梳髻，均着交领宽袖短衣，胸间束带，背有行云舒卷，天花纷坠；后部刻李和夫妇，他们衣带当风，飘随在伏羲、女娲的后面，遨游在升天成仙的路上。从这里似亦可证明，原来被尊崇为人类祖先的伏羲、女娲，现在已完完全全成为墓主人升天成仙的引路人。

相对于中原地区伏羲、女娲画像的不再盛行，在隋唐时期地处边陲的新疆吐鲁番古高昌墓葬中却发现了大批的有伏羲、女娲像的随葬绢帛画。

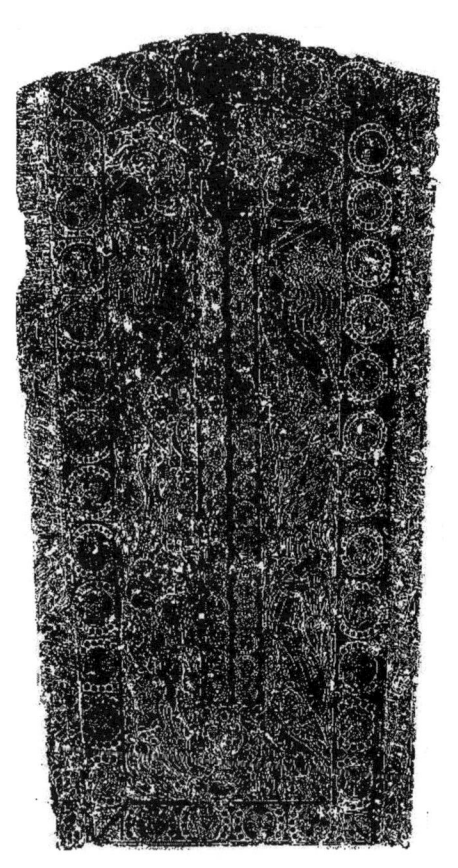

图49　隋代李和墓石棺盖

这些绢帛画大部分出土于吐鲁番的阿斯塔那—哈拉和卓[②]古墓地一带。整个

---

① 陕西省文物管理委员会：《陕西省三原县双盛村隋李和墓清理简报》，载《文物》1966年第1期，第27—42页。

② "阿斯塔那"和"哈拉和卓"是两个相邻居民村的名称。"阿斯塔那"是古代维吾尔语"首府"的意思，因村东著名的高昌故城而得名。而"哈拉和卓"相传是古代维吾尔国一位大将的名字，他死后人们便称其生前驻地为"哈拉和卓"。见柳洪亮：《吐鲁番阿斯塔那—哈拉和卓古墓地出土古尸述论》，载《西域研究》2001年第1期，第8页。

图50 斯坦因在 *Innermost Asia* 中刊布的 AST．Ⅸ．2．054 墓伏羲女娲图

墓葬群东西长约5公里，南北宽2公里，占地约10平方公里。

这批约当唐代的墓葬绢麻画，最早是由英国的考古学家斯坦因（Aurel Stein，1862—1943）于1907年在阿斯塔那地区发现的。①其后，包括日本学者橘瑞超以及中国学者黄文弼等人，都曾在这一地区进行过挖掘工作。②而自1959年开始，中国的考古专家也开始在此地进行了13次的大规模挖掘③，并发掘出数量众多的随

---

①到了1914年，斯坦因又在阿斯塔那古墓群发掘了48座墓葬。参 Aurel Stein, *Innermost Asia: Report of Explorations in Central Asia, Kan-su and Eastern Iran, Rediscovering the Ancient Silk Route*, Originally published by Oxford: Clarendon Press, 1928; Reprinted by New Delhi: Cosmo, 1988, 图版 CⅧ、CⅨ。

②日本大谷探险队的橘瑞超和吉川小一郎，于1912年3月下旬也在阿斯塔那—哈拉和卓一带的古墓地进行挖掘，他们在那里发现了古尸一批。同年五、六月份及九、十月份，吉川小一郎又独自在那里进行了第二次的挖掘，获取了大量的古尸。他们将古尸连同墓内的出土文物，于1914年在吉川小一郎的主持之下，计划运回日本进行科学研究。但后来由于出资赞助的日本西本愿寺发生财务方面的问题，因此，这批出土文物有一部分被放置于旅顺博物馆，另一部分则被运回日本，今存放于龙谷大学。1928年，中国学者黄文弼也到此进行发掘，在哈拉和卓得到了一幅伏羲、女娲画像，现藏于中国历史博物馆。参冯华：《记新疆新发现的绢画伏羲女娲像》，载《文物》1962年第7—8期，第87页。

③据《吐鲁番出土文书》第1册指出，1959年至1975年间，中国的考古工作者在此进行了13次考古发掘。参国家文物局古文献研究室、新疆维吾尔自治区博物馆、武汉大学历史系编：《吐鲁番出土文书》第一册，北京：文物出版社，1981年版，第1页。然据《吐鲁番考古研究概述》的介绍，共计只有11次调查、发掘活动。参李征、穆舜英、王炳华：《吐鲁番考古研究概述》，载《新疆社会科学研究》第20期（总第120期），第96页。

葬品①。

后来斯坦因在其 *Innermost Asia* Ⅲ 中刊布了两幅伏羲、女娲绢麻布画的图像，即编号为 CⅨAST. Ⅸ. 2. 054（图50）的童氏墓及编号为 CⅧAST. Ⅸ. 2. b. 012

图51 斯坦因在 *Innermost Asia* 中刊布的 AST. Ⅸ. 2. b. 012墓伏羲女娲图

图52 黄文弼发现的伏羲女娲图

①中国考古队自1959年至1975年间计进行了四次大规模的挖掘工作。第一阶段自1959年10月至1960年11月，中国的考古工作者在阿斯塔那村北区进行的一次墓葬发掘，计发现有TAM301—340共40座。第二阶段自1963年12月到1965年，挖掘了位于阿斯塔那东南及南部边缘上编号为 63TAM1—63TAM3、64TAM4—64TAM37、65TAM38—65TAM42，以及64TKM1—64TKM14等共计56座墓葬。第三阶段为1966年至1969年，考古工作队又在吐鲁番和阿斯塔那地区进行了四次挖掘工作，在阿斯塔那、哈拉和卓以西地区共清理了编号为 TAM43—TAM147 的95座墓葬。到了1975年，新疆考古队为配合哈拉和卓地区水库的修建，发掘了该水库内的51座古墓。发掘简报刊载在《文物》1978年第6期上，文中提及在16座麹氏高昌和13座西州时期的墓葬中有伏羲女娲画像的出土，但并未作刊布。参新疆维吾尔自治区博物馆：《新疆吐鲁番阿斯塔那北区墓葬发掘简报》，载《文物》1960年第6期，第13—21页；新疆维吾尔自治区博物馆：《吐鲁番县阿斯塔那—哈拉和卓古墓群清理简报》，载《文物》1972年第1期，第8—29页；新疆维吾尔自治区博物馆：《吐鲁番阿斯塔那363号墓发掘简报》，载《文物》1972年第2期，第7—12页；新疆维吾尔自治区博物馆：《吐鲁番县阿斯塔那—哈拉和卓古墓群发掘简报（1963—1965年）》，载《文物》1973年第10期，第7—27页；新疆维吾尔自治区博物馆、西北大学历史考古专业：《1973年吐鲁番阿斯塔那古墓群发掘简报》，载《文物》1975年第7期，第8—26页；新疆维吾尔自治区博物馆考古队、穆舜英：《吐鲁番哈拉和卓古墓群发掘简报》，载《文物》1978年第6期，第1—14页。

219

墓的伏羲女娲图（图51）①。1928年，中国学者黄文弼也到此进行发掘，在哈拉和卓得到了一幅伏羲女娲画像（图52）②，现藏于中国历史博物馆。

在这批约相当于十六国至盛唐期间的吐鲁番墓葬群③之中，直至目前为止，考古工作者从已发掘的墓葬中发现，十之六七的墓室顶上或棺盖上都有伏羲、女娲图，统计起来，其数量竟达数十幅之多。但由于受到发现和已刊布资料的限制，目前伏羲、女娲图在该地区出现的年代上限尚不明确。现已知者，主要是属于麴氏高昌时期和唐代西州时期的，其中有些图的年代比较明确。④

从目前已刊布的伏羲、女娲图来看，以 TAM03 号墓北魏和平元年（公元460）的这一件为最早⑤，而以斯坦因发现的 CⅧAST. Ⅸ. 2. b. 012 的唐永昌元年（公元689）的伏羲、女娲图为最晚。但可以确定的是，伏羲、女娲图的出现应该更早。而其中年代较早的麴氏高昌时期出土的伏羲、女娲图，大都属延昌、

---

① Aurel Stein, *Innermost Asia; Report of Explorations in Central Asia, Kan-su and Eastern Iran, Rediscovering the Ancient Silk Route,* Originally published by Oxford: Clarendon Press, 1928; Reprinted by New Delhi: Cosmo, 1988, 图版 CⅧ、CⅨ。

② 冯华：《记新疆新发现的绢画伏羲女娲像》，载《文物》1962年7—8期，第87页。

③ 这些墓葬，大半都有年代可考，有的是根据出土的墓志，有的则是根据出土的墓纸。其中，年代最远的要算 TAM305 号墓，在墓中发现了前秦建元二十年（公元384）的具结，而年代最近的，则为 TAM304 号墓的唐垂拱四年（公元688）的墓志，故由此推测，这些墓葬绝不会超过公元4世纪末到7世纪末这三百年的范围，即相当于十六国到盛唐时期。

④ 例如：TAM18 号墓出有延昌二十九年（公元589）的资料，48 号墓出有章和十一年（公元541）至延昌三十六年（公元596）的文书，301 墓出有贞观十七年（公元643）的契约，302 墓出有永徽四年（公元653）的墓志，303 号墓有属麴氏高昌时期的和平元年（公元551）的墓志，322 墓出有龙朔三年（公元663）的墓志。另外，在雅尔湖沟南之索莹3号墓中出有延昌纪年的资料，而斯坦因在 Innermost AsiaⅣ 中刊布的阿斯塔那第9区2号墓葬 CIXAST. Ⅸ. 2. 054 墓后棺有童氏随葬乾封二年（公元667）墓志，CⅧAST. Ⅸ. 2. b. 012 墓因中棺葬氾延仕，考其墓志似葬于永昌元年（公元689）；但随葬的伏羲女娲图上墨书有"婺州信安县显德乡梅山里祝伯亮租布一端，光宅元年十一月□日"，光宅元年为公元684年，较氾延仕早葬五年，前棺为一女性，并无伏羲女娲图，只见有神龙二年（公元706）年号。此外，还有一些是可以推断出大致时代的，如《西域文化研究》第五集《喀喇和卓（Kara-khodjo）的高昌人的坟墓内从发现された神像图》一文中所记的和伏羲女娲图同出的还有延昌四年、延昌二十年、延昌二十九年、延昌三十年、延和九年、延寿十一年等的六件墓志，故该文作者认为这些图版应属麴氏高昌时期。同时，在《新疆出土文物》一书中有出自 TAM43 号墓、TAM77 号墓中的图 115、116 绢画，研究者认为应属唐西州初期。因为在 TAM43 号墓中与绢画同出的有猪头纹锦，猪头纹锦在 TAM325 号墓与纪年为唐高宗显庆六年（公元661）的资料同出，故同样有猪头纹锦的 TAM43 号墓中所出伏羲女娲图的时代应与之相近。而 TAM77 号墓与绢画同出的有联珠天马骑士纹锦，联珠天马骑士纹锦则是7世纪中叶至末叶该地区墓中的常见之物。因此，图 115、116 这两幅伏羲女娲图应属唐西州初期的作品，下限应该不会晚至武周以后。

⑤ 阿斯塔那48号墓出有章和十一年（公元541）至延昌三十六年（公元596）的文书资料，但其中伏羲女娲图与上述的诸年代对应关系并不明确，故目前仍以303号墓的和平元年（公元551）的一件为最早。

延和、延寿等纪年，这似可反映此一葬俗可能盛行于延昌及其以后。孟凡人等人则从与 CⅧAST. Ⅸ. 2. b. 012 同时出土的另一座墓葬的三棺之中只有外侧最晚的神龙二年（公元706）的死者不随葬伏羲女娲图来推论，认为这一葬俗到了武周之末似已接近尾声。①但事实上，阿斯塔那—哈拉和卓地区的墓葬仍有许多尚未发掘出来，若以此而认定这一葬俗已接近尾声，未免稍嫌太早。②

这些伏羲、女娲画像之所以出现在吐鲁番地区，有许多学者认为是受到吐鲁番特殊的地理环境所影响，因为"吐鲁番地区是古代'丝绸之路'上的重镇，随着中西文化交流的频繁，这种神话传说就到了这里"③。但赵华认为，若仅以特殊的地理环境来解释是不够的，应该从历史、民族、社会等方面的因素来探讨。④由于吐鲁番东南约40公里处的高昌故城在汉代称"高昌壁"，汉代和魏晋时期的戊己校尉均驻扎于此，据《魏书·高昌国传》载：

> 高昌者，车师前王之故地，汉之前部地也，东西二千里，南北五百里，四面多大山，或云昔汉武遣兵西讨，师旅顿敝其中，尤困者因住焉。地势高敞，人庶昌盛，因云"高昌"。亦云其地有汉时高昌垒，故以为国号。东去长安四千九百里，汉西域长史、戊己校尉并居于此。晋以其地为高昌郡，张轨、吕光、沮渠、蒙逊据河西，皆置太守以统之。去敦煌十三日行。国有八城，皆有华人。地多石碛。气候温暖，厥土良沃，谷麦一岁再熟，宜蚕，多五果。⑤

可知，高昌国很早就有汉武帝时的西域远征军残余部队在此驻留、繁衍的传说。

而自汉末以来，由于中原地区的长久战乱，人们纷纷走避他乡。到了五胡十六国时期，汉人为避中原战乱移住河西者日益增多，而高昌也是当时汉人最集中的地区之一。据《魏书·高昌国传》记载，（孝明帝）诏曰："彼之甿庶，是汉魏遗黎，自晋氏不纲，因难播越，成家立国，世积已久。"⑥《隋书·西域传》

---

① 孟凡人：《吐鲁番出土的伏羲女娲图》，见赵华编《吐鲁番古墓葬出土艺术品》，新疆：新疆美术摄影出版公司，新西兰：霍兰德出版公司，1992年版，第11页。

② 陈丽萍：《关于新疆阿斯塔那—哈拉和卓地区出土的伏羲、女娲画像及一些问题的探讨》，载《敦煌学辑刊》2001年第1期，第68页。

③ 刘凤君在其《试释吐鲁番地区出土的绢画伏羲女娲像》一文中认为："……另一方面，吐鲁番地区特殊的地理位置和自然环境，也最容易接受这种神话传说"，因为"传说中的'女娲补天'补的是西北方的天"。载《新疆大学学报》1983年第3期，第74页。

④ 赵华：《吐鲁番出土伏羲女娲画像的艺术风俗及源流》，载《西域研究》1992年第4期，第105—106页。

⑤（北齐）魏收：《魏书》卷一〇一，台北：鼎文书局，第2243页。

⑥（北齐）魏收：《魏书》卷一〇一，第2244页。

也说："高昌国者，则汉车师前王庭也……昔汉武帝遣兵西讨，师旅顿敝，其中尤困者因住焉。"[1]至前凉张骏于东晋咸和二年（公元327）在高昌首次设郡，后来前秦等沿袭此制。到了公元5世纪，柔然在高昌地区建立了阚氏地方政权。其后相继有张氏、马氏、麴氏等地方政权。一直以来，高昌与中原交往密切，同时也受到了中原文化深远的浸染。北魏时，高昌还曾派使者多次请求内徙，麴氏王朝时亦如此，而魏王朝也不断派使者去高昌"诏劳之"。南北朝至隋时期，这种情形尤盛于前。历代高昌政权与中原王朝一直以来都有着政治、经济和文化上的密切交往。直至唐太宗贞观十四年（公元640），唐朝统治了新疆地区，并在高昌设西州。凡此种种，不仅使得源自于中原的汉文化得以保存和发展，同时也使得世居此地的其他民族无不受到汉文化的熏染。而历代高昌政权一直以来也与中原王朝有着政治、经济和文化上的密切交往。如麴氏王朝大力提倡汉文化，据载，高昌国国主麴嘉"遣使奉表，自以边遐，不习典诰，求借五经、诸史，并请国子助教刘燮以为博士"，其都城中则"于坐堂画鲁哀公问政于孔子像"，国家"风俗政令，与华夏略同"，而"婚姻、丧葬与华夏小异而大同"。[2]

由于高昌地区与中原文化之间的深厚渊源，且自汉至唐中期，其居民主要也是从内地迁来的汉人，而阿斯塔那和哈拉和卓墓地又正好在高昌城的近旁，这里埋葬的主要是高昌郡至唐代西州时期住在高昌城及其附近的汉族达官显贵。此外，像交河故城是吐鲁番盆地中仅次于高昌城的第二大城，在这一时期里，该城附近的墓地埋葬的也以汉族上层社会的人物为主。因此，盛行于中原地区墓葬艺术中的伏羲、女娲形象自然也会随着汉族的移民而流行于吐鲁番地区。

此外，吐鲁番地区特殊的气候环境与墓葬形式，更是这批伏羲、女娲画像得以流传至今的关键因素。[3]而吐鲁番地区之所以流行这些画像，也有可能是因为画像是代替壁画装饰墓室的。以同一时期西安地区的唐墓来说，较大的墓室大致都绘有壁画，三品官以上的大墓壁画的内容则更是丰富，通常会把墓道、天井、过洞、甬道和墓室都画满。一般而言，在墓道的左右壁多画青龙、白虎，而朱雀、玄武则画在墓室的前后壁，有的则画在墓顶的下部，墓室顶部多绘有天象图，如太阳、月亮、星宿等。[4]但吐鲁番地区唐墓中的壁画则主要出现在长安

---

[1]（唐）魏徵：《隋书》卷八三《西域传·高昌》，台北：鼎文书局，第1846页。
[2]（唐）李延寿：《北史》卷九七《西域传·高昌》，台北：鼎文书局，第3214页。
[3]吐鲁番盆地由于地势独特，四周有高山环绕，加以太阳辐射强烈，致使盆地内的热量难以散发，长年高温炎热且气候干燥，全年平均降雨量大约只有16.6毫米。这种极度干旱的地理环境及气候，为吐鲁番干尸的形成提供了极佳的条件，从而使得这些距今上千年的隋唐时期墓葬文物得以保存至今。
[4]宿白：《西安地区唐墓壁画的布局和内容》，载《考古学报》1982年第2期，第144页。

年间（公元701—704）以后的一些大墓中，画像反而较壁画普遍。①且墓中的画像大多悬于墓顶或挂于墓壁，除了较多是伏羲女娲画像以外，其他的主要是反映日常生活如牧马、弈棋、乐舞、侍女等的画面。而这样的情形，有可能和吐鲁番地区的墓室空间较小有关，据孟凡人在《吐鲁番十六国时期的墓葬壁画和纸画略说》一文中的说法，吐鲁番地区墓葬壁画的题材多浓缩到一幅壁面上，可能的原因之一便是该时期吐鲁番墓葬的规模不大、墓室狭小、空间有限，难以容纳众多的画面。②由于受到外在环境的限制，吐鲁番地区不太可能有像西安一般大规模的壁画出现。因此，原来流行于中原其他地区的伏羲女娲画像，在吐鲁番地区便由绢、麻布绘制的画像所代替。可知，自然条件固然是吐鲁番地区伏羲女娲画像得以大量出土的重要因素，但从同期的西安地区或中原其他地区的唐墓壁画中，至今我们仍未见到有关伏羲女娲画像的情形来看，这应当也与此时此地信仰伏羲、女娲之风的盛行有关。

大致上来说，吐鲁番出土的伏羲女娲画像大多是一墓出土一件，最多的则是于1959年发掘的唐永徽四年（公元653）TAM302号墓，共出土了三幅③。且根据目前吐鲁番地区所发现的伏羲女娲画像来看，它们往往并不是以辅图的面貌出现，大多的则是伴随着墓葬而出现。如从1959年发掘的TAM301、302、303号三座墓的简报记载来看，墓室的尸骨依次为一、二、三具，正与所出的画像数目相合④，可知，在吐鲁番地区，每次的入葬似乎都会使用伏羲女娲画像。

从目前考古工作者已发掘的墓葬来看，十之六七的墓室顶上或棺盖上都有伏羲女娲图，大多是一墓出土一件，故可知在吐鲁番地区，每次的入葬似乎都会使用伏羲女娲图。图在墓室中大多是被张挂或钉于墓顶的。⑤

---

① 陈安利：《西安、吐鲁番唐墓葬制葬俗比较》，载《文博》1991年第1期，第63页。
② 孟凡人：《吐鲁番十六国时期的墓葬壁画和纸画略说》，见赵华编《吐鲁番古墓葬出土艺术品》，第7页。
③ 新疆维吾尔自治区博物馆：《新疆吐鲁番阿斯塔那北区墓葬发掘简报》，载《文物》1960年第6期，第17页。
④ 新疆维吾尔自治区博物馆：《新疆吐鲁番阿斯塔那北区墓葬发掘简报》，载《文物》1960年第6期，第13—21页。
⑤ 诸简报有记：覆于棺上者；或盖于尸身及置于尸旁；或张挂于墓顶；也有画面朝下用木钉钉在墓顶的。对覆于棺上的画像，已有学者明确指出此为早期现象。发掘报告指出，这些3至8世纪的中古时期墓葬又可分为三期：第一期为晋十六国至南北朝中期（3世纪中至6世纪初期），第二期为南北朝中期至初唐（麴氏高昌国时代，6世纪至7世纪），第三期为盛唐（西州时期，7世纪中期至8世纪）。而据考古发掘报告，第一、二期时多张挂于墓室顶，到了第三期末期才改以壁画代替画像。参新疆维吾尔自治区博物馆：《新疆吐鲁番阿斯塔那北区墓葬发掘简报》，载《文物》1960年第6期，第13—21页。

综上可知，吐鲁番地区墓葬出土的这些伏羲女娲图应该也与中原地区源远流长的墓葬文化有很深的关联。由吐鲁番阿斯塔那墓葬中曾出土一纸棺实物，棺上券形盖一端高、一端低，展开时形状即似一梯形，可推测绢画的形状可能源自于棺盖。此外，吐鲁番地区发现的伏羲女娲画像亦与长沙马王堆1号、3号汉墓的T形帛画以及山东临沂金雀山9号汉墓的长条形帛画（图53）形状相近，故早在1928年，黄文弼在吐鲁番地区掘获一幅伏羲女娲画像时，便将绵帛画与山东嘉祥武梁祠中的伏羲女娲画像作了对比。他认为此一形象似是中原地区长久以来流传的伏羲、女娲神话的摹写。①故吐鲁番地区之所以出现那么多在画帛上绘制伏羲女娲画像的现象，有可能就如常任侠所说的："他们相信伏羲、女娲为人类的始祖神，也是死后的保护神，因此把他们的形象雕刻在棺前或墓室的前方，帛画则覆于死者的棺上，以保护死者，使之可以安享地下的快乐。"②

伏羲、女娲这一对象征生命的艺术形象，自晋代后渐渐湮没不闻，高昌前期此题也不彰显，到后期势起乍盛，这固然"与高昌人的灵魂崇拜及死后进天庭的观念有关"③，但高昌居民中主要是由内地迁来的汉族人，无论是两汉时代先期西迁的内地汉人，还是到魏晋以来为避战乱而到达高昌的汉人，都是世世代代秉承着中原文化的传统，这就使得高昌地区弥漫着极为浓厚的汉文化气氛。而丧葬之礼在古代中国社会中，一直是项非常重要的生命仪式，往往代表着这个社会长期以来的文化积累。加以丧葬形式往往存在许多禁忌与巫术的意味，亦关系着生者的幸运福祉，故它一直是最固定而不易改动的礼仪。因此，高昌地区的汉人在承袭固有传统丧葬之礼的同时，便将传统文化中创造人类生命和宇宙万物，且能护佑生者并使死者灵魂升天的伏羲、女娲视为敬奉的对象，并选择了作为汉族丧葬文化重要组成部分的伏羲女娲画像，为其墓葬文化的一部分。

图53 山东临沂金雀山9号汉墓帛画摹本

---

① 黄文弼：《吐鲁番考古记》，北京：中国科学院印行，1954年版，第56页。
② 常任侠：《常任侠艺术考古论文集》，北京：文物出版社，1984年版，第38页。
③ 黄文弼：《吐鲁番考古记》，北京：中国科学院印行，1954年版，第57页。

根据历次简报的叙述，历年来出土的伏羲女娲画像数量虽多，但完整者却甚少，若要据此作较详细的分类与断代，似乎不太可能。有学者主张，画像中二人尾巴的交缠，随年代的推后，次数就愈少，[①]然而，事实上经过比对，他们的推论是不能成立的。至于其间的变化，有可能是基于画匠的描绘有很大的随意性，其间并没有规律可循。至于画像的造型，如他们的发式、服装、手持的规、矩，以及日、月、星辰等物，几乎也没有雷同。有些学者曾试图依据伏羲、女娲上身相连的形式、缠绕的次数以及手臂的不同姿势，将其细分为两型四式，[②]也有的依据画风将其分为汉画风格与西域画风两种[③]。然而，这样的分类似乎并没有太大的规律性及特征性原理，并不足以据此对吐鲁番的伏羲女娲画像作适宜的分析。

总体来看，这些伏羲女娲画像的内容题材大致相同。他们几乎都是人首蛇身，一男一女，上有日形，下有月形，四周布满星辰的图样。章法虽然近似，但尺寸、面貌、服装以及日、月、星辰的形象则各有不同。原则上都具有以下几个比较明显的特征：

1. 绢、麻布的形状多为倒梯形；
2. 伏羲、女娲作人首蛇身，相交之状；
3. 绝大部分画像都是男左女右；
4. 男持矩，矩上多有墨斗，女执规，取其规天矩地、开创万物之意；
5. 画中多绘有日、月、星辰，日中多有金乌，月中多为蟾蜍或桂树；
6. 越到后来，画像的线条越简单、粗糙。

人首蛇身的形象是伏羲、女娲的标志，也是自先秦两汉以来伏羲、女娲形象的延续。此外，在吐鲁番出土的伏羲女娲画像中，除了与汉画的传统一样，大都绘有日、月，日中多绘有三足乌，月中绘有玉兔、蟾蜍、桂树等之外，又多绘有星象图。其中如 64TAM6、65TAM40：6、65TAM42：8、67TAM76：11、67TAM77：13、69TAM121：1 等图中，都可明显地看出北斗七星的形象。另外，

[①] 赵华：《吐鲁番出土伏羲女娲绢、麻布画的艺术风格及源流》，见赵华编《吐鲁番古墓葬出土艺术品》，第 33 页。

[②] 孟凡人：《吐鲁番出土的伏羲女娲图》，见赵华编《吐鲁番古墓葬出土艺术品》，第 10—13 页。

[③] 赵华：《吐鲁番出土伏羲女娲绢、麻布画的艺术风格及源流》，见赵华编《吐鲁番古墓葬出土艺术品》，第 28—30 页。

如在 59TAM302：39、64TAM6、65TAM40：6、65TAM42：8、69TAM121：1、龙谷大学与 72TAM225：15 缀合的伏羲女娲图①等图中，则出现了彗星的形象。此外，像 64TAM19：8、斯坦因于 *Innermost Asia* 中刊布的 AST. IX. 2.054 墓中伏羲女娲图②，及由大谷探险队带回的有延寿十一年墓表的伏羲女娲图③等，图中除布满繁密的星辰外，甚至可在其中清晰辨识出多组星宿。至如由黄文弼所发现的伏羲女娲图（图 52）以及 66TAM43：6 等图中，周围虽仅有随意点缀的圆点呈泡状散布，颇为写意，但亦应为星辰的象征。吐鲁番墓葬自第二期开始，墓室中的壁画逐渐消失，用棺量减少，有棺的也在棺盖上绘有日、月、星辰，故画像大量出现，而画像中又多绘有日、月、星辰，甚至北斗七星的图样，这实际已具有天象图的作用。一直到了第三期晚期，不少墓葬则弃画像不用，改以直接于墓顶绘二十八星宿、日、月等。

综合上面的讨论来看，这些伏羲女娲画像不论是在画像的内容，抑或是使用的情形上，与汉代墓室中的画像基本上是相对的，因此，它们应该是一种对汉画"引魂升天"功能的延续，这可能和吐鲁番出土衣物疏中的"登天衣""攀天丝"及死者脚底的"鹥"字的愿望是一致的。④

与汉代墓葬不同的是，在画像出土时，该地区墓葬中往往还伴有"青龙在我左，白虎在我右，朱雀在吾前，玄武在吾后，急急如律令"的道教咒语文书出土，所以，有人认为伏羲女娲画像是道教的产物。然《魏书》《北史》的《高昌传》中均记载有高昌"俗事天神，兼信佛法"一语，这说明高昌地区和中原地区一样，也有对天神、天国的信仰。同样的，从吐鲁番出土的随葬衣物疏中，也常常可见有青龙、白虎、朱雀、玄武等四灵之名充当"时见"的文字。如在橘瑞超于高昌故城附近掘获的《前秦建元二十二年刘弘妃衣物疏》中，除列举随葬物品外，还出现有下面这段文字：

建元廿二年正月癸卯朔廿二日甲子，大女刘弘随身衣裳杂物，人不

---

① 日本龙谷大学所藏的伏羲女娲绢画残片与阿斯塔那 72TAM225：15 出土的伏羲女娲图，据相关研究者的研究，可以完全缀合，应为同一幅画。参郑渤秋：《吐鲁番阿斯塔那 225 号墓出土伏羲女娲图与日本龙谷大学藏伏羲女娲图的缀合》，载《西域研究》2003 年第 3 期，第 95—97 页。

② Aurel Stein, *Innermost Asia: Report of Explorations in Central Asia, Kan-su and Eastern Iran, Rediscovering the Ancient Silk Route*, 图版 CIX。

③ ［日］那波利贞：《喀喇和卓（Kara-khodjo）の高昌人の坟墓内から发见された神像图》，见西域文化研究会编《西域文化研究》第五集，东京：法藏馆，1962 年，图版 517。

④ 孟凡人：《吐鲁番十六国时期的墓葬壁画和纸画略说》，见赵华编《吐鲁番古墓葬出土艺术品》。

得名，时见左青龙，右白虎，书手券疏纪季时知。①

青龙、白虎、朱雀、玄武原为古代二十八宿之名，《礼记·曲礼》中早有"行，前朱雀而后玄武，左青龙而右白虎"之语。后来随着道教神仙谱系的建立，四灵便成了道教的守护神。同样的，在《西梁建初十四年韩渠妻随葬衣物疏》中，在四灵之后还缀有"急急如律令"这类的道教用语：

　　……韩渠□□（妻）命早终，谨条随身衣裳杂物如右。时见：左清（青）龙，右白虎。书物数前朱□（雀），后玄武。□□□要。急急如律令。②

由此可见，传统的神仙思想和道教思想对民间信仰的影响逐渐在丧葬仪俗中体现出来。但若以此而认定伏羲女娲画像就是道教的产物，似乎有失偏颇。

事实上，中国古代儒、释、道三教合一，在一般百姓的心中，这三者之间并没有严格的界限，所以，在吐鲁番的随葬衣物疏中也出现了道教与佛教用语杂糅的情形。如在高昌章和十三年（公元543）的《孝姿随葬衣物疏》中便有：

　　章和十三年水亥岁正月任（壬）戌朔，十三日甲戌，比丘果愿敬移五道大神，佛弟子孝姿持佛五戒。……若欲觅海东辟（壁），不得奄遏停留，急急如律令。③

在此，"急急如律令"已成为随葬衣物疏中固定沿用的结尾。因此，伏羲女娲画像，虽与道教咒语文书一同出土，但它实际上仍是传统民间信仰中一种始祖崇拜的再现。

其实，自汉代开始，墓室壁画所涵括的宗教神学意义及巫术上的意义，往往远远地超过其审美及建筑装饰上的意义，故汉人普遍在墓葬中为伏羲、女娲造像的原因，是在祈求"冥福"的主导思想下，由伏羲、女娲担负"佑"的责任。④

另一方面，伏羲、女娲的形象往往也会随着不同时期的演进而有所改变。一般来说，伏羲、女娲的形象在汉代的画像中，基本特征即已大致固定，而吐鲁番伏羲女娲画像的基本构图虽然是对汉代画像形式与功能的一种延续，但在吐鲁番

---

① 日本橘瑞超所获随葬衣物疏，见[日]西域文化研究会编：《敦煌吐鲁番社会经济资料（下）》，《西域文化研究》第三集，东京：法藏馆，1960年。

② 国家文物局古文献研究室、新疆维吾尔自治区博物馆、武汉大学历史系编：《吐鲁番出土文书》第一册，北京：文物出版社，1981年版，第14—15页。

③ 国家文物局古文献研究室、新疆维吾尔自治区博物馆、武汉大学历史系编：《吐鲁番出土文书》第二册，北京：文物出版社，1981年版，第60—61页。

④ 邓乔彬：《论汉代的宗教思想、社会生活与绘画》，载《杭州师范学院学报（人文社会科学版）》2001年第2期，第30页。

图54 吐鲁番67TAM77:13墓出土伏羲女娲画像

的伏羲女娲绢麻画中，伏羲、女娲的冠发、装饰、躯体及其衣着等方面，又都融合了当时时代的特征，是那一时期生活在吐鲁番地区的人们的生活样貌与思想情感的一种具体呈现，故又具有明显的时代特色与艺术风格。如在67TAM77:13出土的伏羲女娲画像（图54）中，女娲头绾高髻，曲眉凤目，额描花钿，脸施靥妆，身穿卷云纹短襦披帛，彩条间色长裙，右臂抬起，手执规；伏羲头戴襆头，卧蚕眉，蓄短须，身穿右衽大袖袍衫，内着窄袖衣，裤间系玉带，袍裾下摆如喇叭状飘起。其中女娲所穿的短襦披帛是隋到唐初妇女的典型服饰，而伏羲头戴的软角襆头也是唐初男子冠服的式样，他身上所穿的右衽袍衫，亦似南北朝时的褶衣形制。画像中的人物形象清秀俊逸，更似六朝"秀骨清像"之风。另如黄文弼于1928年所获的伏羲女娲画像（图52），女娲所穿的大袖敞领衫是盛唐妇女服饰，而伏羲所穿则为开元、天宝年间流行的翻领胡服式样。

由于吐鲁番地区本来就是一个胡汉混居的民族熔炉，因此，也有一些属于西域画风的伏羲女娲画像出现，如64TAM19:8的画像（图55），画中女娲执规，伏羲执矩，矩上饰有墨斗——据说这种墨斗在今日的新疆仍在使用，而二者身穿相同的对襟敞领大袖衫，腰部用伞状短裙将二人围在一起，下身为红、白、褐等彩色线条描绘的蜿蜒蛇躯作四交状，日、月中无金乌、玉兔，以光芒四射的太阳纹和山形纹代替。但图中的伏羲、女娲已经被改造成深目高鼻、卷髭络腮、胡服对襟、眉飞色舞的西域民族形象了。

由此可知，许多的信仰或艺术在形成之初，都有一个原始的雏形；人们在塑造心目中的神灵时，往往又会将保留在脑中对神灵的既有印象重新加以组织和安排，继而结合现实生活中其他对神灵的想象，并参考当时社会的实际需求，最后将合于当时意识形态的各种成分纳入新的联系之中，从而建立起完整的再造形象。故吐鲁番地区的伏羲女娲画像所描绘的虽然是传说中的神话人物，但其表现的手法却完全是写实的，从人物的形象到冠帽，无不取材于现实生活，且会随着不同时代的崇尚喜好而有所变化和发展，如从人物的清秀俊逸到圆润丰满，从短襦披帛到大袖袍，这些都是时代的象征与写照。像伏羲女娲画像这样具有丰富民族意涵及特殊巫术、礼仪意义的艺术形象，其被创作出来的目的基本上是为了满足人们在特殊环境下的某种心灵寄托，并实现人类祈求与神沟通的愿望。因此，在作为移居域外的汉族后裔之传统墓葬艺术代表的伏羲女娲画像中，出现了胡人样貌的华夏始祖新形象，其实也正是汉文化扎根西域的一个重要标志。

而伏羲的形象在中国墓葬文化中则前后跨越了数百年的时间。其间，由战国时期的曾侯乙墓到长沙马王堆1号汉墓出土的帛画，这一阶段的伏羲形象不甚明确；其后，经历了有汉一代的成熟与发展，并与女娲结合，成为汉代

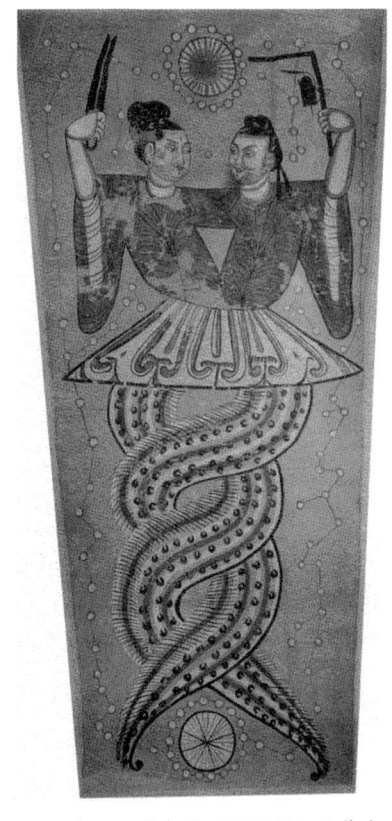

图 55　吐鲁番 64TAM19：8 墓出土伏羲女娲图

墓葬艺术中最重要的神祇之一；后来，随着文化的传播，再由东而西，辗转成为河西、辽东甚至新疆吐鲁番地区墓葬文化中不可或缺的一部分。其所代表的意涵与功能，又往往随着时间及空间的转变而有不同的表现。

第四节　墓葬文化中伏羲形象的特征、意义与功能

一、墓葬文化中伏羲形象的特征与意义

伏羲和女娲是中国神话中创育人类的华夏民族的共同始祖，早在《楚辞·天问》中屈原即曾问道："登立为帝，孰道尚之？女娲有体，孰制匠之？"据王逸《天问章句·序》中所言，这是屈原根据楚先王庙及公卿祠堂中所绘的山川神灵、

古圣贤及神怪行事的图画提出的疑问。①由此可推知，在春秋时期，楚先王庙堂壁画中应该已出现有女娲的画像。

到了汉代以后，由于伏羲、女娲相关神话传说的盛行，故经常可见伏羲、女娲的形象被刻绘在各种墓葬的装饰艺术中，或作为祖先神，被奉祀于墓祠之中，或成了墓室的守护神，被刻绘于墓室的壁画或砖石之上，成为汉代画像中一对重要的主神。②而在这些画像中，他们经常以一种腰部以上作人的形象，腰部以下则为蛇躯，两条尾巴紧密地缠绕在一起或连体交尾的形象出现。

（一）主要图像部分

综观先秦两汉至魏晋时期墓葬出土的伏羲女娲画像，可发现伏羲、女娲的形象往往会随着不同时期的演进而改变。原则上，汉代的伏羲、女娲的形象是战国时期就已经形成的"人首蛇身"基本形象特征的延续，但汉画中伏羲、女娲的冠发、装饰、躯体及衣着等方面，又都融合了时代的特征，使之具有明显的时代特色和风格。如伏羲的服式多为儒衣，但也有身着袍服的，事实上，这便是汉代儒生装束的写照。他通常头戴冠冕，其冠式多变：有东汉时流行的梁冠，如河南南阳、山东滕县龙阳店等地的画像石中的伏羲，其冠前面有一梁高耸，顶上一片向后倾斜；有"山"字形冠的，如江苏徐州、四川郫县等地的画像石，伏羲冠形如"山"字；也有形如汉代的武士冠或其他冠式的，如山东费县潘家疃等的画像。除此之外，如北京三台子、江苏双沟等画像中的伏羲，则不戴冠，似梳髻或戴巾帻。至于女娲的模样，一般而言，女娲多身着襦衣，因其胸腹下为蛇躯及尾，故未见穿裙者，但仍是一副贵妇人的模样。像洛阳的卜千秋墓室壁画、河南南阳画像石、山东临沂白庄画像、山东滕县龙阳店画像石中，女娲一副高髻垂髫的模样。但到了江苏双沟的画像石中，女娲则梳了一个大髻，上横插一笄。据史传所载，东汉马皇后美发为四起大髻，于是"城中好高髻，四方高一尺"③，顿时宫中内外相继仿效，风行一时，而这种发式的流行之风，也反映到了画像中的女娲形象上，于是江苏双沟的女娲画像也流行起了当时的发式。因此，随着时代的改变，伏羲、女娲的衣冠装束也已经汉代化了。

到了隋唐时期，吐鲁番阿斯塔那墓葬中的伏羲、女娲，又被改造成深目高

---

① 虽然，旧注或以为前二句是指伏羲的事迹，但这只是后人根据伏羲、女娲传说并列的观念所作的推测，并不足为信。清代学者则根据《天问》的文法认为前二句仍然是指女娲的事迹，参游国恩主编：《天问纂义》，台北：洪叶文化事业有限公司，1993年版，第279—284页。

② 陈履生：《神画主神研究》，北京：紫禁城出版社，1987年版。

③《后汉书》卷二四《马援列传》，第853页。

鼻、卷髭络腮、胡服对襟、眉飞色舞的西域民族形象。我们从出土的众多伏羲女娲画像中亦有以胡人的样貌出现的情形可发现，任何艺术形象都会随着不同时代的崇尚喜好而有所变化和发展，这即是文化兼容的一种充分体现。

而由于伏羲、女娲多以配偶神的姿态出现，故其组合形式通常又可分为两种。

1. 分列

即伏羲、女娲呈分列的形式，有时是以二者分居东、西，代表阴、阳，如早期的壁画墓及祠堂画像，有时受到墓室结构及形制的限制，不得不令二者分列而立。大多是刻绘在左右门柱上，如江苏铜山周庄、山东费县潘家疃石刻画像等。另也有刻绘在同一画面内，呈相对的位置者，如四川成都金堂石刻画像、山东滕县龙阳店石刻画像、河南洛阳卜千秋壁画等。

2. 交尾

通常是伏羲、女娲相向而立，下部尾相交，显示出一种亲密的关系。这是汉画像中伏羲、女娲较常出现的组合情形。尾部相交也可分为多种形式，有的是仅交尾一次，有的则是多次相交，呈缠绕之状。另外，如四川郫县、成都天回崖墓石棺画像中，还画出二者脸部相亲的情景，更明确地表现出他们之间的亲密关系。

从这些画像石中可以看出，到了汉代，伏羲、女娲的神话出现了比较复杂的情形，这可能与汉代的社会意识、哲学思想、宗教文化有极为密切的关系，特别是宗教文化对于汉画中伏羲、女娲神话的变化有很大的影响。

首先，由于汉代阴阳五行之说盛行，宇宙万物皆可加以比附，故汉人以为天地有阴、阳二神，阳神管天，阴神管地，创造了宇宙世界。正如《淮南子·精神训》所云：

> 古未有天地之时，惟像无形，窈窈冥冥……有二神混生，经天营地……于是乃别为阴阳。[1]

伏羲、女娲最开始是作为创世的始祖神被崇奉。到了汉代，随着社会环境的变迁与宗教信仰的演化，伏羲、女娲往往又与阴、阳的概念相结合，或捧奉日、月，或执持规、矩，因而使得这两位原始的神灵又被赋予了不同的形象意涵与信仰功能。

而在汉代画像中，伏羲、女娲普遍手中持物，根据他们手中的执捧物，大致可分为以下三种类型。

---

[1]《淮南子》卷七，第218页。

1. 规矩型

规、矩原为工匠用以画方圆的工具,正如《墨子·法仪》中所谓的:

> 百工为方以矩,为圆以规,直以绳,正以悬。①

《淮南子·说林训》中亦强调了规、矩、准绳定化方圆曲直的标准作用:

> 非规矩不能定方圆,非准绳不能正曲直。②

规和矩是两种创造型的工具,由于它们具有规范事物以为准绳的作用,故人们往往亦将其比喻为定化世间行事曲直的标准。如《孟子·离娄》云:

> 圣人既竭目力焉,继之以规矩准绳,以为方圆平直,不可胜用也。③

又《孟子·告子》曰:

> 大匠诲人必以规矩,学者亦必以规矩。④

《荀子·礼论》中更将规、矩与礼法加以结合:

> 故绳者,直之至;衡者,平之至;规矩者,方圆之至;礼者,人道之极也。然而不法礼,不足礼,谓之无方之民;法礼,足礼,谓之有方之士。⑤

所以,规、矩不仅适用于定方圆,同时也代表着现实生活中人们要循规蹈矩,是修身、治国的准则。正由于它们具有以上的特殊社会功能,故它们也常出现在汉代的铜镜上,成为一种别具意义的装饰花纹。

然从目前所出土的旧石器时代到周代之间的考古文物中,却从来没有发现规或矩。高本汉根据资料判断,这两件工具最早被提及是在战国时期的文献中⑥,故可知规和矩的使用时间并不算太早。然从汉画像中大量出现的伏羲、女娲执规、矩的情形来看,规和矩成为始创人类的伏羲、女娲经常执持的附属物,应该有其特殊的象征意义,其或代表着两汉时期人们相信崇奉他们二者画定方圆、创造万物的开辟性功绩。

规、矩除了具有画定方圆的功能外,又由于古人相信天圆地方之说,以为:

> 天道圆,地道方,圣王法之,所以立上下。
>
> 有大圜在上,大矩在下,汝能法之,为民父母。⑦

---

① 《墨子》,第18页。
② 《淮南子》卷一七,第582页。
③ (汉)赵岐注,(宋)孙奭疏:《孟子注疏》,第213页。
④ (汉)赵岐注,(宋)孙奭疏:《孟子注疏》,第205页。
⑤ 《荀子》,第428—429页。
⑥ 高本汉:《高本汉书经注释》,陈舜政译,台北:中华丛书编审委员会,1981年版。
⑦ 《吕氏春秋》卷一二《季冬纪·序意》,第171、648页。

故天道须以规画成，地道须以矩方之。即如西汉扬雄在其《太玄经》中所说的：

   天道成规，地道成矩。①

  加以《淮南子》及《汉书》中有太昊和少昊执规与矩以分治春、秋的记载②，或由于这样的思维，而使得规、矩在阴阳学说的神学体系中，被赋予了非常丰富的内涵。它们既可以是天地的象征，也可以是阴阳的代表，更可以与四季中的春、秋，方位中的东、西方相联结。于是，规、矩成了一种抽象的神学符号，它们在汉画像中，与伏羲、女娲形成了一种固定的联系：

   规——圆——天——阳——伏羲，

   矩——方——地——阴——女娲。

由此或可推知，伏羲、女娲手中分持规、矩代表着他们既是规天矩地、创造万物的始祖神，同时也是调理阴阳、执掌季节方位的重要神祇。至于再以日、月与之相配，和他们手执的规、矩联系起来看，那么天地万物便都在伏羲、女娲的掌握之中，他们共管天地，理通阴阳。

  但是，在有些画像中，也会出现伏羲执矩、女娲执规的现象，如河南南阳军帐营画像石、山东长清孝堂山郭氏石祠、山东嘉祥武梁祠、山东滕县城关画像石、山东费县潘家疃画像石等。这可能与前面所提到的汉代一些墓室壁画中伏羲捧月、女娲擎日的现象是相同的，都是受到了当时阴阳五行学说的影响，以为伏羲属阳性，故以象征阴性的矩、地与之相配，而女娲属阴性，则以象征阳性的规、天与之相配。

  2. 日月型

  日、月与伏羲、女娲的结合，可能也是深受阴阳思想的影响。在汉代画像中，经常有伏羲手托日轮，女娲手托月轮的形象，另外亦有将日、月捧于胸前者，如徐州十里铺画像石、东海昌梨水库画像石、陕西神木大保当11号墓墓门画像石等。此外，如重庆沙坪坝石棺、四川宜宾翠屏村汉画像石、陕西北周匹娄欢石棺以及吉林辑安洞沟高句丽壁画墓等中的伏羲、女娲都作擎日、擎月之状。且大多数的日、月之中，都有三足乌及蟾蜍、桂树等物。

  关于日神与月神，中国神话中原有羲和生日、常羲生月的说法。据《山海经·大荒南经》载：

---

① （西汉）扬雄：《太玄经》卷十，四部丛刊初编本。
② 见《淮南子·天文训》，又《汉书·魏相丙吉传》有："东方之神太昊，乘震执规司春；南方之神炎帝，乘离执衡司夏；西方之神少昊，乘兑执矩司秋；北方之神颛顼，乘坎执权司冬；中央之神黄帝，乘坤艮执绳司下土。"

羲和者，帝俊之妻，生十日。①

《山海经·大荒西经》云：

帝俊妻常羲，生月十有二。②

从相关的文献来看，日、月与伏羲、女娲似乎并无关联。但现代有一些学者试图从更深一层的意义上将其加以比对，如何新在《诸神的起源》一书中便直接从神话的演变来探讨，认为伏羲、女娲其实是颛顼系统中的日神和月神。③钟敬文则认为以伏羲、女娲和日、月相配，可能是西汉时的一种流行观念，如《易纬·乾坤凿度》里说伏羲"立四正"，所谓的"四正"，主要包括定气、日月出没、阴阳交争、天地德正，所以，伏羲、女娲在西汉时期，应该拥有调理太阳和月亮的功能。④陈履生也以为，日月和阴阳的契合，更成为汉代哲学中用以引申的概念，同时，他又附会了男女不同的性别，所以，伏羲、女娲在其演化中逐渐和日月结合起来。⑤但无论是从神话系统的演变，抑或是阴阳学说的附会观点来看，都已经肯定了伏羲、女娲与日、月的关系。

又，在日、月形象的刻画上，虽然日有阴晴，月有圆缺，但在汉画像中，日、月一般都被画成圆形。学者也认为这种构想可能并不是随意为之的，这应该和汉代人的信仰有关。⑥由于纬书《礼斗威仪》中有所谓"其政太平，则月圆而多辉""政太平则月多耀……政升平则清而明"⑦的说法，所以，在许多汉画像中，伏羲、女娲就是各自手托一圆轮，以示日月清明、政治升平。

此外，汉画中的伏羲女娲日月图，其日中通常有乌，月中则有蟾蜍及兔。画像石中出现的日载金乌，月载蟾蜍、玉兔，以及日居东，月居西等形象，这在汉魏以来的墓葬壁画以及画像石里是多有所见的，如河南洛阳卜千秋墓顶壁画、河南洛阳浅井头墓顶壁画、陕西神木大保当11号墓墓门等中皆有。关于日中有乌，月中有蟾蜍、兔的说法，由来甚古，由湖南长沙马王堆1号墓出土帛画（图5）的日中有乌，月中有蟾蜍、兔即可证明。

首先，以为日中有鸟或乌，这是一个很古老的传说，此说最早见于《楚辞》。《楚辞·天问》中有：

---

① 《山海经校注》，第381页。
② 《山海经校注》，第404页。
③ 何新：《诸神的起源——中国远古神话与历史》，台北：木铎出版社，1987年版，第55页。
④ 钟敬文：《长沙马王堆汉墓帛画的神话史意义》，载《中华文史论丛》1979年第2辑，第145页。
⑤ 陈履生：《神画主神研究》，北京：紫禁城出版社，1987年版，第33页。
⑥ 陈履生：《神画主神研究》，北京：紫禁城出版社，1987年版，第33页。
⑦ 《纬书集成》，第518页。

> 羿焉弹日，乌焉解羽？①

《山海经·大荒东经》也有：

> 一日方至，一日方出，皆载于乌。②

另外，在《淮南子·精神训》中记载"日中有踆乌"，高诱注以为：

> 踆犹蹲也，谓三足乌。③

又，《五经通义》云：

> 日中有三足乌。④

《春秋元命苞》则云：

> 阳数起于一，成于二，故日中有三足乌。⑤

《后汉书·天文志》刘昭注引张衡《灵宪》曰：

> 日者，阳精之宗。积而成鸟，象乌而有三趾。阳之类，其数奇。⑥

据笔者考察发现，日中有鸟的传说，普遍存在于世界许多民族之中⑦，但在中国的神话传说中却说日中有乌⑧。

至于太阳中有三足乌的说法，则流行于西汉末年，这在当时流行的纬书中多有记载。⑨而《东观汉记》里则将其视为祥瑞的代表。⑩到了汉代，三足乌又和西王母的三青鸟⑪相比附，因此，三足乌又成为西王母役使的鸟，具有"不死"

---

① 《楚辞补注》，第96页。
② 《山海经校注》，第354页。
③ 《淮南子》，第221页。
④ 《艺文类聚》卷一三一，第4页。
⑤ 《太平御览》卷三一三，第144页。
⑥ 《后汉书》，第3215页。
⑦ 日本学者出石诚彦认为，这是因为乌鸟经常晨去暮来，因此容易与日出日没的现象产生关联。
⑧ 参刘惠萍：《图像与神话——日月神话之研究》，台北：文津出版社，2011年版，第86—87页。
⑨ 如《艺文类聚》卷九九引纬书《春秋运斗枢》曰："维星得则日月光，乌三足，礼仪修，物类合。"卷九二引《春秋元命苞》："火流为乌……阳精，阳天之意。"
⑩ （东汉）刘珍等撰，吴树平校注：《东观汉记校注》，郑州：中州古籍出版社，1987年版，第78—79页。
⑪ 据《山海经·海内北经》载："蛇巫之山，上有人操柸而东向立。一曰龟山。西王母梯几而戴胜杖。其南有三青鸟，为西王母取食。"《大荒西经》亦载："西王母山……有三青鸟。"又据《汉武故事》载："七月七日，上于承华殿斋。正中，忽有一青鸟从西方来，集殿前，上问东方朔。朔曰：'此西王母欲来也。'有顷，王母至，有二青鸟如乌，夹侍王母旁。"由此可知，三青鸟是为西王母取食者及使者。而在徐州的画像中，更有三足乌为西王母取食的形象。故如出石诚彦、李淞等学者多认为三足乌的原型，可能即传说中的三青鸟。参见［日］出石诚彦：《上代中国の日と月との说话について》，见《中国神话传说の研究》，台北：古亭书屋，1969年版，据日本昭和十八年（1943）中央公论社排印本影印，第78—79页。李淞：《论汉代艺术中的西王母图像》，长沙：湖南教育出版社，2000年版，第53页。

的神性。所以，到了汉代，在许多西王母的画像中也常有三足乌的形象，如在郑州的画像砖中便有羲和手捧三足乌立于西王母身旁的形象①。又据《洞冥记》卷四载："东北有地日之草，西南有春生之鱼……三足乌数下地食此草。羲和欲驭，以手掩乌目，不听下也。长其食此草。盖鸟兽食此草，则美闷不能动矣。"②因此，日中的三足乌，除了是日的象征之外，可能又被赋予了"长生不老"的意义与功能。

至于"月中有蟾蜍"之说，《楚辞·天问》中则有这样的说法：

夜光何德，死则又育？厥利维何，而顾菟在腹？

王逸注将"菟"释为"兔"，并将后两句释为：

言月中有菟，何所贪利，居月之腹，而顾望乎？③

在此将"顾菟"解释为"顾望月中之菟"。到了宋代，对于这种生硬的解法，朱熹提出了不赞同的意见，以为"顾菟"应该是一种兔的专有名称。④此说虽并非全然正确，但至少已脱离了传统训诂的窠臼。直至近人闻一多在其《天问释天》一文中利用了语言学上的 11 个佐证，判定了"顾菟"就是"蟾蜍"而不是兔子。⑤这样一来，《天问》中的"顾菟"便可以算是最早的"月中蟾蜍"的记载。其实，在《淮南子·精神训》中也有"月中有蟾蜍"的说法，而《淮南子·说林训》中则谓："月照天下，蚀于詹诸。"⑥"詹诸"即蟾蜍。可见"月中有蟾蜍"之说在先秦两汉时期非常流行。

关于"月中有蟾蜍"的说法，闻一多在论证"顾菟"问题时，曾得出这样的结论：

月中虾蟆（蟾蜍）之说，乃起于以蛤配月之说，其时则当在战国……⑦

闻氏以为由于古人蚌、蛤不分，又蚌与月皆色白而形圆，因此产生了联想。加上"蛤"之音值为"kâp"，其音微变为虾蟆"kama"，所以在有些地方，"蛤"字兼有"蛤蚌"和"虾蟆"两种意义。如韩愈《初南食贻元十八协律》诗云：

---

① 郑州市博物馆：《郑州新通桥汉代画象空心砖墓》，载《文物》1972 年第 10 期，第 46 页。

② （汉）郭宪撰：《洞冥记》，见《笔记小说大观》十三编第一册，台北：新兴书局，1976 年版，第 1 页。

③《楚辞补注》，第 88—89 页。

④（宋）朱熹《楚辞辩证》卷下云："顾菟在腹，此言兔在月中，则顾菟但为兔之名号耳。"台北：世界书局，1981 年版，第 1 页。

⑤ 闻一多：《天问释天》，见《闻一多全集（二）·古典新义》，第 328—333 页。

⑥《淮南子》卷七，第 218 页；卷一七，第 556 页。

⑦ 闻一多：《天问释天》，见《闻一多全集（二）·古典新义》，第 333 页。

>蛤即是虾蟆，同实浪异名。①

又明人高启《闻蛙》诗亦云："何处多啼蛤，荒园暑潦天。"注家也认为"蛤"即是虾蟆②。可知，在南方语汇中"蟾蜍"亦称为"蛤"。及至后世，可能是由于误解，遂将"顾菟"视为"月中有兔"。

我们目前虽然不能确定"月中有兔"的产生和广泛传播在哪一时期，但从文献上来看，蟾蜍和兔子并存于月中的说法，至少在西汉时期就已经非常流行。故当时的学者刘向便曾以阴阳学说的观点去解释这种蟾蜍、兔并存于月中的情形。他在《五经通义》中说：

>月中有兔和蟾蜍何？月，阴也，蟾蜍，阳也，而与兔并明，阴系于阳也。③

另外，还有一些谶纬学者认为月亮里之所以存在着蟾蜍和兔子，是由于阴阳要相制相倚，如纬书《春秋元命苞》中便以为：

>月之为言阙也。两设以蟾蜍与兔者，阴阳双居，明阳之制阴，阴之倚阳也。④

《诗纬·推度灾》亦曰：

>月，三日成魄，八日成光，蟾蜍体就，穴鼻时萌。

宋均注以为："穴，决也。决鼻，兔也。"⑤这正说明了在汉代人的观念中，月中的蟾蜍和兔子是并存的。

同样的，在汉代画像中也多有蟾蜍与兔共生的画面，如河南洛阳浅井头壁画墓等的大部分画像，可见蟾蜍与玉兔共生的神话由来已久。但在有些汉代的壁画和画像石里，往往只有蟾蜍，如前引河南省南阳市画像石（图31）及陕北和四川的一些画像中。另也有蟾蜍与桂树共存于月中的情形，如河南洛阳卜千秋壁画墓等。至于月中的捣药玉兔，则是后来的发展。

此外，后来因神仙思想而产生的羿妻窃不死药托身于月变为蟾蜍神话的流行，使得蟾蜍又与长生不死、升仙的思想相结合，故在东汉天文学家张衡的《灵宪》里便有了这样的演化：

---

① （唐）韩愈撰，（宋）朱熹考异：《朱文公校昌黎先生文集》卷六，台北：台湾商务印书馆，1989年据上海涵芬楼景印明景泰翻元小字本影印。

② （明）高启：《高太史大全集》卷一三《闻蛙》，上海：商务印书馆，1992年据涵芬楼景印明景泰翻元小字本影印。

③ 《太平御览》卷四引，第7页；《艺文类聚》卷一并引。

④ 《太平御览》卷四引，第150页。

⑤ 《法苑珠林》卷七及《太平御览》卷四所引，见《纬书集成》，第468页。

>羿请无死之药于西王母，姮娥窃之以奔月。将往，枚筮之于有黄，有黄筮之曰："吉。翩翩归妹，独将西行，逢天晦芒，毋惊毋恐，后其大昌！"姮娥遂托身于月，是为蟾蜍。①

姮娥，即后来的嫦娥。她奔月之后，化为蟾蜍，成为月精。于是蟾蜍便和不死之药产生了某种关联。如汉乐府歌云："采取神药山之端，白兔捣成蛤蟆丸。"②而蟾蜍的大腹及多卵，又是女性神奇生殖能力的象征，可能是这种不死或生育神性，使得蟾蜍与月有了相同的属性。

事实上，日中有金乌，月中有蟾蜍、玉兔，这种在日、月以外的形象添加与刻画，应源自于人们对日、月中模糊黑斑的想象。③到了汉代，人们又从阴阳学说中为其找到理论上的攀附机会。因此，在汉代画像中，伏羲所托日轮内的踆乌常作飞形或立状；而女娲手托的月轮中，蟾蜍则多作背面立姿或背面爬行状，玉兔作奔跑状。

汉人以阴阳五行思想作为宗教神学的基础,在日与月的关系中注入了阴与阳的哲学内涵。如《淮南子·天文训》云：

>天地之袭精为阴阳，阴阳之专精为四时，四时之散精为万物。积阳之热气生火，火气之精者为日；积阴之寒气为水，水气之精者为月。日月之淫为精者为星辰。④

所以，日为阳之长，月为阴之母，以日、月象征阴、阳相偶成，从而日、月便以阴、阳的关系体现出两性的对偶；而日与月的相互浸淫，又正是阴与阳的相互偶成。故其既构成内在的生殖力，又显示了持阴秉阳的自然之德，于是，日与月便以内含着多种特殊意涵的符号而成了汉人进行神学附会的工具。⑤

而日、月除了象征阴、阳，也与方位有关，盖"日出于东，月出于西，阴阳长短，终始相巡，以致天下之和"⑥，故在汉代的许多画像中，多刻绘伏羲擎日，以代表东方，女娲捧月，则是西方的象征。苏联学者李福清在谈到人类始祖伏羲、女娲的肖像描绘时，也注意到了伏羲、女娲与四方的联系，并作了精辟的分析，他认为：

---

① 《后汉书·天文志上》唐章怀太子《注》引，第3216页；又《太平御览》卷四所引较略。
② 《太平御览》卷九〇七引，第4155页。
③ （清）严可均校辑：《全上古三代秦汉三国六朝文·全后汉文》卷五五《张衡四·灵宪》，第777页。
④ 《淮南子》卷三，第80页。
⑤ 李立：《由日月相偶到阴阳相配——论日月神话在汉代的发展与演变》，载《九江师专学报（哲学社会科学版）》1999年第1期，第25页。
⑥ 《重刊宋本礼记注疏》，第813页。

河南河阳县的那件石刻，不禁使人猜想女娲本人相应地该是象征世界的另一方，最可能是西方。假如把这些石刻跟在四川广汉城发现的画像砖上的那位始祖的画像作比较，那么我们会清楚地看见对缝结合的砖上，女娲尾巴下面有一个朱雀的插图——南方的象征。因此，这里可以看到明显给世界各地标了方向，借助这种定向，人物本身仿佛把世界另外两个方向东方和西方拟人化了。从《淮南子》中得知，汉代伏羲是被作为东方神灵来祭祀的，因此他的形象跟东方相联系是不难理解的。比较复杂的是在女娲方面。按照排斥女神的那种分类，西方之帝名少昊，然而在许多古籍中，他却未能跻身于按五行排列的宇宙各方神系的行列之中。由此想到，女娲作为更古老的女神，最初正是同西方结合起来的。这已经不止一次地为研究家们所指出，汉代石刻上女娲依然象征西方这一点，证明他们比《淮南子》更为古远。①

汉代墓室的结构与画像内容的主题意识，主要建立在阴阳五行与天人感应思想上。在汉人的观念中，墓室就如同一个小型的宇宙，于是，人们通过对日月星辰的刻绘，建构出一个想象的天体，然后以伏羲和女娲配合着日、月、金乌、玉兔、蟾蜍等以象征阴、阳，再以青龙、白虎、朱雀、玄武来代表四时和四方。有的墓中还会出现句芒、祝融、蓐收、玄冥、后土等五方之佐，其中蕴含着浓郁的阴阳五行与天人感应思想。通过这种阴、阳的交互作用，宇宙才可以周而复始，生命也才能生生不息；也只有在这种上天所赋予的阴阳调和、四时顺畅、五方均安的和谐环境中，墓主之魂才能得以安详地飞升天堂，获得永生。

在盛行以阴阳五行方位解释、建构事物的汉代社会，伏羲、女娲除被赋予了象征创世界男女始祖及日月、东西的对应关系外，可能更担负着调节阴阳的神圣使命，这应该是世俗社会对天上神灵要求的一种反映。

3. 芝草型

在河南南阳地区的许多汉代画像中，伏羲、女娲也常作手捧芝草状。芝草又名"灵芝"，是一种菌类植物。按《说文》云："芝，神草也。"这种所谓的神草，早在汉以前，就常和兰、桂等芳香类植物一起被喻为品德高洁者。到了汉代以后，逐渐成为圣德的产物。据纬书《孝经·援神契》云："德至于草木，则芝草生。"所以，在汉代以后，芝草便与神仙思想结合起来，人们将其视为与长生、升仙有关的灵药。在《抱朴子》中便记载了不同的芝草及其神奇功效：

芝有石芝、木芝、草芝……服一升，得千岁。

---

① [苏联]李福清：《中国神话故事论集》，台北：台湾学生书局，1991年版，第44—45页。

图 56 河南南阳市七孔桥画像石·女娲捧璧

青云芝……食之,令人寿千岁不老,能乘云通天,见鬼神。
黄龙芝……食一合,寿万年,令人光泽。
龙仙芝……服一株,则寿千岁。[1]

由于汉代人对长生不老、羽化登仙的渴望与追求,于是芝草这种被视为长寿的神草,自然受到人们的重视与欢迎。因此,芝草在汉代的美术作品中是常见的题材,据王延寿《鲁灵光殿赋》所记,鲁灵光殿的殿柱是"芝栭攒罗以戢香,枝撑杈枒而斜据",即以芝草为图案。而伏羲、女娲本是人类的始祖神,具有庇佑后代子孙的功能,将芝草置其手上,则又赋予了他们庇佑人们长生不老的功能。

4. 其他执捧物

除了上述的物件外,在河南南阳汉画中还有一幅被称为"女娲捧璧图"(图56)的画像,或以为此玉璧具有通天的功能[2]。

另,在山东等地的一些画像石中,伏羲、女娲有时或作为西王母的侍者,手中持着便面;另如在四川的画像石中,二人有时作手持巾带、面面相视状。

关于他们手中的执捧物,归纳起来看,各地均有其特色及偏好。如河南以执芝草和捧日月者较多,不见规矩;而山东以执规矩者为主;四川以捧日月者居多,有少数执规矩者;徐州和陕北的画像,目前所见者多为捧日月或无附属物的形貌。此外,如山东临沂西张官庄画像石、山东滕县龙阳店画像石等中的伏羲、女娲,则不执捧任何物体,而作拱手状,这在汉画像中是较为少见的现象。

(二)次要图像部分

1. 西王母等神人

除了各种执捧物之外,在河南、山东等地的伏羲女娲画像中,如河南南阳画像石、河南唐河针织厂画像石、山东滕县城关画像石等,在伏羲、女娲之间往往又有一人,拱手端坐或双手拥抱伏羲、女娲。关于此一神人究竟为谁,学术界颇有争议[3],或有一说以为是神话传说中的西王母。

---

[1]《艺文类聚》卷九八·祥瑞部上"木芝"引《抱朴子》,第1701页。
[2] 陈江风:《汉画像中的玉璧与丧葬观念》,载《中原文物》1994年第4期,第68页。
[3] 关于画像石中的此一形象,有人认为是盘古,有人则认为是西王母,亦有人认为是高禖神。

有关西王母的传说大约起源于春秋战国之间[①]，在《山海经》里，"西王母"之名凡五见，其形象多为面容狰狞恐怖的"豹尾虎齿"[②]。其后，《竹书纪年》《穆天子传》等书中则载有周穆王"西征昆仑丘，见西王母"[③]，"觞西王母于瑶池之上"[④]一事，至此，西王母已不再是人兽同体的怪物，而成了一位人神合一的天帝之女了。及至《汉武帝内传》，西王母则被描绘成一位雍容华贵、仙姬随侍、容貌绝世、赐蟠桃予武帝，并使之拜受教命的女神。

　　作为仙邦之君、昆仑之主的西王母，到了汉代，已不仅是神话传说中的人物而已，她已经成为汉代中国社会日益普遍崇拜奉祀的神通广大的神灵。据考古发掘出土的材料证实，许多汉代文物上均有西王母崇拜的痕迹[⑤]。

　　而汉代的西王母崇拜，又与当时社会上下追求长生不死的观念有关。扬雄在《甘泉赋》中曾写道："想西王母欣然而上寿兮，屏玉女而却虙妃。"出现"西王母"字样的汉镜铭文中更常见到所谓的"仙人不知老""寿如东王公西王母"以及"长保二亲生久"的字样[⑥]。早期道教经典《太平经》中则将西王母视为长生不死的化身：

　　　　乐莫乐兮长安市，使人寿若西王母；比若四时周反始，九十字策传方士。[⑦]

[①]陈梦家曾以为，殷墟卜辞中所见的"西母"神，已经体现出"西王母前身的踪影"。见陈梦家：《古文字中之商周祭祀》，载《燕京学报》第19期，第131—133页。日本学者小南一郎则指出："但在卜辞中所见'西母'的例子并不多，只知道它是享受'燎'祭的具有强烈自然性格的神，并被当作是与'东母'相对的神。……对于它与后世的西王母是否有直接继承关系，即使可以作出种种判断，但加以确认是有困难的。"见[日]小南一郎：《中国的神话传说与古小说》，孙昌武译，北京：中华书局，1993年版，第24页。因此，目前有关西王母的最早资料，大约是春秋战国时期的文献。

[②]如《山海经·西山经》载："……西王母其状如人，豹尾虎齿而善啸，蓬发戴胜，是司天之厉及五残。"又，《大荒西经》云："西海之南，流沙之滨，赤水之后，黑水之前，有大山，名曰昆仑之丘。……有人，戴胜，虎齿，有豹尾，穴处，名曰西王母。"

[③]方诗铭、王修龄：《古本竹书纪年辑证·周纪·穆王十七年》，上海：上海古籍出版社，1981年版，第47页。

[④]《穆天子传》卷三，上海：上海书店，1989年版，第23页。

[⑤]汉代的墓室壁画石刻、铜镜上常有西王母的形象，如河南南阳博物馆所藏的东汉灵帝建宁元年镜铭文有："建宁元年九月九日丙午，造作尚方明镜，幽湅三商，上有东王公、西王母，生如山石，长宜子孙，八千万里，富且昌，乐未央，宜侯王，师命长，买者大吉羊，宜古市，君宜高官，位至三公，长乐央□。"又《金石索·金索》卷六有："蒙氏作竟真大工，东王公西王母，青龙在左，白虎居右，山人子高赤容。"《古镜图录》卷中："龙氏作竟自□□，东王公西王母，青龙在左，白虎居右，山人子乔赤容子，千秋万倍。"等。

[⑥]如汉代的铜镜上常见："龙氏作竟佳且好，明而日月世少有，刻分守悉皆在，长保二亲宜孙子，东王公西王母，大吉羊矣兮。"见《小檀乐室镜影》卷二、《小校金阁金文》卷一五。另有如"元兴元年五月丙午日□大利……世得光明，长乐未央，富宜，昌宜侯王，师命长生如石，位至三公，寿如东王公西王母……"之语。见《陶斋吉金录》卷七、《古镜图录》卷上、《浣花拜石轩镜铭集录》卷一。

[⑦]《太平经合校》卷三八，第62页。

《焦氏易林》卷一《坤·噬嗑》亦云：

  稷为尧使，西见王母，拜请百福，赐我善子。①

可知在汉代，西王母又可作为祛灾祈福的护佑神。

《汉书·哀帝纪》中记载了这样一段事件：

  建平四年春，大旱，关东民传行西王母筹，经历郡国，西入关，至京师，民又会聚祠西王母。

  （建平四年）夏，京师郡国聚会里巷阡陌，设张博具，歌舞祠西王母。

  又传书曰："母告百姓，佩此者不死。……"②

此外，官府还曾将其列为专祀的对象。据《太平御览》引《汉旧仪》曰：

  祭西王母于石室，皆在所，二千石、令、长奉祠！③

由此可知，西王母的信仰在汉代是非常普遍的。

而在不同的画像中，西王母的形象也各有差异，如山东微山两城、滕县西户口等地区的伏羲女娲像中间的女像，面目端正，头饰横髻，两头有方胜。尤其是在微山两城伏羲、女娲中间的女像左上方，更明确地题有"西王母"三字（图57）。

图57 山东微山两城画像石·西王母、两人首蛇身者

另外，滕县出土的伏羲、女娲及中间女像的左右两侧，则配有玉兔、蟾蜍等。如前所述，玉兔、蟾蜍和西王母的不死之药有关，故此一女像极有可能也是西王母。

古人认为天门是升天成仙的必经之门，而西王母是天国仙境的主神，据《山海经·西山经》说："又西三百五十里，曰玉山，是西王母所居。"④这玉山就是中国古代神话传说中的仙山昆仑山，是神仙之国，是天门、天都之所在。故凡人想要拜见西王母，想要得到西王母赐予的长生不死之药，便须通过"天门"。而按《论衡·道虚篇》所云："天之门在西北，升天之人，宜从昆仑

---

① （汉）焦延寿：《焦氏易林》卷一，上海：商务印书馆，1992年据涵芬楼景印明景泰翻元小字本影印。
② 《汉书》，第342、1476页。
③ 《太平御览》卷五二六，第2517页。
④ 《山海经校注》，第50页。

上。"①东汉初,民间更出现了一首这样的童谣:"着青裙,入天门;揖金母,拜木公。"②而所谓的"金母",便是西王母,故西王母便是天门的执掌者。所以,在汉代画像中也有西王母居于天门之中的画像。如陕北绥德汉画石的中部有一单扇门,门上有一铺首衔环装饰。此门将整幅画像一分为二,门左边为人间拜谒场面,门右边有西王母端坐,西王母左右又有半人半兽的仙人执不死树枝侍奉,另外还有三足乌、九尾狐、玉兔捣药及不死树木等。③很显然,画面右部是以西王母为主神的昆仑天国境界,画面正中之门毫无疑问应是凡间与仙境的分界线,是人类去朝拜西王母通往天国的必经之路——天门。

另在重庆巫山出土的一些东汉晚期铜牌饰中,更可见中央额部刻有"天门"榜题的双阙中,西王母端坐中央的形象④,可知西王母还是天门的执掌者。

2. 星象图

除了日、月之外,伏羲、女娲日月图旁往往也配有星象图。而于墓室中绘制与天象相关题材图像的传统,在中国有悠久的历史。⑤从文献的记载来看,可能早在秦始皇的墓室中即已出现代表天文的图像。⑥到了汉代,在许多的墓室中更经常出现配置有刻绘了日、月、星辰等表现"天文"⑦的图像,且似成为两汉时期一种普遍的民俗。这样的葬俗传统,对后来中国历代的墓葬也产生了深远的

---

①《论衡校释》之《道虚篇》第二四,第319页。
②(宋)张君房:《云笈七签》卷九《汉初童谣歌一首》,四部丛刊初编本。
③常任侠主编:《中国美术全集·绘画编18·画像石、画像砖》,上海:上海人民美术出版社,1988年版,图83。
④丛德新、罗志宏:《重庆巫山县东汉鎏金铜牌饰的发现与研究》,载《考古》1998年12期,第78页。
⑤从目前的考古发现来看,1987年和1988年于河南濮阳西水坡仰韶文化遗址所发掘、距今6500年左右的45号墓,墓主遗骸的两侧除有白色蚌壳精心摆饰与人身约同等大小的龙与虎外,墓主头顶上方还有用蚌壳摆塑成的北斗七星。学者一般认为这一龙一虎乃青龙、白虎的象征,其与墓穴的结构形式和方位之间的关系,构成了一种原始的天象图。据考古和 C^{14} 测定,该墓葬在距今6500年前左右。参濮阳市文物管理委员会、濮阳市博物馆、濮阳市文物工作队:《河南濮阳西水坡遗址发掘简报》,载《文物》1988年第3期,第1—6页;濮阳西水坡遗址考古队:《1988年濮阳西水坡遗址发掘报告》,载《考古》1989年第12期,第1057—1066页。此外,在1978年于湖北省随县擂鼓墩发掘的战国早期(约前433)曾侯乙墓一漆箱盖上,也发现了中央绘有粗体篆文的"斗"字,而周围则环书二十八宿和四象的星象图。此一结构,似又与河南濮阳西水坡45号墓的龙虎北斗蚌塑相似,故相关的研究者认为,这样的安排并非古人随意为之,可能也是一种具观象授时作用的星象图。
⑥据《史记·秦始皇本纪》载,秦始皇郦山陵玄宫"以水银为百川江河大海,机相灌输,上具天文,下具地理"。见《史记》卷六《秦始皇本纪》,第223页。
⑦考中国古籍中最早使用"天文"一词者,似为《易·象传·贲》的"观乎天文,以察时变"。于此,"天文"一词实指天之文理。又据《淮南子·天文训》称:"文者,象也。"故在两汉时期,"天文"一词,殆指"天象"或"天空的现象",而并非现代自然科学中研究天体的分布、运动、位置、状态、结构、组成、性质及起源和演化的学问。

影响。①

可能是因为吐鲁番地区的墓葬，尤其是到了后期，经常以绢麻画代替墓室的壁画，因此，在吐鲁番地区出土的伏羲女娲绢麻画中，伏羲、女娲之间便常伴有星象图。如龙谷大学所藏的伏羲女娲绢画残片中，伏羲、女娲之间便有北斗星及星象图（图58）。

图 58　龙谷大学所藏伏羲女娲绢画残片

3. 其他图像

在四川成都金堂姚渡画像砖墓中，伏羲身后立一九尾狐。九尾狐是汉画像中常见的形象，也蕴含着象征生殖的意象，如《山海经·南山经》云："青丘之山……有兽焉，其状如狐而九尾，其音如婴儿，能食人，食者不蛊。"②而在神话传说中，九尾狐又与禹娶涂山女的传说有关，据《吴越春秋·越王无余外传》载：

> 禹三十未娶，行到涂山，恐时之暮，失其度制，乃辞云："吾娶也，必有应矣。"乃有白狐九尾造于禹。禹曰："白者，吾之服也，其九尾者，王之证也。涂山之歌曰：'绥绥白狐，九尾庞庞，我家嘉夷，来宾为王。成家成室，我造彼昌，天人之际，于兹则行。'明矣哉！"禹因娶涂山，谓之女娇。③

因此，在汉人看来，九尾狐不但是王天下的吉兆，而且也主后代的繁衍。

九尾狐之所以象征后代的繁衍，可能与汉代的阴阳之说盛行有关。据《史记·天宫书》云："尾为九子。"司马贞索隐引宋均注云："属后宫场，故得兼子。"④也就是说，古人认为天空中尾宿的九颗星象征九子，九乃阳数之极，以此隐寓多子多孙。而在许多汉画像中又常见到尾宿与代表阴性的月亮被刻在同一画面中，可能即是汉代崇尾习俗的一种反映。《白虎通》中有所谓："狐死首丘，不忘本也，……必九尾者，九妃得其所，子孙繁息也，于尾者，何明后当盛也。"⑤因此，汉画中的九尾狐可能亦具有祈求子孙繁盛的意义。

---

① 详参刘惠萍：《图像与神话——日月神话之研究》，台北：文津出版社，2011年版，第180—186页。
② 《山海经校注》，第6页。
③ 《吴越春秋·越王无余外传》第六，四部丛刊初编本。
④ 《史记》，第1298页。
⑤ 《艺文类聚》卷九八引《白虎通》，第1694页。

244

由上可知，在构成伏羲、女娲形象的过程中，有许多是人们所熟悉的平常事物，不管是规矩、日月、三足乌、蟾蜍、玉兔、芝草还是九尾狐，都是汉代现实生活中真实存在之物或代表某种数术意义的符号；但经过人们将其加以抽象化后，尤其是在汉代阴阳五行学说的作用之下，它们都成了能够反映特定内容或意义的典型事物。对这些平凡事物的运用，其真正的意义并不是为了再现人们所熟知的事物，而是以之作为一种特殊的符号象征，用以表现一些存在于人们思想中类似于现实的幻觉想象，并企图通过这些刻画，传达人们心底的愿望。

二、墓葬文化中伏羲形象的功能

综上可知，先秦两汉时期，是伏羲与女娲信仰的兴盛期，因此，在许多的墓葬中都会出现他们的形象。而在这些墓葬艺术中，伏羲、女娲的形象系统，是通过他们二者分列或交尾的对称组合形式，来反映他们的对偶神关系，并借以表达当时人们的始祖崇拜与对阴阳相交、繁育子孙的愿望。而伏羲、女娲手中执、捧、托的一些具有特定内容的物件，在组合上并没有一个既定不变的模式，如规矩、日月、玉兔、蟾蜍、芝草以及各种仙人等，都是可以相互为用的，这样也就造就了伏羲女娲画像的众多组合形式，从而使其形象系统呈现出多样变化的丰富性。

其实，许多的信仰或艺术，在形成之初都有一个原始的雏形，人们在塑造其心目中的神灵时，往往会将保留在脑中对神灵的既有印象重新加以组织和安排，继而结合现实生活中对神灵的其他想象，并参考当时社会的实际需求，最后将合于当时意识形态的各种成分纳入新的联系，从而建立其完整的形象。再加上人们往往希望借助神灵以求得精神上的安慰，于是许多神的神性便不断地随着人为的因素发展着，有时一神可兼有多种神性，如多子、太平、长寿、平安等。人们按照自己的需求，既能赋予神以新的神性和形象，又能各取所需地反映到画像之中，于是伏羲、女娲有的执规矩，有的捧日月，在不同的时期、地区和不同的创作者笔下，呈现出不同的样貌。

除了利用不同的形象来表现伏羲、女娲在各个时期所扮演的不同角色外，伏羲、女娲在汉代墓葬建筑物中位置的变化，也反映出其在不同时期神性职能的改变。

在汉代人的观念中，无论是墓地祠堂或地下墓室的画像，都不是普通的建筑，它们是"鬼神所在，祭祀之处"[1]。在那里，"皆有神灵"[2]。故在当时人的观念里，住在墓地祠堂或地下墓室中的祖先灵魂，是须由各路神灵来护卫的。因

---

[1]《论衡校释》卷二三《四讳篇》，第972页。
[2]《汉书》卷九十八《元后传》，第4034页。

此，祠堂或墓室的画像，在内容的选择和配置上，是严格按照当时人们的宇宙观念进行的。

这些祠堂和地下墓室不仅是子孙祭祖之处，且被想象成一个完整无缺的宇宙世界。祠堂或墓室的天井和左右侧壁的最上部分别代表着天上世界的天帝、诸神的领地和昆仑仙境；后壁则是墓主人灵魂接受孝子贤孙祭祀时所在之处，后壁的最下部是墓主人灵魂往来于地下世界和墓室祠堂之间的通道；祠堂其

图59 山东滕县王开画像石·西王母、伏羲、女娲

他壁面才是现实世界人们的活动之处。

以今天可见的汉代画像来看，在早期的墓葬画像中，伏羲、女娲大多出现在墓地上的祠堂画像中，其中如山东长清孝堂山郭氏祠堂及山东肥城栾镇东汉墓等，伏羲、女娲高踞画像最高层的山墙三角尖顶部分，是创世最高神灵的象征。此外，自西汉末以来，伏羲也常和女娲共同出现于一些墓室壁画中，如河南洛阳卜千秋壁画墓及其他各壁画墓中的伏羲，多和女娲被分别绘制在墓室的藻井之上，以象征主宰东西及阴阳的神灵。及至西汉末到东汉初，伏羲、女娲更多地以保护神的面目出现，他们一般被刻绘在墓室中的墓门或墓门的侧柱上，用以辟除凶邪，护卫死者的灵魂平安。

尤其到了东汉晚期，东王公、西王母的题材开始在墓室中大量出现，一般来讲，他们多被置于墓室后壁的正中，而伏羲、女娲反处于次要的位置，有时甚至成为西王母身边的侍者。如在前引山东微山两城出土画像石（图57）、山东滕县王开画像石（图59）[1]中，西王母端坐于画面的中间，身旁有二人首蛇身侍者，伏羲、女娲则分执规、矩列于画面两旁；另如四川金堂2号石棺的侧壁上也有西王母端坐正中，左侧有朱雀神鸟作飞舞状，右侧为伏羲、女娲两脸相亲，两蛇尾相交，手捧日、月的形象（图60）[2]。而在山东滕县马王画像石墓出土的一块长方形画像石上，画面分为三格，西王母形象居中格，旁有执便面侍者、玉

---

[1] 山东省博物馆、山东省文物考古研究所编：《山东汉画像石选集》，济南：齐鲁书社，1982年版，图334。

[2] 高文编：《四川汉代石棺画像集》，北京：人民美术出版社，1998年版，图版124。

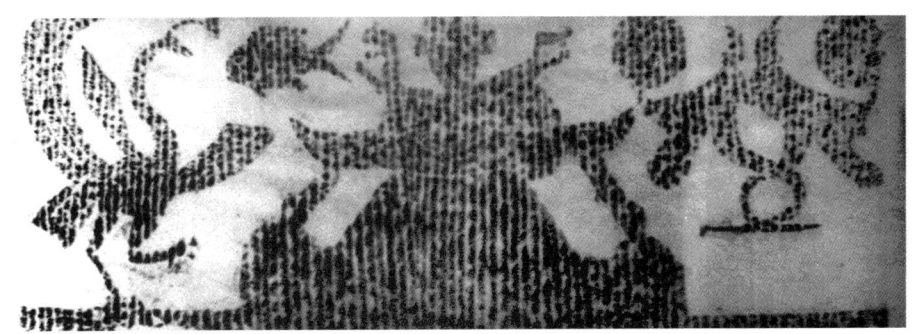

图 60　四川金堂 2 号石棺·西王母、朱雀、伏羲、女娲

兔捣药、凤鸟、仙人以及九尾狐等形象，伏羲、女娲未交尾，手持规、矩。从画面的布局来看，其主次关系是很明确的。

伏羲、女娲除了作为墓室的守护神之外，其画像到了东汉中期以后，又多被刻绘在墓室的门柱或阙上。值得注意的是，在徐州十里铺的"双阙建筑"中，阙前有二卫士执篲肃立。《庄子·达生》中载有田开之见周威公语："开之操拔篲以侍门庭，亦何闻于夫子！"①可知"持篲"是侍门庭之意，因此，画像中的神阙，亦可以指迎神的门户，而伏羲、女娲侍立两侧，可能有迎接、引导灵魂升天的功能。

传说中伏羲结绳网罟、教民佃猎、画八卦以记事，带领先民进入文明的生活，是原始部落的氏族英雄，也是创制文明的文化英雄。但到了两汉时期，随着社会的变化与演进，原始部落的英雄性格已渐被遗忘，伏羲不但经由被"历史化"后，变成了上古三皇之首，他的地位也被提升而成为创世的始祖神，被奉祀于墓室或祠堂之中，永久受后代子孙的尊祀。由于其始祖神的功能有所扩大，自西汉中期以后到东汉晚期，是伏羲、女娲在史乘上最为显赫的时期。随着此形象的广泛流传，以其形象为主要表现题材的汉画像石，在内容、形式、所处位置或其神职功能等方面都发生了明显的变化，这些变化经历了一些复杂的过程，其中包括信仰的变迁、社会环境的变化等，伏羲、女娲又成为人们灵魂升往仙界的接待者和守护者。

然而，无论其形象如何千姿百态，由于本身原始信仰的内在传承，其发展脉络又有其相对的确定性和稳定性。如伏羲、女娲的形象发展到汉代，已经历了一定的时间，但其人首蛇尾的基本形貌特征和人类始祖神的基本内涵都没有改变，这在其发展过程中一直保持着相对的稳定性。此特性可能是因为在长期的传衍过程中，人们对于其所代表的生殖意义的不变崇奉所致。

---

① 《庄子集释》外篇卷七上，第 645 页。

附表

伏羲、女娲人首蛇身像分布一览表

年代	地域及名称	年代	位置	形象	出处
西汉	湖南长沙马王堆1号墓帛画	西汉初（前193—前145）		上部有一人首蛇身神，披发缠绕在蛇尾上	《汉墓》
	河南洛阳卜千秋壁画	西汉昭宣时期	墓脊顶	伏羲戴冠，下身蛇尾上翘，前有太阳，内有一阳乌；女娲高髻垂发，下身蛇尾上翘，前有月轮，内有蟾蜍、桂树	《文物》1977：6
	洛阳浅井头壁画墓	西汉	墓脊顶	伏羲戴冠，人身蛇尾上翘，前有太阳，内有一阳乌；女娲高髻垂发，人身蛇尾，前有月轮，内有蟾蜍、桂树	《文物》1993：5
	洛阳烧沟61号壁画墓	西汉	墓脊顶	伏羲戴冠，下身蛇尾上翘，前有太阳，内有一阳乌；女娲高髻垂发，人身蛇尾，前有月轮，内有蟾蜍、桂树	《考古学报》1964：2
新莽	河南唐河电厂画像石	新莽时期（9—23）	前室南壁中柱	伏羲、女娲皆着襦衣，人身蛇尾相交	《中原文物》1982：1
			前室南壁西侧柱	伏羲、女娲人首蛇尾，着襦衣，交尾	《中原文物》1982：1
	河南唐河针织厂画像石	新莽时期（9—23）	主室门外南柱	伏羲高髻，右手执一物，蛇尾间生二爪	《文物》1973：6
			主室门外北柱	伏羲戴梁冠，蛇尾间生二爪	《文物》1973：6
	河南偃师新村壁画墓	新莽时期（9—23）	主室前隔梁	伏羲、女娲戴冠，手捧日月，蛇尾穿绕于方相氏的两臂上	《文物》1992：12
	洛阳北郊石油站壁画墓	新莽时期（9—23）	中室穹窿顶	伏羲擎月居西，女娲擎日居东	《考古》1991：8
东汉	河南南阳军帐营画像石	东汉早期	墓门中柱石正面	伏羲执矩，女娲执规，上身着衣，下露蛇尾，相对而立	《考古文物》1982：1
	河南南阳王寨画像石墓	东汉早期	主室北侧柱	女娲人首蛇身，手执灵芝，侧身向内	《中原文物》1982：1
			主室南侧柱	伏羲人首蛇身，手执灵芝，侧身向内	
	河南南阳画像石	东汉早期		伏羲头戴冠，面左，执灵芝，下蛇尾弯曲	《文物》1973：6
	河南南阳英庄画像石	东汉早期	主室门西门柱	伏羲戴冠，执灵芝，面朝左，蛇尾	《文物》1986：3
	山东长清孝堂山郭氏墓石祠	东汉早期	东壁上层	伏羲人首蛇身，面北，手持矩	《文物》1961：4—5
			西壁上层	女娲人首蛇身，手持规	

续表

年代	地域及名称	年代	位置	形象	出处
东汉	山东肥城栾镇村画像石墓	东汉章帝建初八年(83)	祠堂	画面中部屋顶左右刻伏羲、女娲,人身蛇尾,分执规、矩	《文物参考资料》1958:4
	重庆沙坪坝石棺之一	东汉和帝元兴元年(105)	棺头	伏羲戴山形帽,左手执规,颈两侧各有一羽状物,右手擎日,日中有踆鸟,躯间生二爪	《金陵学报》8
	重庆沙坪坝石棺之二		棺头	女娲大髻,左手执一扇形物,颈两侧有一羽状物,躯间生二爪	《金陵学报》8
	山东梁山后银山壁画墓	东汉中期	前室西壁上层	伏羲高踞中央正上方,旁有榜题"伏生"	《文物参考资料》1954:3
	陕西米脂2号画像石墓	东汉安帝永初年(107—113)	门框两侧上部	伏羲、女娲相对而立,皆着冠服,人首蛇身,手捧日、月,日、月中用黑线分别画金乌和蟾蜍	《文物》1972:3
	四川郫县犀浦东汉墓	东汉顺帝永建二年(127)	碑身上部	伏羲、女娲及蟾蜍	《文物》1974:4
	山东嘉祥武开明祠	东汉桓帝建和二年(148)		伏羲手执矩,女娲手执规,交尾中有二羽人交尾,两边各有一羽蛇尾人	《金石索·石索》四
	山东嘉祥武梁祠	东汉桓帝元嘉元年(151)		伏羲戴梁冠,执矩,女娲高髻,二者蛇尾相交,尾上方有一羽人,左边栏有榜题"伏戏仓精……"	《金石索·石索》三
	山东嘉祥武班祠	东汉桓帝元嘉元年(151)		伏羲手执矩,与女娲蛇尾相交,中有一羽人	《金石索·石索》三
	四川合川画像石墓	东汉献帝初平三年至建安十九年(192—214)	后室门,右门柱正面	伏羲人首蛇身,袍服两首间生蛇尾,双手捧日,日中有飞鸟	《文物》1977:2
	河南南阳画像石	东汉		女娲头梳高髻,上体着衣,下躯中垂二爪,右手执灵芝,蛇尾	《南阳汉代画像石》图19
				伏羲戴冠,拱手执一物,上体着衣,下躯中垂两爪,蛇尾,周围有云气	《南阳汉代画像石》图25
				女娲着襦衣,手执灵芝,并捧玉璧,蛇尾	《南阳汉代画像石》图26
	河南南阳唐河针织厂画像石	东汉		伏羲、女娲皆人首蛇身,手中各执一物,相向而立,其间刻一人,双手抱蛇躯,左有异兽、人物	《南阳汉代画像石》图59
	河南南阳画像石	东汉		女娲高髻,拱手执灵芝,下躯生二爪,蛇尾	《汉画选》图123

续表

年代	地域及名称	年代	位置	形象	出处
东汉				伏羲、女娲均戴冠，相向而立，下躯均生二爪，蛇尾相交，拱手共执灵芝	《汉画选》图124
				女娲梳高髻，躯间生二爪，蛇尾，拱手而立，执灵芝	《汉画选》图125
	河南邓县长冢店画像石墓	东汉晚期	二主室门南立柱	伏羲、女娲均为人首蛇身，戴冠，双手执灵芝	《中原文物》1982：1
			二主室门北立柱	女娲戴冠，人首蛇身，双手执芝草	《中原文物》1982：1
			南二侧室门东柱	伏羲	
			南二侧室门西柱	女娲	
			北二侧室门东住	伏羲	
			北二侧室门西柱	女娲	
	山东沂南北寨画像石墓	东汉晚期	墓门东侧支柱上部	伏羲、女娲均为人首蛇尾，伏羲右侧一矩，女娲左侧一规，后有一人双手紧抱伏羲、女娲	《沂南汉代画像石》图25
	山东滕县龙阳店画像石	东汉晚期	画面两层，上层	中为铺首衔环，两侧为伏羲、女娲	《山东汉代画像石选集》图254
			画面上部	伏羲、女娲蛇尾相交	《山东汉代画像石选集》图260
				左伏羲、右女娲皆为人首蛇尾，手捉中间一神物，尾与神物两腿交缠	《山东汉代画像石选集》图277
	山东滕县城关画像石	东汉晚期	画面四层，上层	伏羲、女娲分列于西王母两侧，人首蛇尾相交，伏羲位左执矩，女娲位右执规	《山东汉代画像石选集》图322
	山东滕县马王画像石	东汉晚期	画面三格，右格	伏羲、女娲人首蛇尾，分执规、矩	《山东汉代画像石选集》图328
	山东滕县王开画像石	东汉晚期	画面两层，上层两侧	伏羲、女娲人首蛇尾，手执规、矩，分列画面两侧；中为西王母	《山东汉代画像石选集》图334
	山东济宁城南张画像石	东汉晚期	画面中部	伏羲、女娲蛇尾相交	《山东汉代画像石选集》图149
	山东临沂白庄画像石	东汉晚期		伏羲人身蛇尾，执规，身上一圆轮，中有金乌、九尾狐，身旁有羽人，内有玉兔、蟾蜍，下部大树，上有鸟，下有人	《山东汉代画像石选集》图372
				女娲人身蛇尾，执矩，身上一大圆轮，内有玉兔、蟾蜍，下部大树，上有鸟，下有人	《山东汉代画像石选集》图376
	山东临沂张官庄画像石	东汉晚期		伏羲、女娲蛇尾相交，两侧各有一鸟	《山东汉代画像石选集》图391

续表

年代	地域及名称	年代	位置	形象	出处
东汉	山东费县潘家疃画像石	东汉晚期	画面两层，上层	伏羲戴冠，执矩，蛇尾	《山东汉代画像石选集》图426
				伏羲执规，人首蛇尾兽足，身上一圆轮	《山东汉代画像石选集》图428
				女娲执矩，人身蛇尾兽足，身上一圆轮	《山东汉代画像石选集》图429
	江苏东海昌梨水库1号画像石墓	东汉晚期	后室东间、西间藻井	伏羲戴山形冠，肩生双翼，双手捧一圆轮，蛇尾；女娲高髻，肩生双翼，手捧圆轮，蛇尾	《文物参考资料》1957：12
	江苏铜山周庄画像石墓	东汉晚期	门框左立柱之左	伏羲人首蛇身，下有一兽；女娲人首蛇身，下有一兽	《江苏徐州汉画石》图41
	江苏徐州利国画像石墓	东汉晚期	门柱	伏羲戴平顶冠，女娲梳髻，皆人首蛇身	《江苏徐州汉画石》图42
			南门东柱	伏羲、女娲蛇尾相	
			西门南北立柱	刻伏羲、女娲像	《江苏徐州汉画石》图42
	江苏徐州利国画像石墓	东汉晚期	东门北立柱	伏羲、女娲人首蛇尾相	
	江苏徐州黄山砖石墓	东汉晚期	后室南主柱	伏羲、女娲	《江苏徐州汉画石》图122
	江苏徐州铜山蔡丘画像石	东汉晚期	画面三格，右格	伏羲、女娲人首蛇身，两尾穿绕，铺首衔环	《江苏徐州汉画石》图100
	江苏铜山苗山画像石	东汉晚期		伏羲、女娲人首蛇身，尾相交，顶上一飞鸟，下有一树，树旁一鸟	《考古通讯》1957：4
	江苏睢宁双沟画像石	东汉晚期	墓门右边	伏羲、女娲人首蛇尾，尾相交盘缠	《江苏徐州汉画石》图85
	四川崇州市搜集画像砖	东汉晚期		伏羲左手执规，右手举日，日中有乌；女娲右手执矩，左手举月，月中有蟾蜍、桂树；皆人首蛇尾	《中国画像砖全集·四川画像砖》174
	四川郫县东汉墓石棺	东汉晚期	棺头	伏羲、女娲人首蛇身，交尾，各举一日、月圆轮，两脸相亲，引臂相依	
	四川郫县新胜东汉墓石棺一	东汉晚期	棺头	伏羲、女娲人首蛇身，各举日、月轮，日中有金乌，月中有玉兔，日、月中间有一羽人	《考古》1979：6
	四川郫县新胜东汉墓石棺二	东汉晚期	棺头	伏羲、女娲	《考古》1979：6
	四川郫县新胜东汉墓石棺三	东汉晚期	棺头	伏羲、女娲	《考古》1979：6

续表

年代	地域及名称	年代	位置	形象	出处
东汉	四川郫县新胜东汉墓石棺四	东汉晚期	棺头	伏羲、女娲人首蛇身，尾相交，脸相亲，各举日、月轮	《考古》1979：6
	四川彭县画像砖墓	东汉晚期	画面上部右边	伏羲在右，手执一物，女娲在左，均为人首蛇尾，正面相对	《四川文物》1984：3
	四川成都金堂姚渡画像砖墓	东汉晚期		左女娲，右伏羲，相对各伸一指相连，两尾均向后翘起，伏羲后立一九尾狐	
	四川成都天回山崖墓石棺	东汉晚期	左侧	伏羲、女娲人首蛇身，两尾盘曲相交，手上各执一圆轮，二轮之间又夹一圆轮	《考古学报》1958：1
	四川宜宾翠屏村7号墓石棺	东汉晚期	北壁	伏羲、女娲人首蛇尾相交，手上各托一圆轮	《考古通讯》1957：3
	四川成都扬子山1号墓画像砖	东汉晚期		伏羲蛇躯，面左，一手举日轮，一手执矩，日轮中有金乌	《重庆市博物馆藏四川汉画像砖选集》图40
	四川宜宾公子山崖墓石棺	东汉晚期	大棺棺尾	伏羲、女娲皆人首蛇尾，女娲位左，右托月，左手执矩，伏羲左手托日，右手执规	《文物》1982：7
		东汉晚期	小棺棺尾	伏羲、女娲人首蛇尾相交，女娲右手托月，左手执矩，伏羲左手托日，右手执规	
	四川新津画像石	东汉晚期		伏羲、女娲交尾，分别托日、月，日中有鸟，月中有蟾蜍，另一只手举巾带	《四川汉代雕塑艺术》图48
	四川乐山张公桥墓石刻	东汉晚期		伏羲、女娲	
	四川郫县东汉石棺	东汉晚期	棺头	伏羲、女娲人首蛇身，两尾相交	《文物》1975：3
	四川盘溪无名阙	东汉晚期		伏羲、女娲人首蛇身，擎日、月圆轮，日中有踆鸟，月中有蟾蜍	《金陵学报》8
	四川渠县沈君阙	东汉晚期		伏羲、女娲人首蛇身，手托日、月圆轮	《金陵学报》8
	四川重庆沙坪坝石棺	东汉晚期		伏羲、女娲戴冠，相向而立，交尾，一手托日、月圆轮，一手共托一如宝珠之物	《四川汉代雕塑艺术》图31
	四川新津县堡子山石棺	东汉晚期		伏羲、女娲交尾，各托一圆轮，日中有金乌，月中有蟾蜍，另一只手举巾带	《汉代绘画选集》图32
	四川简阳鬼头山东汉岩墓石棺三号	东汉晚期		伏羲、女娲人首蛇身，未交尾，榜题作"伏希""女娃"	《四川文物》1990：6
	四川成都市郊画像砖	东汉晚期		伏羲、女娲人首蛇身，手执规矩、日月，日中有金乌，月中有蟾蜍	《巴蜀汉代画像集》图355
	四川新津崖墓石函之一	东汉晚期	石函一端	伏羲、女娲人首蛇身，手捧日月，两尾相交，手持巾带	《四川汉代石棺画像集》图202

续表

年代	地域及名称	年代	位置	形象	出处
东汉	四川新津崖墓石函之二	东汉晚期	石函一端	伏羲、女娲人首蛇身，手捧日月，两尾相交，手持巾带	《四川汉代石棺画像集》图203
	四川长宁2号石棺	东汉晚期	后挡头	伏羲、女娲人首蛇身，手捧日月，两尾相交，共捧一物，似为灵芝，左右刻方胜，有双阙	《四川汉代石棺画像集》图26
	四川新津1号石棺	东汉晚期		伏羲、女娲人首蛇身，手捧日月，两尾相交，手持巾带	《四川汉代石棺画像集》图35
	四川富顺石棺	东汉晚期		伏羲、女娲人首蛇身，手捧日月，两尾相交，下有玄武	《四川汉代石棺画像集》图119
	四川金堂2号石棺	东汉晚期	左侧壁	西王母端坐正中，左有朱雀，伏羲、女娲人首蛇身，手捧日月，两尾相交，两脸相亲	《四川汉代石棺画像集》图124
	四川合江1号石棺	东汉晚期	后挡头	伏羲一手托日轮，女娲一手托月轮，二人手中分持一物，两尾相交	《四川汉代石棺画像集》图130
	四川合江2号石棺	东汉晚期	前挡头	伏羲一手托日轮，女娲一手托月轮，二人手中分持一物，两尾相交	《四川汉代石棺画像集》图133
	四川合江4号石棺	东汉晚期	前挡头	女娲在左，一手托月轮，一手执矩，伏羲在右，一手托日轮，一手执规，两尾相交	《四川汉代石棺画像集》图138
	四川合江5号石棺	东汉晚期		伏羲、女娲人首蛇身，手捧日月，两尾相交，手持巾带	《四川汉代石棺画像集》图143
	四川合江10号石棺	东汉晚期	前挡头	伏羲一手托日轮，女娲一手托月轮，二人手中分持一物，两尾相交	《四川汉代石棺画像集》图154
	四川泸州5号石棺	东汉晚期		伏羲一手托日轮，女娲一手托月轮，两尾相交，手持巾带	《四川汉代石棺画像集》图161
	四川泸州12号石棺	东汉晚期		伏羲人首蛇身，戴山形冠，一手执阳乌日轮，一手执币状物	《四川汉代石棺画像集》图177
	四川南溪3号石棺	东汉晚期	前挡头	中刻一双檐单阙，阙右为伏羲，一手执规，一手托日；阙左为女娲，一手执矩，一手托月；未相交，上刻方胜	《四川汉代石棺画像集》图19
	四川内江白马石棺	东汉晚期	棺右侧	左伏羲戴山形冠捧日，右女娲高髻饰羽捧月，均人首蛇身，双足长尾未相交，腰系飘带；右有朱雀展翅作欲飞之状	《中国画像石全集》第7册，图148
	四川江津崖墓	东汉晚期		伏羲人首蛇身，有两爪，双手托圆轮	《中国画像石全集》第7册，图33
	四川长宁"七个洞"1号崖墓	东汉晚期	门框第三格	门左刻伏羲，右刻女娲，上刻两鸟站在伏羲、女娲手托的日、月之上，引颈作衔鱼状	《四川汉代石棺画像集》图45
	四川中江天平梁子崖墓	东汉晚期		伏羲擎日	《巴蜀汉代画像集》图351
	云南昭通白泥井石棺	东汉晚期		女娲三起大髻，兽体，两腿间生一尾，左手托一圆轮，右手执一长杆形物；伏羲同体，右手托一圆轮，左手执矩；二者交尾	《学术研究》1963：5

253

续表

年代	地域及名称	年代	位置	形象	出处
东汉	贵州金沙后山墓	东汉晚期		伏羲、女娲、双阙和乐舞	《文物》1998：10
	北京丰台区三台子画像石	东汉晚期	墓门反面	伏羲执矩于胸前，头戴帽，蛇尾；女娲执规于胸前，头戴山形高帽	《文物》1966：4
	云南昭通白泥井石棺	东汉晚期		女娲三起大髻，兽体，两腿间生一尾，左手托一圆轮，右手执一长杆形物；伏羲体同，右手托一圆轮，左手执矩；二者交尾	《学术研究》1963：5
魏晋南北朝	四川江安1号魏晋石棺	魏晋		女娲在左，一手托月轮，一手执乐器；伏羲在右，一手托日轮，一手执便面；两尾相交	《四川汉代石棺画像集》图218
	四川江安3号魏晋石棺	魏晋		伏羲一手托日轮，女娲一手托月轮，二人手相执，未交尾	《四川汉代石棺画像集》图227
	河南洛阳北魏石椁画像	北魏		伏羲、女娲人首蛇身，未交尾	《考古》1980：3
	嘉峪关1号、13号墓漆棺		棺盖	1号棺盖的内面以红、黑、白、石青等色绘有伏羲、女娲和云气图案 13号棺也以云气图案衬底，绘有一幅伏羲、女娲图	《嘉峪关壁画墓发掘报告》
	陕西西安北周匹娄欢石棺画像	北周	棺盖	伏羲、女娲人首龙身，未交尾，伏羲捧日轮，女娲捧月轮	《文物》1956：9 图版2
	甘肃天水麦积山石窟	北朝	69窟与169窟之间崖壁	伏羲、女娲人首蛇身，作交尾状	《文物参考资料》1954：4
	甘肃敦煌石窟第285窟	南北朝		伏羲、女娲人首蛇身，未交尾，手持规、矩	《敦煌石窟艺术》第32页图版
	吉林集安五盔坟高句丽古墓4号	南北朝		伏羲、女娲人首龙身。伏羲双手捧日轮于头上，着合衽羽衣；女娲长发，双手举月轮于头上，着合衽襦羽衣；龙身五彩，龙足前后蹬开，正相向飞翔	《考古》1964：2
	吉林集安五盔坟高句丽古墓5号	南北朝		伏羲、女娲人首龙身。伏羲着褐色羽衣，双手捧日，日中有三足乌；女娲散发，着绿色羽衣，双手擎日	《考古》1964：2
隋唐	陕西三原李和墓	隋	棺盖	伏羲、女娲人身鸟足，手擎日、月，饰有云气	《文物》1966：1
	新疆古高昌国阿斯塔那墓室彩色绢画	隋唐		在40多座古墓中发现了伏羲、女娲的绢帛画像，伏羲、女娲蛇尾相交缠，或执规、矩，或执日、月等	《文物》1962：7—8及其他各发掘简报
明代	瓷瓶，产地不明			女娲、伏羲袒上身，蛇尾相交缠	《中国古代性文化》图版8

254

第六章　伏羲神话传说与信仰的互染

由于神话是一个独立的有机结构，故神话传说在流传过程中，常常会援附不同形态的宗教信仰以产生新的内涵而随时应地地流传。反之，从宗教信仰的角度来看，信仰往往也会利用原有的神话来造势。因此，神话人物无论是主动还是被动，常常会经历不同信仰形态的加工、附会而成为各具代表的信仰神祇。

因此，伏羲的神话与传说，在社会历史的演化中也随着时空的改变而转变其信仰形态，或者被不同的信仰所吸纳和运用，而与传统礼典中的三皇祭祀，以及佛道与民间信仰中的菩萨、真人、民间神祇，或民俗信仰中的各种崇拜与巫术活动相结合，并呈现出不同的风貌与内涵。

第一节　伏羲与三皇的祭祀

首先，伏羲作为传说中的三皇之一，虽然随着佛、道的兴起，以及各种民间宗教神灵的更迭兴替，其地位逐渐衰微；然而，由于三皇乃华夏民族的共同始祖，故自两汉以来，历朝的统治者对于三皇的祭祀大多并未偏废。

唐代以前，对于三皇的祭祀，文献的记载付之阙如，故无从考察。自唐代以后，开始在祭祀前代帝王的祀典中加入了三皇的祭祀。据相关的记载，唐玄宗于开元年间（公元713—741）在京师长安建三皇庙，天宝六年（公元747）更完善了祭祀仪式，为三皇的祭祀确立了规范。据《唐会要》卷二二载：

> （天宝）六岁正月十一日，敕：三皇五帝创物垂范，永言龟镜，宜有钦崇。三皇：伏羲（以勾芒配）、神农（以祝融配）、轩辕（以风后、力牧配）……其择日及置庙地，量事营立，其乐器请用宫悬，祭请用少牢。仍以春秋二时致享，共置令丞，令太常寺检校。[①]

[①] （宋）王溥撰，杨家骆主编：《唐会要》，台北：世界书局影印上海中华书局版，1974年版，第430页。

不过，唐代的三皇祭祀仅限于京师，其余各地不得祭祀。

到了北宋，对于三皇陵寝的祭祀也相当重视，据史书所载，宋太祖曾下诏云：

> 先代帝王，载在祀典，或庙貌犹在，久废牲牢，或陵墓虽存，不禁樵采。其太昊、炎帝、黄帝……各置守陵五户，岁春秋祠以太牢。①

当时将伏羲的祭祀由三皇之祀中独立出来，另置专祀地于河南陈州的太昊伏羲陵，祭祀规格由唐的少牢升为太牢，并置守陵户。

金代虽于京师不设三皇祭，然各地祭祀三皇的地方，皆由学士院于祭期特制祝文，颁行各处，作为法定的祭祀文章。金章宗明昌年间（公元1190—1196），又于秦州三阳川蜗牛堡（即今之卦台山）创建伏羲庙。据《金史·礼志》载：

> 三年一祭，于仲春之月祭伏羲于陈州，神农于亳州，轩辕于坊州……②

既为专庙，便应年年祭祀，故这里的"三年一祭"可能是指大祭。

到了元代，三皇的祭祀典礼改由医师主办，并以十大名医从祀，据《元史·祭祀志》所记：

> 元贞元年，初命郡县通祀三皇，如宣圣释奠礼。太皞伏羲氏以勾芒氏之神配，炎帝神农氏以祝融氏之神配，黄帝轩辕氏以风后氏、力牧氏之神配。黄帝臣俞跗以下十人，姓名载于医书者从祀两庑。有司岁春秋二季行事，而以医师主之。③

三皇因此竟成了医药之祖。

三皇由上古圣王一变而为医药之祖，这可能是因为有元一代受外族统治，边塞民族对于中国传统"重道轻艺"的观念较为淡薄，以为医术关乎民生日用，值得重视，因三皇惠利众生，故以之为医药之祖，并广设三皇庙。对此，虞集在其《澧州路慈利州重建三皇庙记》中曾有详细的论说：

> 国家之制，自国都至于郡邑，无有远迩，守令有司之所在，皆得建庙通祀三皇，而医者主之，盖为生民立命之至意也。……世祖皇帝……礼乐刑政，治具毕举……于是山川之灵，神明之祠，凡可以卫吾民之生者莫不秩祀。……独念夫血气动乎形骸之内，寒暑感乎时序之异，不能无伤沴者焉，则致意于医者之学。又虑夫师匠不立，古学既绝，遐陬远邑混于一方一曲相传之私而不足以通其极也，推而上之，原其所自出，

---

① （唐）李延寿撰：《宋史》卷一〇五《礼志·先代陵庙》，台北：鼎文书局，1980年版，第2558页。

② （元）脱脱等撰：《金史》卷三五《礼志》，台北：鼎文书局，1980年版，第818页。

③ （明）宋濂等撰：《元史》卷七六《祭祀志五·郡县三皇庙》，台北：鼎文书局，1980年版，第1902页。

必至于三圣人然后止。是此三圣人之所以惠利生人者不必以医之一技，而求夫为医之道，不上达于三圣人则不足以尽其神圣之能事。①

又，其在《抚州路乐安县新建三皇庙记》中有这样的说明：

三皇庙者，祠伏羲、神农、黄帝之神，自国都至于郡县皆立诸医者之学，我国家之制也。……上古圣神继天立极，斯民生生之道，万古赖焉。祀典之重，礼亦宜之，而不特专为医者之宗。夫求尽民之生养而思捄其害之者，莫要于医也，医之为学，推所自起，舍此将安所宗哉！②

另，于《崇仁县重建医学三皇庙记》中则说：

传曰"天地之大德曰生"，盖言乎天地之心生物而已矣。笃生圣神，代天工以前民用，开物成务，世以益备。……犹惧夫六气之沴害于外，七情之感伤于内，或不得以全其生也，是以有医药砭焫之事焉。凡所以因其事而制其变，思尽其道以遂其生物之心而已矣。……我世祖皇帝统一宇内，……而万国生聚之众，其痒疴疾痛不得不以为忧，是以郡县无间内外，皆设庙学，置师弟子员而教以其艺，使推本其先圣先师而祀之。作伏羲、神农、黄帝之像，南面参坐；而以昔者神明之医与凡为其学而著名者，以次列坐配享从祀，略如近代儒学之制。……天地之为德，圣神之为能，我圣祖之为制作，思有以遂其心焉。凡为吾人者，何可不尽其心以求生生之理乎！盖尝闻之，善养心者莫若理义，……是以上古之世无奇邪之疾，不待钻灼其肌肤，苦毒其肠胃，而泰然委顺，登上寿而不衰，此三皇之所以为盛也。③

而《袁州路分宜县新建三皇庙记》中则说：

郡县之祀，境内山川鬼神之在祀典者，有诏令则修祀焉，有故则祷焉。其定制通祀，惟社稷与夫子。我国朝始建三皇之庙以祀伏羲、神农、黄帝，自国都至于郡县，通祀为三矣。祭于春秋之季月，有司守令行事，医诸生执礼致拜，告享仿于儒学，而器服牲币亦视以为法，我圣朝之制也。……周令……为政年余，岁丰民安，粗有余力，乃彻故祠而新之。……作开天之殿以奉三圣人，刻贞木以象之，容服之饰，如京庙

---

① （元）虞集：《道园学古录》卷三六《澧州路慈利州重建三皇庙记》，上海：商务印书馆，1992年据涵芬楼景印明景泰翻元小字本影印。
② （元）虞集：《道园学古录》卷三六《抚州路乐安县新建三皇庙记》，上海：商务印书馆，1992年据涵芬楼景印明景泰翻元小字本影印。
③ （元）虞集：《道园学古录》卷三六《崇仁县重建医学三皇庙记》，上海：商务印书馆，1992年据涵芬楼景印明景泰翻元小字本影印。

所定。殿有开天之门，外有棂星之门；殿前有三献官之次；门左为惠民药局，右则守庙者处焉，……噫，圣人之为斯民虑者周矣！……若夫推本于三皇者，盖欲斯民涵泳于至和之中，休休焉以安，雍雍焉以居，以乐于无为而永于天年也。①

综合以上虞集为各地三皇庙所作的庙记，我们可以看到，元代各地广设三皇庙以祀伏羲、神农、黄帝三皇的原因是，"是此三圣人之所以惠利生人者不必以医之一技，而求夫为医之道，不上达于三圣人则不足以尽其神圣之能事"。至于医药之术与三皇有何关联，虞集似乎并没有提出令人信服的理由。

因此，在当时便有人反对将三皇定为医流的祖师。按《元典章》所记：

（元成宗）大德三年……太常寺关送博士厅照拟得《唐会要》所载，三皇创物垂范，候言藻鉴，宜有钦崇，于是伏羲、神农、黄帝俱有庙貌之设，春秋二时致祭，仍以勾芒、祝融、风后、力牧各附配享之位。稽诸典礼定规，虽百世不易也。况所谓创物垂范，是即开天立极，立法作则之义。今乃援引夫子庙堂十哲为例，拟十代名医，从而配食。果若如此，是以三皇大圣限为医流专门之祖，揆之以礼，似涉太轻；兼十代名医，考之于史，亦无见焉。合无止令医者于本科所有书内照堪定拟？……②

这位太常寺博士便认为将创物垂范的三皇大圣"限为医流专门之祖"，是不合礼制的。但他的拟议似乎并没有得到认同，据《元典章》所载，元武宗至大年间，三皇的祭祀仍有十大名医配享的情形：

至大二年正月，行省准中书省咨湖广行省咨为祭享三皇事理，……咨请定夺回示。准此，送据礼部呈参详：三皇开天立极，泽流万世，有国家者所当崇祀。自唐天宝以来，伏羲以勾芒配，神农以祝融配，黄帝以风后、力牧配。……其配享坐次，宜东西相向，以勾芒、祝融居，左风后，力牧居右。若其相貌冠服，年代辽远，无从考证，不可妄定，当依古制以木为主，书曰勾芒氏之神、祝融氏之神、风后氏之神、力牧氏之神。所谓十大名医，比依文宣大儒从祀之例，列置两庑。如此尊卑先后之序，似为不紊。……合依礼部所拟，定为通例。……③

明初，则沿袭元制，仍以十大名医配享，据《明史·礼志四》云：

---

① （元）虞集：《道园学古录》卷三六《袁州路分宜县新建三皇庙记》，上海：商务印书馆，1992年据涵芬楼景印明景泰翻元小字本影印。

② 《元典章》卷三〇《祭祀·配享三皇体例》，台北："故宫博物院"影印，第1091—1092页。

③ 《元典章》卷三〇《祭礼·三皇配享》，第1093页。

> 三皇：明初仍元制，三月三日、九月九日通祀三皇。洪武元年令以太牢祀。二年命以句芒、祝融、风后、力牧左右配。俞跗……十大名医从祀，仪同释奠。①

直至洪武四年（公元1371），太祖朱元璋以为全国各地通祀三皇，乃是对三皇的亵渎，应立即中止。据《明史·礼志四》载：

> 四年，帝以天下郡邑通祀三皇为渎。礼臣议："唐玄宗尝立三皇五帝庙于京师。至元成宗时乃立三皇庙于府州县。春秋通祀，而以医药主之，甚非礼也。"帝曰："三皇继天立极，开万世教化之原，泊于药师可乎？"命天下郡县毋得亵祀。②

此事在《明太祖洪武实录》中的"洪武四年三月丁未"条下有更详细的记载：

> 上谕中书省臣曰："天下都邑咸有三皇庙，前代帝王大臣皆不亲祭，徒委之医药之流；且令郡县通祀，岂不亵渎？至于尧、舜、禹皆圣人，有功于天下后世，又不立庙，朕不知其何说也。宜令礼部会诸儒详考以闻。"于是礼部同翰林院太常司官考前代圣帝贤王，自唐以来皆祭于陵寝。唐玄宗常立三皇五帝庙于京师，至元成宗时乃立三皇庙于府州县，春秋通祀，而以医药主之，甚非礼也。上曰："三皇继天立极，以开万世教化之源，而泊于医师，其可乎？自今命天下郡县毋得亵祀，止命有司祭于陵寝。"③

诏令一出，全国各地的三皇庙全部废止。又由于河南陈州据传乃太昊伏羲的陵寝所在，因而为明朝廷指定为全国唯一的伏羲祭祀处。同年，朱元璋还自制祝文，亲临致祭，以示重视。

入清以后，对三皇的祭祀渐次转衰。京师的祭祀虽仍因袭明制，然亦同在太医院中设有祭祀三皇的景惠殿，按《清文献通考》所记：

> 先医之神之礼每年春冬祀，……先医于景惠殿在太医院署内之左。……正殿内太昊伏羲氏位居中，炎帝神农氏位居左，黄帝轩辕氏位居右，南向配位。……④

自元成宗元贞年间号令天下郡县通祀三皇，而以医师主祀，三皇为医药之神

---

① （清）张廷玉等撰：《明史》卷五〇《礼志四·三皇》，台北：鼎文书局，1980年版，第1294页。
② （清）张廷玉等撰：《明史》卷五〇《礼志四·三皇》，第1294页。
③ "中央研究院"历史语言研究所校勘：《明实录》卷六二《太祖实录》，台北："中央研究院"历史语言研究所，1966年版，第1200页。
④ （清）高宗敕撰：《清文献通考》卷一〇五《祀考上》，台北：台湾商务印书馆，1936初版，1987台一版，据清光绪间浙江刊本缩印，第5771页。

的性质已渐深植于一般的民间信仰之中。除太医院设有祭祀三皇的景惠殿外，由今可知见的各地方志中亦可看出，各地皆有三皇庙，且已多被视为医药之神来奉祀。如于清光绪八年（公元1882）刊刻的江苏《江宁府志》中记有：

> 洪武间建祀历代帝王庙，曰太昊伏羲……帝王庙在府治，钦天山之阳，……国初庙废，别祀伏羲、神农、黄帝于其地，为三皇祠，以其为医师之祖也。[①]

相传神农尝百草，有《本草经》，而被尊为"药皇"，此说尚可通；然以伏羲为"医师之祖""药王"，则或"于义无取"，故清代大儒章学诚便曾对药皇庙祀三皇作了如下的考证：

> 丙辰四月二十三日，游于城北三皇庙，乃药肆公建，所谓药皇庙也。殿有孙端人编修所制碑文，其发端意谓神农《本草》当祀，而羲、黄于义无取。下云："有功于民，皆得通祀。"解释药王并祀三皇之义，殊属勉强。古圣孰非有功于民，必以羲、农、黄帝为医药祖耶？按神农有《本草》，而黄帝有《素问》《灵枢》，以为医药明征，安得谓黄帝于义无取？《礼记》："医不三世，不服其药。"孔疏引别书云："黄帝《针灸》、神农《本草》、素女《脉诀》，不习此三世之书，不得服其药。"杭大宗谓郑康成以伏羲、神农、黄帝为三世，不知其何所本？……[②]

在此，章学诚虽对药皇庙中的碑文以为伏羲、黄帝为医祖之说提出了质疑，以为黄帝有《素问》《灵枢》，祀之亦有所据，只是伏羲若仅是以"有功于民，皆得通祀"而被列为药皇，则难免有些牵强。

然而，民间的信仰并不如此考究，故到了后世，伏羲除可作为三皇之首而于历代的国家祀典中受到礼敬之外，在一般的民间信仰中，又多与神农、黄帝同被视为掌管医药的神灵。

第二节　佛教与道教信仰中的伏羲

除了被视为三皇之一，神话传说中作为始祖神与创世大神的伏羲，到了东汉

[①]（清）吕昭燕修，姚鼐纂：《江宁府志》卷一四《祠庙》，台北：成文出版社，1974年版，第1—2页。

[②]（清）章学诚：《丙辰劄记》，收入四部分类丛书集成续编《聚学轩丛书》，板桥：艺文印书馆，1970年版，第60页。

以后，更随着佛教与道教的兴起，与女娲的神话属性及功能也开始有了转变。而到了魏晋以后，或被降格为佛祖麾下的菩萨，或成为道教谱系中的下三皇，甚至沦为民间信仰中的医药之神或卜卦之神。

一、汉传佛教经典中的伏羲

佛教自传入中土后，为达到向民众宣说义理的目的，往往假托"佛说"，并借汉文翻译的形式撰写佛教经典，因而造作了不少汉传佛教经典。而这些汉传佛教经典为了向下层民众传播教义，多喜将中土民间信仰中的神祇也拉进佛教的神祇体系之中，令中国原有的神灵亦被纳入佛教的统辖之下。

而由于自汉代以来，伏羲和女娲在民间信仰中即具有强大的势力，故在某些汉传佛教经典中，伏羲和女娲往往也会被借用转化而成为如来佛祖麾下掌管日、月的菩萨。就目前所见的汉传佛教经典中，将伏羲、女娲列入佛教神灵系统者便有《须弥四域经》《十二游经》和《造天地经》等经书。

《须弥四域经》也作《佛说须弥图经》，据日本学者牧田谛亮的研究，此经乃佛教传入中土后所造，其目的是为了显示佛教相对于道教的优越性，[①]故其间融入了部分中土的思想。此经原典虽已不可见，但东晋道安《二教论·服法非老第九》引有《须弥四域经》中对伏羲、女娲的叙述：

> 宝应声菩萨名曰伏羲，宝吉祥菩萨名曰女娲。[②]

唐法琳《九箴篇》的"故二皇统化，居淳风之初"句下也引有《须弥四域经》的说法：

> 应声菩萨为伏羲，吉祥菩萨为女娲。[③]

此外，法琳所撰的《辨正论》卷第五中亦云：

> 伏羲皇者应声大士，女娲后者吉祥菩萨。依《须弥图山经》及《十二游经》并云："成劫已过入劫来，经七小劫也，光音天等下地肥，诸天项后自背光明，远近相照，因食地肥，欲心渐发，遂失光明，人民呼嗟。尔时西方阿弥陀佛告宝应声、宝吉祥等二大菩萨，汝可往彼与造日月，开其眼目，造作法度。宝应声者示为伏羲，宝吉祥者化为女娲，后现命尽，还归西方。"[④]

[①][日]牧田谛亮：《疑经研究——中国佛教中之真经与疑经》，杨白衣译，载《华冈佛学学报》第4期，第286页。

[②]（唐）释道宣：《广弘明集》卷八，见《大正新修大藏经》第52册，第140页。

[③]（唐）释道宣：《广弘明集》卷一三，见《大正新修大藏经》第52册，第181页。

[④]（唐）法琳：《辨正论》卷五，见《大正新修大藏经》第52册，第5216页。

又，唐释道绰的《安乐集》中也引有《须弥四域经》的说法：

  尔时人民多生苦恼，于是阿弥陀佛遣二菩萨，一名宝应声，二名宝吉祥，即伏羲、女娲是也。①

唐以后，由日本僧人撰、注的佛经中也可见引《须弥四域经》中伏羲、女娲化为菩萨的说法。如释安然在其所集的《悉昙藏·序》中有：

  故成劫初菩萨出世，畅前佛法，佛遣弟子，渐化真旦，应声名伏羲，日光名女娲，迦叶名老子，儒童名孔子，光净名愿回。②

又，同书卷一引《须弥四域经》云：

  宝应声菩萨为伏羲，月光菩萨为女娲……伏羲本为应声菩萨变化，若于天竺无八卦者，何由转化于旦哉？③

卷二又引《须弥四域经》曰：

  宝应祥菩萨为伏羲，日光菩萨名女娲也。④

日人托何所述《器朴论》卷下亦引《须弥四域经》云：

  天地初开之时，未有日月星辰，纵有天人来下，但用顶光照用，尔时人民多生苦恼，于是阿弥陀佛遣二菩萨，一名宝应声，二名宝吉祥，即伏羲、女娲是。此二菩萨共相筹议，向第七梵天上，取其七宝，来至此界，造日月星辰二十八宿以照天下，定其四时春秋冬夏。时二菩萨共相谓言，所以日月星辰二十八宿西行者，一切诸天人民尽共稽首阿弥陀佛，是以日月星辰皆悉倾心向彼，故西流也。⑤

此外，如日人永观集《往生拾因》中有自《安乐集》中转引《须弥四域经》的记载也相同⑥。赖宝所撰《释摩诃衍论勘注》卷第三与日人亲鸾所撰《显净土真实教行证文类》亦引《须弥四域经》。日人澄禅撰《三论玄义检幽集》卷第二引《造天地经》的叙述也大致相同。

宋代罗泌《路史·发挥三·老子化胡》罗苹注则引有《造天地经》云：

  宝历菩萨下生世间号曰伏羲，吉祥菩萨下生世间号曰女娲，摩诃迦叶号曰老子，儒童菩萨号曰孔丘。⑦

---

① （唐）释道绰：《安乐集》卷二，见《大正新修大藏经》第47册，第18页。
② ［日］释安然：《悉昙藏》，见《大正新修大藏经》第84册，第365页。
③ ［日］释安然：《悉昙藏》，见《大正新修大藏经》第84册，第369—374页。
④ ［日］释安然：《悉昙藏》，见《大正新修大藏经》第84册，第382页。
⑤ （宋）罗泌：《路史》，第13页。
⑥ ［日］释安澄：《中论疏记》，见《大正新修大藏经》第65册。
⑦ ［日］托何述：《器朴论》，见《大正新修大藏经》第84册，第95页。

此外，释安澄所撰的《中论疏记》卷第一则说：

> 然自天地开辟以来，人民忧悾，不信因果，刚强难化，出离无期，所以四圣衔于高命，现于震旦，渐以诱喻。甫有宝应菩萨，名为伏仪，创始八卦。吉祥菩萨，号为女娲。①

从以上这些叙述可看出，《须弥四域经》等汉传佛教经典充分运用了原来中土地区流传广远的伏羲、女娲神话传说，令伏羲、女娲除仍掌管日、月之外，同时也与楚帛书的记载相似，由他们定出了春、夏、秋、冬四时。只是对于这些订定宇宙秩序的伟大功绩，最后乃以二菩萨"共相谓言"，将日月星辰二十八宿的运行全部归于西方的阿弥陀佛。然无论这些汉传佛典如何运用，仍可看出中国原有神话体系中的伏羲、女娲原始信仰的痕迹。

《须弥四域经》和《造天地经》在述及伏羲、女娲时，都有伏羲、女娲造日月的说法。在敦煌第285窟的窟顶上，也有伏羲、女娲作为东方日神、月神的形象。由于佛经中都有菩萨造日、月之说，正与中原神话中的伏羲、女娲执掌日、月说法一拍即合，于是伏羲、女娲一变而为佛经中的菩萨。

二、道教经典中的伏羲

除了佛教经典外，道教在建立其神灵谱系时，亦可见吸收中国神话神灵的现象。故在道教的一些经典中亦可见到伏羲的形象。

首先，从东汉时期的许多画像石、画像砖中可以看出，当时人们已将伏羲、女娲视为神仙人物。而在道教的经典中，伏羲则继承原来史籍中三皇之首的地位。但随着道教神仙谱系的建立与日趋完善，到了后来，伏羲与三皇的地位皆远不及道教神谱中的那些天尊、道君，最后伏羲则成了下三皇中的"天皇"。

在道教的神仙谱系中，从世界未形成的混沌之道，到二仪区分，直至死亡的世界，都是由道教的神灵统治着。据《云笈七签·太上老君开天经》中的叙述，在未有天地之际，宇宙间"寂寞无表，无天无地，无阴无阳，无日无月"之时，就只有太上老君存在。经过老君的开天辟地，其间经过了几千几万年，才开始有了万物，有了人类。而自有人类以来，又经历了太初、太素时代的"上古"时期。等到"太素既没，而有混沌"，自混沌之后，又经历了"九宫""元皇""太上皇""地皇""人皇""尊卢""句娄""赫胥"，一直到"太连"时期，是为"中古"时期。而伏羲的出现则是近世以后的事，据《太上老君开天经》载：

---

① ［日］释安澄：《中论疏记》，见《大正新修大藏经》第65册，第1页。

太连之后而有伏羲。……自伏羲以前，五经不载，书文不达。……伏羲没后，而有女娲。……

又当伏羲之时：

> 老君下为师，号曰无化子，一名郁华子，教示伏羲推旧法，演阴阳，正八方，定八卦，作《元阳经》以教伏羲。伏羲以前，未有姓字，直有其名。尔时人民朴直，未有五谷。伏羲方教以张罗网，捕禽兽而食之。皆衣毛茹血，腥臊臭秽。男女无别，不相嫉妒。冬则穴处，夏则巢居。①

故在伏羲之前，除了开天造物的太上老君之外，还有许许多多的上古帝王。而在伏羲之前，可能还有盘古的存在：

> 自斯盘古以道治世万九千九百九十九载，白日升仙，上昆仑登太清天中，授号曰元始天王。……而盘古真人氏仙后，伏羲氏兴。伏羲氏兴，而太极天真大神以清浊已分，元年上启太上老君，太上老君以《天皇内经》十四篇并《灵宝图道德五千文》授伏羲。……伏羲以道治世六千岁，白日升天中，号曰"天真景星真人"。②

至此，伏羲成了道教神谱中的"天真景星真人"。

而按《天尊老君名号历劫经略》的叙述，从太上老君以下，经历了盘古真人—初天皇、初人皇、五帝（有五人）—中天皇—中地皇—中人皇—五龙氏—神人氏（盘古），之后才是伏羲氏。可见伏羲氏在道教神人中位阶的低下。

此外，元人杜道坚的《玄经原旨发挥》中又将伏羲列在"后三皇"里，他说：

> 后天皇号伏羲氏，风姓，岁起摄提，始甲寅，以木德王。都太昊之墟，教民伏牺，因以为号。冶金成器，示民炮食，一号炮牺，仰观俯察，近取远求，画八卦，造书契，作甲历，结绳而为网罟，以畋以渔，而圣职教化之道兴。当时人民群处，纲纪未立，伏羲德洽上下，法两仪以正君臣父子夫妇之义，于是人伦乃正。继天而王，为百王先，尊之曰天皇。太昊在位一百一十六年，传女娲至无怀，通十五代，历一千三百单七年，而后地皇神农氏作。③

在这里，伏羲时代相当于因提纪，因提纪在道教的纪元中列于近世。而在伏羲

---

① 《太上老君开天经》，见《正统道藏·续道藏》第58册，第95页。
② 《云笈七签》卷三《天尊老君名号历劫经略》，见《正统道藏》第37册，第119页。
③ （元）杜道坚撰：《玄经原旨发挥》，见《正统道藏》第21册，第455页。

之前仍有盘古、初天皇、初地皇、初人皇、中天皇、中地皇、中人皇等神灵，其下所传的十五代，据其注所言，为女娲氏、大庭氏、柏黄氏、中央氏、栗陆氏、骊连氏、赫胥氏、尊卢氏、混沌氏、皞英氏、有巢氏、朱襄氏、葛天氏、阴康氏、无怀氏等。这些所谓的上古帝王，有不少与史籍所载相近，可见，道教经典亦利用上古传说中的帝王世次建立自己的神仙谱系。

另，《洞神八帝妙精经》中亦有将伏羲列为"后天皇"者：

> 后天皇……人面蛇身，姓风，名庖牺，号太昊。①

有时，道教典籍为神化其始祖老子，亦常有关于太上老君授各上古帝王经书的记载。伏羲虽为上古圣王，然亦曾接受过太上老君所授的神书，如前引《天尊老君名号历劫经略》中谓：

> 太上老君，以《天皇内经》十四篇并《灵宝图道德五千文》授伏羲。②

而杜光庭的《太上黄箓斋仪》卷五二亦有"老君授伏羲元阳经三十四卷"的记载。③

同时，在道教经典中，伏羲仍保留有画八卦的创造文明功能，并成为"八卦天神"之一。据《云笈七签·第十六神仙》载：

> 经曰：八卦天神下游于人间，宿卫太一，为八方使者，主八节日上计，校定吉凶。乾神字仲尼，号曰伏羲；坎神字大曾子；艮神字照光玉；震神字小曾子；巽神字大夏侯；离神字文昌；坤神字扬翟王，号曰女娲；兑神字一世（注：一云字八世）。常以八节之日存念之，其神皆在脐中，令人延年。④

可见，在道教的经典中，虽亦充分利用原有的伏羲神话传说，或将其列为下三皇中的"天皇"或"后天皇"，或运用其画八卦的传说，将其塑造为"八卦天神"，但其位阶不及道教的各尊神。

---

① 《洞神八帝妙精经》，见《正统道藏》洞神部·本文类·伤字号，第19册。
② 《云笈七签》卷三《天尊老君名号历劫经略》，见《正统道藏》第37册，第119页。
③ （前蜀）杜光庭：《太上黄箓斋仪》，见《正统道藏》第15册。
④ 《云笈七签》卷一八，四部丛刊初编本。

第三节　民间信仰中的伏羲

一、关于伏羲的民间信仰与祭祀活动

伏羲的神话传说经过了时代的变迁，除了被佛教、道教所吸收并纳入其各自的神仙谱系中外，民间信仰中的伏羲形象，则又较诸佛、道经典中的菩萨及三皇精彩许多。

首先，在民间信仰中，伏羲仍高居三皇之首，在民间的神灵信仰中仍占有一席之地。如在一些保存于敦煌文书中的《孔子备问书》《杂抄》及《开天辟地已（以）来帝王记（纪）》等隋唐五代的民间通俗读物里，便出现了一些与伏羲相关的神话传说。

就今日可知见的材料来看，隋唐五代时期有关伏羲的神话传说主要保存于与三皇相关的记载中。如敦煌写本《孔子备问书》中有：

何谓三皇？伏羲一，神农二，祝融三，此之是也。

敦煌写本的《孔子备问书》是一种属于民间通俗读物一类的作品，其内容主要是针对天文、时序、地理、人事等日常生活相关问题，以一问一答的方式，组织成篇，借以解答一般民众的一些基本知识问题，由于其中有许多后世不传、历代史志不录的内容，故往往最能反映唐代民众日常生活和庶民思想。

而《杂抄》又名《珠玉抄》，盖指其所抄撮的乃日常知识与基本学养之精要，因其文有益于庶民童稚之智，因此是一般民众随身必备的宝物，故又名《益智文》《随身宝》。其中亦收有关于三皇的说法：

论三皇五帝。何名三皇？伏羲、神农、黄帝。

三皇何姓？伏羲风姓，神农姜姓，皇（黄）帝姬姓。

除《孔子备问书》及《杂抄》外，在敦煌写本当中，关于三皇传说内容记载最为丰富的则要属第二章已提及的《天地开辟已（以）来帝王记（纪）》。

敦煌写本《天地开辟已（以）来帝王记（纪）》的内容主要叙述上古历史传说，始于天地开辟，中间记三皇五帝事迹，终于殷周，其中亦杂有民间传说和佛教传说。在《天地开辟已（以）来帝王记（纪）》中，三皇的组合仍为伏羲、神农、祝融。根据其中的叙述，在九皇后有三皇，即：

伏羲为天皇，神农为地皇，祝融为人皇。

三皇之后，又有五帝——少昊、颛顼、高辛、唐尧、虞舜，五帝之后遂有夏禹、殷、周、秦、汉、魏、晋等各代。

除了三皇的组合外，《天地开辟已（以）来帝王记（纪）》中更有相当丰富的三皇姓氏与事迹的叙述，其中关于"天皇"伏羲的记载为：

> 问曰：太昊、伏羲，是何处人？姓何？字谁？有何轨则？自故（古）开辟变化，人谁为始？劫烧以来，天皇为始。问曰：天皇之时，阿谁造作？天皇廿（十二）头，兄弟十二人，治化万八千年，遂即灭矣。卅日变为火，廿日变为水。已后有人法之，十二头作十二月为一岁。□日大小，此之日也。

于此，说天皇伏羲开辟变化，有十二头，而兄弟十二人各治化天下一万八千岁。

此外，关于伏羲的姓氏、形貌以及创造的文明等，《天地开辟已（以）来帝王记（纪）》中则说：

> 问曰：伏羲之后，治化何似？伏羲之时，未有礼仪，逢男为夫，逢女为妇。人无尊卑，走及禽兽。茹毛饮血，居无宅口之地。
>
> 问曰：伏羲何所制作，受命几许？答曰：伏羲龙身，姓风，名王。能造衣裳，定日月星辰，成立万物，推其阴阳，以成冬夏。尔时人民，顽愚质朴，未能分别礼仪，未有五谷、衣裳、田宅、屋室，穴居巢处，逢男为夫，逢女为妇。万物未备，□□天下。以造天下八卦，伏羲伏牛乘化马，受一万八千岁，乃则变为天地、百卉、兽禽、龙蛇、鱼鳖、金银、珠玉，政万物欲未祥龙言，号曰伏羲也。
>
> 问曰：三皇之时，伏羲为天皇，姓何名谁，有何轨则？伏羲洛阳人，姓风，汉中皇帝之子。

关于伏羲的里籍，相关的文献记载或以为伏羲生于成纪，或以为生于雷泽。敦煌写本《天地开辟已（以）来帝王记（纪）》中说他是"洛阳人"，并且是"汉中皇帝天子"。笔者以为，这可能是民间传说中对于身为上古帝王的伏羲的一种自然联想或附会吧。

从敦煌文书中的《孔子备问书》《杂抄》《天地开辟已（以）来帝王记（纪）》等流行于隋唐五代的文献资料，尤其是像《天地开辟已（以）来帝王记（纪）》这一类民间的通俗读物中所保存的与伏羲相关的说法来看，其中有许多是在今日可见的记载中前所未闻者，但这很有可能才正是当时民间传说或隋唐五代时期一般庶民所认知的伏羲形象，它不但可用以弥补伏羲神话传说之阙，更可反映伏羲神话传说在隋唐五代时期的民间信仰中是颇为盛行的。

另一方面，民间也出现了不少祭祀伏羲、女娲的庙宇。如《魏书·地理志上·司州》"朝歌"条下记有"伏羲祠"，"兖州·高平"条下记有"伏羲庙"。①到了隋唐五代时期亦有,据清人孙星衍《孙渊如诗文集》引《宋熙宁十年陈翕碑》载：

> 按《图经》云：单州鱼台县之东北七十里曰辛兴村,其间有伏牺皇帝之陵,陵上有庙,古老谓曰庙舍之东有画卦之山,南有古铭,城北有群仙洞,洞中有九龙潭。②

《隋书·经籍志》记有《隋诸州图经集》一百卷,为郎蔚之所撰,则此碑所称的《图经》可能即《隋图经》。③可知,在隋代以前,山东地区即有所谓的"伏羲陵"。孙星衍在其文集中又引有《金田肇凫山人祖庙碑》的记载：

> 李吉甫《十道图》云："兖州之境伏羲陵。"④

李吉甫为中唐人,可见,到了中唐,民间也还有"伏羲陵"的存在。

除了伏羲的陵墓外,各地亦有不少所谓"伏羲庙""伏羲墓"及"伏羲山"的存在,据五代时期杜光庭《录异记》卷八载：

> 房州上庸界,有伏羲女娲庙,云是抟土为人民之所,古迹在焉。又华陕界黄河中,有小洲岛,古树数根,河水泛涨,终不能没,云是女娲墓。大历年中,连日风雨晦冥,雷电不已,晴霁之后,忽失此墓,不知所在。

又有：

> 陈州为太昊之墟。东关城内有伏羲女娲庙。庙东南隅,有八卦坛；西南隅有海眼,是古树根穴直下,以物投之,不知深浅。岁旱以金银物投之,可致雨,亦是国家投奠之所。穴侧有龙堂焉。东关外有伏羲墓,以铁锢之,触犯不得,时人谓之"翁婆墓"。陈州虽小,寇贼攻之,固不能克,以其墓灵也。⑤

陈州相传为太昊伏羲陵墓之所在,与伏羲相关的民间传说自然不少,但以为伏羲墓"触犯不得",而陈州"寇贼攻之,固不能克"也是缘于其墓灵验之故,可见,当时人对伏羲的崇敬与信仰程度不浅。

此外,《路史·后纪二》中亦载有："（女娲）治于中皇山之原,所谓女娲山

---

① （北齐）魏收撰：《魏书》卷一○六中,第2456、2519页。
② （清）孙星衍：《孙渊如诗文集》卷七《伏羲陵考》,四部丛刊初编本。
③ （清）孙星衍：《孙渊如诗文集》卷七《伏羲陵考》,四部丛刊初编本。
④ （清）孙星衍：《孙渊如诗文集》卷六,四部丛刊初编本。
⑤ （前蜀）杜光庭：《录异记》卷八,见《笔记小说大观》十四编第一册,台北：新兴书局,1976年版,第169页。

也。"罗苹注以为："山在金之平利，上有女娲庙，与伏羲山接庙起。"①可知，在今陕西省境内有"伏羲山"。而据清代修纂的《嘉庆重修一统志》所载，包括今安徽、山西、山东、河南、湖北等地都有伏羲的祠庙②。可见，伏羲的信仰在民间是历久而不衰的。

现今在中国境内，仍到处可见祭祀伏羲的庙宇，其中又以河南淮阳的太昊伏羲陵以及相传为伏羲出生地的甘肃卦台山与天水西关的伏羲庙最为有名。在台湾地区，因受来自中国大陆地区移民所带来之伏羲信仰的影响，亦有祭祀伏羲的庙宇。在此，分别针对以上三座专祀伏羲的庙宇及台湾地区祭祀伏羲庙宇的信仰现况加以考察，借以了解现阶段伏羲信仰的情形。

（一）河南淮阳太昊伏羲陵

淮阳古称"宛丘"，又称"陈"，据《左传》所载："陈，太昊之虚也。"相传伏羲都陈，死后也葬在这里，因此在这里有一座太昊伏羲陵。据《历代陵寝备考》云："太昊伏羲氏，风姓……陵在河南陈州府城北三里淮宁县界。"其墓通称为太昊陵或太昊伏羲陵。

太昊伏羲陵位于淮阳城北1.5公里处的蔡河北岸，为中国十八大名陵之一，该庙依伏羲先天八卦之数理兴建，是中国帝王陵庙中大规模宫殿式古建筑群之孤例。整座庙南北长750米，总建筑占地875亩，分为外城、内城、紫禁城三道"皇城"。午门面临蔡水，左右有东天门、西天门，进门有玉带桥，经道仪门、先天门、太极门、钟楼、鼓楼到统天殿，该殿供有伏羲像，后面是显仁殿，经太始门就到了伏羲陵。据《陈州府志》记载，太昊陵在春秋时已有陵，汉以前有祠。唐宋时期，诏立陵庙，并有专人看守。元朝时候，陵庙多年不修，渐渐毁坏，至元朝末年，陵庙荡然无存。明洪武三年（公元1370），朱元璋访求帝王陵寝，河南淮阳太昊陵首列第一。清乾隆十年（公元1745），朝廷拨专款修缮。至此，太昊陵内外城垣，规模宏大，殿宇巍峨，金碧辉煌，形成格局。③

现存全陵有三殿、两楼、两廊、两坊、一台、一坛、一亭、一祠、一堂、一园、七观、十六门。整座陵庙最主要的建筑——统天殿位居中央，殿里殿外的匾额和楹联，都是历朝历代的官员和文人为歌颂伏羲功德而题写的。殿中龛内供奉着太昊伏羲氏的圣像，其头上生双角，腰着虎皮，肩披树叶，手托八卦，赤脚祖

---

① 《路史》，第2页。
② （清）仁宗敕撰：《嘉庆重修一统志》卷一二三、一五七、一六六、一九一、二〇七、三四二，四部丛刊续编本。
③ 刘玉珍：《伏羲与淮阳古城》，载《中原文物》2001年第3期，第81—82页。

腹，神情安详，慈眉善目，口若有词，好像在传人技艺，教人生活。两旁配享有朱襄、昊英。统天殿旁的显仁殿台东北角的青石上，为传说中的"子孙窑"，据说，求子的人只要摸摸那个"子孙窑"的石上小孔，便会如愿得子。①

紫禁城内有伏羲的陵墓，伏羲陵墓是一座巨大的黄土冢，高20余米，周长约150米，上圆下方，盖取其天圆地方之意。传说以前伏羲陵并没有现在这么高大，因为人们年年朝祖，都要带一抔家乡的黄土添在人祖陵上，据说这样可以借助人祖的神力，以土易人，生儿育女，日久天长，人祖陵就高大起来。后来人们感到携带黄土不方便，就用黄土和泥捏成人、兽、禽，这就是流传到今天的泥泥狗。民间则有个传说：很久很久以前，大水漂来了一个长角发光的人头。第二天水退了，发光人头漂落处，就出现了伏羲陵，之后便有了太昊伏羲陵。②

（二）甘肃卦台山伏羲庙

虽然近世学者对于伏羲族属的问题仍多有争议，然因相关的载籍多称"伏羲生于成纪"，故传说中古成纪之地的甘肃天水地区多被称为"羲皇故里"。因此，天水地区亦有两处较负盛名的伏羲庙，其一是位于北道区三阳川卦台山上的卦台山伏羲庙，另一是城区西关的伏羲庙。笔者曾于2002年7月亲赴甘肃天水地区实地考察，然因当时卦台山地区道路无法进入，故仅针对天水西关伏羲庙作实地访察。

卦台山在今天水市北道区渭南乡西，扼渭河三阳川处，又名"卦台""画卦台""羲台""伏羲台""羲皇台"。传说伏羲曾在台上象天法地、顿悟八卦，因而得名。卦台山西接渭河，东望三阳川，四周群山环列，若抱若揖，形势奇特。隋代于此建寺③，宋代建堡④，到了金代，始有伏羲祠庙的建立。金章宗完颜璟在位期间，于全国与三皇事迹有关的州县修建相关的庙宇。

至南宋时，秦州被金国占领，金章宗明昌年间（公元1190—1196）于下蜗牛堡创建伏羲庙，盖与传说此地为伏羲画卦处有关。元代虽沿称"蜗牛堡"，但"画卦台"之名已取代了"蜗牛堡"。

---

① 刘玉珍：《伏羲与淮阳古城》，载《中原文物》2001年第3期，第82—83页。

② 李寸松：《活在民间的文物——淮阳"泥泥狗"》，载《民间文学论坛》1987年第2期，第38页。

③ 清咸丰末卦台山麓出土隋《伏生墓志铭》一通，碑顶额落款"大业六年正月二十五日造"，考察墓志，知是隋开皇、大业年间，天水高僧伏生在白鹿山寺院潜心修行，超悟禅宗，涅槃后葬于山侧。可证今卦台山隋时称白鹿山，山上有寺院，为佛教圣地。

④ 北宋初年，宋以秦州为据点沿渭河开拓西部边疆。宋太祖乾德六年（公元968），在秦州三阳川置三阳寨，寨领武安、上蜗牛、下蜗牛等14个堡，其中下蜗牛堡就在今卦台山巅。

到了元初，伏羲庙已成废墟，故秦州民众便在金朝的伏羲庙旧址基础上集资重建，恢复了昔日的规模。元成宗元贞元年（公元1295），诏令全国各州县普遍祭祀三皇，该庙得以进一步扩建。①

明洪武四年（公元1371），太祖朱元璋下诏废止各地的三皇庙，对三皇的祭祀只准许在陵寝所在地进行。据明嘉靖十三年（公元1534）胡缵宗《太昊伏羲庙乐记》载：

> 考之诞圣之郡，画卦之台，前代无不举祀，而国朝独缺焉。②

因河南陈州（今河南淮阳）的伏羲陵被确定为祭祀伏羲的唯一场所，所以当时卦台山伏羲庙也在被废止之列。但因卦台山仍被列为伏羲的另一陵墓，所以，官祭虽废，而民间的祭祀仍然存在。按《大明一统志·秦州·陵墓》载：

> 伏羲陵，在秦州北四十里。世传三阳川蜗牛堡有伏羲陵。③

明代中期以后，由于对三皇祭祀的禁令有所废弛，甘肃巡按御史马溥然、冯时雍先后上奏朝廷，提请恢复秦州卦台山伏羲庙。正德十一年（公元1516），冯的建议被批准，据《明史·礼志》说：

> 正德十一年，立伏羲庙于秦州；秦州，古成纪地。从巡按御史冯时雍奏也。④

后来，又由于卦台山远离州治，官祭不便，又将拟建于卦台山的伏羲庙改建于秦州。从此，伏羲的祭祀中心转移到秦州治，卦台山的地位下降，沦为民间祭祀场所。

至于为何要将伏羲画卦和三阳川的卦台相联系，许多人认为是三阳川之地理风水和八卦的天机暗合，三阳的地理形势构成天然的太极八卦。明代胡缵宗在《卦台记》中便有这样的论述：

> 成纪之北约三十里，曰三阳川。其西北隅有台焉，羲皇画卦处也。夫成纪，故地名也。汉为郡，唐为州，宋为军，国朝亦为州；然自晋至南北朝，与雍州并称焉。陇坻亘于东，朱圉雄于西，嶓冢屏于前，空峒望于后；汉起于南，渭衍于北，乃生羲圣。而三阳则渭河纳陇河处也，今为三阳里。三阳云者：朝阳启明，其台光荧；太阳中天，其台宣朗；夕阳反照，其台腾射。……故是台也：前揖卦山，卦山若屏若拱；后俯

---

① 《元史》卷七六《祭祀志五》"郡县三皇庙"，第1902页。
② 原载《鸟鼠山人集》中，乾隆《直隶秦州新志·艺文》亦有收录，此据刘雁翔：《伏羲庙志》，第165页。
③ （明）李贤等撰：《大明一统志》卷三五《巩昌府》，台北：台联国风出版社，1977年版，第2507页。
④ 《明史》卷五〇，第1294页。

龙马山，龙马山若围若掎。……其峦层起，俯视之如台之出，其周壁立，仰视之如台之升，故今谓之卦台。……故二山一水之间，其台若坐若盘，而羲皇观天察地于此，画卦于此也。岂天设此以启其神哉？抑地因此以兆其灵哉？夫岂偶然哉？

嗟夫！岷（《一统志》：即陇山之南首，在陇蜀之交），江之源也；嶓冢，汉之源也；鸟鼠，渭之源也。河出于昆仑，扬于积石也；洮出于西倾也；陇出于陇首也。则西北水流皆自陇而之东南，支委繁衍不有渊源耶！是羲圣之所以毓，而卦爻之所以画也。

郡人相传：台有羲皇遗画，着雪即融。今候之无验。盖居人见诸田畦界址，横直层列卦山之麓，有类于画，雪将融而形益彰，遂指以为先圣灵迹。不知羲皇天生大圣也。务骇人视听而遗是踪，示人以黎丘之幻耶？抑岂居人仰瞻圣皇，不欲见其遗台荆棘也，互为相传耶？

然画不在台，今在册矣；亦不在册，今在人矣。①

他认为卦台附近的山水"是羲皇之所以毓，而卦爻之所以画也"。近代学者则撰文倡言卦台山独特的地形及其三阳时刻的变化对伏羲画卦的启发②。

（三）甘肃天水西关伏羲庙

天水西关伏羲庙，本名"太昊宫"，俗称"人宗庙"，在今天水市区西关伏羲路北。庙始建于明成化十九年（公元1483），因当时秦州知州傅鼐认为既然河南陈州作为伏羲的都邑和卒地，每年皆有祭祀，秦州作为伏羲的生地，理应也设祠祭祀，便开始在州城西二里处创建太昊宫。

其后经前后九次重修，太昊宫形成了规模宏大的建筑群。在清光绪十一年至十三年（公元1885—1887）的修葺后，计占地13000平方米，现存6600平方米。古建筑计有戏楼一、牌坊一、大门仪门各一、先天殿一、太极殿一、钟楼鼓楼各一、来鹤厅一、朝房一，共十座；后新建朝房二列、碑廊二列、展览厅二列，共六座。新旧建筑共计七十六间。整个建筑群坐北朝南，牌坊、大门、仪门、先天殿、太极殿沿纵轴线依次排列，层层推进，庄严雄伟。院落呈四进四院，而朝房、碑廊沿横轴对称分布，整齐划一。由于伏羲是古史传说中的第一位帝王，故其建筑亦呈宫殿式的建筑形式。

庙门前原有三座牌坊，即"开天明道""继天立极""开物成务"。其中，"开

---

① 刘雁翔：《伏羲庙志》，兰州：甘肃文化出版社，2003年版，第170—171页。
② 黄国卿：《对天水卦台山伏羲画卦传说的新思考——卦源新探》，载《周易研究》1999年第2期。

天明道"牌坊在大门前台基之上。明嘉靖二年（公元 1523）创建，清顺治十年（公元 1653）重修，乾隆六年（公元 1741）秦知州李铉邀进京觐见回任的西宁道杨应琚书"开天明道"匾以更替已佚失的"太昊"匾。"继天立极"和"开物成务"牌坊在台基前当街。前者在东，后者在西，跨街而建，两相对峙。东牌坊界伏羲庙东墙，西牌坊界西墙。牌坊下各立一石，铭文告诫过往行人：骑马者下马，乘轿者下轿。以示对伏羲的崇敬。

正殿为先天殿，殿内有伏羲圣像高 1 米有余，手托八卦，目光如炬，正襟危坐于神龛中，灵气逼人。像右有龙马雕像，左置河图、洛书石盘。殿顶棚以井口天花和藻井相伴装饰。井口天花镶嵌伏羲六十四卦卦象，井口天花上施绘伏羲六十四卦卦象图，藻井上施绘河图和伏羲先天八卦图。相传伏羲氏得河图而创八卦，继而推演为六十四卦，故天水伏羲庙的创建者便很巧妙地将伏羲氏的事迹融入先天殿顶棚井口天花和藻井的装饰之中，在此，其装饰与伏羲氏的业绩紧密结合，别具特色。但其中有些卦象有误，而河图与八卦图的方位亦有误。[①]

关于祭祀，古时主要有两种形式：一种是禘祭，用以祭天；一种是郊祭，用以祭祖，而祭祖是一年分春秋两祭。伏羲庙每年原有春秋二祭，后来只保留下正月十六日的春祭。祭典从每年的正月十四日开始，成为城乡人民前来进香、看戏逛庙会的日子。十五日出榜文，昭示伏羲对中华民族的伟大功德和贡献。十六日黎明鸣炮九响，昭告祭典活动正式开始。[②]庙会期间，除了逛庙会外，正月十六日还要去庙内贴纸人灸病去邪，保佑一年平安。

（四）台湾地区的伏羲庙宇

目前，在台湾地区也可以看到一些祭祀伏羲的庙宇，以笔者实际访察的结果，除了有些以伏羲为配祀神明的庙宇[③]外，台湾地区目前以伏羲为主神的庙宇主要有台北市中山区的太昊伏羲氏八卦祖师纪念庙、台北县莺歌镇碧龙宫、宜兰市南侨路伏羲庙等。

[①] 刘雁翔：《伏羲庙志》第六章"考证"十一"天水伏羲庙先天殿六十四卦和河图八卦图案辨误"，第 136—139 页。

[②] 秦谷：《伏羲庙与伏羲文化活动》，载《伏羲文化》2002 年第 2 期，第 29 页。

[③] 台湾地区以伏羲为配祀神明的庙宇不少，例如：位于台北县金瓜石的劝济堂，以关、吕、张、王四大恩主为主神，配祀有八卦祖师、福德正神等；新竹新丰乡坡头村的普元宫，主祀清府王爷、吴府王爷及朱府王爷，一楼则以天上圣母、八卦祖师、李文元帅、福德正神配祀；埔里北安宫伍法堂主祀伍年千岁，以天上圣母、哪吒太子、齐天大圣、八卦祖师、城隍爷等为配祀神明；台东市神农宫主祀神农大帝，以黄帝、伏羲大帝、地藏王菩萨、中坛元帅等神明配祀。

1. 台北市太昊伏羲氏八卦祖师纪念庙

据钟华操《台湾地区神明的由来》一书所载，目前台湾地区祭祀"伏羲仙帝"的庙宇有两座，其中之一在台北县文山乡坪林庄，另一则在彰化县和美镇。前者的例祭日是二月十六日和八月十六日，后者的例祭日则为八月二十日，而这两座伏羲庙都是从福建的"伏羲仙帝"庙分香而来的。①因台北县文山乡行政区划已变更为台北市文山区，然笔者实际向台北市文山区区公所及彰化县和美镇镇公所民政课查询，他们均表示境内并无以祭祀"伏羲仙帝"为主神的庙宇。

另仇德哉的《台湾庙神传》中则说有三，除了以上两座外，另有一座为台北县莺歌镇的碧龙宫。②不过，笔者向台北中山区伏羲八卦祖师庙目前的负责人薛先生询问，他表示：从各信众前往台湾地区各名山圣地朝圣的经验回报所知，目前台湾地区仍有十余座祭祀或塑有伏羲神像的庙宇，分布的地区包括宜兰、冈山等地，然而由于并未逐一记录，故目前并无完整的相关资料可供参考。因此，目前台湾地区可知以伏羲为主神奉祀的庙宇，历史最悠久的首推台北市中山区境内的太昊伏羲氏八卦祖师纪念庙（以下简称"台北伏羲庙"）。

位于台北市境内的伏羲庙，据有本的《台北伏羲庙》一文载：

……台北的伏羲庙旧址确在延平区的甘谷街四十六号之一,庙建于民国卅五年，为宝岛唯一供奉伏羲的庙宇，往年香火鼎盛，春秋二季都有扩大祭祀的拜拜，以崇功报德，慎终追远。③

台北伏羲庙的创建，是承袭于中国传统信仰中的伏羲信仰。据民乐所记的《中华文化始祖太昊伏羲圣帝八卦祖师新庙落成》一文所言：

对肇启人类文明最伟大的伏羲氏,早于一九六〇年九月设庙于台北市甘谷街。为本省唯一纪念这位画卦作易、创甲历、造书契、订婚制、教民佃渔畜牧的文化始祖——伏羲氏的庙宇。④

当时，基于某种政治与意识形态的需求，创建了全省唯一的一座伏羲庙。然而，这座庙宇却于1978年下半年遭回禄,后来便迁至台北市复兴北路433号的现址。其中特别值得玩味的是，原先的台北伏羲庙是坐落在甘谷街，这是否与相传为伏羲诞生地的甘肃甘谷地区有所关联，值得作更深入的调查与访求。

---

① 钟华操：《台湾地区神明的由来》，台中：台湾省文献委员会编印，1977年版，第234—235页。
② 仇德哉：《台湾庙神传》，云林：信通书局，1981年版，第36页。
③ 有本：《台北伏羲庙》，原载于《中华易学》第12期，1981年2月，后收入《中华文化始祖——太昊伏羲氏八卦祖师纪念庙——始录与庙史》一书，第4页。
④ 民乐：《中华文化始祖太昊伏羲圣帝八卦祖师新庙落成》，原载于《中华易学》第43期，1983年9月，后收入《中华文化始祖——太昊伏羲氏八卦祖师纪念庙——始录与庙史》一书，第12页。

台北伏羲庙的神祀与祭拜情形大致为：正座为伏羲祖师及其左右护将，甲座两手拱持龙马驼，乙座左手持八卦，右手持柳枝笔，戊座右手独持法矩，己座左手独持指挥杖等。诸神像都是全身大半赤露，仅肩胸臀腰等部披以树叶为衣，头发上亦有树叶一圈，仪态大方，安详庄重，巍然可敬，威而可畏（图61）①。最前座左有袁天罡，右有李淳风二神将，均冠带袍笏，更威严了。此处，伏羲仍然配合有神话传说中的龙马、八卦、矩等物；柳枝笔可能是伏羲造书契的一种象征；至于指挥杖是否与规形貌相近以致作者误认，则不得而知。但以之配享袁天罡、李淳风等传说中的卜卦之神的缘故，根据黄甲魁的说法是：

图61 台北市太昊伏羲氏八卦祖师纪念庙伏羲祖师像

> 易传有云："河出图，洛出书，圣人则之。"所谓河出图，系指黄河支流荥河（河南荥泽境内）出现龙马负图（前七二、后一六、左三、右四九、中五与十），为伏羲所发见，遂取而则之，以画先天八卦……是故后世卜卦、筮卦者作祈祷时，必诚恳默念：太极八卦祖师三皇——伏羲、神农、黄帝。五帝——少昊、颛顼、高辛、尧、舜。二圣——周公、孔子，以及诸贤——颜（渊）、曾（参）、思（子思）、孟（轲）、王（鬼谷）、严（君平）、孙（膑）、管（辂）、京（房）、郑（玄）、诸葛（孔明）、袁（天罡）、李（淳风）、陈（抟）、穆（修）、李（援）、周（敦颐）、邵（雍）、程（伊川）、张（载）、朱（熹）……并排卦童子、成卦郎君、摇卦童子、断卦郎君，降临显灵，今因某事忧疑未决，请在六十四卦中赐卜一卦，以定吉凶云云。②

关于台北伏羲庙的祭祀日期，基本上仍分为春祭与秋祭两次，春祭日期原本与天水伏羲庙祭祀日期同为农历正月十六日，但后来据该庙住持薛清泉先生在

---

① 黄甲魁：《中华文化始祖伏羲氏辛酉秋祭有感》，原载于《中华易学》第20期，1981年10月，后收入《中华文化始祖——太昊伏羲氏八卦祖师纪念庙——始录与庙史》一书，第8—9页。

② 黄甲魁：《中华文化始祖伏羲氏辛酉秋祭有感》，原载于《中华易学》第20期，1981年10月，后收入《中华文化始祖——太昊伏羲氏八卦祖师纪念庙——始录与庙史》一书，第8—9页。

《伏羲的诞辰和忌辰》一文中表示：

> 我于民国三十五年，受叔父的熏陶与指导，每年都和伏羲的故乡天水一样，以农历正月十六日为伏羲的诞辰而举行春祭，七月十九日为飞升（忌辰）而举行秋祭。但十余年前……认为春节正月十五日是元宵小过年，大家吃得饱饱的，第二天（十六日）实在吃不下去，何况依据我国的传统习俗，做生日可以提早一到三天，于是向伏羲祖师求签第四〇九号为"上吉"。因此从那时起，本庙就在正月十三日举行春祭及庙会，会员们回庙团圆，一齐向羲皇祖师祝寿和卜炉主、头家，然后春酌。到了正月十六日，炉主、头家过炉，请羲皇出巡天下，有锣鼓车、会员车、善男信女等随行，热热闹闹，以表崇功颂德、慎终追远、天下太平。①

因此，台北伏羲庙的春祭日期提前到了农历正月十三日。至于秋祭的日期，台北伏羲庙是以伏羲的飞升祭日（农历七月十九日）为秋祭大典。②定伏羲的飞升祭日于农历七月十九日，所根据的可能是道教的传说。

台北的伏羲庙除了是台湾地区祭祀伏羲的信仰中心外，它与早期台湾其他庙宇相同，亦肩负有早期社会救助的功能：

> 由于伏羲有好生之德，所以善男信女众多，都会慷慨捐输自动协助地方赈济贫苦，薛住持出示在火场抢出的照片簿，可以看到当年发放冬季救济米食等慈善活动照片，佐证对居住延平、大同、中山、建成诸区的生活照顾户及辅导户的民众贡献良多。③

此外，台北伏羲庙又于1985年在日本清水市的高岛神社设有分庙，成为海外第一座伏羲的庙宇。④

2. 台北县莺歌镇碧龙宫

位于台北县莺歌镇中正一路石灰坑山区的碧龙宫，原本是一供奉龟公石的庙宇，传说早年北莺里的曾钦舜在孩提时代，有一日送饭给父亲时，无意间在田中树下发现一块石头，此石犹如巨龟，背上有八卦图形，且石头稳如磐石，无

---

① 薛清泉：《伏羲的诞辰和忌辰》，原载于《中华易学》第14期，后收入《中华文化始祖——太昊伏羲氏八卦祖师纪念庙——始录与庙史》一书，第6页。
② 滨亭：《举行伏羲飞升祭》，原载于《中华易学》第20期，后收入《中华文化始祖——太昊伏羲氏八卦祖师纪念庙——始录与庙史》一书，第8—9页。
③ 有本：《台北伏羲庙》，原载于《中华易学》第12期，后收入《中华文化始祖——太昊伏羲氏八卦祖师纪念庙——始录与庙史》一书，第4页。
④ 胡龄云：《台北伏羲庙在日本设分庙　成为海外第一座中华文化始祖庙》，原载于《中华易学》第57期，后收入《中华文化始祖——太昊伏羲氏八卦祖师纪念庙——始录与庙史》一书，第19页。

法移动。曾父就地膜拜，身体逐渐好转。此事传开后，不少人前往参拜，神迹不断，且传说连周围的草木都能治病疗伤，因此，吸引了不少远道相求的人，一时声名大噪。1991年，"龟公庙"正式改称"碧龙宫"，龟公石上的八卦图纹也被尊称为"八卦祖师"或"伏羲大帝"。目前，前殿奉有观音佛祖、天上圣母与关圣帝君，后殿奉有八卦祖师神像与龟公神石。

3. 宜兰市南侨路伏羲庙

位于宜兰市南侨路27号的伏羲庙，是当地人王青木感念宇宙创始者女娲娘娘、伏羲圣帝、太上老君等神尊，发心而建。

宜兰市伏羲庙约建于1983年，据负责人王青木先生表示，他个人原于公家单位服务多年，因自幼即对玄易之理颇感兴趣，后又受伏羲祖师爷之显应神迹，始发心创建专祀伏羲的庙宇。历经一番波折后，方顺利完成建庙工作。

王先生由于曾亲赴甘肃天水伏羲庙考察，对于伏羲氏创画八卦，以及八卦之千变万化深为感佩，故返台后创立了"中国伏羲氏堪舆研究协会"，望能将最古老之先祖流传之理发扬光大。王先生对于堪舆易经有深厚的钻研，为求问者解决了许多难题。宜兰市伏羲庙尚有镇宅八卦钟提供给信众，对开设公司、住家皆有保安作用。

二、伏羲与医药之神

在民间的信仰中，人们往往会依据个人的一些需求，而赋予神灵新的神性或功能，伏羲也和其他神话人物或宗教神祇一样经历了这一变化。到了后来，其作为上古三皇的象征在人类的意识发展中逐渐退隐，且其神职功能逐渐分裂，于是陆续产生了代表各种机能的职能神，以满足各种信徒的不同需求。故在后世的民间信仰中，可能是受到元代以三皇为医药之神的祭祀所影响，伏羲又多与神农、黄帝一起，被视为"药王"。据《古今图书集成·神异典》卷四八引《畿辅通志》云：

顺天府药王庙，祀伏羲、神农、黄帝，而秦汉来名医侍。[1]

又，卷四九"药王庙"引《帝京景物略》云：

天坛之北药王庙，武清侯李诚铭立也。庙祀伏羲、神农、黄帝，而秦汉来名医侍。伏羲尝草治砭以制民疾，厥像蛇身麟首，渠眉达掖，奯

---

[1] （清）蒋廷锡、陈梦雷等编纂：《古今图书集成》，台北：鼎文书局，1976年版，第549页。

目珠衡，骏毫翁鬣，龙唇龟齿，叶掩体，手玉图文八卦……①

在民间的神怪小说《封神演义》第八十一回中也有伏羲赐药救治人间痘疾的情节：

……话说杨戬看罢景致，不敢擅入；少时，见一水火童子出来，杨戬上前稽首曰："敢烦师兄借传一语，杨戬求见。"童子认得杨戬，忙回礼曰："师兄少待。"童子回言毕，进洞府来："启老爷，外面有杨戬求见。"伏羲圣人曰："着他进来。"童子复至外面："杨戬进见。"杨戬至蒲团前，倒身下拜："弟子杨戬愿老爷圣寿无疆！"拜罢，将书呈上。伏羲展玩，书曰……伏羲看罢，谓神农曰："吾等理宜助一臂之力。"神农曰："皇兄之言是也。"遂取三粒丹药付与杨戬。杨戬得了丹药，跪而启曰："此丹将何用度？"伏羲曰："此丹一粒可救武王，一粒可救子牙，一粒用水化开，只在军前四处洒过，此毒气自然消灭。"杨戬又问曰："不知此疾何名？"伏羲曰："此疾名为痘疹，乃是传染之病；若少救迟，俱是死症。"杨戬又启曰："倘此疾后日传染人间，将何药能治？乞赐指示。"神农曰："你随我出洞至紫云崖来。"杨戬随了神农来至崖前，寻了一遍，神农拔一草递与杨戬："你往人间，传与后世，此药能救痘疹之患也。"②

直至民国年间出版的《民间新年神像图画展览会·附录七》中也这样说：

伏羲相传为中国之第一皇帝，教人民熟食。神农尝百草，备知药性，常被称为药王。黄帝曾召集臣下，完成神农之药性研究。此三神自成一种三神合体，其地位高超于现在道教中之药王。③

在近现代的民俗信仰中，亦有反映伏羲医药神职能的民俗活动，如甘肃的天水西关伏羲庙在每年的正月十六日举行春祭，人们都会到庙内的古柏下进行"灸纸人去病"的民俗医疗活动。关于"灸纸人去病"之俗，据刘雁翔《伏羲庙志》载：

农历正月十六日，相传为伏羲生日。这一天，天水市民众自发集会奠祭"人宗爷"（按：天水市人习惯将伏羲称"人宗爷"），乞求幸福安祥，新年好运气。伏羲庙内，古柏森森，庄严肃穆。按天干地支六十甲子排列循环，每年推选其中一株在庙内值班，于是这棵大柏树就成了伏羲旨意的直接体现者。它会治疗疾病，无所不能。庙会时神树上悬挂红

---

① （清）蒋廷锡、陈梦雷等编纂：《古今图书集成》，第557页。

② （明）许仲琳：《封神演义》第八一回《子牙潼关遇痘神》，北京：人民文学出版社，1973年版，第779—780页。

③ 吕宗力、栾保群编：《中国民间诸神（下）》，台北：台湾学生书局，1991年版，第606页。

灯作为标志，以供奉祀。朝拜人宗庙的人们沿甬道鱼贯而入，毕恭毕敬地于露台之下三拜九叩，焚香化纸。而后各自走到神树（其实庙内哪一棵柏树都可以，不一定是值班树）前，粘贴纸人，点香火灸病。带病者可以为自己灸，不带病者可以为亲友灸，哪个部位伤痛灸哪个部位。纸人以红纸为原料，剪成人形状，大小均可。以前纸人均是自备，现在卖香蜡裱纸的小贩有售。灸是仿中医学上的针灸而为之，讲究的是用艾草贴在自己伤病处与纸人相对应的部位，用香火焚燃，图方便的直接用点燃的香头戳相关的部位。心诚则灵，人们似乎从不考究是否灵验，是否的确能祛除疾疫。……推其源，用纸人灸病的习俗来自唐代以后中医界奉行的"医易同源"理论……按这一理论推论，则医学是易学派生的，易的基础是阴阳八卦，八卦又是伏羲首创，因此，用香火代银针灸烧贴在伏羲庙古柏上的纸人，理所当然的被认为能"治病"，朝拜人宗庙的人对此都坚信不疑。[①]

可见，伏羲在天水地区人们的信仰中，除了是"开天明道""继天立极""开物成务"的人祖之宗外，更是祛除疾疫的医药之神。

三、伏羲与卜卦之神

在民间的神话传说中，伏羲除了是医药之神外，也因为他所画的八卦成为后世卜卦之术的源头，所以，在后世的信仰中，人们每每提及易经八卦、占卜数术，莫不以伏羲为祖师。如晚清时期的小说《歧路灯》第三十七回中有这样的一段叙述：

……吴云鹤道："既然是了，排卦好断吉凶。"于是双手举起卦盒，向天祝道："伏羲、文王老先生，弟子求教伸至诚，三文开元排成卦，胜似蓍草五十茎。"摇了三摇，向桌上一抖。共摇了六遍，排成天火同人之卦……[②]

在台湾地区，伏羲往往也被称为"八卦祖师"[③]。此外，台湾地区以专祀伏羲为主的台北中山区伏羲八卦祖师庙，据其负责人薛先生所言，其先祖在中国福建地区本为走江湖为人算卦占卜之人，因奉伏羲为祖师爷，故在移居台湾后，便为祖师爷建庙，以供信徒长年供奉。[④]

---

① 刘雁翔：《伏羲庙志》，兰州：甘肃文化出版社，2003年版，第99—101页。
② （清）李绿园：《歧路灯》，台北：新文丰出版公司，1989年版，第380—381页。
③ 曾勤良：《台湾民间信仰与封神演义之比较研究》，台北：华正书局，1985年版，第62页。
④ 访谈对象：薛炎助；访谈人：刘惠萍；访谈时间：2003年9月5日；访谈地点：台北市复兴北路433号太昊伏羲氏八卦祖师纪念庙。

所谓人性即神性，人们在敬奉崇敬神灵的过程中，又往往将个人对于外在事象的关注与期待，投射在对于神灵的神性与职能的关注与期待之中。所以，神的概念是会随着历史的变迁而变化的，而每一时代每一阶层的人，都会随着他们的需要而创造适合他们自己的神的形象。于是，伏羲的神职功能，便由一而多，伏羲渐渐向万能之神的方向发展。

第四节　伏羲神话传说与民俗信仰崇拜

一个民族的神话或传说故事，往往象征着该民族对大自然的了解或个人素朴的愿望，所以，只要是人们心中所想望的、生活中所盼望的，必然是不分地域地被人们以这个内容或题材作为神话或传说创作的依据，借以在其中寄托个人的愿望。伏羲作为神话传说中华夏民族的始祖，他繁衍人类、创育万物，而人类与万物的生殖、繁衍，在原始人类的生活中，又是一件至为重大的事情。因此，在现今仍被保留下来的与伏羲相关的许多神话传说或民俗信仰中，如中国西南地区的葫芦崇拜，以及河南淮阳太昊陵庙会中的民俗活动事项，就自然而然地反映出伏羲作为始祖神孕育万物的生殖崇拜之信仰功能意义。

一、伏羲、女娲与葫芦崇拜

在流传于各地的伏羲或伏羲与女娲神话传说中，尤其是在中国西南地区的少数民族神话传说里，伏羲、女娲常常与洪水兄妹婚的神话传说结合在一起。根据闻一多的分析，这类兄妹配偶型的洪水遗民神话传说分布极广，包括中国西南部的湘西、贵州、广西、云南等诸多少数民族地区，甚至东至台湾，西及越南与印度中部。[①]这些神话传说基本上大同小异，都出现了葫芦或与葫芦相类的瓜或鼓拯救人类、孕育人类的情节。如侗族的《龟婆孵蛋》中有这样的情节：

……丈良、丈美两兄妹在落雨时种下瓜种，这颗奇异的瓜种，果然落地生根，寅时种，卯时发，很快长出了藤又结了瓜。……瓜儿长得有三间房屋大。……当大地上开始涨水时，丈良、丈美就躲进瓜中。大瓜在滔滔洪水中漂浮，丈良、丈美一路救起了七百条蛇、七千只马蜂和七

---

① 闻一多：《伏羲考》，第56页。

千只黄蜂,将它们统统收进瓜里。①

又,汉族的《洪水传说》中则说:

……雷公跑到天上,命令雨神日日夜夜下雨。雨下得多了,河水涨起来,淹没了平原,淹没了村落,又淹没了山岳,最后一直淹到天上。这时候,伏羲兄妹种下的那个牙齿,长出一根长藤,藤上结了一个葫芦。葫芦成熟了,摘下来,挖去芯,晒干了,碰巧铺天盖地的洪水来了,兄妹两人就钻进葫芦里去,飘飘荡荡,被一阵风送到天上。嘭通一声响,碰到了天,兄妹两人就从葫芦里钻了出来。②

而布依族古歌《赛胡细妹造人烟》中也有类似的情节:

只有赛胡细妹有准备,

洪水滔天心不惊,

园里摘下大葫芦,

挖个洞洞掏芯芯。

赛胡细妹手牵手,

葫芦里面来藏身,

随水漂了九天搭九夜,

不知不觉漂到南天门。③

水族的《兄妹种瓜》神话中,兄妹则是以种植为生,种出一个大葫芦。一年后,洪水淹没天下,兄妹躲在葫芦内幸存。后来兄妹结为夫妻,生出一石磨,把石磨摔碎,石块变成许多人。④哈尼族神话中则说洪水泛滥成灾,人类灭绝,索罗、索日兄妹藏身葫芦内幸存,繁衍后代。⑤广西凉山彝族的神话中说兄长在洪水中淹死,只有小弟在白发老人的帮助下幸存,且与天女成婚,两人种了一株葫芦苗,结了一葫芦,丢在河内,乘着葫芦到东海。天神命螃蟹找回葫芦,又命小米雀剖开葫芦,从中走出各族祖先。⑥滇东北的彝族神话亦提及在远古洪水泛滥时,伏羲兄妹躲在葫芦内幸存下来,两人结合,生下汉族、彝族和苗族的

---

① 陶阳、钟秀编:《中国神话》,上海:上海文艺出版社,1990年版,第141页。
② 陶阳、钟秀编:《中国神话》,上海:上海文艺出版社,1990年版,第182页。
③ 汛河整理:布依族古歌《赛胡细妹造人烟》,载《民间文学》1980年第8期,第69页。
④ 中央民族学院少数民族语言研究所第五研究室编:《壮侗语族语言文学资料集》,成都:四川民族出版社,1983年版,第284页。
⑤ 《哈尼族简史》编写组编:《哈尼族简史》,昆明:云南人民出版社,1985年版,第21页。
⑥ 肖崇素:《美丽的传说 丰富的史影——凉山彝族民间传说一瞥》,见《民间文艺集刊》第二集,上海:上海文艺出版社,1982年版,第113—146页。

祖先。①海南黎族则有一则《人类起源》的神话传说提到，远古之时洪水为患，兄妹及家畜藏身在葫芦内幸存，后来兄妹成婚，生育后代。此外，至今甘肃天水地区还流传着伏羲是"葫芦娃"的传说：

> 伏羲是一民女和龙王所生。民女和龙王结婚后回到天上居住，后来人间发大洪水，民女便将初生的伏羲装入葫芦放回人间，保留了人种。②

由此可知，在许多地区的神话传说中，洪水后人类的创造和繁衍，往往与葫芦有着极为密切的关系。在这些洪水遗民神话传说中，都有一个奇异的大葫芦保存了世界上唯一的人种，其中尤以在中国西南地区广泛流传的洪水兄妹婚神话群中，几乎都有在洪水退后从漂流的葫芦中走出一对兄妹成为人类始祖的情节。因此，葫芦既是避水的工具，又是造人的素材。

现今可知见流传于中国各地的葫芦繁衍人类的神话传说可以粗略地分为三种类型。第一种类型是说人从葫芦中出。如基诺族的《玛黑、玛妞》说：洪水退后，玛黑、玛妞兄妹从躲藏的木鼓中钻出来，四周没人影，找遍了整座大山，只找到一粒葫芦籽。兄妹就把葫芦籽种下，结了一个房子大的葫芦。玛妞去背水，路过葫芦边，隐约听到里面有人讲话。兄妹把烧火棍烤红，将葫芦烙个洞，第一个跳出的是布朗族，第二个跳出了基诺族，第三个跳出的是傣族。傈僳族的《盘古造人》则说：世上没人，盘古种的南瓜里走出兄妹两人，经过占验兄妹结合了，七年后，生了三个儿子。盘古又种了三颗葫芦籽，四十九天后，葫芦成熟，盘古在瓜底部用刀一旋，走出三个姑娘来。盘古领她们到三个男孩家结婚，从此，人类就一代一代地繁衍起来了。第二种类型是说人生葫芦，葫芦生人。如阿昌族的神话说：天公遮帕麻、地母遮米麻造完了天地，想创造人类，结婚九年后，遮米麻生下了葫芦籽，埋在地下，又过了九年，结了一个葫芦。遮帕麻怕它撑破了大地，用木棒打开一个洞，从葫芦中出来九个小娃娃。彝族的《梅葛》说：天神格兹给兄妹俩一粒葫芦种栽种，长大了结出葫芦以避洪水。兄妹婚配，生了一个葫芦，从葫芦中走出汉、彝、傣、傈僳、苗、藏、白、回八个民族的祖先。第三种类型则是说葫芦变人。如云南剑川的白族传说：当地原本没有人烟，东、西山上各长出一个瓜，变成一男一女，于是结为夫妻。闻一多《伏羲考》附录的盘瑶故事，则说伏羲婚后，从瓜中撒出瓜子、瓜瓤，瓜子变成男人，瓜瓤变成女人。

葫芦除了在神话传说中具有生民、造人的功能之外，在中国西南地区至今仍保留

---

① 中国科学院民族研究所云南少数民族社会历史调查组、云南省少数民族社会历史研究所编：《四川及云南昭通地区彝族社会历史调查资料（二）》，出版项不详，1963年版，第91页。

② 武文等：《华夏民族与葫芦文化——兼与刘尧汉、萧兵同志商榷》，载《民俗研究》1991年第1期，第13页。

有将葫芦视为祖先的崇拜信仰。如云南省南华县哀牢山彝村摩哈苴村李、罗两姓各户都以葫芦作为祖先灵位，每家供奉三个葫芦，每个祖灵葫芦象征一对男女祖先——曾祖父母、祖父母、父母三代。供奉祖灵葫芦的龛壁上，左右各书彝文"虎"字和"龙"字，龙象征葫芦里的女祖先女娲，虎象征男祖先伏羲。祭祖大典时，巫师在葫芦瓢凸面绘一个红底皮的黑虎头，悬挂于门楣上。故刘尧汉认为，云南楚雄哀牢山彝族的祖灵就是龙女娲和虎伏羲的合体。[1]

而先民之所以将人类想成是由葫芦所生、变成的，并且以葫芦作为象征祖先的崇拜物，这固然是由于原始人类的宗教和神话幻想，但可能主要仍源自于葫芦是现实生活中实际存在的物项。根据考古材料的发现，亚洲的中国、泰国，南美洲的墨西哥、秘鲁，非洲的埃及等地，都有新石器时期出土葫芦的报道。[2]在中国，早在7000年前的浙江河姆渡文化中就发现有葫芦和葫芦的种子。[3]且在早期的社会里，葫芦不仅可以食用，还可作为盛物的容器，如在仰韶文化早期的马家窑类型遗址中便有仿葫芦的陶瓢、陶罐出土；河南陕县、陕西临潼、西安半坡、陕西宝鸡等地的许多文化遗址中也都有模仿葫芦形状的陶器或绘有葫芦形纹样彩陶的出土。对于这些在原始社会遗址中出土的彩陶和图纹，有学者从陶器的形状和功用来分析，认为这些陶壶、陶罐可能就是从葫芦演化而来的，如吴山在《中国新石器时代陶器装饰艺术》一书中便说：

> 我国新石器时代的居民，早先很可能就利用自然形态的果壳，作为器皿使用，进而就摹拟葫芦的形象做成各种器皿造型。从新石器时代遗址出土的陶器，可以找到不少实物例证。如西安半坡遗址中出土的细颈陶壶、长颈陶瓶和马家窑型的一件彩陶束腰罐，可能就是摹拟葫芦的外形而创造的。西安半坡和宝鸡出土的葫芦形陶壶、陶瓶，更与葫芦的形象十分相似。很多新石器时代遗址出土的陶钵、陶碗和陶盆，其造型和葫芦下半截的半球体近似；不少陶罐和陶壶的造型，基本型接近于一个球体，这和半个葫芦形相像。马厂型的一件陶勺，可能就是葫芦纵剖面的形象。半山型彩陶上有不少葫芦形纹，可能也是按照葫芦来描绘的。马家窑型的一件带盖陶罐，形似瓜形，盖上钮的造型，像一根瓜藤。[4]

---

[1] 刘尧汉：《中国文明源头新探——道家与彝族虎宇宙观》，昆明：云南人民出版社，1985年版，第225—227页。

[2] 游修龄：《葫芦的家世——从河姆渡出土的葫芦种子谈起》，载《文物》1977年第8期，第63页。

[3] 刘军、姚仲源：《中国河姆渡文化》，杭州：浙江人民出版社，1993年版，第19页。

[4] 吴山编著：《中国新石器时代陶器装饰艺术》，北京：文物出版社，1982年版，第2页。

另外，在中国黄河中上游原始社会遗址出土的彩陶和陶纹中，也可以发现葫芦崇拜的痕迹，如甘肃武山县出土的新石器时代的一个葫芦瓶上，即绘有一个人首蛇身的图样。这些陶器的用途非常广泛，有的用于日常生活，有的则作为祭祀用的礼器，[1]如于半坡遗址的 37 号房址发现有一装满小米的带盖小陶罐，在 38 号房址发现了一个枣形小口桃形罐，内装有蔬菜种子；在临潼的姜寨则发现了一二十个各式各样有台阶的窖穴，是用来摆陶罐的；在青海柳湾墓地也发现有不少装满粟类的陶瓮，有的一座墓中甚至放了两三个这类的陶罐。[2]这种在陶罐内装放的谷类种子，可能和农业祭祀的藏种巫术有关，都有祈求丰收的意思。由此可知，在原始社会的巫术信仰中，葫芦或类似葫芦的陶器，都具有增进丰收、繁殖的巫术功能，无论是物质生产的丰收还是人类生产的丰收。

另外，在先秦的典籍中亦不乏先民利用葫芦的记载，如《诗经·大雅·公刘》中有"执豕于牢，酌之用匏"，《诗经·豳风·七月》中有"七月食瓜，八月断壶"之语，这说明周族在原始社会的后期，即已经知道使用葫芦为盛器。而《庄子·逍遥游》中亦有所谓的"瓠，剖之以为瓢"。这正是中国上古先民善于运用葫芦功能的最好例证。

由于葫芦的多籽正是子孙繁殖的最好象征[3]，因此，它很早就被赋予了"多子多福"的象征意义。像《诗经·大雅·绵》一诗中的"绵绵瓜瓞，民之初生"，便是以瓜瓞来象征世代绵延、子孙繁衍的期望。又《礼记·昏义》中则说，古代新婚夫妇要"共牢而食，合卺而酳"，据《三礼图》所云："卺取四升，瓠中破，夫妇各一。"[4]意谓把葫芦一分为二，成两个瓢，而合卺就是以两瓢相合象征夫妇合体、男女相交，同样也象征着生命繁衍的生殖崇拜观念。直至现今，中国西南与西北地区举行婚礼时，仍有此遗俗。

由于葫芦的分布非常广泛，故由葫芦所衍生出的民间文化与信仰、崇拜亦遍及中国各族。如现今流行于山西交城县的婚俗，是在窑洞窗花中心贴八个葫芦朝向中心的大团花喜花，以象征绵绵瓜瓞，子孙长续；另外，妇女生孩子坐月子时，为了不让外人进门，也会在门外贴一个象征生子的葫芦剪纸，叫"禁门

---

[1] 马昌仪：《壶形的世界——葫芦、魂瓶、台湾古陶壶之比较研究》，载《民间文学论坛》1996年第4期，第24—33页。

[2] 西安半坡博物馆编：《半坡仰韶文化纵横谈》，北京：文物出版社，1988年版，第93页。

[3] 闻一多：《伏羲考》，第55—62页。另亦有学者认为因为葫芦形似女阴的子宫和多籽的特征，因此被赋予了神秘的生殖力量。见刘尧汉：《论中华葫芦文化》，载《民间文学论坛》1987年第3期，第9页。

[4] （汉）阮谌：《三礼图》，见《汉魏遗书钞》经翼，第2册，出版项不详，第15页。

葫芦"；妇女生下孩子没奶喂，则会剪一个葫芦剪纸贴在墙上，人们相信这样就可以生奶。而在河南的灵宝冯佐村，若在大门上贴剪纸葫芦，则是求子习俗。[1] 这些都是葫芦多籽的象征所衍生出来的祈求子孙繁衍、人丁兴旺观念的反映。

这些流行于民间的葫芦崇拜，既是源于祈求子孙昌盛的观念，同理可证，流传于各地的洪水兄妹婚、葫芦生民的神话传说，则更反映了葫芦崇拜影响的广泛与深远。诚如彝族学者刘尧汉所说的：

> 在中华民族这个大家庭里，许多成员的先民都曾崇拜过葫芦；时至现代，还有相当多的民族如汉、彝、怒、白、哈尼、纳西、拉祜、基诺、苗、瑶、畲、黎、水、侗、壮、布依、高山、仡佬、崩龙、佤等族，都有关于中国各族出自葫芦的传说……各地汉、彝、白、苗、瑶、畲、黎、侗、水、壮、布依、仡佬、崩龙、佤等各族，语言有别，但都以表征女娲、伏羲的葫芦为原始共祖。[2]

历来学者对于洪水遗民神话的研究多集中在兄妹婚的形成背景上，但若从生殖意象的观点来考察洪水遗民神话，则可发现，洪水遗民神话除以洪水为故事的背景外，其中实蕴含着非常丰沛的生殖意象，而将洪水遗民神话与生殖意象联系在一起的关键，其实就是葫芦。闻一多在《伏羲考》一文中根据他对49个洪水故事的比较分析结果，指出了避水的工具有葫芦、瓜、鼓、臼、木桶、床、舟等，其中自然物占全部工具总数的57.2%，在总数35件的7种工具中，葫芦就占了17件之多。[3]再加上"瓜"在东南亚地区，与"葫芦"是同义词，因此，葫芦在避水工具中的比例又要大得多。另据陈建宪所搜集的586篇洪水神话异文中，含有葫芦母题的便有231篇，其又作为避水工具的也有201篇，作为造人素材的则有35篇，既用于避水又用于造人的有11篇。[4]所以，无论是作为造人素材，抑或是避水工具，葫芦在洪水造人神话中的地位都是举足轻重的。诚如闻一多所说的："正如造人是整个故事的核心，葫芦又是造人故事的核心。"[5]

综上可知，在毁灭宇宙的大洪水中，先民把葫芦当作避水的工具，使人烟得以延续，葫芦所具备的似乎不只是避水的功能，它可能还含着某种神秘的原始信仰成分。在这些神话传说中，葫芦还是造人的重要素材，所以在大部分的洪

---

[1] 靳之林：《混沌·多子——民间美术中的葫芦》，载《汉声》第57期，第39页。
[2] 刘尧汉：《中华民族的原始葫芦文化》，见《彝族社会历史调查研究文集》，第218—219页。
[3] 闻一多：《伏羲考》，第67—68页。
[4] 陈建宪：《论中国洪水故事圈——关于586篇异文的结构分析》，武汉：华中师范大学博士论文，2005年。
[5] 闻一多：《伏羲考》，第59页。

水神话里，有时葫芦只要一种下，就会像变魔术般快速生长，这可能与原始时期人们对葫芦具有强大生殖力的认识有关。或缘于这种认识，所以当洪水来临时，人们才会毫不犹豫地选择了具有强大生殖力的葫芦作为避难的工具，以使人类在大洪水之后仍能拥有再造的能力。同样的，洪水过后，伏羲、女娲相配成婚，若遇有生育不顺利，有时也是要靠葫芦来补救，使人类能重新繁衍。其方法包括：

1. 种葫芦。基诺族、傈僳族、阿昌族、布朗族等，大多有洪水后兄妹结婚不育，找出葫芦籽种下，才从葫芦中生出人的传说。

2. 生葫芦。彝族的《梅葛》中讲大水后，兄妹生下一个怪葫芦，从中走出各族人来。

3. 生一肉团或瓜。如水族的《造人歌》讲姐弟结婚后怀胎三年，生一肉团或瓜，女娲给他们铜刀金斧，将其砍碎后丢在山坡上，喜鹊叼去撒遍天下变成人。这一类故事虽然已产生了变异，但以肉团或瓜来隐喻葫芦之意是不难看出的。

由此可见，伏羲、女娲与葫芦的关系密切，故闻一多甚至以为："伏羲、女娲莫不就是葫芦的化身。或仿民间故事的术语说，一对葫芦精。"[①]因此，他在其《伏羲考》一书中的"伏羲与葫芦"部分，又从语音学的角度详细论证了伏羲、女娲同为葫芦的观点，他说：

"伏"字《易·系辞传下》作"包"，"包"、"匏"音近古通，《易·姤》九五"以杞包瓜"，《释文》引《子夏传》及《正义》"包"并作"匏"。《泰》九二："包荒，用冯河，不遐遗。""包"亦当读为"匏"，可证。"匏"、"瓠"《说文》互训，古书亦或通用，今语谓之"葫芦"。……伏羲字亦有"羲"、"戏"、"希"三形，"羲"、"戏"习见，"希"则见于《路史·后纪二》注引《风俗通（义）》（女娲一作女希，见《初学记》九引《帝王世纪》及《史记·补三皇本纪》）。我认为"包"与"戏"都是较古的写法。"包戏"读若"匏瓠"，即今所谓葫芦瓢。但"戏"古读如"乎"，与"匏"音同。若读"包戏"为"匏瓠"，其义即为葫芦。既剖的葫芦谓之瓢，未剖的谓之葫芦，古人于二者恐不甚分，看瓠（葫芦）、瓠（瓢）上古音全同便知。

……"包羲"与"炮娲"、"匏瓠"与"匏瓜"皆一语之转。然则伏羲与女娲，名虽有二，义实只一。二人本皆谓葫芦的化身，所不同者，

[①] 闻一多：《伏羲考》，第59—60页。

仅性别而已。称其阴性的曰"女娲",犹"女匏瓠"、"女伏羲"也。①

虽然,季羡林曾对此说表示怀疑,以为闻先生"确认'伏羲'、'女娲'就是'葫芦'的根据,也仅仅是语音学方面的孤证,是否可靠,也是值得怀疑的"②,但他却不得不承认:"葫芦这个词儿,梵文是 tumba,这是毫无疑义的,在这里整个词儿是 garbhatumba,意思是'胎葫芦'。胎的样子同葫芦很相似,胎里面有胎儿,葫芦里面有籽,这也是很相似的。"③伏羲和女娲与葫芦崇拜密切相关,而在许多的"葫芦生民"故事中,常常以伏羲和女娲作为创育人类的始祖,可能也是一种以葫芦合体象征两性结合的表现。

在中国,也有许多民族的洪水神话中并没有葫芦,也不存在葫芦信仰。也就是说,葫芦在洪水后再造人类的神话中,并非必要的条件,只是由于葫芦内部多籽,被人们视为多产多育的象征,所以到了洪水神话里,就把这两个事件联系起来,而演绎出了洪水后人类灭绝,倚赖葫芦延续、繁衍人种的情节。后来,又附会粘合上了伏羲女娲兄妹婚的素材,更强化了其所蕴涵的生殖意象。葫芦生人,人变葫芦,看起来荒谬无稽,但这正是人类希望通过葫芦的生殖意象,来达成生命的繁衍与生生不息的另一种表现。

葫芦除了与生殖意象关系密切外,在早期社会生活中也是最佳的水上救生工具,利用葫芦过江渡河,这在古代是极为盛行的。据《物原》一书所载:"燧人以匏济水。"④尽管燧人乃传说中的人物,但由此可推知,人们在很早的时候就已懂得利用葫芦渡河了。而从《诗经·匏有苦叶》《国语·晋语》的记载可知,至晚到了周代,人们已懂得以瓠为交通工具⑤。《鹖冠子·学问》中记有这样的一段话:"中河失船,一壶千金,贵贱无常,时使物然。"陆佃注则有这样的解释:"壶,瓠也,佩之可济涉,南人谓腰舟。"⑥也就是说,葫芦就是"腰舟",是最好的水上救生与交通工具。

诚如前面在讨论洪水兄妹婚时所述,在原始时期,人类可能曾经历过一场滔天的大洪水,既然葫芦是古代重要的水上交通工具,加上其分布的范围也非常广,因此,在洪水神话传说中,伏羲、女娲兄妹坐葫芦以求生存的情节,仍有

---

① 闻一多:《伏羲考》,第 60—61 页。
② 季羡林:《关于葫芦神话》,见《民间文艺集刊》第五集,第 104 页。
③ 季羡林:《关于葫芦神话》,见《民间文艺集刊》第五集,第 104 页。
④ (明)罗颀辑著:《物原》,北京:中华书局,1985 年版,第 32 页。
⑤ 按《国语·鲁语》载:"夫苦匏不材于人,共济而已。"《国语》卷五《鲁语下·诸侯伐秦鲁人以莒人先济》,第 190 页。
⑥ (宋)陆佃解撰:《鹖冠子》卷下,台北:台湾中华书局,1981 年版,第 109 页。

其值得相信的成分，这也可能是远古人类利用葫芦战胜洪水经验的一种记忆遗存。故萧兵在谈到伏羲、女娲与葫芦的关系时也认为：

> ……伏羲兄妹入葫芦或瓜、瓢避水，实际上是"葫芦舟"的一种简化的夸张，是对人类自我所创造的食物和器具的一种亲切的眷恋。[1]

葫芦除具有多种实用的功能外，在远古巫教信仰中也占有神秘的地位。因此学术界对葫芦也有不同的解释，包括葫芦是图腾[2]、葫芦是中华民族的母体崇拜[3]、葫芦是山洞[4]、葫芦是子宫[5]等各种不同的说法。但不少学者一致赞同葫芦是母体的象征，如陈炳良就说："那个大葫芦无可怀疑地代表了母胎，而洪水则代表胎水。两个小孩（伏羲、女娲）进入瓜内避过洪水之灾，他们可算得到重生。"[6]正如文化人类学者马林诺夫斯基所说的：

> 神话并不是象征的，而是题材的直接表现；不是要满足科学的趣意而有的解说，乃是要满足深切的宗教欲望，道德的要求，社会的服从与表白，以及什么实用的条件而有的关于荒古的实体的复活的叙述。神话在原始文化中有必不可少的功用，那就是将信仰表现出来，提高了而加以制定；给道德以保障而加以执行；证明仪式的功效而有实用的规律以指导人群……[7]

也就是说，许多的神话传说之所以被不断地讲述传播，除了是为了将信仰表现出来，其目的还在于"证明仪式的功效"。所以，神话传说中的伏羲、女娲兄妹，从躲入葫芦而与外界隔离，经历了一场毁天灭地、险遭灭顶的大洪水，到从葫芦中走出，成为世上仅存的人类，进而成为人类共同始祖的这一过程，其实也暗示着一种从仪式性的"死亡"到"复活"或"再生"的启蒙过程。

由于神话是原始初民对周遭世界的一种解释，而原始初民对周遭事物的理解就如儿童心理学家皮亚杰（Jean Piaget，1896—1980）所认为的：在儿童心理发展

---

[1] 萧兵：《女娲考》，见《楚辞与神话》，南京：江苏古籍出版社，1987年版，第373页。
[2] 李根蟠等：《中国南方少数民族原始农业形态》，北京：农业出版社，1987年版，第515页。
[3] 刘小幸：《母体崇拜——彝族祖灵葫芦溯源》，昆明：云南人民出版社，1990年版，第87页。
[4] 杨长勋：《广西洪水神话中的葫芦》，见《民间文艺集刊》第六集，第15—26页。
[5] 吕微《中国洪水神话结构分析》一文对中国洪水神话的结构进行分析以后得出这样的结论："作为洪水神话中基本要素的洪水和避水工具一定是生育现象和妊娠母体的象征。"载《民间文学论坛》1986年第2期，第64页。
[6] 陈炳良：《广西瑶族洪水故事研究》，见《神话·礼仪·文学》，台北：联经出版公司，1986年版，第70页。
[7] 马林诺夫斯基：《巫术科学宗教与神话》上编第六章"神话在生活里面的地位"，北京：中国民间文艺出版社，1986年版，第86页。

的过程中会类似原始民族的前逻辑心理状态现象，形成一种混沌思维。[1]混沌思维的形成和消解与人类对宇宙、自然社会以及人类自己的认识理解息息相关。人类在对于周遭客观世界的认识水平低下、科学知识极端贫乏的情形下，他们的思想，更多的只能是充满感情体验的，神秘的，主观与客观不分、人与世界不分、实存与虚灵不分的混沌思维，因此，他们往往将事物与其他事物之间，通过联想、投射或同化的心理作用，并以象征为手段表现出来。所以，这类葫芦"生人""造人"的神话传说，有可能是原始初民的一种隐喻式思维的象征解释。而所谓的"象征"是一种符号，它往往引导着各民族语言和心理在各自漫长发展中的那些"心理动机"与"心智概念的形成"。特纳（Victor Witter Turner，1920—1983）对"象征"所作的解释是：

> 所谓象征，是将身体的、道德的、政治经济的作用加以现实化的手段；这样的象征之力，在部族社会中见于通过礼仪的临界状态（例如成年仪式的情形，在礼仪中途的既非孩子又非成人的状态），或者在历史性的过渡期社会为危机所环绕之际，最为显著。故象征是以外在的感性事物的形象暗示一种抽象的、普遍性的意义。象征所给予人们的或是要使人们意识到的，不是这个具体的、外在的事物的本身所具有的直接意义，而是它以其某些特征所暗示的普遍性的意义。[2]

因此，对于处于某些人生重要转变阶段的人，原始人类往往会通过某些仪式来象征其身份的转化。

洪水遗民神话中兄妹二人"死而复生"的情节，也正好符合弗雷泽在《金枝》一书中所说的"牺牲"与"复活"的基型。依据人类学的说法，人的一生中所经历的各种"生命礼仪"，其目的是"要帮助人顺利通过人生的'关口'……每经过一个关口，即进入一个新的社会阶段，获得一新的社会地位，而仪式的举行就是要帮助人们适应新的地位，最少在心理上有一个新的准备或过渡的阶段，使之能脱离旧的范畴，圆满扮演新的角色"。[3]所以，在通过人生的关口时，主角人物通常须与群体或亲人分开一段时间，接受一些考验，然后再以新成员的身份返回团体。这种启蒙性的仪式，目的是为了让参与者越过自然的生存模

---

[1] 参［瑞士］皮亚杰：《儿童的语言与思维》，傅统先译，北京：文化教育出版社，1980年版，第149—184页。

[2] 刘锡诚：《象征——对一种民间文化模式的考察》引，北京：学苑出版社，2002年版，第11页。

[3] 此说由法国早期人类学者范瑾尼（Arnold Van Gennep）提出。此引自李亦园《传统民间信仰与现代生活》，载《民俗曲艺》第19期，第19页。

式——孩童的模式，而进入一种新的文化模式——社会人的模式。因此，这种启蒙仪式中的"死亡"往往意味着"自然"或"非文化"人的终结，同时，也是通往一个新的生活模式的过程，故启蒙性的"死亡"和"再生"，代表着一个新生命按照神话或神话的祖先所显示的模型变成另一个人的宗教程序。

因此，洪水神话传说中的兄妹之所以要经历弥天漫地的大洪水的严厉考验，可能即是一种加强此一过渡仪式的隆重性，借此以使得兄妹的身份得到社会的认同，让他们成为生产、增殖人类始祖的一种象征式的表现。

二、河南淮阳太昊陵庙会上的生殖崇拜活动

与伏羲相关的神话传说，除了与葫芦崇拜相结合之外，更具体反映伏羲作为中华民族人类始祖、生育繁衍人类意义的，则要属各地与伏羲相关的各种民俗信仰活动。以下仅就河南淮阳太昊陵庙会的民俗信仰活动来探讨伏羲在民俗信仰中的表现。

（一）河南淮阳太昊陵庙会上的生殖巫术民俗

今河南省淮阳县号称"天下第一陵"的伏羲陵，又称"太昊伏羲陵"或"伏羲庙"。由于相传伏羲、女娲创造人类，为人类之祖，因此，淮阳地区的人们一般都称伏羲为"人祖爷"，称女娲为"人祖奶奶"，称太昊陵为"人祖庙"。

淮阳每年会定期举行一次太昊陵庙会，时间为农历的二月二日至三月三日。据民国年间修纂的《淮阳县志》卷二所载："二月二日，黎明用炭圈地作囷形，以兆丰年。儿童拍瓦罐唱歌，是日居民诣太昊陵进香，奠牲，至三月三日始止。"[①] 其间，方圆数百里的人蜂拥而至，都是要来朝拜中华民族的共同始祖——人祖爷伏羲。

在太昊陵庙会上有几项特殊的民俗活动，更能具体地反映伏羲、女娲作为生殖崇拜信仰的功能，其中包括以下内容。

1. 担经挑

在太昊陵庙会中，人们除了进行祭人祖、占卜和巫术的活动外，还有一种祭祖、娱神、求子的原始巫舞遗风，名曰"担经挑"。民国二十三年（1934）出版的《太昊陵庙会概况》对号称"天下第一舞"的原始巫舞担经挑的情况作了非常详细的记载：

……三五个妇女，在大殿前，随唱随作各种走式，从外表看来好像

[①] 郑康侯修，朱撰卿纂：《淮阳县志》卷二《舆地下·风土》，台北：成文出版社，1976年版，据民国二十三年铅印本印行，第124页。

> 是巫婆唱耍，其实就其本身说来，纯粹是一种娱神的动作，她们走动的形式，正形成个"8"字形，飞奔跑动，飘飘欲仙……。①

但事实上，担经挑的作用不只在娱神，同时还具有其深远的生殖巫术意义与功能。

担经挑又称"担花篮""挑花篮"，它是太昊陵最原始的巫舞，也是以巫的形式祭祖的远古遗风。基本上来说，担经挑的舞者每班有四个老斋公（当地对年长妇女的尊称），其中三人表演担花篮，一人打竹制经板，在经板声中以说唱的形式为表演者伴奏。表演的三人担着三副经挑，六种花篮，经挑一端为龙花篮，一端为凤花篮；或是宝瓶花篮；也有狮子、老虎等式样的花篮，制作精巧。舞者穿着黑色衣服，外镶彩边，偏大襟上衣，大腰裤，扎裹腿，黑绣花鞋，头上裹着一条五尺长的黑纱包头，黑纱下边缀有二寸长穗，肩上担着龙凤小花篮。据传担花篮是远古时期"龙花会"的流传，"龙花"是指伏羲、女娲，因为相传伏羲为大龙，女娲为小龙，而"花"是指以担花篮的形式兴起的祭祖活动，其主要是在敬老母娘女娲。这种舞蹈只能由妇女跳，且是在妇女内部传授，男子是被排斥在外的，这可能是母系氏族"只知其母，不知其父"遗俗的一种反映。

担经挑的舞姿变化大致有三种：一种是"剪子股"，由一人打经板，三人表演，以"十"字路线为中心，对面穿插，走成剪子股路线；第二种是"铁索链"，一人走一条路线，二人走另一条路线，像卷麻花一样多次相迭；第三种是"蛇蜕皮"，一人在前，包括打经板的三人朝同一个方向沿着前一人的步履而行。这三种队形有一个共同的特点，便是舞者走到中间一定要背靠背而过，身后飘洒的黑纱长尾相互缠绕而又自动散开，这似乎象征着伏羲与女娲"两尾相交"之意。因此，有学者认为："担花篮"表演的"剪子股"，象征着伏羲、女娲的交尾状，和东汉武梁祠画像图相似；"铁索链"队形，舞者像卷麻花一样多次重叠在一起，则又和阿斯塔那的伏羲女娲图相似；至于另一种"蛇蜕皮"队形，可能也和伏羲、女娲的人首蛇身信仰相关，其中的"履迹步"则是和伏羲之母华胥履大人迹而生伏羲的传说有关联。②

担经挑的基本舞步步距较小，约半步的距离，走起来和戏曲动作中的碎步相似。舞者多为50至80岁的老太太，每逢农历初一、十五日和每年的二月二日至

---

① 转引自穆广科、王丽娅：《颂扬人祖伏羲女娲的原始巫舞——担经挑》，载《民间文化》2000年第11—12期，第62页。

② 李洁：《祭祖的原始遗俗——宛丘巫舞》，载《中州今古》1995年第2期，第35—37页。

三月三日，她们都如期聚会，将经挑视若圣物一般，恭恭敬敬地合在一起，然后一人双手合十举起，双膝跪地，有的则手捧香楼一齐喁喁而语念经文。焚表进香完毕，再进行表演。舞时还要两臂平伸，双手半握经担两头，以示孝敬。表演时，伴奏者往往还伴唱，其内容多包括两个方面：一是为人祖歌功颂德，一是劝人为善。如：

　　南无——
　　开天辟地
　　三皇伏羲，
　　手托八卦，
　　身穿芦衣，
　　进了午门，
　　狮子把门，
　　八砖砌地，
　　柏树成林。
　　南无——
　　天皇，
　　地皇，
　　人皇，
　　伏皇。
　　南无——
　　天皇，
　　地皇，
　　人皇，
　　伏皇。

演唱中每唱一句"南无——天皇，地皇，人皇，伏皇"时，全体香客大声合唱，同时锣鼓响三通，其中各有一人高唱，形式庄重、肃穆，突出地形成一种气氛，把伏羲与天地相比，显示出精诚之至的心情。①

　　另外，还有一种《十朵莲花》则显得较为轻松，边唱边舞，而且把传统道德和人祖崇拜巧妙地联系起来，借以劝说人们积善成德。其唱词为：

　　肩挑着经挑进了陵院，

---

① 高有鹏：《沉重的祭典——中原古庙会文化分析》，开封：河南大学出版社，2000年版，第171—172页。

敬父母敬人祖又敬上天。
篮中这莲花开十朵，
一朵胜似一朵鲜。
一朵莲花开得红，
后人就得敬祖宗。
不敬祖宗万刀剐，
不敬父母响雷轰。
二朵莲花开得大，
为人不要听旁话，
挑三豁四的没有好人，
千万不可相与他。
三朵莲花开得白，
为人世上别贪财，
秤平斗满讲良心，
鸿雁翩翩去又来。
四朵莲花开得愣，
为人世上别逞凶，
言差语错别计较，
啥事坏在爱逞能。
五朵莲花开得俏，
做了好事别好表，
人不知道天知道，
众人是秤人评好。
六朵莲花喜盈盈，
别给父母落骂名，
多做好事积善德，
人过留名雁留声。
七朵莲花往上升，
惊动人祖下天空，
人祖喜欢善良儿女，
降下恩德多隆重。
八朵莲花瓣儿美，

人祖洒下恩德水，
善有善来恶有恶，
善恶不同别后悔。
九朵莲花出污泥，
杆青叶秀身子直，
为人不要太低下，
亏来亏去理是理。
十朵莲花甚娇艳，
各路神仙下凡间，
该铡该剐难逃脱，
荣华富贵善善德。
十朵莲花开得盛，
人祖爷来捉妖精，
天兵天将数不清，
保着世人过营生。
姐妹们相众多高兴。
不是那人祖显了灵，
姐妹们哪能相聚成。

每一段唱完之后都有一个拖的唱腔"哼呀哪哼嗨呀嗨"，反复数次，待走了一个"8"字之后再唱下一段。① 围观者则一边看舞一边听唱，在经舞中受到饮水思源、不忘祖先、效法祖先美德的教育。

另外，担经挑的唱词也有与伏羲、女娲繁衍人类有关的，如：

老盘瓠安天下人烟稀少，没有天没有地哪有人伦。
东南山有一个鸿钧老祖，西南山有一个混天老人。
上天神只知道日月星辰，下天神只知道五谷苗根。
有了天有了地没有人烟，上天神留下人祖兄妹二人。
他兄妹下凡来万古流传，眼看着一场大祸就要来临。
多亏着白龟仙苦难相救，无奈何昆仑山滚磨成亲。
日月长生了儿女百对，普天下咱都是龙的子孙。

---

① 高有鹏：《沉重的祭典——中原古庙会文化分析》，开封：河南大学出版社，2000年版，第172—174页。

>天下人咱都是一母所养，讲三纲论五常哪有远人！①

也就因为传说伏羲、女娲"生了儿女百对"，所以许多妇女也会通过担花篮的方式来求子。据李洁《祭祖的原始遗俗——宛丘巫舞》一文的分析以为："担花篮大多为巫人表演，是民间求子的一种形式。谁家没儿子就通过担花篮向女娲要儿子，如果来年得了儿子，便请三年担花篮以还夙愿。"②

在民间更流传着一则与担经挑有关的动人传说：

>女娲因补苍天，立四极，杀黑龙，止淫水，育万物，抟土造人，触犯玉皇大帝而遭惩罚，被化作黑狗抛进恶狗庄，受尽凌辱。人祖的女儿宓妃，日思夜想自己的母亲，于是肩担龙凤花篮，一边歌颂人祖的圣绩功德，一边寻找母亲。若干年后终于得知母亲落难的地方，决心闯进恶狗庄救母。人们得知消息后，为她赶做了七个大饼，塞进她的衣袖，嘱咐她每见恶狗，就抛出大饼，以便脱身。宓妃按照吩咐，果然那些恶狗只顾争吃大饼，宓妃乘机往前走。她深入恶狗庄，担着花篮边舞边唱，只见一只黑狗蹲在那里，见到宓妃的担经挑，竟呜呜地哭出声来。宓妃心细眼明，立即把经放进龙花篮，把黑狗捧进凤花篮，担起经挑逃出恶狗庄。黑狗口吐人言，吩咐宓妃围她倒转64圈，女娲复还人形，母女才得以相见。宓妃担经挑寻母传经，后人延续至今，演变为历代祭祖的巫舞。③

而在今天，前来参与、观赏太昊陵庙会的原始巫舞担经挑，更是祭祖活动中非常重要的一部分。

2. 泥泥狗

在太昊陵庙会中，除了表演象征伏羲、女娲两尾相交、繁衍子孙的巫舞担经挑之外，还有一种更具体地象征生殖信仰的泥制玩具——泥泥狗。

泥泥狗又称"小陵狗"，是太昊陵庙会上各种泥制玩具的总称，包括人祖像和各种动物玩具，也包括古老的陶埙。它们都是以当地出产的黄土和泥制成，上以黑、红、白诸色画有各种图案，造型有人祖、泥娃娃、牲畜、走兽等。所谓"人祖"，是一种猴面人身泥偶。其中猴的种类很多，有打火猴、兜肚猴、抱藤猴、穿衣猴、猴头燕、猫拉猴、猫驮猴；燕则有飞燕、归燕之分；虎有草帽虎、

---

① 李洁：《祭祖的原始遗俗——宛丘巫舞》，载《中州今古》1995年第2期，第35—37页。
② 李洁：《祭祖的原始遗俗——宛丘巫舞》，载《中州今古》1995年第2期，第35—37页。
③ 穆广科、王丽娅：《颂扬人祖伏羲女娲的原始巫舞——担经挑》，载《民间文化》2000年第11—12期，第62页。

双头虎；兽有独角兽、多角兽；还有鱼、蛙、龟、狗、鸡、猪、牛、马、羊、蛇和陶埙等。泥泥狗小者如指节大，大者尺余，全部是民间艺人制作的。他们在农闲期间捏制许多泥泥狗，到了庙会期间便挑到太昊陵庙会上出售，所有祭祖进香的人都会争相选购。据称这些泥泥狗的用途有三：一是求育巫术时"拴娃娃"用；二是给沿途索讨的小孩；三是带回家哄孩子玩。

泥泥狗的名字由来已久，关于它的来源的各种说法，则多与伏羲氏有关：据传伏羲氏"养六畜以充庖厨"，是我国畜牧业的始祖，而狗作为人类最先驯服的动物，能为人守门报警，保护畜群，因此，人们认为狗是人祖伏羲氏驯养的动物，是为人祖爷守陵的，所以也称其为"陵狗"。"陵狗"的"陵"本身就是"太昊伏羲陵"的意思。[①]而淮阳一带也流传着一些关于泥泥狗与天狗图腾的神话传说：

> 传说在很久以前，人们安居乐业，种的麦子像树一样，有很多枝丫，结出许多麦穗，每年都能收获吃不完的粮食。于是，人们就渐渐地不珍惜粮食了。一天，上天变作一个普通人来到人间，遇见一个妇女用馍给孩子擦屁股。他非常生气，回到天上就下令让天下的麦子都不结穗。狗非常同情人，就请求让麦子留下一个穗，麦子一年只生长收获一季。人们敬祀狗，说自己是吃了狗的食才活下来的，逢年过节总不忘记给狗一盆食，同时在孩子们的衣饰上绘制上狗的图案，有穿神衣和戴狗帽的习惯。狗发怒时也总是"汪汪"地叫，意思是"勿忘"，告诫人们不要忘记那个惨痛的教训。无论家中举行什么样的盛典，狗都可以自由出入。传说泥泥狗正源于此。[②]

将泥泥狗附会上后世的神仙思想，这可能是后起的民间神话传说。

此外，淮阳的民间还有这样的传说：

> 远古时，淮阳有个宛丘国。一次，宛丘被敌方重兵围困，国王召集众臣求退兵之计，并以许嫁公主为条件。这时从蔡河上来了一条狗，站在白龟背上，冲着敌兵叫了两声，顷刻间狂风大作，飞沙走石，敌兵被打得大败而退。事后，狗要国王兑现诺言，国王十分为难。有位大臣献计：这狗既能退兵，一定是天神下凡，只要把它扣在缸里七七四十九天，就能变成人形。国王照办。但到三九二十七天时，公主放心不下，

---

① 郭新生：《"泥泥狗"的艺术积蕴》，载《郑州轻工业学院学报（社会科学版）》2002年第2期，第48页。

② 蔡衡溪：《淮阳风土调查记》，载《河南教育月刊》1930年第2卷。此引自高有鹏《中国庙会文化》，上海：上海文艺出版社，1999年版，第330页。

打开来看，缸里闪出一道金光，只看到一个人头狗身的神人，还没有完全变成人形，于是就叫它"伏羲"。

"伏"字左边是"人"，右边是"犬"；"羲"就是"兮"字，是古语中的语气词；"伏羲"就是"伏兮"。[1]这个传说明显地与中国西北与西南民族的犬祖"盘瓠"传说相近，所以可能是文化交流后所受到的影响。

实际上，淮阳泥泥狗并非只是单纯地以狗为表现的内容，它还包括了诸如猴、虎、鸟、鱼和泥人等众多造型，故与其说泥泥狗是一种原始狗图腾的崇拜遗绪，还不如说是一种对生殖力的崇拜。首先，在泥泥狗的色彩和线条上可以看到这样一个现象，即多以黑色为底，饰以红、白等色彩。淮阳地区的传说以为泥泥狗用青、红、白、黑、黄五色的由来，是因为伏羲执政时，任命青龙氏、赤龙氏、白龙氏、黑龙氏、黄龙氏为五官，故以此五色为泥泥狗的基本色。[2]但有学者则认为黑色意味着龟蛇崇拜，红和白则意味着生命、生殖崇拜。[3]又有一说认为淮阳地区尚黑，这是因为黑是母阴的象征，其代表的是一种生殖的崇拜。[4]

另外，泥泥狗中又有许多变形的形象，相传各有其特殊寓意。就其造型而论，其变形主要可分为两大类：一种是猴变形[5]，一种是鸟变形。

所谓的猴变形，主要包括四大像、八大高、两头猴、草帽猴、猴头燕、人面猴以及抱桃猴、拔脚猴和盘脚猴等。其中人面猴是泥泥狗中最具有代表性的，这是一种似人似猴的泥人，是泥泥狗中唯一人形的造型，也有人称之为"人祖"，说这是女娲。人面猴的身躯粗壮，周身有毛，腿短而臂长，像人又像猴，躯干中央有一明显像女性生殖器的纹样，这可能和女娲造人、繁衍人类的神话关系密切，反映了比伏羲时代更久远的原始母系氏族社会时期的女性崇拜与生殖崇拜。

另外一种则是以鸟变形为主的鸟、燕以及斑鸠等一般民众所熟悉和喜爱的飞禽形象。这些飞禽有大有小、有公有母，还有一种一只大鸟孵儿只小鸟的造型，此外，也有不少双头连体动物造型的，这可能都是在突出"多子"的主题。另

---

[1] 杨复峻整理：《伏羲的由来》，引自李寸松《活在民间的文物——淮阳"泥泥狗"》，载《民间文学论坛》1987年第2期，第39页。

[2] 李寸松：《活在民间的文物——淮阳"泥泥狗"》，载《民间文学论坛》1987年第2期，第43页。

[3] 高有鹏：《沉重的祭典——中原古庙会文化分析》，开封：河南大学出版社，2000年版，第169页。

[4] 郭新生：《"泥泥狗"的艺术积蕴》，载《郑州轻工业学院学报（社会科学版）》2002年第2期，第48页。

[5] 事实上若称为"狗变形"可能更客观、准确一些，因为若更仔细地观察其形状，就会发现它更像狗一些，只是为了行文方便和尊重习俗，这里姑且仍称"猴变形"。

外一方面,"鸟"在民俗的意象中往往亦作为男性生殖器的俗称或代称,因此,淮阳的鸟变形泥泥狗,可能也是在体现一种与女性生殖器相对的男性生殖器崇拜,也具有祈求繁衍的性质,显然是人类早期生殖崇拜和模拟繁殖巫术的表现。

值得一提的是,在淮阳的泥泥狗中还有许多如两头狗、两头猴、两头鸟造型的。据专家考证,两头为一雄一雌,共用一身,喻雌雄交配。①另外,还有许多象征交媾的形象,如猴骑猫、猴骑兽等。之所以会出现这样的主题,且数量又如此繁多,可能也是在反映人们企图通过这些民间的工艺品来表达对生殖的信仰与崇拜。

此外,淮阳泥泥狗的形象也常常与伏羲的神话传说结合在一起。如淮阳泥泥狗中有一种头戴一顶草帽的草帽老虎或草帽猴的造型,它们半蹲半卧,羞涩的面目遮盖在草帽之下,据淮阳的民间传说以为,当年伏羲和女娲兄妹奉上天的意旨成婚,交合之际,羞于见面,就戴一顶大草帽。这正与《独异志》中伏羲、女娲兄妹结婚,自以为羞,乃"结草为扇,以障其面"的说法相类。②

泥泥狗不仅是淮阳地区的玩具,人们对泥泥狗自有一份特殊的信仰,如当地便有一则民间故事把泥泥狗说成是神:

> 有一年,天大旱,农家下不了种,种不了地。人们十分焦急,日夜抗旱,顾不上进庙会"朝祖进香",庙会上冷冷清清。有一天晚上,突然乌云密布,电闪雷鸣,风雨交加,普降甘霖。人们透过大风大雨,看见地里有许多泥泥狗在走动。第二天清晨一看,干旱消除了,地也犁好了。人们都说是人祖爷显的灵,是泥泥狗犁的地。之后,去庙会"朝祖进香"的人更多了。③

泥泥狗又被称为"灵狗""神狗",当地人以为泥泥狗因为是从太昊陵庙会上来的,从人祖爷和人祖奶奶那儿来的,所以有"灵"气,有"神"气,能避灾祛邪,保佑家口平安,人丁兴旺,买了泥泥狗带回家去,便受到了人祖爷、人祖奶奶的福佑。人们还把泥泥狗扔进村里的水井,据说全村人喝了井水可一年不生病。④由此不难看出,人们是把泥泥狗作为一种崇拜的对象来看待,并赐予它一定的巫术意义。

---

① 李洁:《祭祖的原始遗俗——宛丘巫舞》,载《中州今古》1995年第2期,第37页。

② 另有一说则以为古时太昊陵庙会上,男女可以自由结交,已有意中人者戴草帽为标记,或交合时戴草帽遮羞。见李洁:《祭祖的原始遗俗——宛丘巫舞》,载《中州今古》1995年第2期,第35—37页。

③ 引自李寸松:《活在民间的文物——淮阳"泥泥狗"》,第39页,据彭兴孝搜集。

④ 王爱平:《淮阳"泥泥狗":远古文化的"活化石"》,载《寻根》1994年第1期,第42页。

3. 拴娃娃、扣子孙窑

在太昊陵庙会的祭祀活动中，除了将泥泥狗视为一种具有巫术力量的崇拜物外，人们还运用泥泥狗来施行求育巫术，也就是所谓的拴娃娃。

所谓的"拴"有三种基本形式，即俗称的"摸"（或叫作"扣"）、"领"、"带"三种，所指的内涵都和生殖崇拜相关。在太昊陵显仁殿的台基石东北角有一个圆洞，俗称"子孙窑"，凡是到人祖庙进香的人，都要用手摸一下或扣一下，认为这样会生育子女。在这里，"摸"或"扣"都象征着男女生殖器的交合，所以是属于一种求子性质的接触巫术。而"领"则是指妇女为了祈求生育，都会在太昊陵庙会上选购几件泥泥狗娃娃——以象征伏羲、女娲捏的泥人，同时，也象征自己要生的子女——供在人祖奶奶像前，或是挂在人祖身上，除烧香祈求外，还要绕人祖转一圈，认为这样才能在人祖的保护下生儿育女。事后把泥娃娃带回家，如同从人祖那里领回了小孩，今后生育的子女就能健康成长。至于"带"则是指婚后多年不育或年轻死了丈夫的妇女，在经家人同意后，由婆婆或姑姑、阿姨等长一辈的妇女领着到庙会上，到了晚上去野外单独与其他多为不相识的青年男子交合，次数不等，以传宗接代，使家族的香火延续。

然而，无论是"摸""领"或"带"，其实都和神话传说中伏羲创育人类的信仰崇拜有关。但有时，伏羲所具有的"赐人"功能，也会和传说中的女娲结合在一起，如在河南淮阳地区也流传着伏羲、女娲兄妹一起造人的故事：

> 伏羲、女娲兄妹成亲后，感到世界上只有他俩，冷清得很，于是就用黄土捏起小泥人来。他们捏的小泥人，居然一个一个都活了。日子一久，世界上的人也就多了。有一天，天突然下雨，很多刚捏的泥人还没晾干，兄妹俩人赶紧用柳树枝将其扫进山洞，有些泥人被碰坏，就成了残废人。伏羲女娲造了人，所以人们尊称他们为"人祖爷爷"和"人祖奶奶"，修庙建陵，年年朝祖。[①]

从巫术的原理来看，泥人就代表人，泥娃娃就是子女，人们在庙会上得到泥娃娃，就等于得到子女。所以，在太昊陵的西侧还有一女娲观，当地人称女娲为"人祖姑娘"或"人祖奶奶"，太昊陵庙会上的"拴娃娃"，有时是必须先到庙中的女娲观那里进行的。原先的女娲观中摆有许多全裸娃娃，求子者在向女娲祷告后，便用红头绳拴起一个泥娃娃带回家去，一路上须叫着给娃娃起好的名字，一般多是"留住""都来"之类的，据说若这样做当年就可以得子。现今，

[①] 引自李寸松：《活在民间的文物——淮阳"泥泥狗"》，据杨王氏口述，第40页。

太昊陵的女娲观虽已不存，然而作用依然不减。"不少拴娃娃的人依然对着原基地跪拜祈祝，墙壁已被香火熏成了黑色。"①这正说明民间的信仰经常也与神话传说相互影响与作用。但无论是伏羲还是女娲的信仰，其实都脱离不了祈求生育、生产的生殖崇拜。

4. 陵土和还愿时香客所带的祭器"楼子"

由于太昊陵庙会上处处充斥着对于人类生殖信仰的崇拜与巫术行为，因此，太昊陵庙会上的许多事物，也都被赋予了具有某种特殊意义的神秘力量，太昊伏羲陵上的陵土和还愿时香客带的用麻秆、高粱秸绑扎，用彩纸装饰的祭器"楼子"便是最显著的例子。

在淮阳地区有一个传说，说原来人祖陵并没有那么大，后来传说如果朝香者从家乡带一把黄土添在人祖陵上，就能借助人祖的神力，以黄土易人，生儿育女。因为伏羲与女娲正是抟黄土造人的圣人，于是朝香者都会从家乡装一小布口袋黄土，撒到人祖陵上，这样人祖陵才日益扩大，变成现在的规模。由此可以推论，陵土应该是源于抟黄土造人的传说和求育巫术。

以祖先崇拜为主要内容的太昊陵庙会，在某种意义上，是当地人们生活中的重要节日。据民族和人类学的田野调查显示，有很多民族在一些重大节日活动中，都要讲述有关天地开辟、人类起源、族群历史等方面的神话传说，这些神话传说对节日活动，乃至民族的所有生活，都具有一种解释的意义，人们对之深信不疑。太昊陵庙会和其他民族的重大节日一样，都少不了神和各种仪式作为其主要的成分，在这中间，神话和仪式有时是密切联系在一起的，两者互相依赖、共同配合、互为因果，正如比较宗教学者伊里亚德所说：

> 宗教与神话思想的潜在结构，是将互相歧异的现象，汇通成一个整体性的宇宙，因为仪式总是重复祖先所采行的原型动作，人们经由仪式的参与，使神圣的事象可以隔一段时间得以再现。②

如果说神话传说对仪式的功能是缘由的解说或意义的改变，那么仪式对神话传说的功能则是内涵的渗透和意象的生成。在太昊陵庙会中，伏羲的神话传说与某些特定的仪典相结合，使这些神话传说成为其神庙仪典的依据，同时，庙会中的各种信仰仪式及民俗活动也助长了伏羲神话传说的形成与传播。也就是说，一方面，庙会的展演增强了伏羲神话的影响力；另一方面，伏羲神话传说

---

① 杨利慧：《女娲的神话与信仰》，北京：中国社会科学出版社，1997年版，第150页。
② Mircea Eliade, *The Myth of the Eternal Return*：*or, Cosmos and History*，转引自布莱恩·莫里斯（Brian Morris）：《宗教人类学导读》，张慧端译，台北："国立"编译馆，1996年版，第201—209页。

也更进一步增强了庙会仪典活动的凝聚力及向心力。

（二）河南淮阳太昊陵庙会与高禖之祀

除了一些求子的生育巫术外，在过去的太昊陵庙会中甚至还有一种"野合"的遗风，即求育者在庙会期间遇到一见钟情的人，夜里可在僻静处偶居，彼此一般都不能拒绝，到了次日天明则告别离去。

许多人认为，太昊陵庙会的起始，也许可以追溯到远古时期的"仲春之会"风俗。因为在中国古代，于春时求育生子的仪式普遍而隆重，据《礼记·月令》载：

> 仲春之月……是月也，玄鸟至，至之日以太牢祠于高禖。天子亲往，后妃帅九嫔御；乃礼天子所御，带以弓韣，授以弓矢于高禖之前。

蔡邕《月令·章句》的解释说："高禖，神名；高犹皋也，禖犹媒也。故事先见之象谓之人之先，所以祈子孙之祀也。……后妃将嫔御，皆会于高禖，以祈孕妊。"就是说，高禖是人类祖先的象征。"高禖"又称"郊禖"，因供于郊外而得名，是古代主宰婚姻之神。"禖"同"媒"，"媒"又来自"腜"。《说文》云："腜，妇始孕腜兆也。"朱骏声注谓："按高禖之禖，以腜为义。"《广雅·释亲》则释"腜"为"胎也"。这说明高禖最初为女姓，为怀孕状。故《路史》以为："……高禖之神；因其明显，故谓之高，因其求子，故谓之禖。"[①]可见祭高禖的目的是为了求子。[②]

从文献的记载可知，在西周以前，甚至上推至原始社会晚期，高禖的祭祀活动不仅是一种固定的文化形态，而且是一种两性交合的生殖宗教活动。据《周礼·地官·媒氏》载：

> 媒氏掌万民之判。……仲春之月，令会男女，于是时也，奔者不禁。若无故而不用令者，罚之。司男女之无夫家者而会之。[③]

由于民众的婚配和高禖祠祀都是媒氏之官的职事，所以，他们在高禖之祀中要让青年男女会合。而"仲春之月，令会男女"在上古时期可能亦普遍存在，据《墨子》所说："燕之有祖，当齐之社稷，宋之有桑林，楚之有云梦也。此男女之所属而观也。"[④]这里所提到的"祖""社稷""桑林""云梦"等地，可能都是仲春之月男女会合的地方。另外，像《诗经》中所说的郑国溱水、洧水合流处，

[①]《路史·余论二·皋禖古祀女娲》，第6页。
[②]《毛诗正义》，第587页。
[③]《周礼注疏》，第22页。
[④]见《墨子·明鬼下》。

301

陈国的宛丘等地可能也都具有同样的性质[1]，可见，"仲春之会"流行的区域遍及各地。由于春天正是万物生长滋繁的最佳季节，所以在平时，青年男女"不待父母之命、媒妁之言"而逾墙钻穴，"则父母国人皆贱之"[2]，但在高禖之祀时，不但可以淫奔，甚至须强制那些鳏寡者会合，若不依令则"罚之"，其目的就是进行自身的繁衍生产，即《周礼》郑玄注所说的："中春阴阳交，以成昏礼，顺天时也。"

这种在特定的节日中聚会男女、祈求子嗣之风，可能源自于氏族产生以前更加遥远的时代，并且在后来的节日或宗教活动中仍可见其遗风。如《太平寰宇记·南仪州》中载："每月中旬，年少女儿盛服吹笙，相召明月下，以相调弄，号曰夜泊以为娱。二更后匹耦两两相携，随处相合，至晓则散。"[3]《炎徼纪闻》卷四中载苗人"未婚男女吹芦笙以和歌……中意者，男负女去"，瑶族"踏歌而偶奔者，入窑峒，插柳辟人"。[4]《古今图书集成·云南总部·永宁府部》亦载普米族在清代"婚配野合"。而根据宋兆麟在当地的调查，每年春天，男女青年会自动结偶，携带行囊、粮食到山林里过段野合生活。[5]据《史记·补三皇本纪》中所说：华胥"履大人迹于雷泽"，而生庖牺。闻一多在《姜嫄履大人迹考》一文中以为："复考旧古帝王感生之事，由于履迹者，后稷而外，唯有伏羲。"而所谓"履迹"，正如闻先生所说的，"乃祭祀仪式之一部分，疑即一种象征性的舞蹈"，是"代表上帝之神尸舞于前，姜嫄尾随其后，践神尸之迹而舞其事可乐"，"舞毕而相携止息于幽闭之处，因而有孕也"。[6]华胥与姜嫄同因履大人迹而生伏羲，可能也是一种上古时期对于"野合"风俗的神话性思维表现。

高禖之祀既是一种男女偶合、祈求子嗣的礼俗活动，大多发生在春季，故这一风俗后来又演化为修禊祈子的三月三日上巳节。[7]在上巳或三月三日举行的偶

---

[1] 据孙作云《〈诗经〉恋歌发微》的考察，《诗经》中有许多表现春季祓禊和男女会合风俗的恋歌，其中《郑风·溱洧》就是一首表现士与女在溱、洧两水之上，秉兰祓除，行夫妇之事风俗的恋歌。见孙作云：《诗经与周代社会》，北京：中华书局，1996年版，第302—315页。

[2] 语见《孟子·滕文公下》。

[3] 《太平寰宇记》卷一六三《岭南道七·南仪州·风俗》，第414页。

[4] （明）田汝成：《炎徼纪闻》卷四，北京：中华书局，1985年版，第55、61页。

[5] 宋兆麟：《人祖神话与生育信仰》，见御手洗胜等著《神与神话》，台北：联经出版公司，1988年版，第238页。

[6] 闻一多：《姜嫄履大人迹考》，见《闻一多全集（一）·神话与诗》，第78页。

[7] "上巳"之名原是指三月的第一个巳日，可能是到了魏晋以后，始定在三月三日这一天。据《晋书·礼志下》云："汉仪：季春上巳，官及百姓皆祓禊于东流水上，洗濯祓除去宿垢。而自魏以后，但用三日，不以上巳也。晋中朝公卿以下至于庶人，皆禊洛水之侧。"

合、求子，甚至祭土地、祓禊或竞渡招魂等活动，在中国源远流长，起源亦甚早，据两汉之际的薛汉在解释《诗经·郑风·溱洧》之义时以为："谓三月桃花水下时，郑国之俗，三月上巳，此水招魂续魄，祓除不祥之故也。"而《西京杂记》卷三则载有：戚夫人侍儿贾佩兰"说在宫内时"，"三月上巳，张乐于流水"。又《史记·外戚世家》有："武帝祓霸上还，因过平阳主。"南朝宋裴骃集解引晋徐广之说以为："三月上巳，临水祓除谓之禊。"《后汉书·礼仪志上》则称："上巳，官民皆絜于东流水上，曰洗濯祓除，去宿垢疢为大洁。"可知它原是一种在水边举行盥濯以祓除不祥之事。

上巳的风俗在古代的君臣、士子和一般民众中，无论是汉族或少数民族都普遍盛行，因此，其民俗事项和功能在长久的演化中逐渐发生了重叠、交叉和分化的现象，这使得原先以偶合求子为主的高禖之祀，到了后代渐渐演变为以祓禊禳灾为主，而魏晋以后又以临水宴饮嬉乐为主。如闻名古今中外的《兰亭集序》，便是王羲之和当时的名士谢安、孙绰等四十二人，在会稽山阴的兰亭地方，按照"修禊"的习俗，借着婉转的溪水，"流觞"饮酒，吟诗咏怀。另外，南朝梁宗懔的《荆楚岁时记》中记有："三月三日，士民并出江渚池沼间，为流杯曲水之饮。"杜甫的《丽人行》描写的则是唐代的上巳节日景象："三月三日天气新，长安水边多丽人。"在元代白朴的杂剧《墙头马上》中，裴少俊上场自报家门之后，又自言自语道："今日乃三月初八日，上巳节令，洛阳王孙仕女，倾城玩赏。……"显然，这是一个历史悠久且流传广远的节日。

而今日，河南淮阳的太昊陵庙会正好在三月三日，与传统的上巳节为同一日，这种时间上的相符，不能说是一种巧合。另外，在近代的陕西临潼骊山上也有一座人祖庙，供奉女娲，每年举行两次祭祀：一次在三月三日，要拜人祖，游古迹，洗桃花水；一次在六月十五日，也拜人祖，游女娲遗迹，到温泉涤肤洗心。据调查，骊山庙会又称"单子会"，不育的妇女往往趁庙会之机，挟着床罩，怀里藏着布娃娃，到骊山拜女神，夜宿林中，附近各村男子在晚饭后也多上山，遇到合适的人即可同居。次日清晨，这些妇女回村时，只能低头走路，不可回顾，否则会"冲喜"。[①]此俗无论在民俗信仰上，抑或节日时间上，都和淮阳太昊陵相同，由此或可推论，无论是淮阳的太昊陵庙会，或者是陕西临潼的骊山庙会，可能都是一种传统上巳节或高禖之祀的遗留，只是后来这类的民俗活动仪式与伏羲或女娲的传说加以结合附会，并赋予了其新的解释意涵。诚如李

[①] 宋兆麟：《共夫制与共妻制》，上海：上海三联书店，1990年版，第238页。

亦园在探讨神话与仪式的结构关系时所说：

> 仪式与传说之间本来并无真正的关联，或者更明白地说，仪式的举行背后并不一定真正有一个戏剧性的"本事"存在，但是为了保证仪式的合理执行，就是需要借用一则动人或富有戏剧性的传说来支持肯定它，而就是荀子之所以会说："圣人明知之，士君子安行之；官人以为守，百姓以成俗。其在君子，以为人道也；其在百姓，以为鬼事也。"对知识分子（士君子）来说，我们知道祭祀仪式是为人之道，所以可以安行之，然而对老百姓而言，则要以崇拜自然鬼神的办法来诱导，才能使之成俗。季节性仪式如寒食、端午等等，其实是非常象征性的仪礼，因此要借用非常动人的传说来支持它，使老百姓即使不知其所以然，却也能知其然地成俗举行各项仪式，此即是神话传说的辩证关系所在。[①]

另一方面，有人从淮阳人祖庙的各种活动来分析，认为太昊陵庙会最早应该是女娲的信仰。[②]因为仲春之会祭祀的是女娲，目的在于求生育繁殖，而太昊陵庙会的时间大致也在仲春之月，且在庙会中，不孕的男女求子的对象也都集中在女娲而非伏羲身上。确实，祖先崇拜最早可能始于母姓崇拜，但随着父权制的确立和巩固，才出现了男性祖先，且图腾在生育中的作用为男神所取代，而高禖的性质也发生了重要的变化。如《礼记·郊特牲》正义引《五经异义》说："今人谓社神为社公。"[③]社神已是男神或男性的祖先，与此同时，高禖也改为男性。据《文献通考·郊社考·高禖》载："……伏羲、帝喾以禖神从祀报，古为禖之先，石为主。"[④]伏羲、帝喾都是男性神。因此，无论从神话传说，还是从庙会的民俗上去分析，淮阳人祖庙所供奉的主神应仍是伏羲，而女娲只是作为伏羲的配偶神或只具从祀地位而已。

综观以上的记载，我们可以看出，太昊陵庙会中的各种活动、事项与相关的神话传说，实蕴藏着中国古代不同历史阶段的丰富的民俗内涵，实可用以补充文献记载的不足。而这类民俗活动，是经过了几千年的演变与加工，才成为如此一个集宗教信仰、文化娱乐、经济交流于一体的民俗节日盛会，其核心是一种规模庞大的祭祖活动；然庙会中的各种主要活动——包括祭祀、歌舞、扣子

[①] 李亦园、李少园：《端午与屈原——传说与仪式的结构关系再探》，见李亦园、王秋桂主编《中国神话与传说学术研讨会论文集》，台北：汉学研究中心，1996年版，第32页。

[②] 王剑：《淮阳太昊陵原为女娲庙》，载《中州今古》1995年第3期，第36页。

[③] 《礼记注疏》卷二五，第491页。

[④] （元）马端临撰：《文献通考》卷八五，台北：台湾商务印书馆，1987年版，第773页。

孙窑、拴娃娃、泥泥狗等，及其所相对衍生的内容，其实都是对五谷丰登、六畜兴旺、人口繁衍的一种愿望，它已充分体现了伏羲信仰与生殖崇拜的深厚渊源。

总而言之，神话传说是社会历史在一定阶段的产物，但它往往会随着时代的推移与发展而呈现出不同的面貌，故其多能反映社会脉动；而宗教则是一种信仰意识，它往往也是此一时代精神活动的体现；两者关系密切，彼此相互渗透，相辅为用。宗教依靠文学的想象而构造神谱、维系信仰，文学也借助信仰的思维、情感与意象来创造艺术的美感。伏羲由开天辟地的始祖神，经过时代的变迁与转化，到了汉代转而成为墓室的守护者，其后又为佛教、道教所吸收并纳入其神灵谱系，成为佛祖麾下的"宝应声"菩萨以及道教的"后天皇"，但基本上仍不失其尊崇的地位。后来由于元代统治者对三皇祭祀政策的改变，以及民间信仰的随意性，伏羲竟成了药王及卜卦之人的祖师爷。

然而，从各地都保留或曾经存在过的伏羲的祠庙和传说风物来看，无论其神话职能如何转换，伏羲与女娲作为人类始祖神所具有的生殖功能，仍然受到世世代代人们的崇敬。

第七章 结论

　　伏羲是中国古史神话传说中的一位重要人物，先秦文献、汉代史书以及历来载籍，都以他为"三皇五帝"之首。传说中的伏羲结网罟、教民佃猎、画八卦以记事，带领先民进入文明的生活，所以被后人尊为"人文初祖""人祖之宗"，各地流传的相关神话传说也不少。然而，历代载籍与神话传说中皆将其视为上古圣王及文明的创制者，并未真正对其作较深入的分析与探究。

　　自20世纪30年代初期以来，由于芮逸夫、闻一多等学者运用他们在中国西南少数民族中所搜集到的洪水兄妹婚神话故事来释读伏羲，其中又以对伏羲、女娲兄妹婚繁衍人类的神话传说，以及其与洪水神话、创世神话之关联性的讨论尤多，因而兴起了一股伏羲研究的风潮。

　　在此，通过对伏羲神话传说的整理与探讨，和对于伏羲这一神话人物的形成、发展与演变，以及后世与伏羲创造文明相关神话传说的讨论，大致可归纳出伏羲神话传说的象征意义与内涵，及其对后世民俗、信仰的深远影响。谨就前面各章探讨之所得，举其要者如下。

（一）关于伏羲神话传说的形成背景

　　在先秦文献载籍中，伏羲可能只是先秦诸子构拟出来的传说中一位上古氏族部落首领，未必真有其人。但后来随着"神话历史化"的作用，伏羲成了传说中的三皇之首，因而成为华夏民族的重要始祖之一。到了汉代，是伏羲神话最活跃的时期，基于当时政治上的需求，在纬书构拟的圣王神话中，伏羲被刻意地神化，除被赋予了各种超凡的能力外，更因此由原始的神话形式发展成为固定的圣王神话典型模式。

（二）伏羲神话传说的发展与演变

　　自战国时期，伏羲开始出现在诸子的一些记载中，他们将伏羲视为远古的一位氏族部落首领。及至汉魏六朝，由于受到"神话历史化"及谶纬学说的影响，伏羲逐渐成为上古三皇之首及圣王的典范，人们将民间传说中许多的人类社会精神和物质的文明创造搜集起来，归诸伏羲的名下，伏羲开始成为上古文明的重要创制者。

后来，随着伏羲相关记载的增加，伏羲除了作为神话传说中上古的一个帝王、历史人物之外，又逐渐与女娲结合，成为华夏民族的共同始祖神，且附会上了洪水后兄妹婚配、繁衍人类的神话情节。

另一方面，由于其始祖神的属性，也开始出现伏羲与盘古、槃瓠产生相混重合的现象。加上经由人们不断地创造与踵事增华，与伏羲相关的神话传说呈现了丰富多元的新发展。

（三）伏羲名号及其族属的争议

记载中，伏羲或作"宓羲"，或作"包牺"，或作"庖牺"，从其名号写法的多样性来看，"伏羲"一词既无定字，且字亦无定形。这可能是因为他作为一个传说人物，曾经长期地活在人们的口头传说中，因此记录者往往依其音而记字，故而出现了词无定字的现象。他最初可能只是一个氏族部落之名或氏族部落的象征人物，其所反映的，则为原始社会的一种血缘关系和血缘系统。

事实上，伏羲与太昊并非同一人，学者论之已详。历来学者对于二者相混原因的讨论也颇为纷歧，其可能是早期氏族部落的联盟与兼并的结果。

至于伏羲的地域族属问题，长久以来一直为学术界所争论不休。或主西方羌夏说，或主东方夷族说，或主南方苗蛮说，皆各有所本，未能妄下定论。而在中国境内，无论是东、西、南三大族系，都有关于伏羲的神话传说与风物，并皆以伏羲为其民族的始祖。但经由长期的文化传播与交流后，伏羲已成为中华民族各族的共同始祖神。

（四）伏羲"人首蛇身"的形象及意涵

伏羲的神话传说到了汉代，由于受到圣王神话的影响，汉人将其神化，并且将他的血缘上溯到具有主宰力量的雷神身上，伏羲遂成为雷神的后裔。而在伏羲与雷神建立血缘关系的同时，伏羲又与代表雷神形象的龙产生了关联。因此，与伏羲相关的神话传说中，便有许多关于他"人首蛇身""人面龙身"形象的描述，而在许多汉唐的墓葬艺术中，伏羲又多作人首蛇身、与女娲两尾相交的形象。

而这些汉唐表现伏羲、女娲连体交尾、男女同体的形象，可能也是原始思维中"双性同体"神话思维的一种展现，同时也是对于祖先崇拜、增强生殖力的巫术力量的一种象征。

（五）伏羲与各种文明的创制

综观各种文献中对于伏羲创制文明的记载，我们可以发现，伏羲神话传说的内涵实际包含着早期原始社会人们对于文化的创造、发明等多元象征的说明与解释。事实上，这些上古时期的各种文明，绝不可能完全出自于一时一地一人之手，只是因为伏羲作为人类始祖的一位代表，故他的内涵也会随着文化的发展而不断地扩大，人们往往会根据当时现实环境的要求，而将原始时期初民的文化创造和进入文明初期人类所有的文明创造，全部加诸伏羲的名下，使得伏羲成为一位集上古时期华夏民族所有文明创制于一身的文化英雄。

（六）伏羲神话传说与女娲及洪水兄妹婚神话的关系

一直以来，伏羲的神话传说便常与女娲的神话传说及洪水兄妹婚神话相提并论，尤其是洪水兄妹婚神话的象征意涵与伏羲、女娲神话传说之间，似乎存在着某种相容的特性，故又使得伏羲、女娲神话传说在许多地区自觉或不自觉地与之相粘合，且多保存于较晚的神话传说中。但从相关的讨论中可以发现，至晚在战国时期，伏羲和女娲这两位神话人物即已结为夫妻，并与洪水神话发生了关联。但早期的伏羲、女娲神话，是以"洪水"及"创世"为中心母题，并未涉及"兄妹婚"及"人类再造"的问题。一直到了六朝时期敦煌写本《天地开辟已（以）来帝王记（纪）》中记载的伏羲、女娲神话，才有了片断的关于洪水后伏羲、女娲兄妹结为夫妻繁衍人类的情节。所以，这一母题的急遽转变，有可能是因为受到其他地区所传入的洪水神话影响，才使得原本以"治水"为发展主轴的伏羲、女娲洪水神话，一变而成为以"兄妹婚"为发展主干的新神话传说类型。此后，中国许多地区与洪水及人类繁衍相关的神话传说，大多也都采用了这一洪水兄妹婚的基本架构。

近世学者中有许多人认为，伏羲、女娲洪水兄妹婚配成为人类始祖这一类型的神话传说起于中国南方少数民族，并且认为伏羲、女娲是洪水兄妹婚的代表。但就目前所见兄妹婚神话在中国和其他国家、地区的传承情形来看，洪水兄妹婚的神话传说，未必完全等同于伏羲、女娲的洪水兄妹婚神话传说，而这类神话究竟是源自于南方还是中原的汉族地区，亦难成定论。

由于神话传说是人们的集体创作，所以在其流传过程中，故事的情节往往会随着时代的发展，自然环境和社会文化的变迁而产生不同的变异，它有时也会借用其他民间故事的情节来增饰其原有的内容。故后世各地所流传的洪水兄妹婚神话，往往会自觉或不自觉地与伏羲、女娲作某种程度的比附。到了后来，伏羲、女娲与洪水兄妹婚神话的相粘合，更逐渐成为伏羲、女娲神话传说广泛流传的一种典型样式。

（七）伏羲与盘古、槃瓠的相混及其神格的下降

虽然伏羲与盘古、槃瓠本属不同的神话内容，然而，从近年来收集的民族学材料来看，伏羲神话传说又常常有与盘古甚至槃瓠神话传说相混淆或重合的现象。这可能是因为"盘古""槃瓠"与"伏羲"音近，盘古死后化生为宇宙万物，而槃瓠又是西南部分少数民族的始祖，因为都具有创世、始祖等相同的性质，便使伏羲与盘古、槃瓠在后世流传的神话传说中，产生了严重混淆、重合的现象。

又由于盘古创世神话的兴起，伏羲创世始祖神的地位渐被盘古取代。另一方面，神话传说的"集约化"，虽然丰富了伏羲神话的意象，提升了伏羲文化英雄的神格，但也使得伏羲的神性渐趋模糊。所以，在后世的发展中，伏羲除了受盘古创世神话的影响，而失去其至上神的崇高地位外，到了后来，又逐渐转化为汉代墓室中的保护神或升仙引路人，以及佛教、道教与各种民间信仰中的次要神灵，渐失其创世始祖至高神灵的地位。

（八）伏羲神话传说所代表的象征意义

除了作为传说中上古的一个氏族部落首领之外，伏羲还具有一定的神话内涵。加上经由人们不断地创造与踵事增华，与伏羲相关的神话传说因此呈现了丰富而多元的新发展。就现今可见与伏羲相关的神话传说来看，大致以其创制文明，以及与女娲的兄妹婚及繁衍人类的神话传说为较常见的母题。

首先，从伏羲创制文明的神话传说中可以发现，这些所谓的功绩，大概都代表一种文化现象产生或发展的阶段。这种文化都是群众在长期的社会实践中逐渐形成的，绝不是一两个文化英雄在短时间里所能创造出来的。然而人们之所以把这些文化事功都加在他的身上，可能也只是为了要让上古时期原始人类的科学信息获得一种传播的语言符号载体，并在一定程度上勾勒了中国远古各文明阶段社会历史发展的基本轮廓。

而在伏羲与女娲的兄妹婚及繁衍人类的神话传说中，无论是洪水后人类灭绝，兄妹自相婚配，或者是捏泥造人、繁衍人类等情节，都是为了强调宇宙与人类的再造，并表现了生殖的象征意涵。

总之，与伏羲相关的神话传说中，充分表露了人们对于万物起源以及人类繁衍、生命生生不息的最素朴的理解与愿望。

（九）伏羲在墓葬文化中的特殊表现

伏羲"人首蛇身"的图腾形象，自战国时期以来便经常被刻绘在各种墓葬装

饰艺术中，被视为创世的始祖神受到人们崇奉。其形象在墓葬文化中前后跨越了数百年的时间，由战国时期的曾侯乙墓到马王堆 1 号汉墓帛画，其后，经历了有汉一代的成熟与发展，并与女娲结合，成为汉代墓室艺术中一对主要的神祇。后来更随着文化的传播，由东到西，辗转成为河西、辽东甚至新疆吐鲁番地区墓葬文化中不可或缺的一部分。

在各种墓葬艺术中，伏羲常常和女娲结合在一起，或作为祖先神，被奉祀于墓祠之中，或成了墓室中人们灵魂的接待者和守护者。然而，在墓葬文化中，伏羲图像的象征与功能，又往往随着时间及空间的转变而有不同的表现。其间，伏羲从最初始的作为创世的始祖神，到后来随着社会环境的变迁与宗教信仰的演化，又与有汉一代的阴、阳概念相结合，或捧奉日、月，或执持规、矩，以作为调和阴阳、镇墓避邪的神灵。及至隋唐以后，他又往往与星象图绘制于同一画面，张挂在墓顶，作为天界的象征。

经由时代的演进与变化，以及不同时期的政治、社会、心理需求，伏羲图像的文化符号内涵日益丰富，而他所被赋予的形象意义与信仰功能也因此更加多样化。

（十）伏羲相关神话传说与后世各种民间宗教、信仰的互染

作为始祖神与创世大神的伏羲，到了东汉以后，随着佛教与道教的兴起，其神话功能也开始有了转变。至少从东汉时期的许多画像石、画像砖中可以看出，当时人们已将伏羲、女娲视为道教神系中的仙人，或者视为引领墓室主人灵魂升仙的神仙。此时，伏羲、女娲的信仰中已渗入了不少神仙道教的成分。其后，随着佛教、道教与各种民间信仰的兴起，人们在敬奉崇拜神灵的过程中，又往往将个人对于外在事象的关注与期待，投射在对于神灵的神性与职能的关注与期待之中，因此，伏羲或被降格为佛祖麾下的菩萨，或成为道教谱系中的"后天皇"，甚至沦为民间信仰中的医药之神或卜卦之神。

反映在民俗信仰中，伏羲也由于其所具有的始祖神形象，故常被视为生殖的象征。如河南淮阳人祖庙会中的担经挑巫舞、拴娃娃、摸子孙窑等民俗活动，以及在中国西南少数民族的神话传说中，伏羲又常与象征生殖意涵的葫芦相结合。这些可能都是人们对于人口繁衍的一种愿望，也正是伏羲神话传说与信仰中所蕴涵的深厚生殖崇拜的一种体现。

主要参考书目

一、古籍部分

（清）阮元校勘：《十三经注疏》，台北：艺文印书馆，1955 年初版

（汉）无名氏撰：《三辅黄图》，四部丛刊三编本，上海：上海书店，1985 年据上海涵芬楼景印明景泰翻元刊本重印

（汉）阮谌撰：《三礼图》，四部丛刊三编本，台北：艺文印书馆，1971 年影印

（清）吴承志纂，刘承干校：《山海经地理今释》，台北：新文丰出版公司，1989 年台一版

（晋）郭璞注，袁珂校注：《山海经校注》，上海：上海古籍出版社，1980 年版

［日］释安澄撰：《中论疏记》，《大正新修大藏经》第 65 册

（前蜀）杜光庭集：《太上黄箓斋仪》，《正统道藏》第 15 册

（宋）李昉等奉敕编：《太平御览》，四部丛刊三编本，台北：台湾商务印书馆，1989 年据上海涵芬楼影印版

王明编：《太平经合校》，北京：中华书局，1960 版

（宋）乐史撰：《太平寰宇记》，北京：中华书局，丛书集成初编本，1985 年版

（汉）扬雄撰，（晋）范望注：《太玄经》，四部丛刊初编本，台北：台湾商务印书馆，1989 年据上海涵芬楼影印版

（元）马端临撰：《文献通考》，台北：台湾商务印书馆，1987 年台一版

（清）章学诚撰：《丙辰劄记》，收入四部分类丛书集成续编《聚学轩丛书》，板桥：艺文印书馆，1970 年版

（清）蒋廷锡、陈梦雷等编纂：《古今图书集成》，台北：鼎文书局，1976 年初版

（元）杜道坚撰：《玄经原旨发挥》，《正统道藏》第 21 册，台北：新文丰出版公司，1985 年版

（清）严可均校辑：《全上古三代秦汉三国六朝文》，北京：中华书局，1958年第一版

（唐）释道绰撰：《安乐集》，《大正新修大藏经》第47册，台北：新文丰出版公司，1990年台一版

（唐）韩愈撰，（宋）朱熹考异：《朱文公校昌黎先生文集》，四部丛刊初编本，台北：台湾商务印书馆，1989年据上海涵芬楼影印版

（清）吕昭燕修，姚鼐纂：《江宁府志》，台北：成文出版社，1974年6月台一版

（梁）沈约附注，（明）范钦订：《竹书纪年》，四部丛刊初编本，台北：台湾商务印书馆，1989年据上海涵芬楼影印版

（清）吴荣光撰：《吾学录》，台北：台湾中华书局，1981年初版

（东汉）赵晔撰：《吴越春秋》，四部丛刊初编本，台北：台湾商务印书馆，1989年据上海涵芬楼影印版

（秦）吕不韦主编，（汉）高诱注，陈奇猷校释：《吕氏春秋》，台北：华正书局，1988年初版

（清）孙诒让著：《周礼正义》，台北：艺文印书馆，1963年初版

（清）陈寿祺著：《尚书大传辑校》，台北；汉京文化事业有限公司，1975年影印本

［日］永观集：《往生拾因》，《大正新修大藏经》第84册

王明撰：《抱朴子内篇校释》，北京：中华书局，1985年第二版

（元）吴澄：《易纂言》，台北：成文出版社，1976年一版

"中央研究院"历史语言研究所校勘：《明实录》，台北："中央研究院"历史语言研究所，1966年初版

（清）李绿园著：《歧路灯》，台北：新文丰出版公司，1989年版台一版

（唐）释道世撰：《法苑珠林》，台北：台湾商务印书馆，1989年据上海涵芬楼影印版

（明）田汝成撰：《炎徼纪闻》，北京：中华书局，丛书集成初编本，1985年北京新一版

（明）罗颀辑著：《物原》，北京：中华书局，1985年北京新一版

（清）冯云鹏、冯云鹓编著：《金石索（下）》，台北：台联国风出版社、中文出版社联合印行，1974年版

（明）许仲琳编：《封神演义》，北京：人民文学出版社，1973年北京新一版

（清）陆次云撰：《峒谿纤志》，北京：中华书局，丛书集成初编本，1985年北京

新一版

（晋）皇甫谧著：《帝王世纪》，北京：中华书局，丛书集成初编本，1985 北京新一版

（汉）郭宪撰：《洞冥记》，《笔记小说大观》十三编第一册，台北：新兴书局，1976 年版

《洞神八帝妙精经》，《正统道藏》第 19 册，台北：新文丰出版公司，1977 年版

（汉）应劭撰，王利器校注：《风俗通义校注》，北京：中华书局，1981 年版

章太炎撰：《訄书》，台北：广文书局，1978 初版

（宋）王溥撰，杨家骆主编：《唐会要》，《中国学术名著》第二辑，台北：世界书局，1974 年版

（清）孙星衍撰：《孙渊如诗文集》，四部丛刊初编本，台北：台湾商务印书馆，1989 年据上海涵芬楼影印版

李涤生著：《荀子集释》，台北：学生书局，1981 年版

（明）高启撰：《高太史大全集》，四部丛刊初编本，台北：台湾商务印书馆，1989 年据上海涵芬楼影印版

（秦）商鞅撰：《商君书》，台北：台湾商务印书馆，1988 年二版

（春秋）左丘明著，（三国）韦昭注：《国语》，台北：里仁书局，1980 年标点排印本

［日］释安然撰：《悉昙藏》，《大正新修大藏经》第 84 册

（清）高宗敕撰：《清文献通考》，台北：台湾商务印书馆，1987 据清光绪间浙江刊本缩印版

（汉）刘安撰，（汉）高诱注：《淮南子》，台北：台湾中华书局，1981 年一版

（清）王先谦撰，沈啸寰点校：《庄子集解》，台北：文津出版社，1988 年版

（唐）杜佑撰，王文锦等点校：《通典》，北京：中华书局，1988 年一版

黄永武编：《敦煌宝藏》，台北：新文丰出版公司，1986 年影印本

（汉）焦延寿撰：《焦氏易林》，四部丛刊初编本，台北：台湾商务印书馆，1989 年据上海涵芬楼影印版

（宋）张君房撰：《云笈七签》，四部丛刊初编本，台北：台湾商务印书馆，1989 年据上海涵芬楼影印版

杨家骆主编：《二十五史》，台北：鼎文书局，1975—1981 年版

（清）屈复撰：《楚辞新注》，台北：新文丰出版公司，1989 年台一版

（宋）洪兴祖撰：《楚辞补注》，台北：天工书局，1989年版

（宋）朱熹撰：《楚辞辩证》，台北：世界书局，1981年第四版

（清）崔述撰：《补上古考信录》，北京：中华书局，丛书集成初编本，1985年北京新一版

（宋）罗泌撰，罗苹注：《路史》，四部备要本，台北：台湾中华书局，1983年4月台三版

（宋）虞集撰：《道园学古录》，四部丛刊正编本，上海：商务印书馆，1992年据上海涵芬楼影印版

（清）仁宗敕撰：《嘉庆重修一统志》，四部丛刊续编本

（汉）班固：《汉武帝内传》，北京：中华书局，丛书集成初编本，1985年新一版

（清）梁玉绳撰：《汉书人表考》，北京：中华书局，1985年北京新一版

（汉）王符撰，（清）汪继培笺，彭铎校正：《潜夫论笺校正》，北京：中华书局，《新编诸子集成》第一辑，1985年第一版

黄晖撰：《论衡校释》，《新编诸子集成》第一辑，北京：中华书局，1990年初版

[日]托何述：《器朴论》，《大正新修大藏经》第84册

（西汉）刘向集录：《战国策》，上海：上海古籍出版社，1978年第一版

（晋）郭璞注：《穆天子传》，四部丛刊初编本，台北：台湾商务印书馆，1989年据上海涵芬楼影印版

（唐）法琳撰：《辩正论》，《大正新修大藏经》第52册

（前蜀）杜光庭：《录异记》，《笔记小说大观》十四编第一册，台北：新兴书局，1976年8月版

（北齐）颜之推撰，王利器集解：《颜氏家训集解》，上海：上海古籍出版社，1980年第一版

（清）马骕撰：《绎史》，上海：上海古籍出版社，钦定四库全书本，1993年6月一版

（唐）欧阳询撰，木铎编辑室编辑：《艺文类聚》，台北：文光出版社，1974年初版

（宋）陆佃解撰：《鹖冠子》，台北：台湾中华书局，1981年第一版

（清）王念孙：《读书杂志》，台北：世界书局，1972年4月再版

（汉）桓宽撰：《盐铁论》，天津：天津古籍出版社，1983年第一版

二、专著部分

［日］大林太良：《神话学入门》，林相泰、贾福水译，北京：中国民间文艺出版社，1988 年版

［日］小南一郎：《中国的神话传说与古小说》，孙昌武译，北京：中华书局，1993 年版

［日］出石诚彦：《中国神话传说の研究》，东京：中央公论社，1943 年版

［日］安居香山、中村璋八：《纬书集成》，石家庄：河北人民出版社，1994 年版

［日］御手洗胜等：《神与神话》，王孝廉译，台北：联经出版公司，1988 年版

［法］色伽兰：《中国西部考古记》，冯承钧译，北京：中华书局，1955 年版

［法］列维·步留尔：《原始思维》，丁由译，北京：商务印书馆，1981 年版

［英］阿兰·邓迪斯编：《西方神话学论文选》，朝戈金、伊尹、金泽、蒙梓译，上海：上海文艺出版社，1994 年版

［英］马林诺夫斯基（Bronislaw Malinowski）：《巫术科学宗教与神话》，李安宅译，北京：中国民间文艺出版社，1986 年版

［德］恩斯特·卡西勒（Ernst Cassirer）：《国家的神话》，黄汉青、陈卫平译，台北：成均出版社，1983 年版

［德］恩斯特·卡西尔（Ernst Cassirer）：《人论》，甘阳译，上海：上海译文出版社，1997 年版

Aurel Stein：*Innermost Asia*：*Report of Explorations in Central Asia, Kan-su and Eastern Iran, Rediscovering the Ancient Silk Route*，Reprinted by New Delhi：Cosmo，1988

James George Frazer：*Folk-lore in the Old Testament*：*Studies in Comparative Religion, Legend and Law*，London：Macmillan，1919

Joseph Campbell：*The Masks of God*，New York：The Viking Press，1964

Mircea Eliade：*The Two and the One*，translated by J. M, Cohen，Chicago：The University Of Chicago Press，1965

Thorkild. Jacobsen：*The Treasures of Darkness*：*A History of Mesopotamian Religion*，New Haven：Yale University Press，1976

丁世良、赵放主编：《中国地方志民俗资料汇编》，北京：北京图书馆出版社，1989年版

山东省博物馆、山东省文物考古研究所编：《山东汉画像石选集》，济南：齐鲁书社，1982年版

中央民族学院少数民族语言研究所第五研究室编：《壮侗语族语言文学资料集》，成都：四川民族出版社，1983年版

中国民间文学集成全国编辑委员会编：《中国民间故事集成》，北京：中国ISBN中心，1992年版

中国社会科学院考古研究所编：《庙底沟与三里桥》，北京：科学出版社，1959年版

中国社会科学院考古研究所编：《新中国的考古发现和研究》，北京：文物出版社，1984年版

中国科学院考古研究所、陕西省西安半坡博物馆：《西安半坡——原始氏族公社聚落遗址》，北京：文物出版社，1963年版

中国科学院民族研究所云南少数民族社会历史调查组、云南省少数民族社会历史研究所编：《四川及云南昭通地区彝族社会历史调查资料（二）》，出版项不详，1963年版

中国美术全集编辑委员会编：《中国美术全集·雕塑篇8·麦积山石窟雕塑》，北京：人民美术出版社，1988年版

中国美术全集编辑委员会编：《中国美术全集·绘画编12·墓室壁画》，北京：人民美术出版社，1989年版

中国美术全集编辑委员会编：《中国美术全集·绘画编18·画像石画像砖》，北京：人民美术出版社，1989年版

尹达等主编：《纪念顾颉刚学术论文集（上）》，成都：巴蜀书社，1990年版

尹建中：《台湾山胞各族传统神话故事与传说文献编纂研究》，台北：台湾大学人类学系，1994年版

仇德哉：《台湾庙神大全》，台北：编者自行出版，1985年版

孔祥星、刘一曼：《中国古代铜镜》，北京：文物出版社，1984年版

文物出版社编：《西汉帛画》，北京：文物出版社，1972年版

牛龙菲：《古乐发隐》，兰州：甘肃人民出版社，1985年版

王子云编：《中国古代石刻画选集》，北京：中国古典艺术出版社，1957年版

王仲孚：《中国上古史专题研究》，台北：五南图书出版公司，1996 年版

王孝廉：《中国的神话世界（上）——东北、西南族群及其创世神话》，台北：时报文化出版事业有限公司，1992 年版

王孝廉：《中国的神话世界（下）——中原民族的神话与信仰》，台北：时报文化出版事业有限公司，1992 年版

王昆吾：《中国早期艺术与宗教》，上海：东方出版社，1998 年版

王建中、闪修山：《南阳两汉画像石》，北京：文物出版社，1990 年版

王振复：《巫术：〈周易〉的文化智慧》，杭州：浙江古籍出版社，1990 年版

王晓丽：《中国民间的生育信仰》，北京：社会科学出版社，1999 年版

王献堂：《炎黄氏族文化考》，济南：齐鲁书社，1985 年版

布莱恩·莫里斯（Brian Morris）：《宗教人类学导读》，张慧端译，台北："国立"编译馆，1996 年版

甘肃省文物队、甘肃省博物馆、嘉峪关市文物管理所合编：《嘉峪关壁画墓发掘报告》，北京：文物出版社，1985 年版

甘肃省博物馆、中国科学院考古研究所：《武威汉简》，北京：文物出版社，1964 年版

田兆元：《神话与中国社会》，上海：上海人民出版社，1998 年版

白川静：《中国神话》，王孝廉译，台北：台湾学生书局，1983 年版

伏羲氏圣庙：《中华文化始祖——太昊伏羲氏八卦祖师纪念庙——始录与庙史》，台北：伏羲氏圣庙，1985 年版

印顺：《中国古代民族神话与文化之研究》，台北：正闻出版社，1994 年版

朱自清主编：《闻一多全集（一）·神话与诗》，台北：里仁书局，1993 年版

朱炳祥：《伏羲与中国文化》，武汉：湖北教育出版社，1997 年版

朱净宇、李家泉：《从图腾符号到社会符号——少数民族色彩语言揭秘》，昆明：云南人民出版社，1993 年版

朱锡录：《武氏祠汉画像石》，济南：山东美术出版社，1986 年版

江苏省文物管理委员会编：《江苏徐州汉画像石》，北京：科学出版社，1959 年版

何光岳：《中原古国源流史》，南宁：广西教育出版社，1995 年版

何星亮：《图腾文化与人类诸文化的起源》，北京：中国文联出版公司，1991 年版

何新：《诸神的起源——中国远古神话与历史》，台北：木铎出版社，1987 年版

冷德熙：《超越神话——纬书政治神话研究》，北京：东方出版社，1996 年版

吴山编著：《中国新石器时代陶器装饰艺术》，北京：文物出版社，1982年版

吕宗力、栾保群编：《中国民间诸神》，台北：台湾学生书局，1991年版

吕思勉：《先秦史》，上海：上海古籍出版社，1982年9月一版

吕振羽：《史前期中国社会研究》，北京：生活·读书·新知三联书店，1961年版

吕微：《神话何为——神圣叙事的传承与阐释》，北京：社会科学文献出版社，2001年版

宋兆麟：《共夫制与共妻制》，上海：上海三联书店，1990年版

岑家梧：《西南民族文化论》，广州：新华印书馆，1994年版

李白凤：《东夷杂考》，济南：齐鲁书社，1981年版

李如森：《汉代丧葬制度》，长春：吉林大学出版社，1995年版

李则纲：《始祖的诞生与图腾》，上海：上海文艺出版社，1988年版

李根蟠等：《中国南方少数民族原始农业形态》，北京：农业出版社，1987年版

李晶伟：《太极与八卦》，天津：天津大学出版社，1988年版

李零：《长沙子弹库战国楚帛书研究》，北京：中华书局，1985年版

李零：《中国方术考》，北京：人民中国出版社，1993年版

[苏联]李福清：《中国神话故事论集》，台北：台湾学生书局，1991年版

谷德明编：《中国少数民族神话》，北京：中国民间文艺出版社，1987年版

金荣华整理：《台东大南村鲁凯族口传文学》，台北：中国文化大学中国文学研究所，1995年版

金荣华整理：《台东卑南族口传文学选》，台北：中国文化大学中国文学研究所，1989年版

屈万里：《书佣论学集》，台北：联经出版公司，1984年版

芮逸夫：《中国民族及其文化论稿（下）》，台北：台湾大学人类学系，1989年版

信立祥：《汉代画像石综合研究》，北京：文物出版社，2000年版

俞美霞：《东汉画像石与道教发展——兼论敦煌壁画中的道教图像》，台北：南天书局，2000年版

俞伟超主编：《考古类型学的理论与实践》，北京：文物出版社，1989年版

南阳汉代画像石编辑委员会编：《南阳汉代画像石》，北京：文物出版社，1985年版

《哈尼族简史》编写组编：《哈尼族简史》，昆明：云南人民出版社，1985年版

姜亮夫：《楚辞学论文集》，上海：上海古籍出版社，1984年版

柳诒徵：《中国文化史》，台北：正中书局，1958年版

洛阳区考古发掘队：《洛阳烧沟汉墓》，北京：科学出版社，1959年版

胡崇峻整理：《黑暗传》，台北：云龙出版社，2002年版

范三畏：《旷古逸史——陇右神话与古史传说》，兰州：甘肃教育出版社，1999年版

茅盾：《神话研究》，天津：百花文艺出版社，1981年版

唐长寿：《乐山崖墓和彭山崖墓》，成都：电子科技大学出版社，1993年版

夏曾佑：《中国上古史》，台北：台湾商务印书馆，1968年版

夏曾佑：《中国古代史》，石家庄：河北教育出版社，2002年版

孙作云：《诗经与周代社会》，北京：中华书局，1996年版

徐山：《雷神崇拜——中国文化源头探索》，上海：生活·读书·新知三联书店，1992年版

徐州市博物馆编：《江苏徐州汉画像石》，南京：江苏美术出版社，1985年版

徐州市博物馆编：《徐州汉代画像石》，南京：江苏美术出版社，1985年版

徐旭生：《中国古史的传说时代》，台北：里仁书局，1999年版

徐松石：《粤江流域人民史》，上海：上海书店，1990年版

耿铁华：《好太王碑新考》，长春：吉林人民出版社，1994年版

袁珂：《中国古代神话》，上海：商务印书馆，1957年版

袁珂：《古神话选释》，北京：人民文学出版社，1979年版

袁珂：《中国神话传说词典》，上海：上海辞书出版社，1986年版

袁珂：《中国神话传说》，板桥：骆驼出版社，1987年版

袁珂：《神话论文集》，台北：汉京文化事业有限公司，1987年版

袁珂、周明编：《中国神话传说资料萃编》，成都：四川省社会科学院出版，1985年版

马天彩：《天水史话》，台南：复汉出版社，1993年版

马昌仪编：《中国神话学文论选萃》，北京：中国广播电视出版社，1994年版

高文：《四川汉代画像砖》，上海：上海人民美术出版社，1987年版

高文编：《四川汉代石棺画像集》，北京：人民美术出版社，1998年版

高本汉：《高本汉书经注释》，陈舜政译，台北：中华丛书编审委员会，1981年版

高有鹏：《沉重的祭典——中原古庙会文化分析》，开封：河南大学出版社，2000

年版

国家文物局、古文献研究室、新疆维吾尔自治区博物馆、武汉大学历史系编：《吐鲁番出土文书》，北京：文物出版社，1981年版

常任侠：《常任侠艺术考古论文集》，北京：文物出版社，1984年版

张士伟、李虎生编：《神圣伏羲氏》，天水：天水市文化局、天水市电器厂合作编印，1993年版

张朋川：《中国彩陶图谱》，北京：文物出版社，1990年版

张振犁：《中原古典神话流变论考》，上海：上海文艺出版社，1991年版

张振犁、陈江风等：《东方文明的曙光——中原神话论》，上海：东方出版中心，1999年版

梁思永未完稿，高去寻辑补，李济总编辑：《侯家庄·第二本·1001号大墓：河南安阳侯家庄殷代墓地》，台北："中央研究院"历史语言研究所，1962年版

陈垣：《陈垣史学论著选》，上海：上海人民出版社，1981年版

陈建宪：《神祇与英雄——中国古代神话的母题》，北京：生活·读书·新知三联书店，1994年版

陈梦家：《六国纪年》，上海：学习生活出版社，1955年版

陈履生：《神画主神研究》，北京：紫禁城出版社，1987年版

陈庆浩、王秋桂主编：《中国民间故事全集》，台北：远流出版事业股份有限公司，1989年版

陆文祥等编：《瑶族民间故事选》，南宁：广西人民出版社，1984年版

陆思贤：《神话考古》，北京：文物出版社，1995年版

陶阳、牟钟秀：《中国创世神话》，上海：上海人民出版社，1989年版

陶阳、钟秀编：《中国神话》，上海：上海文艺出版社，1990年版

鹿忆鹿：《洪水神话——以中国南方民族与台湾原住民为中心》，台北：里仁书局，2002年版

乔健主持：《台湾南岛民族起源神话与传说比较研究》，"行政院"原住民委员会委托，1999年版

傅家勤：《中国道教史》，台北：蓝灯书局，1975年版

詹承绪、王承权、李近春、刘龙初：《永宁纳西族的阿注婚姻和母系家庭》，上海：上海人民出版社，1980年版

曾昭燏、蒋宝庚、黎忠义：《沂南古画像石墓发掘报告》，北京：文化部文物管

理局，1956年版

曾勤良：《台湾民间信仰与封神演义之比较研究》，台北：华正书局，1985年版

游国恩主编：《天问纂义》，北京：中华书局，1982年版

湖北省博物馆编：《随县曾侯乙墓》，北京：文物出版社，1980年版

湖南省博物馆编：《马王堆汉墓研究》，长沙：湖南人民出版社，1981年版

程德祺：《原始习俗与宗教信仰》，南京：江苏教育出版社，1993年版

童书业：《春秋左传研究》，上海：上海人民出版社，1983年版

贺西林：《古墓丹青——汉代墓室壁画的发现与研究》，西安：陕西人民美术出版社，2001年版

冯天瑜：《上古神话纵横谈》，上海：上海文艺出版社，1983年版

冯作民译：《西洋神话全集》，台北：星光出版社，1992年版

黄文弼著，中国科学院考古研究所编：《吐鲁番考古记》，北京：中国科学院出版，1954年版

黄明兰、郭引强：《洛阳汉墓壁画》，北京：文物出版社，1996年版

新疆社会科学院考古研究所编：《新疆考古三十年》，乌鲁木齐：新疆人民出版社，1983年版

杨利慧：《女娲的神话与信仰》，北京：中国社会科学出版社，1997年版

杨利慧：《女娲溯源——女娲信仰起源地的再推测》，北京：北京师范大学出版社，1999年版

杨和森：《图腾层次论》，昆明：云南人民出版社，1987年版

杨宽：《中国古代陵寝制度史研究》，上海：上海古籍出版社，1985年版

詹鄞鑫、徐莉莉：《神秘·龙的国度——华夏文明面面观》，郑州：中州古籍出版社，1990年版

贾庆超：《武氏祠汉画石刻考评》，济南：山东大学出版社，1993年版

闻一多：《闻一多全集（一）·神话与诗》，台北：里仁书局，据上海开明书店1948年版重印，1993年版

闻宥集撰：《四川汉代画像选集》，上海：群联出版社，1954年版

蒙文通：《古史甄微》，成都：巴蜀书社，1999年版

蒲慕州：《墓葬与生死——中国古代宗教之省思》，台北：联经出版公司，1993年版

赵华编：《吐鲁番古墓葬出土艺术品》，新疆：新疆美术摄影出版公司，新西兰：霍兰德出版有限公司，1992年版

刘小幸：《母体崇拜——彝族祖灵葫芦溯源》，昆明：云南人民出版社，1990年版
刘汝霖编：《汉晋学术编年》，上海：商务印书馆，1935年版
刘志远、余德章、刘文杰编著：《四川汉代画象砖与汉代社会》，北京：文物出版社，1983年版
刘军、姚仲源：《中国河姆渡文化》，杭州：浙江人民出版社，1993年版
刘起釪：《古史续辨》，北京：中国社会科学出版社，1991年版
刘城淮：《中国上古神话》，上海：上海文艺出版社，1988年版
刘尧汉：《彝族社会历史调查研究文集》，北京：民族出版社，1980年版
刘尧汉：《中国文明源头新探——道家与彝族虎宇宙观》，昆明：云南人民出版社，1985年版
刘雁翔著，天水市地方志办公室编：《伏羲庙志》，兰州：甘肃文化出版社，2003年版
樊奇峰、杨复峻：《太昊伏羲陵》，郑州：河南人民出版社，1985年版
郑康侯修，朱撰卿纂：《淮阳县志》，台北：成文出版社，据民国二十三年铅印本印行，1968年版
翦伯赞：《先秦史》，北京：北京大学出版社，1990年版
萧兵：《楚辞与神话》，南京：江苏古籍出版社，1987年版
萧兵：《中国文化的精英》，上海：上海文艺出版社，1989年版
闪修山等编：《南阳汉代画像石刻》，上海：人民美术出版社，1981年版
霍想有主编：《伏羲文化》，北京：中国社会出版社，1994年版
钟敬文：《民俗学概论》，上海：上海文艺出版社，1998年版
钟敬文：《钟敬文民俗学论集》，上海：上海文艺出版社，1998年版
钟华操：《台湾地区神明的由来》，台中：台湾省文献委员会编印，1977年版
韩玉祥、李陈广等编：《南阳汉代画像石墓》，郑州：河南美术出版社，1998年版
罗振玉考释：《殷墟文字类编》第四册，台北：艺文印书馆，1971年版
罗培模等编：《麦积山的传说》，北京：中国旅游出版社，1991年版
严汝娴、宋兆麟：《永宁纳西族的母系制》，昆明：云南人民出版社，1983年版
饶宗颐、曾通宪：《楚地出土三种文献研究》，北京：中华书局，1993年版
顾颉刚：《秦汉的方士与儒生》，上海：上海古籍出版社，1998年版
顾颉刚等编著：《古史辨》，上海：上海古籍出版社，1982年版
万建中：《解读禁忌——中国神话、传说和故事中的禁忌主题》，北京：商务印

书馆，2001 年版

台湾总督府临时台湾旧惯调查会原著，"中央研究院"民族学研究所编译：《番族惯习调查报告书·第一卷·泰雅族》，台北："中央研究院"民族学研究所，1996 年版

台湾总督府临时台湾旧惯调查会原著，"中央研究院"民族学研究所编译：《番族惯习调查报告书·第三卷·赛夏族》，台北："中央研究院"民族学研究所，1998 年版

台湾总督府临时台湾旧惯调查会原著，"中央研究院"民族学研究所编译：《番族惯习调查报告书·第二卷·阿美族卑南族》，台北："中央研究院"民族学研究所，2000 年版

三、单篇论文部分

［日］谷野典之：《女娲、伏羲神话系统考》，载《东方学》1981 年第 59 期

［日］那波利贞：《喀喇和卓（Kara-khodjo）の高昌人の坟墓内から发见された神像图》，见《西域文化研究》第五集，京都：法藏馆，1962 年

［日］西域文化研究会编：《敦煌吐鲁番社会经济资料（下）》，见《西域文化研究》第三集，京都：法藏馆，1960 年

［苏联］梅列金斯基：《论英雄神话中的血亲婚原型》，马昌仪译，载《民族文学研究》1990 年第 3 期

于豪亮：《记成都扬子山一号墓》，载《文物参考资料》1955 年第 9 期

山东省博物馆、苍山县文化馆：《山东苍山元嘉元年画像石墓》，载《考古》1975 年第 2 期

方鹏钧、张勋燎：《山东苍山元嘉元年画像石题记的时代和有关问题的讨论》，载《考古》1980 年第 3 期

王元化：《卜千秋墓壁画试探》，见王元化《文学沉思录》，上海：上海文艺出版社，1983 年版

王步毅：《安徽宿县褚兰汉墓画像石墓》，载《考古学报》1993 年第 4 期

王昆吾：《论古神话中的黑水、昆仑和蓬莱》，见王昆吾《中国早期艺术与宗教》，上海：东方出版社，1998 年版

王思礼：《山东肥城汉画像石墓调查》，载《文物参考资料》1958年第4期

王炳华：《新疆古尸发掘及其初步研究》，载《新疆文物》1992年第4期

王爱平：《淮阳"泥泥狗"：远古文化的"活化石"》，载《寻根》1994年第1期

王恺：《苏鲁皖交界地区汉画像石墓墓葬形制》，见《汉代画像石研究》，北京：文物出版社，1987年版

王恺：《苏鲁豫晋交界地区汉画像石墓的分期》，载《中原文物》1990年第1期

王楠毓：《龙由图腾崇拜到皇权象征》，载《安阳师专学报》1999年第1期

王剑：《淮阳太昊陵原为女娲庙》，载《中州今古》1995年第3期

王锺陵：《中国神话中蛇龙意象之蕴意及演化》，载《江海学刊》1991年第5期

四川大学考古专业七八级实习队、长宁县文化馆：《四川长宁"七个洞"东汉纪年画像崖墓》，载《考古与文物》1985年第5期

四川省博物馆、郫县文化馆：《四川郫县东汉砖墓的石棺画像》，载《考古》1979年第6期

四川博物馆文物工作队：《四川新津县堡子山崖墓清理简报》，载《考古通讯》1958年第8期

甘肃省博物馆：《甘肃武威磨嘴子汉墓发掘》，载《考古》1960年第9期

甘肃省博物馆文物工作队：《甘肃秦安大地湾遗址1978至1982年发掘的主要文物》，载《文物》1983年第11期

任本命：《蓝田华胥陵——中华民族的始祖陵》，载《唐都学刊》2002年第2期

任继昉：《"伏羲"考源》，载《传统文化与现代化》1994年第3期

吉林省博物馆：《吉林辑安五盔坟四号和五号墓清理略记》，载《考古》1964年第2期

安志敏：《长沙新发现的西汉帛画试探》，载《考古》1973年第1期

成恩元：《四川大学历史系博物馆调查了彭山、新津的汉代崖墓》，载《文物参考资料》1956年第8期

朱大可：《洪水神话及其大灾变背景》，载《上海师范大学学报》1993年第1期

江苏省文物管理委员会、南京博物院：《江苏徐州、铜山五座汉墓清理简报》，载《考古》1964年第10期

江苏省文物管理委员会：《江苏徐州十里铺汉画象石墓》，载《考古》1966年第2期

汛河整理：《赛胡细妹造人烟》，载《民间文学》1980年第8期

米如田：《汉画像石墓分区初探》，载《中原文物》1988年第2期

余德章：《"伏羲女娲·双龙"画像砖试释》，载《四川文物》1984年第3期

吴仲实：《四川宜宾汉墓清理很多出土文物》，载《文物参考资料》1954年第12期

匡远滢：《四川宜宾市翠屏村汉墓清理简报》，载《考古通讯》1957年第3期

吴晓东：《盘瓠：王爷，盘古：老爷》，载《民族文学研究》1996年第4期

吴兰、志安：《绥德辛店发现的两座画像石墓》，载《考古与文物》1993年第1期

吕劲松：《洛阳浅井头西汉壁画墓发掘简报》，载《中原文物》1996年增刊《洛阳考古发掘与研究》专号

吕品：《河南汉代画像砖的出土与研究》，载《中原文物》1989年第3期

吕微：《中国洪水神话结构分析》，载《民间文学论坛》1986年第2期

李子贤：《试论云南少数民族的洪水神话》，载《思想战线》1980年第1期

李寸松：《活在民间的文物——淮阳"泥泥狗"》，载《民间文学论坛》1987年第2期

李卉：《台湾及东南亚的同胞配偶型洪水传说》，载《中国民族学报》1955年第1期

李永先：《也谈伏羲氏的地域和族系》，载《江海学刊》1988年第4期

李立：《由日月相偶到阴阳相配——论日月神话在汉代的发展与演变》，载《九江师专学报（哲学社会科学版）》1999年第1期

李亦园：《端午与屈原——传说与仪式的结构关系再探》，见李亦园《宗教与神话论集》，台北：立绪文化事业有限公司，1998年版

李自宏、安江林：《大地湾文化与黄帝时代——从考古实物与史料看古成纪地区在我国远古史上的地位》，载《兰州大学学报（社会科学版）》1999年第3期

李征：《吐鲁番县阿斯塔那—哈拉和卓古墓群发掘简报（1963—1965年）》，载《文物》1973年第10期

李建成：《从大地湾遗址文物看伏羲对人类的贡献》，载《天水师范学院学报》2000年第4期

李建成：《伏羲活动区域新考》，载《天水行政学院学报》2002第1期

李复华、郭子游：《郫县出土东汉画像石棺图像略说》，载《文物》1975年第8期

李发林：《孝堂山石室墓主考》，见《山东画像石研究》，北京：文物出版社，1987年版

李发林：《略谈汉画像石的雕刻技法及其分期》，载《考古》1965年第4期

李洁：《祭祖的原始遗俗——宛丘巫舞》，载《中州今古》1995年第2期

汪玢玲：《论满族水神及洪水神话》，载《民间文学论坛》1986年第4期

邢义田：《汉代壁画的发展和壁画墓》，见《"中央研究院"历史语言研究所集刊》第57本第1分

周世荣：《长沙白泥塘发现东汉砖墓》，载《考古通讯》1956年第3期

周到、李京华：《唐河针织厂汉画像石墓的发掘》，载《文物》1973年第6期

周德均：《洪水神话与造人神话》，载《民间文学论坛》1985年第2期

季羡林：《关于葫芦神话》，载《民间文艺集刊》第五集，1983年

兰峰：《四川宜宾县崖墓画像石棺》，载《文物》1982年第7期

屈万里：《周易卦爻辞成于周武王时考》，载《台湾大学文史哲学报》1950年第1期

屈万里：《易卦源于龟卜考》，见《书佣论学集》，台北：联经出版公司，1984年版

林河、杨进飞：《马王堆汉墓飞衣帛画与楚辞神话、南方民族神话的比较研究》，载《民间文学论坛》1985年第3期

林琳：《龙的起源和神话演变》，载《文史杂志》2000年第3期

林声：《伏羲考——兼论对古代传说时代的研究》，载《江苏社会科学》1994年第1期

武文等：《华夏民族与葫芦文化——兼与刘尧汉、萧兵同志商榷》，载《民俗研究》1991年第1期

武伯纶：《西安碑林述略》，载《文物》1965年第9期

武敏：《新疆出土的汉唐丝织品初探》，载《文物》1962年第7、8期

牧田谛亮：《疑经研究——中国佛教中之真经与疑经》，杨白衣译，载《华冈佛学学报》1970年第4期

芮逸夫：《伏羲女娲》，载《大陆杂志》1950年第1卷第12期

芮逸夫：《苗族的洪水故事与伏羲女娲的传说》，见芮逸夫《中国民族及其文化论稿（下）》，台北：台湾大学人类学系，1989年版

侯哲安：《中国古代南方传说人物考》，载《求索》1983年第4期

黎忠义：《昌梨水库汉墓群发掘简报》，载《文物参考资料》1957年第12期

南京博物院：《徐州青山泉白集汉画像石墓》，载《考古》1981年第2期

仁华、长山：《南阳县王寨汉画像石墓》，载《中原文物》1982年第1期

陈长山、魏仁华：《河南南阳英庄汉画像石墓》，载《中原文物》1983年第3期

南阳博物馆：《河南南阳军帐营汉画像石墓》，载《考古与文物》1982年第1期

长山、仁华：《邓县长冢店汉画像石墓》，载《中原文物》1982年第1期

吕品、周到：《唐河县电厂汉画像石墓》，载《中原文物》1982年第1期

柳洪亮：《吐鲁番阿斯塔那—哈拉和卓古墓地出土古尸述论》，载《西域研究》2001年第1期

赵振华、邢建东：《河南洛阳北郊东汉壁画墓》，载《考古》1991年第8期

史家珍等：《洛阳偃师县新莽壁画墓清理简报》，载《文物》1992年第12期

黄明兰：《洛阳西汉卜千秋壁画墓发掘简报》，载《文物》1977年第6期

胡厚宣：《释殷代求年于四方和四方风的祭祀》，载《复旦学报（人文科学版）》1956年第1期

胡龄云:《台北伏羲庙在日本设分庙　成为海外第一座中华文化始祖庙》，载《中华易学》第57期

范三畏：《秦发祥地上的伏羲之谜》，载《西北师范大学学报（社会科学版）》1994年第4期

范三畏：《太昊伏羲氏源流考辨》，载《西北民族大学学报》1995年第1期

范小平：《四川汉代性题材画像研究》，载《东南文化》1998年第4期

重庆市博物馆、合川县文化馆田野考古工作小组：《合川东汉画像石墓》，载《文物》1977年第2期

唐兰：《关于江西吴城文化遗址与文字的初步探索》，载《文物》1975年第7期

孙太初：《云南古代石刻丛考》，载《学术研究》（云南卷）1963年9月

孙作云：《长沙马王堆一号汉墓出土画幡考释》，载《考古》1973年第1期

孙作云：《洛阳西汉壁画墓中的傩仪图——打鬼迷信、打鬼图的阶级分析》，载《中原文物》1987年特刊《洛阳古墓博物馆》创刊号

孙玮、孙海洲：《伏羲考论》，载《临沂师范学院学报》2002年第1期

徐金法：《太昊伏羲文化类属蠡测》，载《周口师专学报》1998年第6期

乌丙安：《洪水故事中的非血缘婚姻观》，见马昌仪编《中国神话学文论选萃（下）》，北京：中国广播电视出版社，1994年版

秦谷：《伏羲庙与伏羲文化活动》，载《伏羲文化》2002年第2期

陕西省文物管理委员会：《陕西省三原县双盛村隋李和墓清理简报》，载《文物》1966年第1期

王炜林等：《陕西神木大保当第11号、第23号汉画像石墓发掘简报》，载《文

物》1997 年第 9 期

陕西省博物馆、陕西省文管会：《米脂东汉画像石墓发掘简报》，载《文物》1972年第 3 期

马卉欣、朱阁林：《盘古盘瓠关系辨》，载《民间文学论坛》1992 年第 4 期

马昌仪：《壶形的世界——葫芦、魂瓶、台湾古陶壶之比较研究》，载《民间文学论坛》1996 第 4 期

马雍：《轪侯和长沙国丞相——谈长沙马王堆一号汉墓主人身份和墓葬年代的有关问题》，载《文物》1972 年第 9 期

马雍：《论长沙马王堆一号汉墓出土帛画的名称和作用》，见湖南省博物馆编《马王堆汉墓研究》，长沙：湖南人民出版社，1981 年版

高文、高成英：《汉画瑰宝——四川新出土的八个画像石棺》，载《文物天地》1988 年第 3 期

高文、高成英：《四川出土的十一具汉代画像石棺图释》，载《四川文物》1988年第 3 期

高文：《绚丽多彩的画像石——四川解放后出土的五个汉代石棺椁》，载《四川文物》1985 年第 1 期

商承祚：《战国楚帛书述略》，载《文物》1964 年第 9 期

宿白：《西安地区唐墓壁画的布局和内容》，载《考古学报》1982 年第 2 期

屠武周：《伏羲非太昊考》，载《东南文化》1990 年第 4 期

常任侠：《重庆沙坪坝出土之石棺画像研究》，载《说文月刊》1943 年第 10、11 期

常任侠：《重庆附近发现之汉代崖墓和石阙研究》，见《常任侠艺术考古论文选集》，北京：文物出版社，1984 年版

张先堂：《论伏羲神话传说的历史文化内涵及其与天水地区的关系》，见霍想有主编《伏羲文化》，北京：中国社会出版社，1994 年版

张华、张益明：《历史上的成纪地名与伏羲的出生地》，载《丝绸之路》1994 年第 3 期

张余：《晋南的神话与传说》，载《民间文学论坛》1990 年第 2 期

连劭名：《长沙楚帛书与中国古代的宇宙论》，载《文物》1991 年第 2 期

郭立中：《四川焦山、魏家冲发现汉代崖墓》，载《考古》1959 年第 8 期

郭沫若：《洛阳汉墓壁画试探》，载《考古学报》1964 年第 2 期

郭沫若：《古代文字之辩证的发展》，载《考古学报》1972 年第 1 期

郭沫若：《桃都、女娲、加陵》，载《文物》1973年第1期

郭新生：《"泥泥狗"的艺术积蕴》，载《郑州轻工业学院学报（社会科学版）》2002年第2期

郭德维：《曾侯乙墓中漆箧上日月和伏羲、女娲图像试释》，载《江汉考古》1981年第S1期

郭锋：《敦煌写本〈天地开辟以来帝王纪〉成书年代诸问题》，载《敦煌学辑刊》1988年第1、2期

陈守忠：《甘肃史概述》，载《甘肃史志通讯》1986年第3期

陈江风：《汉画像中的玉璧与丧葬观念》，载《中原文物》1994年第4期

陈炳良：《广西瑶族洪水故事研究》，见《神话·礼仪·文学》，台北：联经出版公司，1986年版

陈梦家：《古文字中之商周祭祀》，载《燕京学报》1936年第19期

陈梦家：《战国楚帛书考》，载《考古学报》1984年第2期

陈丽萍：《关于新疆阿斯塔那—哈拉和卓地区出土的伏羲、女娲画像及一些问题的探讨》，载《敦煌学辑刊》2001年第1期

喻震：《丰台区三台子出土汉画像石》，载《文物》1966年第4期

曾布川宽：《汉代画像石における升仙图の系谱》，载《东方学报》京都版第65册

游修龄：《葫芦的家世——从河姆渡出土的葫芦种子谈起》，载《文物》1977年第8期

湖南省文物管理委员会：《湖南长沙南塘冲古墓清理简报》，载《考古通讯》1958年第3期

汤池：《魏晋南北朝墓室壁画》，见《中国美术全集·绘画编12·墓室壁画》，北京：人民美术出版社，1989年版

程健君：《南阳汉画像石中的伏羲女娲》，载《民间文学论坛》1989第1期

程德祺：《伏羲新考》，载《江海学刊》1987年第5期

贵州省文物考古研究所：《贵州金沙县汉画像石墓清理》，载《文物》1998年第10期

冯华：《记新疆新发现的绢画伏羲女娲像》，载《文物》1962年第7—8期

黄甲魁：《中华文化始祖伏羲氏辛酉秋祭有感》，载《中华易学》1981年第20期

黄展岳：《丧葬用璧小议》，载《文物天地》1999年第2期

黄国卿：《对天水卦台山伏羲画卦传说的新思考——卦源新探》，载《周易研究》

1999年第2期

新疆维吾尔自治区博物馆：《新疆吐鲁番阿斯塔那北区墓葬发掘简报》，载《文物》1960年6期

新疆维吾尔自治区博物馆：《吐鲁番县阿斯塔那—哈拉和卓古墓群清理简报》，载《文物》1972年第1期

新疆维吾尔自治区博物馆出土文物展览工作组：《"丝绸之路"上新发现的汉唐织物》，载《文物》1972年3期

杨子范：《山东梁山后银山村发现带彩绘的古墓》，载《文物参考资料》1954年第3期

杨利慧：《伏羲女娲与兄妹婚神话的粘连与复合》，载《北京师范大学学报（社会科学版）》1997年第6期

杨知勇：《洪水神话浅探》，载《民间文学论坛》1985年第2期

杨知勇：《蛇——具有特殊内涵的"人心构营之象"》，见《宗教·神话·民俗》，昆明：云南教育出版社，1992年版

杨秉礼：《白族〈创世纪〉源流初探》，载《思想战线》1984年第2期

杨长勋：《广西洪水神话中的葫芦》，载《民间文艺集刊》第六集

杨爱国、郑同修：《山东、苏北、皖北、豫东区汉画像石墓葬形制》，见山东大学考古学系编《刘敦愿先生纪念文集》，济南：山东大学出版社，1998年版

杨鸿勋：《关于秦代以前墓上建筑的问题》，载《考古》1982年第4期

杨鸿勋：《"关于秦代以前墓上建筑问题"要点重申——答杨宽先生》，载《考古》1983年第8期

万斗云：《仡佬族古代史问题》，载《贵州民族研究》1980年第2期

叶舒宪、王海龙：《从中印洪水神话的源流看文化的传播与变异》，载《学习与探索》1990年第5期

董楚平：《伏羲：良渚文化的祖宗神》，载《杭州师范学院学报（社会科学版）》1999年第4期

雷建金：《内江关升店东汉崖墓画像石棺》，载《四川文物》1992年第3期

雷建金：《简阳鬼头山发现榜题画像石棺》，载《四川文物》1988年第6期

靳之林：《混沌·多子——民间美术中的葫芦崇拜》，载《汉声》1993年第57期

赵华：《吐鲁番出土伏羲女娲画像的艺术风俗及源流》，载《西域研究》1992年第4期

赵殿增、袁曙光：《"天门"考——兼论四川汉画像砖（石）的组合与主题》，载

《四川文物》1990 年第 6 期

刘玉珍：《伏羲与淮阳古城》，载《中原文物》2001 年第 3 期

刘志远：《成都天回山崖墓清理记》，载《考古学报》1958 年第 1 期

刘尧汉：《论中国葫芦文化》，载《民间文学论坛》1987 年第 3 期

刘雁翔：《伏羲传说事迹辨正》，载《西北民族大学学报（哲学社会科学版）》1993 年第 2 期

刘凤君：《试释吐鲁番地区出土的绢画伏羲女娲像》，载《新疆大学学报》1983 年第 3 期

刘渊临：《甲骨文中的"蚰"字与后世神话中的伏羲女娲》，载《"中央研究院"历史语言研究所集刊》1969 年第 41 本第 4 分册

潘光旦：《湘西北的"土家"与古代的巴人》，载《中国民族问题研究集刊》第四辑，1955 年版

潘定智：《民族学工作者应重视民间文学的研究——从古代神话传说和图腾崇拜谈起》，载《贵州民族学院学报（哲学社会科学版）》1981 年第 1 期

蒋英炬：《汉代的小祠堂——嘉祥宋山汉画像石的建筑复原》，载《考古》1983 年第 8 期

蔡大成：《兄妹婚神话的象征》，载《民间文学论坛》1986 年第 5 期

蔡衡溪：《淮阳风土调查记》，载《河南教育月刊》1930 年第 2 卷

廖咸浩：《"双性同体"之梦：〈红楼梦〉与〈荒野之狼〉中"双性同体"象征的运用》，载《中外文学》1986 年第 15 卷第 4 期

郑州市博物馆：《郑州新通桥汉代画像空心砖》，载《文物》1970 年第 10 期

郑阿财：《敦煌文献中的"三皇"传说》，见《第五届唐代文化学术研讨会论文集》，高雄：丽文文化公司，2000 年版

邓乔彬：《论汉代的宗教思想、社会生活与绘画》，载《杭州师范学院学报（社会科学版）》，2001 年第 2 期

鲁刚：《大洪水神话中的虚与实》，载《求是学刊》1989 年第 6 期

穆广会、王丽娅：《颂扬人祖伏羲女娲的原始巫舞——担经挑》，载《民间文化》2000 年第 11—12 期

肖崇素：《美丽的传说 丰富的史影——凉山彝族民间传说一瞥》，见《民间文艺集刊》第二集

骆宾基：《人首龙尾的伏羲氏夏禹考——〈金文新考·外集·神话篇〉之一》，载

《上海社会科学院学术季刊》1986年第2期

戴克学：《璧山出土汉代石棺》，载《四川文物》1993年第1期

滨亭：《举行伏羲飞升祭》，载《中华易学》第20期

薛清泉：《伏羲的诞辰和忌辰》，载《中华易学》第14期

钟敬文：《马王堆汉墓帛画的神话史意义》，载《中华文史论丛》1979年第二辑

罗哲文：《孝堂山郭氏墓石祠》，载《文物》1961年第4、5期合刊

罗伟先：《汉代画像石墓葬形制的初步研究》，见《华西考古研究（一）》，成都：成都出版社，1991年版

罗琨：《关于马王堆汉墓帛画的商讨》，载《文物》1972年第9期

关天相、冀刚：《梁山汉墓》，载《文物参考资料》1955年第5期

饶宗颐：《荆楚文化》，见《史语所集刊》第41本第2分，下册

顾铁符：《座谈长沙马王堆一号汉墓》，载《文物》1972年第9期